파고다
OPIc
IM

PAGODA Books

파고다
OPIC
IM

초판 1쇄 인쇄 2022년 3월 2일
초판 1쇄 발행 2022년 3월 9일
초판 2쇄 발행 2024년 7월 25일

지 은 이 | 정유민
펴 낸 이 | 박경실
펴 낸 곳 | **PAGODA Books** 파고다북스
출판등록 | 2005년 5월 27일 제 300-2005-90호
주　　소 | 06614 서울특별시 서초구 강남대로 419, 19층(서초동, 파고다타워)
전　　화 | (02) 6940-4070
팩　　스 | (02) 536-0660
홈페이지 | www.pagodabook.com

저작권자 | ⓒ 2022 정유민

ISBN 978-89-6281-883-3 (13740)

파고다북스　　　www.pagodabook.com
파고다 어학원　　www.pagoda21.com
파고다 인강　　　www.pagodastar.com
테스트 클리닉　　www.testclinic.com

낙장 및 파본은 구매처에서 교환해 드립니다.

머리말

All our dreams can come true if we have the courage to pursue them.
우리에게 꿈을 좇을 용기가 있다면 우리의 모든 꿈은 이루어질 수 있습니다.

우리는 오늘도 유학이나 취업, 승진 등 각자의 꿈을 이루기 위해 고군분투합니다. 그리고 또 우리는 그 꿈에 한 발자국 더 가까이 닿기 위해 어학 점수 획득이라는 목표를 세우고는 합니다. 누구에겐 최종 꿈일 수도 혹은 누구에겐 그 사이의 징검다리가 될 수도 있는 이 목표를 향해 간다는 것은 그 자체만으로 큰 가치가 있는 일입니다.

저는 유학 생활을 마치고 한국으로 돌아와 운명에 이끌리듯 강사의 길로 들어서게 되었습니다. 어느덧 7년이란 시간이 흘렀고 그동안 만난 무수한 학생들을 되새겨 보면, 영어 자체를 두려워하는 학생들이 많았습니다. 가까이에서 함께 한 저로서는 작은 도움의 씨앗을 심고 싹 틔우기 위해 누구든지 쉽게 재미를 붙일 수 있는 영어책을 집필하는 꿈을 꾸게 되었습니다.

"고등학교 이후로 영어 공부를 안 했어요.", "영어로 문장 만들기가 너무 어려워요.", "아는 영어 단어가 몇 개 없어요."라고 말씀하시는 분들에게 YES! You can do it!이라고 자신 있게 말하는 것을 목표로, 익숙한 표현들을 활용하여 4 Skills in One(듣기, 말하기, 읽기, 쓰기를 한 번에)을 완벽하게 구사할 수 있는 책을 만들었습니다. 이 책과 함께 한다면 어느새 영어가 쉽고 재밌다고 느끼는 여러분을 만날 수 있을 것입니다.

우리는 할 수 있습니다.
용기를 내어 꿈을 꾸는 여러분을 응원합니다.

저자 정유민

Remember, you are the one who can fill the world with sunshine.
잊지 마세요. 세상을 햇살로 가득 채울 수 있는 사람은 오직 당신이라는 것을요.

목차

OPIc 시험 소개

OPIc (Oral Proficiency Interview-Computer)이란?

→ 수험자 맞춤형 일대일 외국어 말하기 평가
OPIc은 1:1 인터뷰 방식의 언어 말하기 평가인 OPI를 최대한 실제 인터뷰와 가깝게 만든 인터넷 기반(iBT; Internet-Based Test)의 수험자 맞춤형 외국어 말하기 평가입니다.

→ 실생활 영어 구사 능력 측정
단순히 문법이나 어휘력 등을 측정하는 시험이 아니라 실생활에서 얼마나 효과적이고 적절하게 언어를 구사할 수 있는가를 측정하는 객관적인 언어 평가 도구입니다.

→ 국내 유수 기업 및 정부, 공공 기관에서 채택
국내에서는 2007년에 시작되어, 현재 삼성, LC, 한화, 두산 등 약 1,700여 개 기업 및 정부, 공공기관, 공사에서 OPIc을 채용과 인사 평가 등에 채택하여 활용하고 있습니다.

평가 언어	7개 언어(영어, 중국어, 러시아어, 스페인어, 한국어, 일본어, 베트남어)
문항 유형	• Background Survey(사전 설문 조사)를 통한 개인 맞춤형 문제 출제 • 배경 설문 조사는 주로 직업, 여가 생활, 취미, 관심사, 스포츠, 여행 등에 대한 주제
문항 수	12~15문항(개인별 차등)
시험 시간	60분(오리엔테이션 20분+본시험 40분)
시험 특징	• 개인 맞춤형 평가 • 실제 인터뷰와 근접하여 수험자 긴장 완화 • 문항별 성취도 측정이 아닌 종합적 회화 능숙도 평가 • 신속한 성적 처리
평가 등급	9개 등급 (Novice Low ~ Advanced Low) *Intermediate Mid 등급을 IM1<IM2<IM3로 세분화
평가 방식	절대 평가
평가 영역	• Global Tasks/Functions • Context/Content • Accuracy/Comprehensibility • Text Type

OPIc 시험 진행 순서

Orientation 20분

① Background Survey
평가 문항을 위한 사전 설문 조사

② Self Assessment
시험의 난이도 결정을 위한 자기 평가

③ Pre-Test Setup
질문 청취 및 답변 녹음 기능 사전 점검

④ Sample Question
화면 구성, 청취 및 답변 방법 안내, 답변 연습

본시험 40분

① 1st Session
개인 맞춤형 문항 / 질문 청취 최대 2회 /
문항별 답변 시간 제한 없음 / 약 7~10문항 출제

② 난이도 재조정
Self Assessment(2차 난이도 선택) /
쉬운 질문, 비슷한 질문, 어려운 질문 중 선택

③ 2nd Session
개인 맞춤형 문항 / 질문 청취 최대 2회 /
문항별 답변 시간 제한 없음 / 약 5~8문항 출제

OPIc의 평가 영역

OPIc은
1. 수험자가 외국어를 활용해 어떤 일을 할 수 있는지
2. 실생활의 목적들과 연관하여 언어 기술을 사용할 수 있는지
를 측정합니다.

세부적으로는, 다음의 4가지 영역에 걸쳐 언어 능력을 평가합니다.

→ **Global Tasks/Functions 과제 및 기능 수행**
주어진 특정 과제를 기능·역할에 맞게 수행하는지를 평가

→ **Context/Content 문맥/내용**
특정 과제 수행에 수반되는 문맥 및 내용의 전반적인 범위가 적절한지를 평가

→ **Accuracy/Comprehensibility 정확성/이해력**
답변이 문법, 어휘, 발음 등의 측면에서 정확하게 구사되고 있는지, 또한 청자가 이해할 수 있도록 전달하고 있는지를 평가

→ **Text Type 문장 구성**
문장, 문단을 시간의 순서와 같이 일정한 방식으로 언어를 전개하여 답변을 체계적으로 구성할 수 있는지를 평가

OPIc의 평가 방식

OPIc은 절대 평가 방식으로 측정됩니다.

응시자의 녹음 내용은 ACTFL 공인 평가자에게 전달되며, 이는 'ACTFL Proficiency Guidelines Speaking (Revised 2012)' 말하기 기준에 따라 절대 평가되어 Novice Low에서 Advanced Low까지의 등급을 부여받게 됩니다.

OPIc의 평가 등급 체계

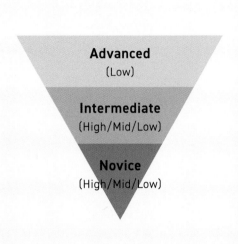

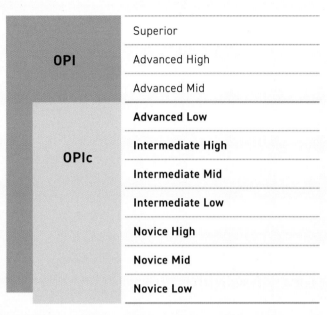

Level		Level별 요약정리
Advanced	Advanced Low	생각, 경험을 유창히 표현하는 수준으로, 토론, 협상, 설득 등 업무 능력 발휘가 가능하다. 사건을 서술할 때 일관적으로 동사 시제를 관리하고, 사람과 사물을 묘사할 때 다양한 형용사를 사용한다. 적절한 위치에서 접속사를 사용하기 때문에 문장간의 결속력도 높고 문단의 구조를 능숙하게 구성할 수 있다. 익숙하지 않은 복잡한 상황에서도 문제를 설명하고 해결할 수 있는 수준의 능숙도다.
Intermediate	Intermediate High	문법적으로 크게 오류가 없는 문단 단위의 언어를 구사하고 기본적인 토론과 업무 관련 의사 소통이 가능하다. 개인에게 익숙하지 않거나 예측하지 못한 복잡한 상황을 만날 때, 대부분의 상황에서 사건을 설명하고 문제를 효과적으로 해결하곤 한다. 발화량이 많고, 다양한 어휘를 사용한다.
	Intermediate Mid	문법적 오류를 범하나 문장 단위의 언어를 구사하고 깊은 토론 외의 의사소통이 가능하다. 일상적인 소재뿐 아니라 개인적으로 익숙한 상황에서는 문장을 나열하며 자연스럽게 말할 수 있다. 다양한 문장 형식이나 어휘를 실험적으로 사용하려고 하며, 상대방이 조금만 배려해주면 오랜 시간 대화가 가능하다. *Intermediate Mid의 경우 IM1 〈 IM 2 〈 IM 3로 세분화하여 제공된다.
	Intermediate Low	일상적인 소재에서는 문장으로 말할 수 있다. 대화에 참여하고 선호하는 소재에서는 자신감을 갖고 말할 수 있다.
Novice	Novice High	단어나 어구를 통한 의사소통이 가능하며, 일상적이고 간단한 대화가 가능하다. 일상적인 대부분의 소재에 대해서 문장으로 말할 수 있다. 개인 정보에 대해 질문을 하고 응답을 할 수 있다.
	Novice Mid	이미 암기한 단어나 문장으로 말하기를 할 수 있다.
	Novice Low	제한적인 수준이지만 영어 단어를 나열하며 말할 수 있다.

OPIc Background Survey

본시험에 앞서 Orientation의 첫 번째 단계로 Background Survey(사전 설문 조사)가 실시됩니다. 배경 설문 조사는 1~7번에 걸쳐, 직업, 거주지, 여가 활동, 취미, 관심사, 스포츠, 여행에 대한 것을 물으며, 특히 4~7번에 걸쳐 12개 이상을 선택해야 하고, 여기서 택한 주제들을 중심으로 본시험에서 문제가 출제됩니다.

1. 현재 귀하는 어느 분야에서 종사하고 계십니까?

□ 사업/회사   □ 재택 근무/재택 사업   □ 교사/교육자
□ 군 복무   □ 일 경험 없음

→ '사업/회사', '재택 근무/재택 사업' 선택 시 추가 질문
1.1 현재 귀하는 직업이 있으십니까? □ 네   □ 아니오

→ '네' 선택 시 추가 질문
1.1.1 귀하의 근무 기간은 얼마나 되십니까? □ 첫 직장 – 2개월 미만   □ 첫 직장 – 2개월 이상
□ 첫 직장 아님 – 경험 많음

→ '첫 직장 – 2개월 이상', '첫 직장 아님 – 경험 많음' 선택 시 추가 질문
1.1.1.1 귀하는 부하직원을 관리하는 관리직을 맡고 있습니까? □ 네   □ 아니오

→ '교사/교육자' 선택 시 추가 질문
1.1 현재 귀하는 어디에서 학생을 가르치십니까? □ 대학 이상   □ 초등/중/고등학교   □ 평생교육

→ 3가지 항목 중 하나 선택 시 추가 질문
1.1.1 현재 귀하는 직업이 있으십니까? □ 네   □ 아니오

→ '네' 선택 시 추가 질문
1.1.1.1 귀하의 근무 기간은 얼마나 되십니까? □ 2개월 미만 – 첫 직장   □ 2개월 이상
□ 2개월 미만 – 교직은 처음이지만 이전에 다른 직업을 가진 적이 있음

2. 현재 귀하는 학생이십니까?

□ 네   □ 아니오

→ '네' 선택 시 추가 질문
2.1. 현재 어떤 강의를 듣고 있습니까? □ 학위 과정 수업   □ 전문 기술 향상을 위한 평생 학습   □ 어학수업

→ '아니오' 선택 시 추가 질문
2.1 예전에 들었던 강의 목적은 무엇입니까? □ 학위 과정 수업   □ 전문 기술 향상을 위한 평생 학습
□ 어학 수업   □ 수강 후 5년 이상 지남

3. 현재 귀하는 어디에 살고 계십니까?

☐ 개인 주택이나 아파트에 홀로 거주

☐ 친구나 룸메이트와 함께 주택이나 아파트에 거주

☐ 가족(배우자/자녀/기타 가족 일원)과 함께 주택이나 아파트에 거주 ☐ 학교 기숙사 ☐ 군대 막사

아래의 설문 4~7번에서 총 12개 이상의 항목을 선택하십시오.

4. 귀하는 여가 활동으로 주로 무엇을 하십니까? (두 개 이상 선택)

☐ 영화 보기	☐ 클럽/나이트 클럽 가기	☐ 술집/바에 가기
☐ 박물관 가기	☐ 공원 가기	☐ 당구 치기
☐ 스포츠 관람	☐ 주거 개선	☐ 시험 대비 과정 수강하기
☐ 게임 하기	☐ 친구들과 문자 대화하기	☐ 뉴스 보거나 듣기
☐ SNS에 글 올리기	☐ 리얼리티쇼 시청하기	☐ 쇼핑하기
☐ TV 보기	☐ 스파/마사지샵 가기	☐ 구직 활동 하기
☐ 요리 관련 프로그램 시청하기	☐ 공연 보기	☐ 콘서트 보기
☐ 차로 드라이브하기	☐ 캠핑하기	☐ 해변 가기
☐ 카페/커피전문점에 가기	☐ 체스하기	☐ 자원봉사하기

5. 귀하의 취미나 관심사는 무엇입니까? (한 개 이상 선택)

☐ 아이에게 책 읽어 주기	☐ 음악 감상하기	☐ 악기 연주하기
☐ 글 쓰기(편지, 단문, 시 등)	☐ 그림 그리기	☐ 요리하기
☐ 독서	☐ 주식 투자하기	☐ 신문 읽기
☐ 사진 촬영하기	☐ 혼자 노래 부르거나 합창하기	☐ 춤추기
☐ 애완동물 기르기	☐ 여행 관련 잡지나 블로그 읽기	

6. 귀하는 주로 어떤 운동을 즐기십니까? (한 개 이상 선택)

☐ 농구	☐ 야구/소프트볼	☐ 축구
☐ 미식축구	☐ 하키	☐ 크리켓
☐ 골프	☐ 배구	☐ 테니스
☐ 배드민턴	☐ 탁구	☐ 수영
☐ 자전거	☐ 스키/스노보드	☐ 아이스 스케이트
☐ 조깅	☐ 걷기	☐ 요가
☐ 하이킹/트레킹	☐ 낚시	☐ 헬스
☐ 태권도	☐ 운동 수업 수강하기	☐ 운동을 전혀 하지 않음

7. 귀하는 어떤 휴가나 출장을 다녀온 경험이 있습니까? (한 개 이상 선택)

☐ 국내 출장	☐ 해외 출장	☐ 집에서 보내는 휴가
☐ 국내 여행	☐ 해외 여행	

OPIc Background Survey 설정 요령

1. 현재 귀하는 어느 분야에서 종사하고 계십니까?

☑ 일 경험 없음

↳ '일 경험 없음'을 선택해야 직업 관련 주제가 출제되지 않습니다.

사업 현황이나 직업 관련하여 자신 있게 답변할 수 있는 경우에만 해당 항목을 선택해 주세요.

2. 현재 귀하는 학생이십니까?

☑ 아니오

↳ '아니오'를 선택해야 강의 관련 주제가 출제되지 않습니다.

최근 수강한 강의나 교육 과정에 대해 설명할 수 있는 경우에만 '네'를 선택해 주세요.

3. 현재 귀하는 어디에 살고 계십니까?

☑ 개인 주택이나 아파트에 홀로 거주

↳ '개인 주택이나 아파트에 홀로 거주' 선택 시 출제되는 문제가 답변하기에 쉽습니다.

본인이 영어로 말하기 쉬운 항목을 선택해 주세요.

아래의 설문 4~7번에서 총 12개 이상의 항목을 선택하십시오.

4. 귀하는 여가 활동으로 주로 무엇을 하십니까? (두 개 이상 선택)

☑ 영화 보기   ☑ 공연 보기   ☑ 콘서트 보기

☑ 공원 가기   ☑ 해변 가기   ☑ 술집/바에 가기

☑ 카페/커피전문점에 가기   ☑ 쇼핑하기

↳ 답변이 유사한 항목 위주로 선택하면, 한 항목에 대한 답변으로 여러 주제를 함께 준비할 수 있는 장점이 있습니다.

답변 유사 항목: 음악 감상하기 – 공연 보기 – 콘서트 보기 / 해변 가기 – 국내 여행 – 해외 여행

5. 귀하의 취미나 관심사는 무엇입니까? (한 개 이상 선택)

☑ 음악 감상하기

6. 귀하는 주로 어떤 운동을 즐기십니까? (한 개 이상 선택)

☑ 운동을 전혀 하지 않음

↳ '운동을 전혀 하지 않음'을 선택해야 운동 관련 주제가 출제되지 않습니다.

7. 귀하는 어떤 휴가나 출장을 다녀온 경험이 있습니까? (한 개 이상 선택)

☑ 국내 여행   ☑ 해외 여행

OPIc Self Assessment 설정 요령

난이도 설정

Orientation의 두 번째 단계로, 자신의 영어 말하기 능력 수준을 선택하는 것인데, 총 6단계가 있습니다. 높은 단계를 선택하면 문제의 난이도가 높아지고 문제의 길이가 길어져 듣기에 어려움이 있을 수 있습니다. 또한 사회적 이슈 관련 문제가 출제될 수도 있습니다. 따라서 목표 등급을 얻고자 한다면 자신의 수준과 비슷한 난이도를 선택하는 것을 추천합니다.

→ **IM 2-3 등급을 목표로 하는 경우**, 난이도 3단계 또는 4단계 선택을 권장합니다.

→ **IH-AL 등급을 목표로 하는 경우**, 난이도 5단계 또는 6단계 선택을 권장합니다.

1. ☐ 🔊 Sample Audio 나는 10단어 이하의 단어로 말할 수 있습니다.

2. ☐ 🔊 Sample Audio 나는 기본적인 물건, 색깔, 요일, 음식, 의류, 숫자 등을 말할 수 있습니다. 나는 항상 완벽한 문장을 구사하지는 못하고 간단한 질문도 하기 어렵습니다.

3. ☑ 🔊 Sample Audio 나는 나 자신, 직장, 친숙한 사람과 장소, 일상에 대한 기본적인 정보를 간단한 문장으로 전달할 수 있습니다. 간단한 질문을 할 수 있습니다.

4. ☑ 🔊 Sample Audio 나는 나 자신, 일상, 일/학교, 취미에 대해 간단한 대화를 할 수 있습니다. 나는 이런 친숙한 주제와 일상에 대해 일련의 간단한 문장들을 쉽게 만들어 낼 수 있습니다. 내가 필요한 것을 얻기 위한 질문도 할 수 있습니다.

5. ☐ 🔊 Sample Audio 나는 친숙한 주제와 가정, 일/학교, 개인 및 사회적 관심사에 대해 대화할 수 있습니다. 나는 일어난 일과 일어나고 있는 일, 일어날 일에 대해 문장을 연결하여 말할 수 있습니다. 필요한 경우 설명도 할 수 있습니다. 일상 생활에서 예기치 못한 상황이 발생하더라도 임기응변으로 대처할 수 있습니다.

6. ☐ 🔊 Sample Audio 나는 일/학교, 개인적인 관심사, 시사 문제에 대한 어떤 대화나 토론에도 자신 있게 참여할 수 있습니다. 나는 대부분의 주제에 관해 높은 수준의 정확성과 폭넓은 어휘로 상세히 설명할 수 있습니다.

난이도 재조정

마찬가지로 1st Session이 끝난 후 난이도 재조정 화면이 나오는데, 다음 단계 시험 난이도를 설정할 때도 반드시 '비슷한 질문'을 선택합니다. 이렇게 Self Assessment에서 세 번째 항목을 선택하고 난이도 재조정에서 '비슷한 질문'을 선택할 때를 3-3이라고 부릅니다.

다음 단계의 시험에서는

• 쉬운 질문을 원하십니까? 　쉬운 질문 >

• 비슷한 질문을 원하십니까? 　비슷한 질문 >

• 아니면 어려운 질문을 원하십니까? 　어려운 질문 >

OPIc 시험 문제 유형

주제별 문제 유형

1. 자기소개
- OPIc 시험에서 1번 문제로 출제되며, 영어로 자신에 대해 간단히 소개합니다.
- 자기소개 문제는 등급에 영향을 미치지 않으므로, 답변하지 않고 다음 문제로 넘어가도 괜찮습니다. 하지만, 본격적인 시험에 앞서 몸풀기 문제라고 생각하고 짧게 답변해 보는 것도 좋습니다!

2. 선택형 주제 문제
- Background Survey에서 선택한 항목 중 일부 주제의 문제가 출제됩니다.
- 선택형 주제: 집, 음악 감상하기, 영화 보기, 공원 가기, 카페/커피전문점에 가기, 술집/바에 가기, 해변 가기, 쇼핑하기, 국내 여행, 해외 여행 등

3. 돌발형 주제 문제
- Background Survey에서 선택한 항목이 아닌 주제의 문제가 출제됩니다.
- 돌발형 주제: 음식점, 명절, 건강, 은행, 호텔, 모임/기념일, 가족/친구, 지형, 전화기/기술, 날씨, 교통, 약속, 가구/가전, 인터넷/동영상, 패션, 재활용 등

4. ROLE-PLAY 문제
- OPIc 시험에서 주로 11, 12번 문제로 출제되며, 주어진 상황에 맞게 역할극을 지시하는 문제입니다.
- 선택형/돌발형 주제와 관련된 상황에서 질문하기와 문제 상황 설명하고 대안 제시하기로 나누어 평균 2문제가 출제됩니다.

Combo Set이란?

OPIc 시험에서는 하나의 주제에 대해 2~3문제가 연속으로 출제되는데, 이를 **Combo Set(콤보 세트)**라고 부릅니다. 그리고 주제별 Combo Set의 문제 유형은 크게 세 가지로 구분 지을 수 있는데, 첫 번째 **현재 시제로 말하기**, 두 번째 **과거 시제로 말하기**, 세 번째 **경험담 말하기**입니다. (ROLE-PLAY Combo Set은 질문하기, 문제 상황 설명하기+대안 제시하기, 경험담 말하기)

현재 시제로 말하기:
주제별 현재의 사실이나 상태, 습관, 장소 등을 묘사 (2, 5, 8, 15번)

과거 시제로 말하기:
주제별 과거와 현재의 변화를 비교, 특정 활동을 시작하게/좋아하게 된 계기 (3, 6, 9, 14번)

경험담 말하기:
주제별 기억에 남는 경험 (4, 7, 10, 13번)

시험 문제 미리 보기

1. 자기소개

Let's start the interview now. Tell me something about yourself.

2~4. 음식점 돌발형 주제

2. [현재] 좋아하는 음식점 묘사

Tell me about your favorite restaurant. What does it look like? Why do you like it?

3. [과거] 최근에 음식점에 다녀온 경험

Tell me about the last time you went to a restaurant. Where did you go? What did you do there?

4. [경험담] 음식점에서 일어난 기억에 남는 사건

Tell me about a memorable experience that happened at a restaurant. What made it so memorable?

5~7. 명절 돌발형 주제

5. [현재] 우리나라의 명절 묘사

Describe your country's holidays. What do people do during the holidays?

6. [과거] 어릴 적 명절 때 일어난 일

Tell me about an experience that happened during a holiday when you were young. Tell me everything about that experience.

7. [경험담] 명절 때 일어난 기억에 남는 사건

Tell me about a memorable experience that happened during a holiday. What made it so memorable?

8~10. 집 선택형 주제

8. [현재] 집 묘사

I'd like to talk about where you live. Tell me about your house. What is your favorite room in your house?

9. [과거] 어릴 적 집과 현재의 집 비교

Tell me about the house you lived in when you were young. How was it different from the house you live in now?

10. [경험담] 집에 변화를 준 경험

Sometimes, we want to change something in our home. Tell me about a time when you made some changes in your house.

11~13. ROLE-PLAY 〉 MP3 player 돌발형 주제

11. [롤플레이] MP3 player 문의하기

I'd like to give you a situation and ask you to act it out. You want to buy an MP3 player, and your friend already has an MP3 player. Call your friend and ask some questions about the MP3 player he or she is using.

12. [롤플레이] 문제 상황 설명과 대안 제시하기

I'm sorry but there is a problem which I'll need you to resolve. You have borrowed an MP3 player from your friend but broke it by accident. Call your friend and explain the situation. Then give 2-3 alternatives.

13. [경험담] 물건에 문제 생긴 경험

That's the end of the situation. Tell me about a time when you broke something.

14~15. 국내 여행/해외 여행 선택형 주제

14. [과거] 과거의 여행과 현재의 여행 비교

Compare traveling in the past and now. How is traveling today different compared to the past?

15. [현재] 여행 관련 우려 묘사

Tell me a concern about traveling. What do people do to address the issue or concern?

이 책의 구성과 특징

PART 구성

PART 01 Combo Set 첫 번째, 현재 시제로 말하기를 17개의 Pattern으로 모든 주제 공략

PART 02 Combo Set 두 번째, 과거 시제로 말하기를 13개의 Pattern으로 모든 주제 공략

PART 03 Combo Set 세 번째, 경험담 말하기를 7개의 Pattern으로 모든 주제 공략

PART 04 선택형/돌발형 주제 Combo Set의 질문과 답변을 총망라하여 정리

PART 05 ROLE-PLAY의 Combo Set를 상황별로 학습할 수 있도록 구성

PART 06 실제 시험에 대비할 수 있도록 실전 모의고사 2 Set 수록

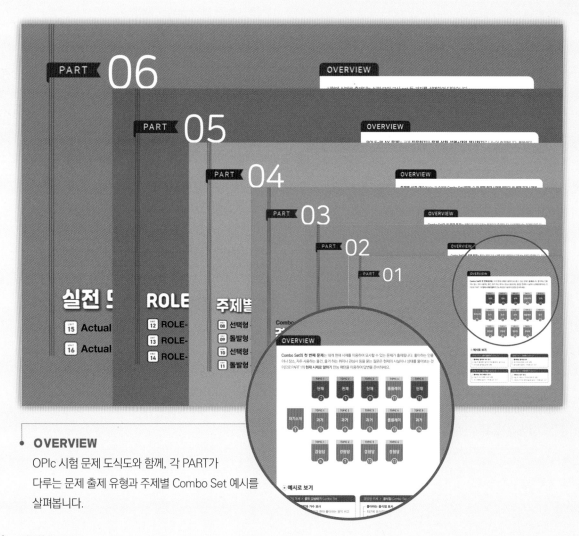

OVERVIEW

OPIc 시험 문제 도식도와 함께, 각 PART가
다루는 문제 출제 유형과 주제별 Combo Set 예시를
살펴봅니다.

Unit의 Pattern 몰아 보기

실제 답변 속에 담긴 패턴을 한눈에 보며, 앞으로 배울 패턴이 무엇인지 파악합니다.

빈출문제 미리보기

해당 PART가 다루는 문제 유형의 주제별 빈출 문제를 알아보고, 가장 많이 나오는 문제도 함께 기억해 두도록 합니다.

Pattern

하나의 답변을 이루기 위해 필요한 문장 Pattern의 형태와 뜻, 구성을 학습합니다.

PART 01: 17개의 Pattern
PART 02: 13개의 Pattern
PART 03: 7개의 Pattern
PART 05: 9개의 Pattern

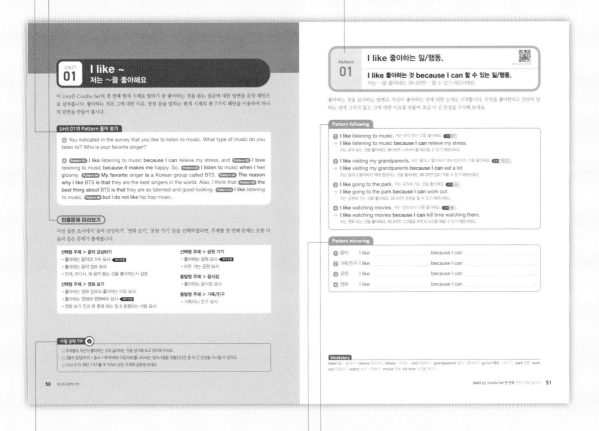

시험 공략 TIP

이 Unit을 학습할 때, 꼭 유념해야 하는 TIP을 정리하였으니, 반드시 활용하도록 합니다.

Pattern following

주제별로 패턴을 어떻게 적용하는지 눈으로 따라가 봅니다.

Pattern mirroring

학습한 패턴을 자신만의 답변으로 반영해 봅니다.

선택형/돌발형 주제 출제 유형

선택형 주제와 돌발형 주제를 따로 나누어,
앞서 배운 패턴이 적용되는 주제별 빈출 문제
Combo Set 정리하였습니다.

Combo Set

주제별 Combo Set와 함께 해당 문제의 출제
순서와 질문을 파악해 봅니다.

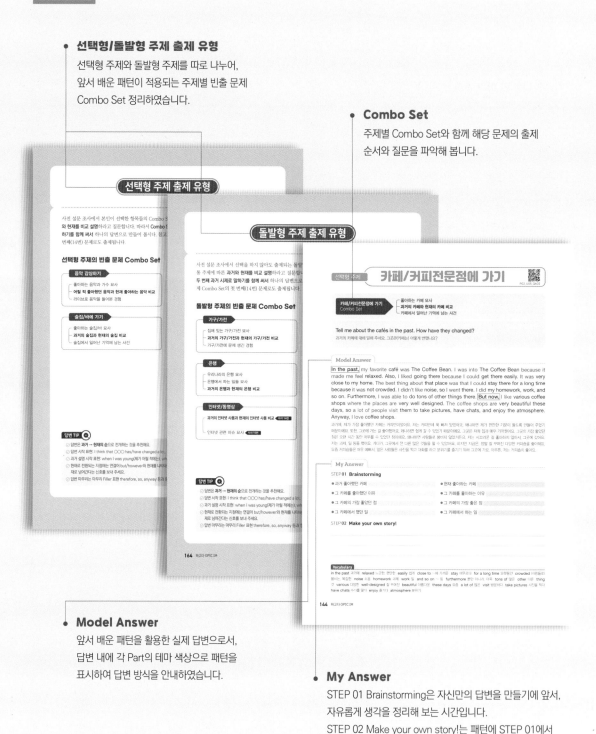

Model Answer

앞서 배운 패턴을 활용한 실제 답변으로서,
답변 내에 각 Part의 테마 색상으로 패턴을
표시하여 답변 방식을 안내하였습니다.

My Answer

STEP 01 Brainstorming은 자신만의 답변을 만들기에 앞서,
자유롭게 생각을 정리해 보는 시간입니다.
STEP 02 Make your own story!는 패턴에 STEP 01에서
정리한 생각 조각을 조합하여 답변을 완성합니다.

PART 04 주제별 실전 연습

PART 01~03에서 다룬 주제를 포함한 선택형 주제 10개, 돌발형 주제 16개의 Combo Set 문제와 모범 답변을 종합하여 정리하였습니다. 뿐만 아니라 시험에서 14, 15번 문제로 출제되는 시사 문제까지 다루어 총체적인 시험에 대비할 수 있습니다.

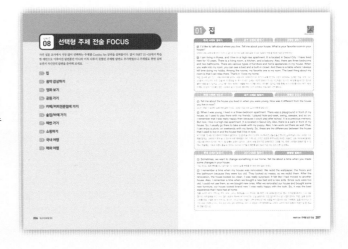

PART 06 실전 모의고사

사전 설문 조사에서 권장되는 항목으로 선택할 시, 실제로 출제될 확률이 높은 모의고사 2 Set을 수록하였습니다. 단기간에 시험 준비를 해야 한다면 실전 문제 유형 파악에 큰 도움이 됩니다.

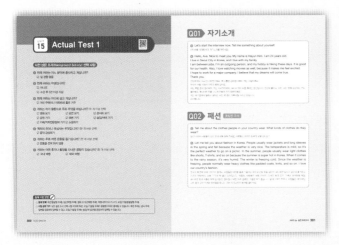

온라인 모의테스트

시험 전 실전 감각을 키울 수 있도록 교재의 내용을 그대로 온라인 테스트로 만들었습니다. 파고다북스 홈페이지(www.pagodabook.com)에서 로그인 후, '모의테스트 〉 오픽' 웹페이지에서 모의테스트를 이용하실 수 있습니다. 단, 별도의 채점 기능은 없고 모범 답안만 제공됩니다.

학습 플랜

10일 학습 플랜

DAY 1	DAY 2	DAY 3	DAY 4	DAY 5
자기소개 **PART 01** UNIT 01 I like ~	**PART 01** UNIT 02 They are ~ **PART 01** UNIT 03 There is ~	**PART 02** UNIT 04 I liked ~	**PART 02** UNIT 05 They were ~ **PART 02** UNIT 06 There was ~	**PART 03** UNIT 07 I did/have done ~ **PART 04** UNIT 08 선택형 주제 전술 FOCUS

DAY 6	DAY 7	DAY 8	DAY 9	DAY 10
PART 04 UNIT 09 돌발형 주제 전술 FOCUS	**PART 04** UNIT 10 선택형 주제 시사 전술 FOCUS **PART 04** UNIT 11 돌발형 주제 시사 전술 FOCUS	**PART 05** UNIT 12 ROLE-PLAY 질문하기 **PART 05** UNIT 13 ROLE-PLAY 문제 상황 설명＋대안 제시 **PART 05** UNIT 14 ROLE-PLAY 전술 FOCUS	**PART 04 ~ PART 05** 전체 다시 보기	**PART 06** UNIT 15 Actual Test 1 **PART 06** UNIT 16 Actual Test 2 **온라인 모의테스트 실시**

20일 학습 플랜

DAY 1	DAY 2	DAY 3	DAY 4	DAY 5
자기소개 **PART 01** UNIT 01 I like ~	**PART 01** UNIT 02 They are ~	**PART 01** UNIT 03 There is ~	**PART 01** 전체 다시 보기	**PART 02** UNIT 04 I liked ~

DAY 6	DAY 7	DAY 8	DAY 9	DAY 10
PART 02 UNIT 05 They were ~	**PART 02** UNIT 06 There was ~	**PART 02** 전체 다시 보기	**PART 03** UNIT 07 I did/have done ~	**PART 03** 전체 다시 보기

DAY 11	DAY 12	DAY 13	DAY 14	DAY 15
PART 04 UNIT 08 선택형 주제 전술 FOCUS	**PART 04** UNIT 09 돌발형 주제 전술 FOCUS	**PART 04** UNIT 10 선택형 주제 시사 전술 FOCUS **PART 04** UNIT 11 돌발형 주제 시사 전술 FOCUS	**PART 05** UNIT 12 ROLE-PLAY 질문하기	**PART 05** UNIT 13 ROLE-PLAY 문제 상황 설명+대안 제시

DAY 16	DAY 17	DAY 18	DAY 19	DAY 20
PART 05 UNIT 14 ROLE-PLAY 전술 FOCUS	**PART 05** 전체 다시 보기	**PART 04** 전체 다시 보기 **PART 05** 전체 다시 보기	**PART 06** UNIT 15 Actual Test 1 **PART 06** UNIT 16 Actual Test 2	온라인 모의테스트 실시

OPIc

시험 대비 필수 문법

Unit 1 8품사와 문장의 형식

8품사

Wow! Cute dimples appear on her face when she smiles broadly.
감탄사 형용사 명사 동사 전치사 대명사 명사 접속사 대명사 동사 부사

와우! 그녀가 활짝 웃으면 얼굴에 귀여운 보조개가 생겨요.

1 명사: 사람, 사물, 장소 등의 이름을 나타내는 말

- **셀 수 있는 명사:** 보통 한 개, 두 개 등으로 셀 수 있는 명사를 말하며, 하나(단수 명사)일 때는 「a(n)+명사」로, 두 개 이상 (복수 명사)일 때는 「명사+-(e)s」로 씁니다.
  - ex a park 공원 한 곳, parks 공원 여러 곳, a movie 영화 한 편, movies 영화 여러 편, a bar 술집 한 곳, bars 술집 여러 곳
- **셀 수 없는 명사:** 고유명사, 물질명사, 추상명사를 말하며, 항상 단수 취급합니다. 「a(n)+명사」 또는 「명사+-(e)s」로 쓰지 않습니다. 단, 「the+명사」는 가능합니다.
  - ex Korea 한국, Mt. Everest 에베레스트산, water 물, money 돈, bread 빵, coffee 커피, paper 종이, love 사랑, music 음악, furniture 가구, equipment 장비

2 대명사: 명사(사람, 사물, 장소 등의 이름)를 대신하는 말

- **지시대명사:** 명사를 구체적으로 가리켜 쓰는 말을 말합니다. 가까운 것을 가리킬 때는 this(이것)/these(이것들)로, 먼 것을 가리킬 때는 that(저것)/those(저것들)로 씁니다.
  - ex I love this. 저는 이것을 좋아해요.
- **인칭대명사:** 사람/사물의 이름을 대신하는 말을 말합니다. 앞에서 먼저 쓰인 사람/사물의 이름을 똑같이 반복하여 쓰는 것을 피하고자, 인칭, 수, 격에 따라 I, she, he, it, my, your, us, them, mine 등으로 대신하여 씁니다.
  - ex I like my parents. I really love them(=my parents). 저는 부모님을 좋아해요. 정말 그들을 사랑해요.

3 동사: 동작/행동이나 상태를 나타내는 말

- **be동사:** 인칭, 수에 따라 am, are, is의 형태로 구분하여 쓰며, '~이다, ~있다'라는 뜻입니다.
  - ex I am a dog person. My pet dog is cute. 저는 애견인이에요. 제 강아지는 귀여워요.
- **일반동사:** be동사를 제외한 나머지를 말합니다.
  - ex I swim well. 저는 수영을 잘해요.
- **조동사:** 동사를 보조하는 동사로, 동사에 가능, 능력, 의무, 추측 등 특수한 의미를 더합니다.
  - ex John can swim fast. John은 수영을 빨리 할 수 있어요.

4 형용사: 명사의 상태나 성질을 나타내는 말

- ex My grandma has blue eyes. 할머니는 파란 눈을 가지고 계세요. – 명사(eyes) 수식
- ex She looks gorgeous. 그녀는 정말 멋져 보여요. – 보어 역할

⑤ **부사:** 동사, 형용사, 부사 또는 문장 전체를 수식하는 말

　　ex You dress **fashionably**. 당신은 옷을 멋지게 입어요. – 동사 수식

　　ex **Luckily**, I got a concert ticket. 운 좋게도, 저는 콘서트 티켓을 샀어요. – 문장 전체 수식

⑥ **전치사:** 시간, 장소/위치, 방향, 수단 등을 나타내는 말

　　ex I often go **to** the park. 저는 종종 그 공원에 가요. – 방향

　　ex My dad always wakes up **before** 6 A.M. 아빠는 항상 오전 6시 전에 일어나세요. – 시간

⑦ **접속사:** 단어와 단어, 구와 구, 문장과 문장을 연결해 주는 말

　　ex My favorite singer is <u>tall</u> **and** <u>good-looking</u>.

　　　제가 제일 좋아하는 가수는 키가 크고 잘생겼어요. – 단어와 단어(등위 접속사 and)

　　ex <u>I like listening to music</u> **because** <u>I can relieve my stress</u>.

　　　저는 음악 듣는 것을 좋아해요, 왜냐하면 스트레스를 해소할 수 있기 때문이에요. – 문장과 문장(이유의 부사절 접속사 because)

⑧ **감탄사:** 놀라움, 기쁨, 슬픔 등의 느낌을 소리로 나타내는 말

　　ex Oops! I left my wallet behind. 이크! 제가 지갑을 놓고 왔어요.

문장의 성분

① **주어(S):** 문장에서 동작/행동이나 상태의 주체가 되는 말. 명사와 명사처럼 쓰이는 것(명사구, 동명사구, to부정사구, 명사절)이 주어로 쓰입니다.

② **동사(V):** 동작/행동이나 상태를 나타내는 말. 단독으로 사용되거나 조동사와 함께 쓰입니다.

③ **목적어(O):** 동사의 동작/행동의 대상이 되는 말. 명사와 명사처럼 쓰이는 것(명사구, 동명사구, to부정사구, 명사절)이 목적어로 쓰입니다.

④ **보어(C):** 명사의 상태나 성질을 나타내거나, 주어와 동사만으로 뜻이 불완전하여 보충해 주는 말. 형용사와 형용사처럼 쓰이는 것(형용사구, 분사, 분사구, to부정사구, 전치사구), 명사와 명사처럼 쓰이는 것(명사구, 동명사구, to부정사구, 명사절)이 보어로 쓰입니다.

⑤ **수식어:** 문장의 주요 성분(주어, 동사, 목적어, 보어)을 부연 설명하는 말. 부사, 부사구, 전치사구, 형용사절, 부사절이 수식어로 쓰입니다.

문장의 형식

영어 문장은 다음과 같이 크게 5가지 형식의 문장으로 나뉩니다.

① **1형식:** 주어(S) + 동사(V)

- 주어와 동사로만 이루어진 문장 형식이며, 1형식 문장의 의미를 보충해 주는 수식어구는 문장 주요 성분이 아니므로 형식에 영향을 미치지 않습니다.
- 대표적인 1형식 동사: be(~가 있다), go, come, arrive, swim, run, fly, rise, happen 등
  - **ex** I go (to the park). 저는 (공원에) 가요.
  - **ex** They eat (a lot). 그들은 음식을 (많이) 먹어요.

② **2형식:** 주어(S) + 동사(V) + 주격 보어(S.C.)

- 주어와 동사만으로는 의미가 완전하지 않아 주어의 상태를 보충해 주는 말인 보어를 함께 쓰는 문장 형식입니다.
- 대표적인 2형식 동사: be(~이다), become, get, grow, go, turn의 상태변화 동사(~이 되다), look, smell, taste, sound, feel의 감각동사 등
  - **ex** I am excited. 저는 신이 나요.
  - **ex** She became a professor. 그녀는 교수가 되었어요.

③ **3형식:** 주어(S) + 동사(V) + 목적어(O)

- 주어와 동사만으로는 의미가 완전하지 않아 동사의 동작 대상인 목적어를 함께 쓰는 문장 형식입니다. 목적어는 동사 뒤에서 '~을/를'로 해석됩니다.
- 대표적인 3형식 동사: want, need, like, love, have, play, hope 등
  - **ex** I like her. 저는 그녀를 좋아해요.
  - **ex** He hopes to have a smartwatch. 그는 스마트워치를 갖길 바라요.

④ **4형식:** 주어(S) + 동사(V) + 간접 목적어(I.O.) + 직접 목적어(D.O.)

- 주어와 동사만으로는 의미가 완전하지 않아 동사의 동작 대상인 목적어를 함께 쓰는 문장 형식입니다. 다만 4형식 동사는 수여 동사로서 두 개의 목적어인 간접 목적어(~에게), 직접 목적어(~을/를)를 가집니다.
- 대표적인 4형식 동사: give, buy, make, cook, show, send, tell, ask, teach, bring 등
  - **ex** I gave her my number. 저는 그녀에게 제 번호를 주었어요.
  - **ex** She asked me difficult questions. 그녀는 제게 어려운 질문을 했어요.

⑤ **5형식:** 주어(S) + 동사(V) + 목적어(O) + 목적격 보어(O.C.)

- 주어, 동사, 목적어로 이루어진 문장의 의미가 완전하지 않아, 목적어를 보충 설명하는 목적격 보어를 더한 문장 형식입니다.
- 대표적인 5형식 동사: have, make, let, keep, help, find, leave, call, name 등
  - **ex** I told her to go. 저는 그녀에게 가라고 말했어요.

Unit 2 문장의 종류

1 평서문: 주어 + 동사 + (목적어/보어).

평서문은 객관적인 사실이나 자신의 생각을 설명하는 문장을 말하며, 마침표로 끝납니다.

ex **I love** eating cookies. 저는 쿠키 먹는 것을 좋아해요.

ex **I am** excited because Christmas is coming. 크리스마스가 다가와서 저는 신이 나요.

2 의문문: be동사 + 주어 ~? / 조동사 + 주어 + 동사원형 ~? / 의문사 + 동사 + 주어 ~?

질문을 할 때 사용하는 문장이며, 물음표로 끝납니다.

1) 직접의문문: 일반적인 의문문을 말하며, 보통 주어와 동사의 자리를 바꾸어 의문문을 만듭니다. 의문사(what, who, where, how 등)를 쓰는 경우에는 문장 맨 앞에 씁니다.

ex **Did you check** it? 그것을 확인하셨나요?

ex **What is** happening? 무슨 일이죠?

2) 간접의문문: 의문문이 문장의 일부로 쓰이는 경우를 말합니다. 간접의문문은 의문사가 있는 경우에는 「의문사 + 주어 + 동사」로, 의문사가 없는 경우에는 「if[whether] + 주어 + 동사」의 형태로 씁니다.

ex Can you tell me? + How much is it? → Can you tell me **how much it is**? 그거 얼마인지 알려 주시겠어요?

ex I don't know. + Can I go there? → I don't know **if[whether] I can go there**.
제가 그곳에 갈 수 있을지 모르겠어요.

3) 부가의문문: 「긍정의 평서문, 부정의 부가의문문」, 「부정의 평서문, 긍정의 부가의문문」. 단, 명령문의 부가의문문은 will you로, let's 청유문의 부가의문문은 shall we로 나타냅니다.

ex **Mike is** a student, **isn't he**? Mike는 학생이죠, 그렇지 않나요?

ex **Help** her to finish the work, **will you**? 그녀가 그 일을 끝낼 수 있게 도와줘, 그래 줄래?

3 명령문: 동사 + (목적어/보어). / Please + 동사 + (목적어/보어).

명령문은 명령, 지시 또는 요청을 표현하며, 주로 마침표로 끝나지만 강력한 요구를 나타낼 때는 느낌표로 끝납니다.

ex **Please give** that to me. 그것을 제게 주세요.

ex **Stop** it! 그만해!

4 감탄문: How + 형용사/부사 + (주어 + 동사)! / What + (a/an) + 형용사 + 명사 + (주어 + 동사)!

감정이나 느낌을 강렬하게 표현하는 문장을 말하며, 느낌표로 끝나는 것이 특징입니다.

ex Wow! **How interesting (the question is)**! 우와! 정말 재미있는 질문이네요!

ex **What a great day**! 정말 멋진 날이네요!

5 기원문: May + 주어 + 동사원형 + (목적어/보어)!

다른 사람의 건강, 행복, 성공 등을 기원하는 문장을 말하며, 대부분 May로 시작하는 특징이 있습니다.

ex **May** you be happy! 행복하시길!

ex **May** you succeed! 성공하시길!

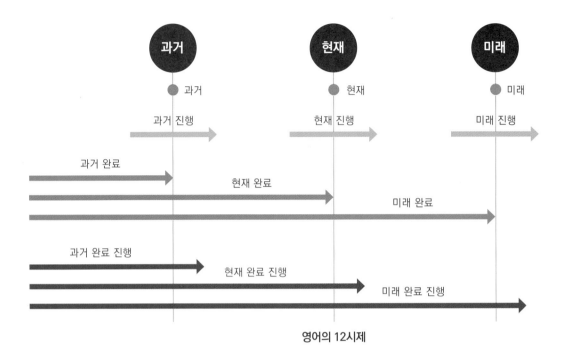

영어의 12시제

1 단순 시제

1) 현재 시제: 현재 동사(~이다/~하다)

현재의 사실이나 상태, 현재의 습관이나 반복적인 일, 불변의 진리, 과학적 사실을 나타냅니다.

ex **I like** her. 저는 그녀를 좋아해요. – 현재의 사실이나 상태

ex **He makes** me smile. 그는 저를 웃게 만들어요. – 현재의 사실이나 상태

ex **I work out** every day. 저는 매일 운동을 해요. – 습관/반복적인 일

ex The sun **rises** in the east. 해는 동쪽에서 뜹니다. – 불변의 진리

2) 과거 시제: 과거 동사(~이었다/~했다)

과거의 동작이나 상태를 나타냅니다.

ex **I lost** my wallet. 저는 지갑을 잃어버렸어요.

ex **I used** this smartphone. 저는 이 스마트폰을 사용했어요.

3) 미래 시제: will + 동사원형 / be going to + 동사원형(~할 것이다)

미래에 대한 추측이나 미래의 계획, 예정, 의지 등을 나타냅니다. 가까운 미래의 정해진 계획에 대해서는 be going to를 씁니다.

ex **I will tell** you about my last holiday. 제 지난 휴가에 대해 이야기해 줄게요.

ex **Will you** come with me tonight? 오늘 밤 저와 같이 가실래요?

ex **I am going to** visit my parents next week. 다음 주에 부모님을 뵈러 갈 거예요.

② 진행 시제

1) 현재 진행 시제: am/are/is + V-ing(~하고 있다)
현재에 계속되고 있는 동작이나 상태를 나타냅니다.

- ex I **am jogging** in the park. 저는 공원에서 조깅을 하고 있어요.
- ex It **is snowing** outside. 밖에 눈이 내리고 있어요.

2) 과거 진행 시제: was/were + V-ing(~하고 있었다)
과거의 어느 시점에 계속되고 있던 동작이나 상태를 나타냅니다.

- ex We **were listening** to music. 우리는 음악을 듣고 있었어요.
- ex Sean **was waiting** in line. Sean은 줄 서서 기다리고 있었어요.

3) 미래 진행 시제: will be + V-ing(~하고 있을 것이다)
미래의 어느 시점에 계속되고 있을 동작이나 상태를 나타냅니다.

- ex I **will be watching** a movie this time tomorrow. 내일 이맘때쯤엔 영화를 보고 있을 거예요.

③ 완료 시제

1) 현재 완료 시제: has/have + p.p.(~해왔다)
과거의 어느 시점에 일어난 일이 현재까지 영향을 미칠 때 씁니다.

- ex I **have lived** in Seoul for 6 years. 저는 6년째 서울에서 살고 있어요.

2) 과거 완료 시제: had + p.p.(~해왔었다)
과거의 어느 시점을 기준으로 그 이전에 일어난 일이 과거까지 영향을 미칠 때 씁니다.

- ex My family **had lived** in Busan before we moved to Seoul.
  저희 가족은 서울로 이사 오기 전에 부산에서 살았어요.

3) 미래 완료 시제: will have + p.p.(~했을 것이다)
미래의 어느 시점에 완료된 일을 나타낼 때 씁니다.

- ex Suzi **will have bought** a new smartphone by next Sunday.
  Suzi는 다음 주 일요일쯤이면 새 스마트폰을 샀을 거예요.

④ 완료 진행 시제

1) 현재 완료 진행 시제: has/have been + V-ing(~해오고 있다)
과거의 어느 시점에 시작된 일이 현재까지 진행 중인 동작을 나타낼 때 씁니다.

- ex We **have been waiting** in line for 3 hours. 우리는 3시간 동안 줄을 서서 기다려 왔어요.

2) 과거 완료 진행 시제: had been + V-ing(~해오고 있었다)
과거의 어느 시점을 기준으로 그 이전에 시작되어 과거까지 진행 중이었던 동작을 나타낼 때 씁니다.

- ex We **had been waiting** in line for 3 hours before Jason arrived.
  우리는 Jason이 도착하기 전에 3시간 동안 줄을 서서 기다리고 있었어요.

3) 미래 완료 진행 시제: will have been + V-ing(~해오고 있을 것이다)
과거나 현재에 시작된 일이 미래의 어느 시점까지 진행 중일 동작을 나타낼 때 씁니다.

- ex He **will have been working** here for 10 years by next year. 그는 내년이면 이곳에서 일한 지 10년째일 거예요.

Unit 4 조동사

조동사는 동사를 보조하는 동사로, 동사에 가능, 능력, 의무, 추측 등 특수한 의미를 더합니다.

① 조동사의 종류

can[could]	능력(~할 수 있다 = be able to), 허락(~해도 좋다), 추측(~일 리가 없다) ex She **can** speak English very well. 그녀는 영어를 아주 잘할 수 있어요. ex That **can't** be true. 그건 사실일 리가 없어요.
may[might]	추측(~일지도 모른다, ~할 수도 있다), 허락(~해도 좋다) ex You **may** leave early. 일찍 떠나도 좋아요. ex She **might** leave early. 그녀는 일찍 떠날지도 몰라요.
must	의무(~해야 한다), 추측(~임에 틀림없다) ex I **must** finish the work today. 저는 오늘 그 일을 끝내야만 해요.
should	의무(~해야 한다 = ought to) ex She **should** take vitamins every day. 그녀는 매일 비타민을 먹어야 해요.
have to	의무(~해야 한다) ex We **have to** wear a mask. 우리는 마스크를 써야 해요.
will[would]	미래(~일 것이다), 의지(~할 작정이다), 요청(~해 주시겠어요?) ex They **will** go to a music festival next week. 그들은 다음 주에 음악 축제에 갈 거예요. ex **Will** you speak slowly? 천천히 말씀해 주시겠어요?
used to	과거의 습관이나 상태(~하곤 했다, ~이었다) ex I **used** to spend a lot of time with my friends when I was young. 저는 어렸을 때 친구들과 시간을 많이 보내곤 했어요.

② 조동사 + have + p.p.

과거에 하지 못한 일이나 유감을 나타낼 때 씁니다.

1) should have + p.p.: ~했어야 했다

ex You **should have watched** the drama. 당신은 그 드라마를 봤어야 했어요.

2) would have + p.p.: ~했을 것이다

ex He **would have taken** pictures then. 그는 그때 사진을 찍었을 거예요.

3) must have + p.p.: ~했음이 틀림없다

ex Daniel **must have done** his project. Daniel은 프로젝트를 끝낸 것이 틀림없어요.

4) could have + p.p.: ~했을 수도 있다, ~할 수도 있었다

ex I **could have had** the wrong number. 제가 전화를 잘못 걸었을 수도 있어요.

5) may[might] have + p.p.: ~했을지도 모른다

ex She **might have had** dinner. 그녀는 저녁을 먹었을지도 몰라요.

Unit 5 수동태

주어가 동작의 주체가 되어 행동하는 것을 능동태라 하고, 주어가 동작의 대상이 되는 것을 수동태라 합니다.

① 수동태의 형태: be동사 + p.p.

- 능동태: A Korean singer held the concert. 한국 가수가 그 콘서트를 열었어요.
  주어   동사   목적어

- 수동태: The concert was held by a Korean singer. 그 콘서트는 한국 가수에 의해 열렸어요.
  주어   be동사 + p.p.   by + 목적격

② 시제별 수동태의 형태

현재	am/are/is + p.p.	과거	was/were + p.p.
현재 진행	am/are/is being + p.p.	과거 진행	was/were being + p.p.
현재 완료	has/have been + p.p.	과거 완료	had been + p.p.
미래	will be + p.p.		

ex Crops **are being grown** here. 농작물이 이곳에서 재배되고 있어요.

ex The concert **has been delayed** since January. 그 콘서트는 1월부터 연기되어 왔어요.

③ 4형식의 수동태

4형식 문장에는 목적어가 두 개(간접 목적어, 직접 목적어)이므로 두 개의 수동태를 만들 수 있습니다.

- 능동태: He gave me a gift. 그가 제게 선물을 줬어요.
  주어 동사 간목 직목
- 수동태(간접 목적어 주어): I was given a gift by him. 저는 그에게서 선물을 받았어요.
- 수동태(직접 목적어 주어): A gift was given to me by him. 선물이 그에 의해 제게 주어졌어요.

④ 5형식의 수동태

지각·사역 동사의 동사원형 목적격 보어는 수동태로 전환 시 to부정사의 형태를 취합니다.

- 능동태: Mom made me clean my room. 엄마는 제게 제 방 청소를 하게 하셨어요.
- 수동태: I was made to clean my room by Mom. 저는 엄마에 의해 제 방 청소를 하게 되었어요.

Unit 6 to부정사

① **to부정사의 형태:** to + 동사원형

② **to부정사의 용법**

1) 명사적 용법(~하는 것): 주어, 목적어, 보어 역할

ex **To practice speaking English** is important. 영어 말하기 연습을 하는 것은 중요해요. – 주어

ex I hope **to be a teacher**. 저는 선생님이 되기를 바라요. – 목적어

ex She asked me **to fill out the form**. 그녀는 제게 양식을 작성해 달라고 요청했어요. – 보어

to부정사를 목적어로 취하는 동사	to부정사를 목적격 보어로 취하는 동사
want, hope, wish, expect, plan, decide, learn, deserve, choose, afford, promise, agree, tend, pretend, refuse, fail, need, manage, would like[love] 등	tell, ask, request, want, expect, teach, encourage, persuade, allow, lead, promise, advise, force, get, order, cause, promise 등

2) 형용사적 용법(~하는, ~할): 명사 수식

ex There are a lot of chairs to sit on. 앉을 의자가 많이 있어요.

3) 부사적 용법: 목적(~하기 위해), 감정의 원인(~하니), 판단의 근거(~하다니), 결과(~하게 되다), 형용사 수식(~하기에)

ex We decided to go to a beach **to refresh** ourselves. 우리는 기분 전환을 하기 위해 해변에 가기로 했어요. – 목적

ex Ian grew up **to become** a YouTube creator. Ian은 커서 유튜브 크리에이터가 되었어요. – 결과

ex The truth is hard **to believe**. 그 사실은 믿기가 힘들어요. – 형용사 수식

③ **to부정사의 의미상 주어**

1) to부정사의 동작을 하는 주체가 문장의 주어와 다를 경우에는 to부정사 앞에 「for + 목적격」으로 표기합니다.

ex Is it possible **for our team** to win a game? 우리 팀이 경기를 이기는 게 가능할까요?

2) 사람의 성질, 성격을 나타내는 형용사 뒤에 오는 의미상 주어는 「of + 목적격」으로 씁니다.

ex It is very *kind* **of you** to help me. 저를 도와주시다니 당신은 정말 친절하시네요.

사람의 성질, 성격을 나타내는 형용사
nice, good, kind, considerate, thoughtful, generous, polite, clever, wise, bad, rude, careless, foolish, silly, stupid 등

Unit 7 동명사

❶ 동명사의 형태: 동사원형 + -ing

❷ 동명사의 용법

1) 명사적 용법(~하는 것): 주어, 목적어, 보어 역할

ex **Worrying** won't make it better. 걱정한다고 상황이 나아지지 않아요. – 주어

ex My hobby is **baking cookies**. 제 취미는 쿠키를 굽는 거예요. – 보어

ex Many people enjoyed **watching** the sunrise. 많은 사람들이 즐겁게 일출을 봤어요. – 목적어

> 동명사를 목적어로 취하는 동사
>
> enjoy, give up, finish, quit, mind, dislike, practice, suggest, consider, appreciate, admit, delay, put off, avoid, deny, imagine, risk, keep (on) 등

2) 용도/목적을 나타내는 동명사

a **sleeping** bag 침낭, a **recycling** bin 재활용 쓰레기통, a **swimming** pool 수영장, **running** shoes 운동화, **drinking** water 식수

❸ 동명사의 의미상 주어

동명사의 동작을 하는 주체가 문장의 주어와 다를 경우에는 동명사 앞에 소유격 혹은 목적격으로 표기합니다.

ex Would you mind my[me] **answering** the phone here? 제가 여기서 전화를 받아도 될까요?

❹ to부정사 vs. 동명사

1) to부정사와 동명사를 모두 목적어로 취하지만 의미 차이가 없는 동사

> like, love, hate, prefer, begin, start, continue, attempt, intend

ex Do you like **to listen** to music? 음악 듣는 것을 좋아하세요?

Do you like **listening** to music? 음악 듣는 것을 좋아하세요?

2) to부정사와 동명사를 모두 목적어로 취하지만 의미 차이가 있는 동사

to부정사 목적어(현재·미래 지향)	동명사 목적어(과거 지향)
remember to V ～할 것을 기억하다	remember V-ing ～했던 것을 기억하다
forget to V ～할 것을 잊다	forget V-ing ～했던 것을 잊다
try to V ～하려고 노력하다	try V-ing ～을 시도해 보다
regret to V ～하게 되어 유감이다	regret V-ing ～했던 것을 후회하다
stop to V ～하기 위해 멈추다	stop V-ing ～하던 것을 중단하다

ex I didn't forget **to send** her a text message. 저는 그녀에게 문자 메시지 보내는 것을 잊지 않았어요.

I didn't forget **sending** her a text message. 저는 그녀에게 문자 메시지 보냈던 것을 잊지 않았어요.

Unit 8 분사

① 분사의 종류

분사는 능동/진행을 나타내는 현재분사(V-ing)와 수동/완료를 나타내는 과거분사(p.p.)로 나뉩니다.

ex What a **surprising** twist! 정말 놀라운 반전이네요! – 능동(~하는)

ex I watched my brother **building** a sandcastle. 저는 제 남동생이 모래성을 만들고 있는 것을 봤어요. – 진행(~하고 있는)

ex My number was **called**. 제 번호가 불렸어요. – 수동(~된)

ex **Fallen** leaves are spread all over the street. 길에 온통 낙엽이 널려 있어요. – 완료(~한)

② 분사의 쓰임

1) 명사 수식

ex He got a **disappointing** result. 그는 실망스러운 결과를 받았어요.

ex The man **resting** on the grass is my dad. 잔디에서 쉬고 있는 남자가 제 아빠예요.

2) 보어 역할

ex The result was **disappointing**. 그 결과는 실망스러웠어요.

③ 감정을 나타내는 분사

감정 동사를 형용사처럼 쓰이는 분사로 바꿔 명사를 수식할 수 있습니다. 수식을 받는 명사가 감정을 유발하는 주체이면 현재분사(V-ing)를, 감정을 느끼는 대상이라면 과거분사(p.p.)를 씁니다.

동사	현재분사	과거분사	동사	현재분사	과거분사
excite 흥분시키다	exciting 흥분시키는	excited 흥분한	surprise 놀라게 하다	surprising 놀라운	surprised 놀란
interest 흥미를 끌다	interesting 흥미로운	interested 흥미가 있는	bore 지루하게 하다	boring 지루하게 하는	bored 지루한
satisfy 만족시키다	satisfying 만족스러운	satisfied 만족하는	disappoint 실망시키다	disappointing 실망시키는	disappointed 실망한
annoy 짜증 나게 하다	annoying 짜증 나게 하는	annoyed 짜증이 난	exhaust 지치게 하다	exhausting 지치게 하는	exhausted 지친
tire 지치게 하다	tiring 지치게 하는	tired 지친	please 기쁘게 하다	pleasing 기쁘게 하는	pleased 기쁜
confuse 혼란시키다	confusing 혼란스럽게 하는	confused 혼란스러워하는	embarrass 당황스럽게 하다	embarrassing 당황스럽게 하는	embarrassed 당황한

Unit 9 비교

둘 혹은 그 이상의 대상의 상태를 형용사 또는 부사로 비교하는 것을 말합니다.

① 형태

원급(~한/하게)	형용사/부사
비교급(더 ~한/하게)	「형용사/부사 + -er」 또는 「more + 형용사/부사」
최상급(가장 ~한/하게)	「the + 형용사/부사 + -est」 또는 「the most + 형용사/부사」

② 원급 비교

1) as + 원급 + as: …만큼 ~한

ex He is **as smart as** me. 그는 저만큼 똑똑해요.

2) not as + 원급 + as: …만큼 ~하지 않은

ex He is **not as smart as** me. 그는 저만큼 똑똑하지 않아요.

3) as + 원급 + as possible: 가능한 한 ~한

ex Call me back **as soon as possible**. 가능한 한 빨리 제게 연락 주세요.

③ 비교급 비교

1) 비교급 + than: …보다 ~한

ex He is **smarter than** me. 그는 저보다 더 똑똑해요.

2) The + 비교급 ~, the + 비교급 …: ~하면 할수록, 더 …한

ex **The more** you know about the author, **the more** you will admire her.
그 작가에 대해 알면 알수록, 그녀를 더 존경하게 될 거예요.

3) 비교급 + and + 비교급: 점점 더 ~한

ex I am getting **smarter and smarter**. 저는 점점 더 똑똑해지고 있어요.

4) less + 원급 + than: …보다 덜 ~한

ex He is **less smart than** me. 그는 저보다 덜 똑똑해요.

④ 최상급 비교

1) the + 최상급 + in/of + 비교 집단: …에서 가장 ~한

ex He is **the smartest of** all the ministers. 그는 모든 장관들 중에서 가장 똑똑해요.

ex He is **the most popular** singer in Korea. 그는 한국에서 가장 유명한 가수예요.

2) one of the + 최상급 + 복수 명사: 가장 ~한 것들[사람들] 중 하나[한 명]

ex He is **one of the most popular** singers in Korea. 그는 한국에서 가장 유명한 가수들 중 한 명이에요.

Unit 10 관계사

① 관계대명사: 두 개의 문장을 이어주며, 문장에서 「접속사 + 대명사」 역할을 합니다.

1) 관계대명사의 종류

선행사 \ 격	주격	목적격	소유격
사람	who	who(m)	whose
동물, 사물	which	which	whose
사람, 동물, 사물	that	that	-
선행사 포함(~하는 것)	what	what	-

ex I know **a woman**. + **The woman** is good at dancing. 저는 한 여자를 알아요. + 그 여자는 춤을 잘 춰요.

→ I know **a woman** who is good at dancing. 저는 춤을 잘 추는 한 여자를 알아요.

ex She has **a bag**. + **The bag** is expensive. 그녀는 가방을 하나 가지고 있어요. + 그 가방은 비싸요.

→ She has **a bag** which is expensive. 그녀는 비싼 가방을 하나 가지고 있어요.

ex This is **my friend**. + I met **the friend** in the USA. 이 사람은 제 친구예요. + 저는 미국에서 그 친구를 만났어요.

→ This is **my friend** whom I met in the USA. 이 친구가 제가 미국에서 만난 친구예요.

ex I have **a sister**. + **Her** job is so special. 저는 여동생이 한 명 있어요. + 그녀의 직업은 아주 특별해요.

→ I have **a sister** whose job is so special. 저는 아주 특별한 직업을 가진 여동생이 한 명 있어요.

2) 관계대명사의 생략: 목적격 관계대명사 who, whom, which, that은 생략할 수 있습니다.

ex A kind man found the wallet **(which[that])** I had lost the day before yesterday.
어느 친절한 남자가 제가 그저께 잃어버린 지갑을 찾아줬어요.

② 관계부사: 두 개의 문장을 이어주며, 문장에서 「접속사 + 부사」 역할을 합니다.

1) 관계부사의 종류

	선행사	관계부사	전치사 + 관계대명사
시간	the time, the day, the month, the year, ...	when	at/on/in which
장소	the place, the city, the country, ...	where	at/in/to which
이유	the reason	why	for which
방법	the way *the way와 how는 함께 쓸 수 없고, 둘 중 하나만 씁니다.	how	in which

ex This is **the house**. + I have lived for 6 years **in the house**. 이곳은 집이에요. + 저는 그 집에서 6년간 살아왔어요.

→ This is **the house** where I have lived for 6 years. 이곳은 제가 6년간 살아온 집이에요.

ex I am unsure about **the reason**. + He didn't call me **for a reason**.
저는 이유를 잘 모르겠어요. + 그는 제게 어떤 이유로 전화를 하지 않았어요.

→ I am unsure about **the reason** why he didn't call me. 저는 그가 제게 전화를 하지 않은 이유를 잘 모르겠어요.

2) 관계부사의 생략: 관계부사(when, where, why, how)나 일반적인 의미를 가진 선행사(the time, the place 등) 둘 중 하나는 생략할 수 있습니다.

ex He didn't remember **the date** (when) he and I first met. 그는 그와 제가 처음 만난 날짜를 기억하지 못했어요.

ex This park is (the place) **where** I often work out. 이 공원은 제가 자주 운동을 하는 곳이에요.

Unit 11 접속사와 전치사

① 접속사: 단어와 단어, 구와 구, 문장과 문장을 연결해 줍니다.

1) 등위 접속사

| and(그리고) | or(또는, 아니면) | but(하지만, 그러나) | so(그래서, 그러므로) | for(~때문에) | nor(~도 또한 아니다) |

ex I love listening to music **and** watching movies. 저는 음악 듣는 것과 영화 보는 것을 좋아해요.

ex I love watching movies, **but** I don't like zombie movies.
저는 영화 보는 것을 좋아하지만, 좀비 영화는 좋아하지 않아요.

ex I like outdoor activities, **so** I go hiking on Sundays. 저는 야외 활동을 좋아해서, 일요일마다 등산을 가요.

2) 종속 접속사

• **명사절 접속사:** 문장에서 명사처럼 쓰이는 절을 이끄는 접속사를 말합니다.

| that(~하는 것) | if/whether(~인지 아닌지) | 의문사 who, where, how 등 |

ex The doctor said **that** I had food poisoning. 의사 선생님께서 제가 식중독에 걸렸다고 하셨어요.

ex He asked me **if[whether]** I could drive. 그는 제게 운전을 할 수 있는지를 물어보았어요.

ex Could you tell you **how** much this is? 이것이 얼마인지 알려 주시겠어요?

• **부사절 접속사:** 문장에서 부사처럼 쓰이는 절을 이끄는 접속사를 말합니다.

시간	when(~할 때)　　before(~하기 전에)　　after(~한 후에)　　while(~하는 동안) until(~할 때까지)　　as soon as(~하자마자)　　by the time(~할 때까지)
이유	because/as/since(~하기 때문에)
조건	if(만일 ~한다면)　　unless(만일 ~하지 않는다면)　　as long as(~하는 한)
양보	although/though/even though/even if(비록 ~하지만)
대조	while/whereas(~하는 반면)
목적	so that(~하기 위해)
비례/양태	as(~함에 따라, ~와 같이)

ex I listen to music **when** I am bored. 저는 지루할 때 음악을 들어요.

ex I love listening to music **because** I can relieve stress.
저는 스트레스를 해소할 수 있기 때문에 음악 듣는 것을 좋아해요.

ex **If** the hotel is located near the beach, you can enjoy a sea view from the hotel as well.
만일 호텔이 해변 근처에 위치해 있다면, 호텔에서 보이는 바다 경치도 즐길 수 있어요.

ex **Even though** he has a job, he does the laundry, does the dishes and does the cleaning as well.
그는 일을 하는데도, 빨래도 하고, 설거지도 하고, 청소도 해요.

② **전치사:** 명사, 대명사 앞에 놓여 시간, 장소/위치, 방향, 수단 등을 나타냅니다.

시간	in + 연도/월/계절 (~에, ~ 후에) on + 날짜/요일 (~에) at + 시각, 특정 시점 (~에) until (~까지) by (~까지) for (~ 동안) during (~ 동안) before (~ 전에) after (~ 후에) since (~ 이후로) from ~ to … (~부터 …까지)
장소	at + 좁은 장소, 구체적 장소 (~에) in + 넓은 장소, 도시, 국가 (~에)
위치	in (~ 안에) on (~ 위에) under (~ 아래에) by (~ 옆에 = beside, next to) near (~ 근처에) above (~보다 위에) below (~보다 아래에) in front of (~ 앞에) behind (~ 뒤에)
방향	to (~로) into (~ 안으로) for (~을 향해) towards (~을 향해)
목적	for (~을 위해)

ex I work out **in** the morning. 저는 아침에 운동해요.

ex The fans were screaming and singing **during** the concert. 콘서트 동안에 팬들은 소리도 지르고 노래도 했어요.

ex I woke up **at** 6 A.M. to go **to** the gym. 저는 헬스클럽에 가기 위해 오전 6시에 일어났어요.

ex They are **in** the playground. 그들은 운동장에 있어요.

ex The book is **on** the table. 그 책은 책상 위에 있어요.

ex You can see the market **in front of** the school. 학교 앞에서 시장을 볼 수 있어요.

ex I remember a time when I went **to** a beach with my family. 저는 가족과 함께 해변에 다녀온 때가 기억나요.

③ **접속사 vs. 전치사**

접속사 + 절	전치사 + 명사(구)
because[as, since] ~하기 때문에	because of[due to] ~ 때문에
although[though, even though] ~에도 불구하고	despite[in spite of] ~에도 불구하고
while[as] ~하는 동안	during ~ 동안

ex The weather has changed a lot **because of** global warming. 지구 온난화 때문에 날씨가 많이 변했어요.

ex The weather has changed a lot **because** global warming affects the environment.
지구 온난화가 환경에 영향을 미치기 때문에 날씨가 많이 변했어요.

Unit 12 가정법

가정법은 일어나지 않았거나 일어나지 않을 가능성이 높은 상황을 가정하여 말하는 화법을 말합니다.

① 가정법 과거: 현재 사실과의 반대를 가정할 때 씁니다.

　1) 형태: If + 주어 + 과거 동사 ~, 주어 + 조동사의 과거형 + 동사원형 …

　2) 의미: 만약 ~라면, …할 텐데

　　ex **If I were** you, **I wouldn't spend** a lot of money on that. 제가 당신이라면, 그것에 많은 돈을 쓰지 않을 거예요.

　　*be동사는 원래 인칭 상관없이 were로 쓰지만, 구어체에서는 was를 쓰기도 합니다.

　　ex **If I had** a car, **I could go** anywhere I wanted. 차가 있다면, 원하는 곳 어디든지 갈 수 있을 거예요.

② 가정법 과거완료: 과거 사실과의 반대를 가정할 때 씁니다.

　1) 형태: If + 주어 + had + p.p. ~, 주어 + 조동사의 과거형 + have + p.p. …

　2) 의미: 만약 ~했다면, …했을 텐데

　　ex **If the weather hadn't been** so bad, **we would have gone** on a picnic.
　　날씨가 아주 나쁘지 않았다면, 우린 소풍을 갔을 거예요.

　　ex **If he had made** a success of the project, **he would have been promoted.**
　　그가 프로젝트를 성공시켰다면, 승진했을 거예요.

③ I wish 가정법

1) I wish 가정법 과거: 현재에 이룰 수 없는 소망을 나타냅니다.

　• 형태: I wish + 주어 + 과거형 동사 ~

　• 의미: ~라면 좋을 텐데

　　ex **I wish I had** the latest smartphone. 저는 가장 최신 스마트폰을 가지고 있으면 좋겠어요.

2) I wish 가정법 과거 완료: 과거에 이루지 못한 소망을 나타냅니다.

　• 형태: I wish + 주어 + had + p.p. ~

　• 의미: ~했더라면 좋았을 텐데

　　ex **I wish I had bought** the stocks. 저는 그 주식을 샀더라면 좋았을 거예요.

Unit 13 일치

① 주어와 동사의 수 일치

주어의 수에 따라 동사의 수를 맞추는 것을 말합니다.

1) There is + 단수 명사 / There are + 복수 명사

   ex There **are** a lot of things to do online. 온라인으로 할 수 있는 일이 많습니다.

2) to부정사(구), 동명사(구), 명사절이 주어일 때 단수 취급합니다.

   ex **Listening** to music **is** my hobby. 음악 듣는 것이 제 취미예요.

3) 등위 상관 접속사의 수 일치

무조건 복수 취급	Both A and B		
B에 수 일치	A or B Either A or B Not only A but also B	Neither A nor B Not A but B B as well as A	

   ex **Both** my mom and my dad **are** important to me. 엄마와 아빠 두 분 모두 제겐 중요해요.

   ex **Neither** he nor I **am** interested in economics. 그도 저도 경제학에 흥미가 없어요.

4) 주의해야 하는 주어-동사의 수 일치

   • every/each + 단수 명사 + 단수 동사 / one of + 복수 명사 + 단수 동사

   ex **Every** student **knows** it. 모든 학생이 그걸 알고 있어요.

   ex **One of** the students **knows** everything. 학생 중 한 명은 모든 걸 알고 있어요.

   • a number of(많은) + 복수 명사 + 복수 동사 / the number of(~의 수) + 복수 명사 + 단수 동사

   ex **A number of** students **enjoy** smartphone games. 많은 학생들이 스마트폰 게임을 즐겨요.

   • 부분을 나타내는 「some/any/all/most/none/half/part/분수/퍼센트 + of + 명사」는 뒤따르는 명사에 동사의 수를 일치시킵니다.

   ex **Some of** my colleagues **are** creative. 제 동료 중 일부는 창의력이 있어요.

   • 국가명, 학과명, 그리고 무게/시간/금액이 하나의 단위 개념일 때 단수 취급합니다.

   ex **Mathematics is** very difficult. 수학은 매우 어려워요.

   ex **A million dollars is** not big money. 백만 달러는 큰돈이 아니에요.

② 주절과 종속절의 시제 일치

1) 주절이 현재 시제일 경우, 종속절에는 어떤 시제든 쓸 수 있습니다.

   ex I **am** sure that we **will** meet again soon. 저는 우리가 곧 다시 만날 거라고 확신해요.

   ex I **am** sure that we **have met** before. 저는 우리가 전에 만난 적이 있다고 확신해요.

2) 주절이 과거 시제일 경우, 종속절에는 과거 시제 또는 과거 완료 시제를 써야 합니다.

   ex I **didn't** know that I **was** pickpocketed. 저는 제가 소매치기 당했다는 걸 몰랐어요.

3) 시제 일치의 예외: 현재의 습관, 불변의 진리, 속담, 격언 등은 항상 현재 시제로 쓰고, 역사적 사실은 항상 과거 시제로 씁니다.

   ex I **was** told that the pen **is** mightier than the sword. 저는 펜이 칼보다 강하다고 들었어요. – 속담(현재 시제)

   ex He **won't forget** that Edison **invented** the light bulb. 그는 에디슨이 전구를 발명했다는 걸 잊지 않을 거예요.
   – 역사적 사실(과거 시제)

OPIc

자기소개 (Self-Introduction)

Tell me about yourself.

Hello. My name is …

자기소개

OPIc 시험의 첫 번째 문제는 자신을 소개해 보라는 문제입니다. 수험자 누구에게나 공통으로 출제되는 문제이므로 미리 답변을 준비해서 자신감 있게 자신을 소개해 보세요.

❶ 이름

- My name is Hayun Kim. 제 이름은 김하윤입니다.

→ _____ .

❷ 나이

- I'm 20 years old. 저는 스무 살이에요.
- I'm in my 20s. 저는 20대예요.

→ _____ .

❸ 거주지

1) 거주지 위치

- I live in Seoul City in Korea. 저는 한국의 서울에 살아요.

→ _____ .

2) 함께 거주하는 사람

- I live with my family. 저는 가족과 함께 살아요.
- I live alone. 저는 혼자 살아요.

→ _____ .

어휘 city 시 province 도 town 소도시, 읍 downtown 도심지에 countryside 시골 지역 country 시골 family 가족 parents 부모님 grandparents 조부모님 friend 친구 roommate 룸메이트 colleague (직장) 동료

4 하는 일

- 학생: I am a (university/college) student. 저는 (대)학생이에요.

- 취업 준비생: I'm between jobs. 저는 취업 준비 중이에요.

- 직장인: I work as a manager. 저는 매니저로 일하고 있어요.

→ _____ .

어휘 take time off from school 휴학하다 freshman 1학년 sophomore 2학년 junior 3학년 senior 4학년, 선임의 look for a job 구직 중이다 unemployed 실직한 major in ~을 전공하다 economics 경제학 computer engineering 컴퓨터 공학 English literature 영문학 HR(Human Resources) 인사부 Accounting department 재무부 Management Division 관리부 Planning Department 기획부 staff 직원

5 성격

- I'm an outgoing person. 저는 사교적이에요.

- I'm a quiet person. 저는 조용해요.

→ _____ .

어휘 easygoing 느긋한, 무던한 honest 정직한 talkative 수다스러운 kind 친절한 caring 남을 배려하는 humble 겸손한 generous 관대한 responsible 책임감이 있는 optimistic 긍정적인 energetic 에너지 넘치는 bubbly 활달한 shy 수줍음이 있는 introverted 내성적인 reserved 말수가 적은

6 취미

1) 취미 소개

- My hobby is watching movies. 저의 취미는 영화 감상이에요.

- I'm into hiking these days. 저는 요즘 등산에 푹 빠져 있습니다.

→ _____ .

2) 취미의 장점

- It is good for our health. 건강에 좋습니다.

- It makes me feel excited. 저를 신나게 만들어 줍니다.

→ _____ .

> **어휘** reading 독서 going swimming 수영하러 가기 listening to music 음악 감상하기 cooking 요리 going scuba diving 스쿠버 다이빙하러 가기 going fishing 낚시하러 가기 cycling 사이클링. 자전거 타기 riding a bike 자전거 타기 playing golf 골프 치기 doing yoga 요가 하기 working out 운동하기 running 달리기 traveling 여행하기 playing video games 비디오 게임 하기 watching TV TV 보기 going shopping 쇼핑하러 가기 eating out 외식하기 collecting 수집하기 gardening 정원 가꾸기 DIY(Do-It-Yourself) (가구 등을) 직접 제작하기

❼ 꿈

- I'd like to work as a manager. 저는 매니저로 일하고 싶습니다.

- I hope to work for a major company. 저는 대기업에서 일하고 싶습니다.

→ _____ .

> **어휘** become ~이 되다 rich 부유한 make a billion won 10억 원을 벌다 travel all around the world 세계 여행을 하다 learn a new language 새로운 언어를 배우다 run a marathon 마라톤을 뛰다 climb Mt. Everest 에베레스트산을 등반하다 start my own business 사업을 하다 take up a new sport 새로운 스포츠를 시작하다 try an extreme sport 익스트림 스포츠를 시도해보다

SelfIntro

> **Q** Let's start the interview now. Tell me something about yourself.
>
> 인터뷰를 시작합시다. 자기소개를 해주세요.

Model Answer

Hello, Ava. Nice to meet you. My name is Hayun Kim. I am 24 years old.

I live in Seoul City in Korea, and I live with my family.

I am between jobs. I'm an outgoing person, and my hobby is hiking these days. It is good for our health. Also, I love watching movies as well, because it makes me feel excited.

I hope to work for a major company. I believe that my dreams will come true.

Thank you.

안녕하세요, Ava. 만나서 반가워요. 제 이름은 김하윤이에요. 저는 24살이에요.

한국의 서울시에서 가족과 함께 살아요.

저는 취업 준비 중이에요. 저는 사교적이에요, 그리고 저의 요즘 취미는 등산입니다. 건강에 좋아요. 또한, 저는 영화 감상하는 것도 좋아해요, 왜냐하면 저를 신나게 만들어 주기 때문이에요.

저는 대기업에서 일하고 싶어요. 저는 제 꿈이 이루어질 거라고 믿습니다.

감사합니다.

My Answer

PART 01

Combo Set 첫 번째,

현재 시제로 말하기

Combo Set의 첫 번째 문제는 대개 현재 시제를 이용하여 묘사할 수 있는 문제가 출제됩니다. 좋아하는 인물이나 장소, 자주 사용하는 물건, 즐겨 하는 취미나 관심사 등을 묻는 질문은 현재의 사실이나 상태를 물어보는 것이므로 PART 01의 **현재 시제로 말하기** 만능 패턴을 이용하여 답변을 준비하세요.

◉ 예시로 보기

선택형 주제 > **음악 감상하기** Combo Set

좋아하는 음악과 가수 묘사
— 어릴 적 좋아했던 음악과 현재 좋아하는 음악 비교
— 라이브로 음악을 들어본 경험

선택형 주제 > **국내 여행** Combo Set

좋아하는 국내 여행지 묘사
— 어릴 적 국내 여행 다녀온 경험
— 국내 여행 중 일어난 기억에 남는 사건

돌발형 주제 > **음식점** Combo Set

좋아하는 음식점 묘사
— 최근에 음식점에 다녀온 경험
— 음식점에서 일어난 기억에 남는 사건

돌발형 주제 > **가족/친구** Combo Set

가족이나 친구 묘사
— 어릴 적 가족이나 친구와 함께 한 경험
— 가족이나 친구와 함께 있을 때 일어난 기억에 남는 사건

UNIT 01 | I like ~
저는 ~을 좋아해요

이 Unit은 Combo Set의 첫 번째 현재 시제로 말하기 중 좋아하는 것을 묻는 질문에 대한 답변을 문장 패턴으로 살펴봅니다. 좋아하는 것과 그에 대한 이유, 장점 등을 말하는 현재 시제의 총 7가지 패턴을 이용하여 하나의 답변을 만들어 봅시다.

Unit 01의 Pattern 몰아 보기

Q You indicated in the survey that you like to listen to music. What type of music do you listen to? Who is your favorite singer?

A **Pattern 01** **I like** listening to music **because I can** relieve my stress, and **Pattern 02** **I love** listening to music **because it makes me** happy. So, **Pattern 03** **I listen to** music **when I feel** gloomy. **Pattern 04** **My favorite** singer **is** a Korean group called BTS. **Pattern 04** **The reason why I like** BTS **is that** they are the best singers in the world. Also, I think that **Pattern 05** **the best thing about** BTS **is that** they are so talented and good-looking. **Pattern 01** **I like** listening to music, **Pattern 06** **but I do not like** hip hop music.

빈출문제 미리보기

사전 설문 조사에서 '음악 감상하기', '영화 보기', '공원 가기' 등을 선택하였다면, 주제별 첫 번째 문제는 보통 다음과 같은 문제가 출제됩니다.

선택형 주제 > 음악 감상하기
• 좋아하는 음악과 가수 묘사 `최다 빈출`
• 좋아하는 음악 장르 묘사
• 언제, 어디서, 왜 음악 듣는 것을 좋아하는지 설명

선택형 주제 > 영화 보기
• 좋아하는 영화 장르와 좋아하는 이유 묘사
• 좋아하는 영화와 영화배우 묘사 `최다 빈출`
• 영화 보기 전과 본 후에 하는 일 & 동행하는 사람 묘사

선택형 주제 > 공원 가기
• 좋아하는 공원 묘사 `최다 빈출`
• 자주 가는 공원 묘사

돌발형 주제 > 음식점
• 좋아하는 음식점 묘사

돌발형 주제 > 가족/친구
• 가족이나 친구 묘사

시험 공략 TIP ⊕

⊘ 주제별로 자신이 좋아하는 것과 싫어하는 것을 생각해 보고 정리해 두세요.
⊘ 3형식 문장(주어 + 동사 + 목적어)에 이유/대조를 나타내는 접속사절을 덧붙인다면 좀 더 긴 문장을 구사할 수 있어요.
⊘ Unit 01의 패턴 7가지를 꼭 익혀서 모든 주제에 응용해 보세요.

I like 좋아하는 일/행동.

P01_U01_PT01

I like 좋아하는 것 because I can 할 수 있는 일/행동.

저는 ~을 좋아해요, 왜냐하면 …할 수 있기 때문이에요.

좋아하는 것을 묘사하는 답변은 자신이 좋아하는 것에 대한 소개로 시작합니다. 무엇을 좋아한다고 간단히 말하는 것에 그치지 않고 그에 대한 이유를 덧붙여 조금 더 긴 문장을 구사해 보세요.

Pattern following

① **I like** listening to music. 저는 음악 듣는 것을 좋아해요. 선택 음악

→ **I like** listening to music **because I can** relieve my stress.
저는 음악 듣는 것을 좋아해요, 왜냐하면 스트레스를 해소할 수 있기 때문이에요.

② **I like** visiting my grandparents. 저는 할머니 할아버지 댁에 방문하는 것을 좋아해요. 돌발 가족/친구

→ **I like** visiting my grandparents **because I can** eat a lot.
저는 할머니 할아버지 댁에 방문하는 것을 좋아해요, 왜냐하면 많이 먹을 수 있기 때문이에요.

③ **I like** going to the park. 저는 공원에 가는 것을 좋아해요. 선택 공원

→ **I like** going to the park **because I can** work out.
저는 공원에 가는 것을 좋아해요, 왜냐하면 운동을 할 수 있기 때문이에요.

④ **I like** watching movies. 저는 영화 보는 것을 좋아해요. 선택 영화

→ **I like** watching movies **because I can** kill time watching them.
저는 영화 보는 것을 좋아해요, 왜냐하면 그것들을 보면서 시간을 때울 수 있기 때문이에요.

Pattern mirroring

① 음악: I like _____ because I can _____ .

② 가족/친구: I like _____ because I can _____ .

③ 공원: I like _____ because I can _____ .

④ 영화: I like _____ because I can _____ .

Vocabulary

listen to ~을 듣다 relieve 해소하다 stress 스트레스 visit 방문하다 grandparents 할머니 할아버지 go to+장소 ~에 가다 park 공원 work out 운동하다 watch 보다, 시청하다 movie 영화 kill time 시간을 때우다

P01_U01_PT02

Pattern 02

I love 좋아하는 일/행동.

I love 좋아하는 것 because it makes me (feel) 기분/감정.
저는 ～를 좋아해요, 왜냐하면 그것은 저를 …하게 만들어 주기 때문이에요.

Pattern 02에서도 자신이 좋아하는 것과 그 이유를 말합니다. 하지만, 자신이 좋아하는 것을 할 때 느끼는 기분이나 감정을 표현해 본다면 어떨까요? 말에 감정을 실어 전달하면 저절로 자연스러운 답변이 완성됩니다.

Pattern following

1 **I love** listening to music. 저는 음악 듣는 것을 좋아해요. 선택 음악
→ **I love** listening to music **because it makes me** happy.
저는 음악 듣는 것을 좋아해요, 왜냐하면 절 행복하게 만들어 주기 때문이에요.

2 **I love** going to the café. 저는 카페에 가는 것을 좋아해요. 선택 카페
→ **I love** going to the café **because it makes me feel** relaxed.
저는 카페에 가는 것을 좋아해요, 왜냐하면 제가 편안한 기분이 들도록 만들어 주기 때문이에요.

3 **I love** visiting the beach. 저는 해변에 가는 것을 좋아해요. 선택 해변
→ **I love** visiting the beach **because it makes me feel** refreshed.
저는 해변에 가는 것을 좋아해요, 왜냐하면 제가 상쾌한 기분이 들도록 만들어 주기 때문이에요.

4 **I love** drinking beer. 저는 맥주 마시는 것을 좋아해요. 선택 술집/바
→ **I love** drinking beer **because it makes me** excited.
저는 맥주 마시는 것을 좋아해요, 왜냐하면 절 신나게 만들어 주기 때문이에요.

Pattern mirroring

1 음악: I love ＿＿＿＿＿＿＿＿ because it makes me ＿＿＿＿＿＿＿＿.

2 카페: I love ＿＿＿＿＿＿＿＿ because it makes me ＿＿＿＿＿＿＿＿.

3 해변: I love ＿＿＿＿＿＿＿＿ because it makes me ＿＿＿＿＿＿＿＿.

4 술집/바: I love ＿＿＿＿＿＿＿＿ because it makes me ＿＿＿＿＿＿＿＿.

Vocabulary

listen to ～을 듣다 happy 행복한 go to+장소 ～에 가다 relaxed 편안한 visit 가다, 방문하다 beach 해변 refreshed 상쾌한 drink 마시다
beer 맥주 excited 신나는

I like/do 여가/취미 활동 when I ~

P01_U01_PT03

I like/do 여가/취미 활동 when I 기분, 때, 장소.

저는 …할 때 ~하는 것을 좋아해요/저는 …할 때 ~을 해요.

이번 Pattern에서는 언제, 어디서 여가/취미 활동을 하는지를 시간을 나타내는 부사절 접속사 when을 사용하여 표현해 봅시다.

Pattern following

① I like 여가/취미 활동 when I 기분.
→ I like listening to music when I feel gloomy. (선택 음악)
저는 우울할 때 음악 듣는 것을 좋아해요.

② I do 여가/취미 활동 when I 때.
→ I go to the park when I have free time. (선택 공원)
저는 시간이 날 때 공원에 가요.

③ I like 여가/취미 활동 when I 장소.
→ I like watching movies when I'm at home. (선택 영화)
저는 집에 있을 때 영화 보는 것을 좋아해요.

④ I do 여가/취미 활동 + **시간 표현**.
→ I work out in the morning. (돌발 건강)
저는 아침에 운동을 해요.

Pattern mirroring

① 음악: I like _____ when I _____.

② 공원: I _____ when I _____.

③ 영화: I like _____ when I _____.

④ 건강: I _____ when I _____.

Vocabulary

listen to ~을 듣다 gloomy 우울한 go to+장소 ~에 가다 park 공원 free time 자유 시간 watch 보다, 시청하다 movie 영화 work out 운동하다 in the morning 아침에

My favorite ~ is 좋아하는 것.

P01_U01_PT04

My favorite ~ is 좋아하는 것.
The reason why I like 좋아하는 것 is that 좋아하는 이유.

제가 가장 좋아하는 ~는 …이에요. 제가 …을 좋아하는 이유는 ~이기 때문이에요.

자신이 가장 좋아하는 사람이나 장소 등을 My favorite 표현을 이용하여 묘사해 봅시다. 이유를 설명하는 The reason why I like ~ 표현까지 덧붙여 긴 문장을 구사한다면 고득점을 얻을 수 있습니다.

Pattern following

❶ **My favorite** 가수 **is** 가수 이름. **The reason why I like** 가수 이름 **is that** 주어 + 동사.

→ **My favorite** singer **is** a Korean group called BTS. **The reason why I like** BTS **is that** they are the best singers in the world. 선택 음악

제가 가장 좋아하는 가수는 BTS라는 한국 그룹이에요. 제가 BTS를 좋아하는 이유는 그들이 세계에서 최고의 가수이기 때문이에요.

❷ **My favorite** 배우 **is** 배우 이름. **The reason why I like** 배우 이름 **is that** 주어 + 동사.

→ **My favorite** actor **is** a Korean actor named 윤여정. **The reason why I like** 윤여정 **is that** she is the best actor in Korea. 선택 영화

제가 가장 좋아하는 배우는 윤여정이라는 한국 배우예요. 제가 윤여정을 좋아하는 이유는 그녀가 한국에서 최고의 배우이기 때문이에요.

❸ **My favorite** 영화 **is** 영화 이름. **The reason why I like** 영화 이름 **is that** 주어 + 동사.

→ **My favorite** movie **is** Parasite. **The reason why I like** Parasite **is that** it is the best movie that I have watched. 선택 영화

제가 가장 좋아하는 영화는 〈기생충〉이에요. 제가 〈기생충〉을 좋아하는 이유는 제가 본 영화 중 최고의 영화이기 때문이에요.

❹ **My favorite** 카페 **is** 카페 이름. **The reason why I like** 카페 이름 **is that** 주어 + 동사.

→ **My favorite** café **is** Starbucks. **The reason why I like** Starbucks **is that** it is the best place for studying and working. 선택 카페

제가 가장 좋아하는 카페는 스타벅스예요. 스타벅스를 좋아하는 이유는 공부하고 일하기에 가장 좋은 곳이기 때문이에요.

❺ **My favorite** 방 **is** 방 종류. **The reason why I like** 방 종류 **is that** 주어 + 동사.

→ **My favorite** room **is** my room. **The reason why I like** my room **is that** it is the best place to spend my free time and relax. 선택 집

제가 가장 좋아하는 방은 제 방이에요. 제 방을 좋아하는 이유는 자유 시간을 보내면서 쉬기에 최고의 장소이기 때문이에요.

❻ **My favorite** 해변 **is** 해변 이름. **The reason why I like** 해변 이름 **is that** 주어 + 동사.

→ **My favorite** beach **is** 해운대 Beach. **The reason why I like** 해운대 Beach **is that** it is the best place to refresh myself. 선택 해변

제가 가장 좋아하는 해변은 해운대 해변이에요. 해운대 해변을 좋아하는 이유는 기분 전환을 하기에 가장 좋은 곳이기 때문이에요.

1 음악: My favorite _____ is _____. The reason why I like

_____ is that _____.

2 영화: My favorite _____ is _____. The reason why I like

_____ is that _____.

3 영화: My favorite _____ is _____. The reason why I like

_____ is that _____.

4 카페: My favorite _____ is _____. The reason why I like

_____ is that _____.

5 집: My favorite _____ is _____. The reason why I like

_____ is that _____.

6 해변: My favorite _____ is _____. The reason why I like

_____ is that _____.

Vocabulary

singer 가수 group 그룹 called ~라는 (이름의) actor 배우 named ~라는 (이름의) parasite 기생충 movie 영화 watch 보다, 시청하다
place 곳, 장소 study 공부하다 work 일하다 room 방 spend (시간 등을) 보내다, 쓰다 free time 자유 시간 relax 쉬다 beach 해변 refresh
myself 기분 전환을 하다

The best thing about ~

P01_U01_PT05

The best thing about 좋아하는 것 is that 장점.

…의 가장 좋은 점은 ~이에요.

좋아하는 사람, 장소 혹은 물건의 장점을 최상급 표현을 사용하여 묘사해 봅시다. 최상급은 고득점을 받을 수 있는 아주 좋은 표현이에요.

Pattern following

1 **The best thing about** 가수 이름 **is that** 주어 + 동사.

→ **The best thing about** BTS **is that** they are good-looking and talented. 선택 음악
BTS의 가장 좋은 점은 잘생기고 재능이 뛰어나다는 점이에요.

2 **The best thing about** 영화 이름 **is that** 주어 + 동사.

→ **The best thing about** Parasite **is that** it is well made. 선택 영화
〈기생충〉의 가장 좋은 점은 구성이 잘되었다는 점이에요.

3 **The best thing about** 카페 이름 **is that** 주어 + 동사.

→ **The best thing about** Starbucks **is that** I can work and study there. 선택 카페
스타벅스의 가장 좋은 점은 그곳에서 일을 하고 공부를 할 수 있다는 점이에요.

4 **The best thing about** 방 종류 **is that** 주어 + 동사.

→ **The best thing about** my room **is that** I can relax there. 선택 집
제 방의 가장 좋은 점은 그곳에서 편하게 쉴 수 있다는 점이에요.

5 **The best thing about** 해변 이름 **is that** 주어 + 동사.

→ **The best thing about** 해운대 Beach **is that** I can get my all-time favorite pictures there.
해운대 해변의 가장 좋은 점은 그곳에서 제 인생 최고의 사진을 건질 수 있다는 점이에요. 선택 해변

Pattern mirroring

1 음악: The best thing about _____ is that _____.

2 영화: The best thing about _____ is that _____.

3 카페: The best thing about _____ is that _____.

4 집: The best thing about _____ is that _____.

5 해변: The best thing about _____ is that _____.

Vocabulary

good-looking 잘생긴, 보기 좋은 talented 재능이 있는 well made 잘 만들어진, 구성이 잘된 work 일하다 study 공부하다 relax 느긋이 쉬다, 휴식을 취하다 all-time favorite 인생 최고의 picture 사진

I think that ~
제 생각에 ~인 것 같아요

P01_U01_FL01

Filler 표현은 문장의 시작 혹은 문장 사이에 쓰여 말의 흐름이 끊기지 않게 빈 공간을 채워주는 역할을 합니다. 그중 I think that은 문장의 시작을 여는 표현으로 일상 회화에서도 아주 많이 사용됩니다. 입에 배도록 연습하여 자연스러운 답변을 시작해 보세요.

Filler following

① I like listening to music because I can relieve my stress. 선택 음악
→ **I think that** I like listening to music because I can relieve my stress.
제 생각에 저는 스트레스를 해소할 수 있기 때문에 음악 듣는 것을 좋아하는 것 같아요.

② I love drinking beer because it makes me excited. 선택 술집/바
→ **I think that** I love drinking beer because it makes me excited.
제 생각에 저는 저를 신나게 만들어 주기 때문에 맥주 마시는 것을 좋아하는 것 같아요.

③ The best thing about BTS is that they are good-looking and talented. 선택 음악
→ **I think that** the best thing about BTS is that they are good-looking and talented.
제 생각에 BTS의 가장 좋은 점은 잘생기고 재능이 뛰어나다는 점인 것 같아요.

④ My favorite movie is Parasite. The reason why I like Parasite is that it is the best movie that I have watched. 선택 영화
→ **I think that** my favorite movie is Parasite. The reason why I like Parasite is that it is the best movie that I have watched.
제 생각에 제가 가장 좋아하는 영화는 〈기생충〉인 것 같아요. 제가 본 영화 중 최고의 영화이기 때문이에요.

⑤ My favorite room is my room. The reason why I like my room is that it is the best place to spend my free time and relax. 선택 집
→ **I think that** my favorite room is my room. The reason why I like my room is that it is the best place to spend my free time and relax.
제 생각에 제가 가장 좋아하는 방은 제 방인 것 같아요. 자유 시간을 보내면서 쉬기에 최고의 장소이기 때문이에요.

Filler 표현 사용 TIP ⊕

⊘ 답변의 시작이 어려울 때 Uh... '어…' 또는 Um... '음…'으로 시작하여 고민하는 모습을 보여주기보다는 I think that ~ 표현으로 말의 공백을 채워 주는 게 더 효과적이에요.

⊘ '제 생각에 ~'라는 뜻으로 사용하기보다는 문장을 더 자연스럽게 연결하는 연결어의 역할을 한다고 생각하면서 여러 문장 앞에 넣어서 연습해 보세요.

⊘ I think that을 발음하기가 어려울 경우에는 I guess that 표현으로 바꿔서 한번 사용해 보세요.

⊘ I think[guess] that에서 목적어 역할을 하는 that절의 that은 생략할 수도 있어서, I think[guess]로도 많이 쓰입니다.

⊘ 그 외 다른 Filler: Filler 02 you know / well / also / and (p.75 참고), Filler 03 Wow! It's a very interesting question, Ava! / Oh my god. This is a very difficult question, Ava! (p.96 참고), Filler 04 Actually / Well… OK! (p.120 참고), Filler 05 Anyway / That's it (p.139 참고)

Pattern 06

I do not like 싫어하는 일/행동.

~, **but I do not like** 싫어하는 것.
···, 하지만 저는 ~을 좋아하지 않아요.

However, I do not like 싫어하는 것.
그러나, 저는 ~을 좋아하지 않아요.

좋아하는 것과 대조를 이루는 싫어하는 것도 함께 말해 봅시다. 싫어하는 것에 대한 소개는 부정문 I do not[don't] like를 이용하며, 문장 앞에 대조의 접속사 but이나 접속부사 however를 넣어 두 문장을 연결합니다.

Pattern following

1 I like listening to music. 저는 음악 듣는 것을 좋아해요. 선택 음악
→ I like listening to music, **but I do not like** hip hop music.
저는 음악 듣는 것을 좋아하지만, 힙합 음악은 좋아하지 않아요.

2 I like visiting my grandparents. 저는 할머니 할아버지 댁에 방문하는 것을 좋아해요. 돌발 명절
→ I like visiting my grandparents, **but I do not like** a traffic jam.
저는 할머니 할아버지 댁에 방문하는 것을 좋아하지만, 교통 체증은 좋아하지 않아요.

3 I like going to the park. 저는 공원에 가는 것을 좋아해요. 선택 공원
→ I like going to the park. **However, I do not like** riding a bike.
저는 공원에 가는 것을 좋아해요. 그러나, 자전거 타는 것은 좋아하지 않아요.

4 I like watching movies. 저는 영화 보는 것을 좋아해요. 선택 영화
→ I like watching movies. **However, I do not like** zombie movies.
저는 영화 보는 것을 좋아해요. 그러나, 좀비 영화는 좋아하지 않아요.

5 I like going to the pub. 저는 술집에 가는 것을 좋아해요. 선택 술집/바
→ I like going to the pub. **However, I do not like** drinking too much.
저는 술집에 가는 것을 좋아해요. 그러나, 과음은 좋아하지 않아요.

Pattern mirroring

1 음악: I like _____, but I do not like _____.

2 명절: I like _____. However, I do not like _____.

3 공원: I like _____, but I do not like _____.

4 영화: I like _____. However, I do not like _____.

5 술집/바: I like _____, but I do not like _____.

Vocabulary

listen to ~을 듣다 hip hop 힙합 visit 방문하다 grandparents 할머니 할아버지 traffic jam 교통 체증 go to+장소 ~에 가다 park 공원 ride a bike 자전거를 타다 watch 보다, 시청하다 movie 영화 zombie 좀비 pub 술집 drink 마시다 too 너무, 지나치게 much 많이

선택형 주제 출제 유형

사전 설문 조사를 바탕으로 개인 맞춤형 문제가 출제되는데, 본인이 선택한 항목들이 각각의 주제가 되어 Combo Set 2문제 혹은 3문제로 나옵니다. 그리고 그 Combo Set의 첫 번째 문제는 주로 좋아하는 일, 장소, 사람 등에 대해 물어보므로, 앞서 배운 pattern을 이용하여 답변을 완성해 봅시다.

선택형 주제의 빈출 문제 Combo Set

음악 감상하기
- **좋아하는 음악과 가수 묘사**
- 어릴 적 좋아했던 음악과 현재 좋아하는 음악 비교
- 라이브로 음악을 들어본 경험

영화 보기
- **좋아하는 영화와 영화배우 묘사**
- 최근에 다녀온 영화관 묘사
- 가장 기억에 남는 영화 묘사

공원 가기
- **좋아하는 공원 묘사**
- 최근에 공원에 다녀온 경험
- 공원에서 일어난 기억에 남는 사건

카페/커피전문점에 가기
- **좋아하는 카페 묘사**
- 과거의 카페와 현재의 카페 비교
- 카페에서 일어난 기억에 남는 사건

술집/바에 가기
- **좋아하는 술집/바 묘사**
- 과거의 술집과 현재의 술집 비교
- 술집에서 일어난 기억에 남는 사건

해변 가기
- **좋아하는 해변 묘사**
- 최근에 해변에 다녀온 경험
- 해변에서 일어난 기억에 남는 사건

쇼핑하기
- **쇼핑 습관 묘사**
- 어릴 적 쇼핑 다녀온 경험
- 쇼핑 중 일어난 기억에 남는 사건

음악 감상하기

P01_U01_QA01

음악 감상하기
Combo Set

- 좋아하는 음악과 가수 묘사
- 어릴 적 좋아했던 음악과 현재 좋아하는 음악 비교
- 라이브로 음악을 들어본 경험

You indicated in the survey that you like to listen to music. What type of music do you listen to? Who is your favorite singer?

설문 조사에 음악 듣는 것을 좋아한다고 하셨네요. 어떤 종류의 음악을 들으세요? 가장 좋아하는 가수는 누구인가요?

Model Answer

I like listening to music because I can relieve my stress, and I love listening to music because it makes me happy. So, I listen to music when I feel gloomy. My favorite singer is a Korean group called BTS. The reason why I like BTS is that they are the best singers in the world. Also, I think that the best thing about BTS is that they are good-looking and talented. I like listening to music, but I do not like hip hop music.

저는 음악 듣는 것을 좋아해요. 왜냐하면 스트레스를 해소할 수 있기 때문이에요. 그리고 저는 음악 듣는 것을 정말 좋아하는데, 왜냐하면 절 행복하게 만들어 주기 때문이에요. 그래서, 저는 우울할 때 음악을 들어요. 제가 가장 좋아하는 가수는 BTS라는 한국 그룹이에요. 제가 BTS를 좋아하는 이유는 그들이 세계에서 최고의 가수이기 때문이에요. 또한, 제 생각에 BTS의 가장 좋은 점은 잘생기고 재능이 뛰어나다는 점인 것 같아요. 저는 음악 듣는 것을 좋아하지만, 힙합 음악은 좋아하지 않아요.

My Answer

STEP 01 **Brainstorming**

- 음악 듣는 것을 좋아하는 이유
- 언제 음악을 듣는가
- 좋아하는 음악
- 가장 좋아하는 가수
- 그 음악을 좋아하는 이유
- 그 가수를 좋아하는 이유
- 좋아하지 않는 음악

STEP 02 **Make your own story!**

Vocabulary

listen to ~을 듣다 music 음악 relieve 해소하다 stress 스트레스 happy 행복한 gloomy 우울한 called ~라는 (이름의) good-looking 잘생긴, 보기 좋은 talented 재능이 있는

영화 보기

P01_U01_QA02

영화 보기
Combo Set
- **좋아하는 영화와 영화배우 묘사**
- 최근에 다녀온 영화관 묘사
- 가장 기억에 남는 영화 묘사

You indicated in the survey that you like to watch movies. Tell me about your favorite type of movies. Who is your favorite actor or actress?

설문 조사에 영화 보는 것을 좋아한다고 하셨네요. 가장 좋아하는 영화 종류에 대해 말해 주세요. 가장 좋아하는 배우는 누구인가요?

Model Answer

I like watching movies because I can relieve my stress, and I love watching movies because it makes me feel relaxed. So, I watch movies when I'm at home. I like watching movies. However, I do not like zombie movies. My favorite actor is a Korean actor named 윤여정. The reason why I like 윤여정 is that she is the best actor in Korea. Also, my favorite movie is Parasite. The reason why I like Parasite is that it is the best movie that I have watched. I think that the best thing about Parasite is that it is well made.

저는 영화 보는 것을 좋아해요. 왜냐하면 스트레스를 해소할 수 있기 때문이에요. 그리고 저는 영화 보는 것을 정말 좋아하는데, 왜냐하면 제가 편안한 기분이 들도록 만들어 주기 때문이에요. 그래서, 저는 집에 있을 때 영화를 봐요. 저는 영화 보는 것을 좋아해요. 그러나, 좀비 영화는 좋아하지 않아요. 제가 가장 좋아하는 배우는 윤여정이라는 한국 배우예요. 제가 윤여정을 좋아하는 이유는 그녀가 한국에서 최고의 배우이기 때문이에요. 또한, 제가 가장 좋아하는 영화는 〈기생충〉이에요. 〈기생충〉을 좋아하는 이유는 제가 본 영화 중 최고의 영화이기 때문이에요. 제 생각에 〈기생충〉의 가장 좋은 점은 구성이 잘되었다는 점인 것 같아요.

My Answer

STEP **01** Brainstorming

- 영화 보는 것을 좋아하는 이유
- 좋아하는 영화
- 그 영화를 좋아하는 이유
- 좋아하지 않는 영화
- 언제 영화를 보는가
- 가장 좋아하는 배우
- 그 배우를 좋아하는 이유

STEP **02** Make your own story!

공원 가기

P01_U01_QA03

공원 가기
Combo Set

┌ 좋아하는 공원 묘사
├ 최근에 공원에 다녀온 경험
└ 공원에서 일어난 기억에 남는 사건

You indicated in the survey that you go to parks. Tell me about the park you like to visit. What does it look like?

설문 조사에 공원에 간다고 하셨네요. 즐겨 찾는 공원에 대해 말해 주세요. 그곳은 어떤 모습인가요?

Model Answer

I like **going to the park** because I can **work out**, and I love **working out** in the morning because it makes me feel **refreshed**. So, I like **going to the park** when I **have free time**. I like **going to the park**. However, I do not like **riding a bike**. My favorite **park** is Han River Park. The reason why I like **this park** is that it is the best place for working out, going on dates, and taking a walk. Also, I think that the best thing about Han River Park is that I can get my all-time favorite pictures there. I love **this place**.

저는 공원에 가는 것을 좋아해요. 왜냐하면 운동을 할 수 있기 때문이에요. 그리고 저는 아침에 운동하는 것을 정말 좋아하는데, 왜냐하면 제가 상쾌한 기분이 들도록 만들어 주기 때문이에요. 그래서, 저는 시간이 날 때 공원에 가는 것을 좋아해요. 저는 공원에 가는 것을 좋아해요. 그러나, 자전거 타는 것은 좋아하지 않아요. 제가 가장 좋아하는 공원은 한강 공원이에요. 이 공원을 좋아하는 이유는 이곳이 운동도 하고, 데이트도 하고, 산책도 하기에 최고의 장소이기 때문이에요. 또한, 제 생각에 한강 공원의 가장 좋은 점은 그곳에서 제 인생 최고의 사진을 얻을 수 있다는 점인 것 같아요. 저는 이곳을 정말 좋아해요.

My Answer

STEP **01 Brainstorming**

● 공원에 가는 것을 좋아하는 이유

● 좋아하는 공원

● 그 공원을 좋아하는 이유

● 언제 공원에 가는가

● 공원에서 무엇을 하는가

STEP **02 Make your own story!**

Vocabulary

go to+장소 ~에 가다 work out 운동하다 in the morning 아침에 refreshed 상쾌한 free time 자유 시간 ride a bike 자전거를 타다 go on dates 데이트를 하다 take a walk 산책하다 all-time favorite 인생 최고의 picture 사진

카페/커피전문점에 가기

P01_U01_QA04

카페/커피전문점에 가기
Combo Set
┌ 좋아하는 카페 묘사
├ 과거의 카페와 현재의 카페 비교
└ 카페에서 일어난 기억에 남는 사건

You indicated in the survey that you go to coffee shops. Describe your favorite coffee shop. What does it look like?

설문 조사에 커피숍에 간다고 하셨네요. 좋아하는 커피숍에 대해 묘사해 주세요. 그곳은 어떤 모습인가요?

Model Answer

I think that I like going to the café because I can kill time there. So, I like going to the café when I have free time. It makes me feel relaxed. I like going to the café. However, I do not like a study café. My favorite café is Starbucks. The reason why I like Starbucks is that it is the best place for studying and working. Also, the best thing about Starbucks is that I can listen to music, watch video clips, and catch up with friends as well. So, I love this place.

제 생각에 저는 시간을 때울 수 있기 때문에 카페에 가는 것을 좋아하는 것 같아요. 그래서, 저는 시간이 날 때 카페에 가는 것을 좋아해요. 그곳은 제가 편안한 기분이 들도록 만들어 줘요. 저는 카페에 가는 것을 좋아해요. 그러나, 스터디 카페는 좋아하지 않아요. 제가 가장 좋아하는 카페는 스타벅스예요. 제가 스타벅스를 좋아하는 이유는 공부를 하고 일을 하기에 최고의 장소이기 때문이에요. 또한, 스타벅스의 가장 좋은 점은 음악도 들을 수 있고, 영상도 볼 수 있고, 친구와 수다도 떨 수 있다는 점이에요. 그래서, 전 이곳이 정말 좋아요.

My Answer

STEP 01 Brainstorming

● 카페에 가는 것을 좋아하는 이유

● 좋아하는 카페

● 그 카페를 좋아하는 이유

● 싫어하는 카페

● 언제 카페에 가는가

● 카페에서 무엇을 하는가

STEP 02 Make your own story!

Vocabulary

go to+장소 ~에 가다 kill time 시간을 때우다 free time 자유 시간 relaxed 편안한 study 공부하다 work 일하다 listen to ~을 듣다 watch 보다 video clip 동영상 catch up 밀린 이야기를 하다 as well ~도, 또한

술집/바에 가기
Combo Set

- 좋아하는 술집/바 묘사
- 과거의 술집과 현재의 술집 비교
- 술집에서 일어난 기억에 남는 사건

You indicated in the survey that you go to bars. Tell me about a pub or bar you like to go to.

설문 조사에 술집에 간다고 하셨네요. 즐겨 찾는 술집에 대해 말해 주세요.

Model Answer

I think that I like going to the bar because I can relieve my stress there, and I love drinking beer because it makes me excited. So, I enjoy drinking beer when I feel gloomy. My favorite bar is a pub that serves various kinds of beer from all over the world. The reason why I like this pub is that I can enjoy all kinds of beer from all over the world. Also, I love gathering at a bar with my friends and colleagues. The reason why I like gathering is that it is the best way to communicate with my friends and colleagues after work. That's why I like going to the pub. However, I do not like drinking too much.

제 생각에 저는 스트레스를 해소할 수 있어서 술집에 가는 것을 좋아하는 것 같아요. 그리고 저는 맥주 마시는 것을 정말 좋아하는데, 왜냐하면 절 신나게 만들어 주기 때문이에요. 그래서, 전 우울할 때 맥주를 즐겨 마셔요. 제가 가장 좋아하는 술집은 세계 곳곳의 다양한 맥주를 판매하는 술집이에요. 이 술집을 좋아하는 이유는 전 세계 온갖 종류의 맥주를 즐길 수 있기 때문이에요. 또한, 저는 술집에서 친구, 직장 동료와 모임 갖는 것을 좋아해요. 제가 모임을 좋아하는 이유는 퇴근 후 친구, 직장 동료와 소통할 수 있는 최고의 방법이기 때문이에요. 그래서 전 술집에 가는 것을 좋아합니다. 하지만, 과음은 좋아하지 않아요.

My Answer

STEP 01 **Brainstorming**

- 술집에 가는 것을 좋아하는 이유
- 언제 술집에 가는가
- 좋아하는 술집
- 술집에서 무엇을 하는가
- 그 술집을 좋아하는 이유

STEP 02 **Make your own story!**

Vocabulary

bar 술집 relieve 해소하다 stress 스트레스 drink 마시다 beer 맥주 excited 신이 난 enjoy 즐기다 gloomy 우울한 pub 술집 serve 제공하다, 판매하다 various 다양한 kind 종류 from all over the world 전 세계 곳곳에서 온 gather 모이다 friend 친구 colleague 직장 동료 way 방법 communicate 소통하다 that's why 그래서 ~이다

해변 가기

P01_U01_QA06

해변 가기
Combo Set

┌ **좋아하는 해변 묘사**
├ 최근에 해변에 다녀온 경험
└ 해변에서 일어난 기억에 남는 사건

You indicated in the survey that you go to beaches. Tell me about your favorite beach you go to. What does it look like?

설문 조사에 해변에 간다고 하셨네요. 즐겨 찾는 해변에 대해 말해 주세요. 그곳은 어떤 모습인가요?

Model Answer

I like visiting the beach because it makes me feel refreshed. So, I love going to the beach when I take a vacation. I think that my favorite beach is 해운대 Beach. It is in Busan City in Korea. Actually, it is a little far from here, but I love that beach. The reason why I like 해운대 Beach is that it is the best place to enjoy the scenery, the smell, and the sounds. It makes me feel relaxed. Also, the best thing about 해운대 Beach is that I can get my all-time favorite pictures there. So, I love this place.

저는 해변에 가는 것을 좋아해요. 왜냐하면 제가 상쾌한 기분이 들도록 만들어 주기 때문이에요. 그래서, 저는 휴가를 낼 때면 해변에 가는 것을 정말 좋아해요. 제 생각에 제가 가장 좋아하는 해변은 해운대 해변인 것 같아요. 이곳은 한국의 부산시에 있어요. 사실, 제가 있는 곳에서는 조금 멀지만, 그 해변을 정말 좋아해요. 해운대 해변을 좋아하는 이유는 경치, 내음, 그리고 소리를 즐기기에 최고의 장소이기 때문이에요. 그곳은 절 느긋한 기분이 들도록 만들어 줍니다. 또한, 해운대 해변의 가장 좋은 점은 그곳에서 저의 인생 최고의 사진을 얻을 수 있다는 점이에요. 그래서, 저는 이곳을 정말 좋아해요.

My Answer

STEP **01 Brainstorming**

● 해변에 가는 것을 좋아하는 이유 _____

● 좋아하는 해변 _____

● 그 해변을 좋아하는 이유 _____

● 언제 해변에 가는가 _____

● 해변에서 무엇을 하는가 _____

STEP **02 Make your own story!**

_____

_____

_____

_____

_____

쇼핑하기

P01_U01_QA07

쇼핑하기
Combo Set

┌ 쇼핑 습관 묘사
├ 어릴 적 쇼핑 다녀온 경험
└ 쇼핑 중 일어난 기억에 남는 사건

You indicated in the survey that you go shopping. Tell me about your shopping habits.

설문 조사에 쇼핑 간다고 하셨네요. 당신의 쇼핑 습관에 대해 말해 주세요.

Model Answer

I think that I like shopping because I can relieve my stress, and I love shopping because it makes me excited. So, I enjoy shopping when I feel gloomy. My favorite shopping is online shopping. The reason why I like online shopping is that I can buy everything easily. The best thing about it is that I can do online shopping with my smartphone. I just get access to the Internet, and there are various websites. On the websites, I can compare the prices and get a special discount. Also, they deliver products to my home. It is very easy and convenient. That's why I like online shopping these days.

제 생각에 저는 쇼핑하는 것을 좋아하는 것 같아요. 왜냐하면 스트레스를 해소할 수 있기 때문이에요. 그리고 저는 쇼핑하는 것을 정말 좋아해요. 왜냐하면 절 신나게 만들어 주기 때문이에요. 그래서, 저는 우울할 때 쇼핑을 즐깁니다. 제가 가장 좋아하는 쇼핑은 온라인 쇼핑이에요. 제가 온라인 쇼핑을 좋아하는 이유는 모든 것을 쉽게 살 수 있기 때문이에요. 그것의 가장 좋은 점은 스마트폰으로 온라인 쇼핑을 할 수 있다는 점이에요. 인터넷에 접속하면 다양한 웹사이트들이 있어요. 웹사이트에서, 가격을 비교할 수 있고 특별 할인도 받을 수 있어요. 또한, 상품을 집으로 배송해 줍니다. 굉장히 쉽고 편리합니다. 그래서 저는 요즘 온라인 쇼핑을 좋아해요.

My Answer

STEP **01 Brainstorming**

● 쇼핑하는 것을 좋아하는 이유   ● 그 쇼핑을 좋아하는 이유

● 좋아하는 쇼핑   ● 그 쇼핑의 특징

STEP **02 Make your own story!**

Vocabulary

shop 쇼핑하다 relieve 해소하다 stress 스트레스 excited 신나는 gloomy 우울한 online 온라인의 buy 사다 everything 모든 것 easily 쉽게 smartphone 스마트폰 get access to ~에 접속하다 various 다양한 website 웹사이트 compare 비교하다 price 가격 get a discount 할인을 받다 special 특별한 deliver 배송하다 product 상품 easy 쉬운 convenient 편리한 these days 요즘

돌발형 주제 출제 유형

사전 설문 조사를 바탕으로 개인 맞춤형 문제가 출제되는 선택형 주제와는 달리, 사전 설문 조사에서 선택을 하지 않아도 출제되는 주제들을 '돌발형 주제'라고 합니다. 돌발형 주제들도 한 주제당 2~3문제씩 출제되며, 각 주제별로 Combo Set의 첫 번째 문제는 좋아하는 일, 장소, 사람, 혹은 우리나라의 특징 등을 묘사하는 문제가 출제됩니다. 앞서 배운 pattern을 이용하여 답변을 완성해 봅시다.

돌발형 주제의 빈출 문제 Combo Set

음식점

┌ **좋아하는 음식점 묘사**
├ 최근에 음식점에 다녀온 경험
└ 음식점에서 일어난 기억에 남는 사건

가족/친구

┌ **가족이나 친구 묘사**
├ 어릴 적 가족이나 친구와 함께 한 경험
└ 가족이나 친구와 함께 있을 때 일어난 기억에 남는 사건

돌발형 주제 음식점

음식점 Combo Set ▶ 좋아하는 음식점 묘사
— 최근에 음식점에 다녀온 경험
— 음식점에서 일어난 기억에 남는 사건

Tell me about your favorite restaurant. What does it look like?
가장 좋아하는 음식점에 대해 말해 주세요. 그곳은 어떤 모습인가요?

Model Answer

I think that I like going to the restaurant because I can relieve my stress, and I love eating out with my family because it makes me excited. So, I enjoy going to the restaurant on weekends. I like going to the barbecue restaurant. However, I do not like seafood. My favorite restaurant is a barbecue restaurant that serves various kinds of meat. The reason why I like the barbecue restaurant is that I can enjoy various types of meat such as beef, pork, and chicken. Also, the best thing about this restaurant is that all the foods in there are tasty. So, I love this place.

제 생각에 저는 스트레스를 해소할 수 있어서 음식점에 가는 것을 좋아하는 것 같아요. 그리고 저는 가족과 외식하는 것을 정말 좋아해요. 왜냐하면 절 신나게 만들어 주기 때문이에요. 그래서, 주말에 음식점에 가는 것을 좋아해요. 저는 고깃집에 가는 것을 좋아해요. 하지만, 해산물은 좋아하지 않아요. 제가 가장 좋아하는 음식점은 다양한 종류의 고기를 제공하는 고깃집이에요. 그 고깃집을 좋아하는 이유는 소고기, 돼지고기, 그리고 닭고기와 같은 다양한 종류의 고기를 즐길 수 있기 때문이에요. 또한, 이 음식점의 가장 좋은 점은 그곳의 모든 음식들이 다 맛있다는 점이에요. 그래서, 저는 이곳을 정말 좋아해요.

My Answer

STEP01 Brainstorming

- 음식점에 가는 것을 좋아하는 이유
- 좋아하는 음식점
- 그 음식점을 좋아하는 이유
- 언제/누구와 음식점에 가는가
- 좋아하는 음식
- 싫어하는 음식

STEP02 Make your own story!

_____

Vocabulary

restaurant 음식점 relieve 해소하다 stress 스트레스 eat out 외식하다 weekend 주말 barbecue restaurant 고깃집 seafood 해산물 serve 제공하다 various 다양한 kind 종류 meat 고기 type 종류 such as ~와 같은 beef 소고기 pork 돼지고기 chicken 닭고기 tasty 맛있는

가족/친구

P01_U01_QA09

가족/친구
Combo Set

- 가족이나 친구 묘사
- 어릴 적 가족이나 친구와 함께 한 경험
- 가족이나 친구와 함께 있을 때 일어난 기억에 남는 사건

Tell me about the family or friends you like to visit. Who are these people? What are they like?

즐겨 방문하는 가족이나 친구에 대해 말해 주세요. 이 사람들은 누구인가요? 그들은 어떤 사람들인가요?

Model Answer

I like visiting my parents because it makes me feel relaxed. I love eating out with my parents because we can talk a lot. So, I love visiting them on weekends. Let me tell you about my parents. Firstly, my mom is positive. She is always busy, but she looks very happy. You know, she can drive, so she enjoys going shopping by herself on weekends. Also, my dad is hard-working. He always wakes up early and does housework. Even though he has a job, he does the laundry, does the dishes and does the cleaning as well. I think that both are active, so they are talkative. Also, they look happy. Therefore, I love them.

저는 부모님을 방문하는 것을 좋아해요. 왜냐하면 제가 편안한 기분이 들도록 만들어 주기 때문이에요. 저는 부모님과 외식하는 것을 정말 좋아해요, 왜냐하면 이야기를 많이 나눌 수 있기 때문이에요. 그래서, 주말에 부모님을 찾아뵙는 것을 정말 좋아해요. 제 부모님에 대해 말해 볼게요. 먼저, 엄마께선 긍정적이세요. 엄마는 항상 바쁘시지만, 정말 행복해 보여요. 운전을 하실 수 있어서, 주말에 혼자 쇼핑하러 가는 걸 즐기세요. 그리고, 아빠께선 성실하세요. 항상 일찍 일어나셔서 집안일을 하세요. 아빠께서는 일을 하시는데도, 빨래도 하시고, 설거지도 하시고, 청소도 하세요. 제 생각에는 두 분 다 활발하셔서 수다스러우신 것 같아요. 또한, 두 분은 행복해 보여요. 따라서, 저는 그분들을 사랑해요.

My Answer

STEP 01 Brainstorming

- 소개할 가족/친구
- 그 가족/친구를 방문하는 이유
- 그 가족/친구와 함께 무엇을 하는가
- 그 가족/친구의 특징

STEP 02 Make your own story!

They are ~
그들은 ~예요

좋아하는 것과 그의 대한 이유를 주로 기술하는 Unit 01에 이어 사람의 성격, 행동 및 사물의 상태 등을 총 6가지의 패턴을 이용하여 구체적인 답변을 완성해 봅니다. 또한 다양한 조동사가 패턴에 어떤 특별한 의미를 부여하여 문장을 더 풍부하게 만들어 주는지도 함께 살펴봅시다.

Unit 02의 Pattern 몰아 보기

Q Tell me about someone you know who is very healthy. What is this person like?

A I think that **Pattern 07** **my friend is** very healthy. **Pattern 09** **She tries** to stay healthy, so **she does** tons of things. First, **Pattern 09** **she tries** to eat healthy. **Pattern 09** **She eats** various vegetables for her health. **Pattern 09** **She avoids** junk food because it is not healthy. Also, **Pattern 09** **she tries** to work out every day. **Pattern 09** **She goes** hiking, jogging and swimming. And **Pattern 09** **she takes** yoga classes and **takes** walks as well. **Pattern 10** **She has to** do it every day. Lastly, **Pattern 09** **she takes** plenty of breaks. **Pattern 07** **She is** energetic, but **she is** so busy. This is the reason why **Pattern 09** **she takes** plenty of breaks. Anyway, **Pattern 12** **I am going to** go hiking with her.

빈출문제 미리보기

사전 설문 조사에서 '국내 여행', '해외 여행', '쇼핑하기' 등을 선택하였다면, 주제별 첫 번째 문제는 보통 다음과 같은 문제가 출제됩니다.

선택형 주제 > 국내 여행
- 좋아하는 국내 여행지 묘사 **최다 빈출**
- 국내 여행 갈 때 준비하는 것들 묘사
- 여행 관련 이슈 묘사

선택형 주제 > 해외 여행
- 다녀왔던 해외 여행지 묘사 **최다 빈출**
- 사람들이 자주 방문하는 해외 여행지 묘사

선택형 주제 > 쇼핑
- 쇼핑 습관 묘사 **최다 빈출**
- 우리나라 사람들이 좋아하는 쇼핑 스타일 묘사
- 요즘 사람들이 가장 관심을 갖는 쇼핑 물품 묘사

돌발형 주제 > 날씨
- 우리나라의 날씨 묘사 **최다 빈출**
- 오늘의 날씨 묘사

돌발형 주제 > 가구/가전
- 집에 있는 가구/가전 묘사 **최다 빈출**

시험 공략 TIP ⊕

⊘ 사람이나 사물의 성격, 성질, 상태를 묘사하는 문장에서는 다양한 형용사들을 사용해 보세요.
⊘ 의무, 가능, 미래의 조동사를 이용하여 동작과 행동에 조금 더 구체적인 의미를 넣어 표현해 보세요.

Pattern 07	**They are ~**	

P01_U02_PT07

주어 + be동사(am/are/is) + 성격·성질·상태 형용사.
주어는 ~해요.

묘사하는 문제의 답변은 사람이나 사물의 성격, 성질, 상태 등을 나타내는 형용사를 사용하여 답변합니다. 다양한 형용사를 활용하여 『주어 + be동사의 현재형 + 형용사』 형태의 문장을 구사해 봅시다.

- **사람 묘사 형용사:** positive(긍정적인), creative(창의적인), energetic(활동적인), sociable(사교적인), passionate(열정적인), active(활동적인), talented(재능이 뛰어난), reliable(믿을 만한), talkative(수다스러운), timid(소심한), reasonable(합리적인), brave(용감한) 등
- **사물 묘사 형용사:** convenient(편리한), cozy(아늑한), comfy(편안한), comfortable(편한), portable(휴대가 쉬운), short(짧은), small(작은), huge(거대한), heavy(무거운), light(가벼운) 등

Pattern following

1 **I am** + 성격·성질·상태 형용사.

→ **I am** active, so I love gathering with friends. 돌발 모임/기념일
저는 활발해서, 친구들과의 모임을 좋아해요.

→ **I am** positive, so I do not like fighting. 자기소개 돌발 가족/친구
저는 긍정적이어서, 싸우는 것을 싫어해요.

2 **He/She is** + 성격·성질·상태 형용사.

→ **He is** talented, so he is good at everything. 돌발 가족/친구
그는 재능이 뛰어나서, 모든 것을 잘해요.

→ **She is** energetic, so she likes outdoor activities. 돌발 가족/친구
그녀는 활기차서, 실외 활동을 좋아해요.

→ **She is** reliable, so I like talking to her. 돌발 가족/친구
그녀는 믿을 만해서, 저는 그녀에게 말하는 것을 좋아해요.

3 **It is/They are** + 성격·성질·상태 형용사.

→ **It is** convenient, so I like using it. 선택 집 돌발 가구/가전 돌발 전화기/기술
그것은 편리해서, 저는 그것을 사용하는 것을 좋아해요.

→ **They are** comfortable, so people like resting on them. 선택 집 돌발 가구/가전
그것들은 편안해서, 사람들은 그곳에서 쉬는 것을 좋아해요.

Pattern mirroring

1 모임/기념일: I am _____, so _____.

2 가족/친구: He/She is _____, so _____.

3 가족/친구: He/She is _____, so _____.

4 가구/가전: It is/They are _____, so _____.

Vocabulary

gather 모이다 fight 싸우다 good at ~을 잘하는 outdoor activity 실외 활동 talk to ~에게 말하다 use 사용하다 rest 쉬다

Pattern 08

They look ~

P01_U02_PT08

주어 + look/looks + 성격·성질·상태 형용사.
주어는 ~해 보여요[~처럼 보여요].

이번 패턴에서는 사람이나 사물의 겉모습을 설명할 때 쓰는 2형식 동사 look과 여러 가지의 형용사를 조합하여 하나의 문장을 완성해 봅시다.

- **사람 묘사 형용사:** handsome(잘생긴), beautiful(예쁜), happy(행복한), young(어린), nice(멋진), sleepy(졸린), tired(피곤한), sad(슬픈) 등
- **사물 묘사 형용사:** messy(지저분한), smelly(냄새나는), tasty(맛있는), convenient(편리한), cozy(아늑한), comfy(편안한), comfortable(편한) 등

Pattern following

① **He/She looks** + 성격·성질·상태 형용사.

→ He is creative, and **he looks** handsome. He is good at making new things. 돌발 가족/친구
그는 창의적이고, 잘생겨 보여요. 그는 새로운 것을 만드는 걸 잘해요.

→ He is talented, and **he looks** happy. He is the best singer in Korea. 선택 음악
그는 재능이 뛰어나고, 행복해 보여요. 그는 한국 최고의 가수예요.

→ She is energetic, and **she looks** beautiful. She loves working out. 돌발 가족/친구
그녀는 활기차고, 아름다워 보여요. 그녀는 운동하는 걸 좋아해요.

→ She is reliable, and **she looks** young. I love her. 돌발 가족/친구
그녀는 믿을 만하고, 어려 보여요. 저는 그녀를 좋아해요.

② **They look** + 성격·성질·상태 형용사.

→ They are talkative, and **they look** tired. They are always noisy. 돌발 가족/친구
그들은 수다스럽고, 피곤해 보여요. 그들은 항상 시끄러워요.

→ They are sociable, and **they look** adventurous. 돌발 가족/친구
그들은 사교적이고, 모험심이 강한 것처럼 보여요.

③ **It looks** + 성격·성질·상태 형용사.

→ It is convenient, and **it looks** nice. It is so pricey. 돌발 가구/가전
그것은 편리하고, 멋있어 보여요. 그것은 정말 비싸요.

→ It is comfortable, but **it looks** very old. 그것은 편안하지만, 너무 낡아 보여요. 돌발 가구/가전

Pattern mirroring

① 가족/친구: He is _____, and/but he looks _____.

② 가족/친구: She is _____, and/but she looks _____.

③ 가족/친구: They are _____, and/but they look _____.

④ 가구/가전: It is _____, and/but it looks _____.

Vocabulary

make 만들다 new 새로운 thing 것 best 최고의 singer 가수 work out 운동하다 always 항상, 늘 noisy 시끄러운 adventurous 모험심이 강한 pricey 비싼 old 낡은, 오래된

Pattern 09	**They do ~**	P01_U02_PT09
	주어 + 동작·상태 동사(do/get/have/take).	
	주어는 ~을 해요.	

사람의 동작이나 사물의 상태를 나타내는 동사 do, get, have, take를 이용하여 각각의 습관 및 특징에 대해 말해 봅시다.

Pattern following

① I do/get/have/take ~
→ **I do** nothing special. 저는 특별한 것을 하지 않아요. 선택 집
→ **I get** some rest. 저는 휴식을 취해요. 선택 집
→ **I have** breakfast. 저는 아침 식사를 해요. 돌발 건강
→ **I take** a picture. 저는 사진을 찍어요. 선택 해변 | 해외 여행

② He does/gets/has/takes ~
→ **He does** the laundry. 그는 빨래를 해요. 돌발 가족/친구
→ **He gets** drunk. 그는 술에 취해요. 돌발 가족/친구
→ **He has** a job. 그는 직업이 있어요. 돌발 가족/친구
→ **He takes** a shower. 그는 샤워를 해요. 돌발 가족/친구

③ She does/gets/has/takes ~
→ **She does** her makeup. 그녀는 화장을 해요. 돌발 가족/친구
→ **She gets** some coffee. 그녀는 커피를 마셔요. 돌발 가족/친구
→ **She has** a dog. 그녀는 강아지가 있어요. 돌발 가족/친구
→ **She takes** a break. 그녀는 휴식을 취해요. 돌발 가족/친구

④ It does/gets/has/takes ~
→ **It does** matter. 그건 중요해요. 돌발 건강
→ **It gets** crowded. 그곳은 사람들로 붐벼요. 선택 국내 여행
→ **It has** large rooms. 그곳엔 넓은 방이 있어요. 돌발 호텔
→ **It takes** time. 시간이 걸려요. 돌발 건강

⑤ They do/get/have/take ~
→ **They do** their homework. 그들은 숙제를 해요. 돌발 가족/친구
→ **They get** energy from eating. 그들은 먹는 것에서 힘을 얻어요. 돌발 가족/친구
→ **They have** talks. 그들은 대화를 해요. 돌발 가족/친구
→ **They take** walks. 그들은 산책을 해요. 돌발 가족/친구

1. 집: 저는 / 해요 / 많은 일들을 / 집에서 (동사 do 사용)

   _____.

2. 집: 저는 / 피곤해요 / 그래서 / 저는 / 휴식을 / 취해요 / 주말에 (동사 get 사용)

   _____.

3. 가구/가전: 저는 / 가지고 있어요 / 다양한 종류의 가구와 가전제품을 (동사 have 사용)

   _____.

4. 공원: 저는 / 해요 / 산책을 / 저의 강아지와 함께 / 공원에서 (동사 take 사용)

   _____.

5. 가족/친구: 엄마는 / 해요 / 빨래를 / 주말에 (동사 do 사용)

   _____.

6. 가족/친구: 아빠는 / 마셔요 / 커피를 / 주말에 (동사 get 사용)

   _____.

7. 가족/친구: 저의 부모님은 / 있어요 / 그들의 직업이 (동사 have 사용)

   _____.

8. 가족/친구: 저의 부모님은 / 들어요 / 테니스 수업을 / 주말에 / 건강을 위해 (동사 take 사용)

   _____.

Vocabulary

nothing 아무것도 special 특별한 get some rest 휴식을 취하다 have breakfast 아침 식사를 하다 take a picture 사진을 찍다 do the laundry 빨래를 하다 get drunk 취하다 take a shower 샤워를 하다 do makeup 화장을 하다 get some coffee 커피를 마시다 matter 중요하다 crowded 붐비는 have a cold 감기에 걸리다 take (얼마의 시간이) 걸리다 do homework 숙제를 하다 energy 힘, 에너지 have talks 대화를 하다 take a walk 산책하다 a lot of 많은 thing 것, 일 tired 피곤한 on weekends 주말에 various 다양한 type 종류 furniture 가구 home appliance 가전제품 take a class 수업을 듣다 tennis 테니스 for one's health 건강을 위해

<table>
<tr><td>Filler
02</td><td>**you know / well / also / and**
있잖아요 / 음 / 게다가 / 그리고</td><td>
P01_U02_FL02</td></tr>
</table>

이번에 배울 filler 표현은 문장과 문장 사이를 매끄럽게 이어줄 수 있도록 도와줍니다. 다음 할 말을 떠올릴 때 찰나의 시간을 벌거나 앞서 말한 내용을 보충 설명하는 문장 앞에 you know, well, also, and를 넣어서 말해 보세요. 말의 흐름이 끊기지 않아야 언어 구사 능력이 돋보입니다!

Filler following

1 I do nothing special at home. I get some rest. (선택 집)
→ I do nothing special at home. **You know**, I get some rest.
저는 집에서 특별한 것을 하지 않아요. 있잖아요, 저는 휴식을 취해요.

2 I am tired, so I get some rest on weekends. I love playing smartphone games. (선택 집)
→ I am tired, so I get some rest on weekends. **Well**, I love playing smartphone games.
저는 피곤해서, 주말에는 쉬어요. 음, 저는 스마트폰 게임을 하는 걸 좋아해요.

3 I have various types of furniture. It is convenient, and it looks nice. (돌발 가구/가전)
→ I have various types of furniture. **Also**, it is convenient, and it looks nice.
저는 다양한 가구가 있어요. 게다가, 그것은 편리하고, 근사해 보여요.

4 I take a walk with my puppy at the park. It makes me happy. (돌발 건강)
→ I take a walk with my puppy at the park. **Also**, it makes me happy.
저는 강아지와 공원에서 산책을 해요. 게다가, 그것은 저를 행복하게 만들어 주죠.

5 My mom does the laundry on weekends. She is always talkative, but she looks happy.
→ My mom does the laundry on weekends. **Well**, she is always talkative, but she looks happy. (돌발 가족/친구)
엄마는 주말에 빨래를 하십니다. 음, 엄마는 항상 수다스러우시지만, 행복해 보이시죠.

6 My dad gets some coffee on weekends. It is not tasty, but it looks tasty. (돌발 가족/친구)
→ My dad gets some coffee on weekends. **You know**, it is not tasty, but it looks tasty.
아빠는 주말에 커피를 마십니다. 있잖아요, 그것은 맛없지만, 맛있어 보이죠.

7 My parents both have their jobs. They are so busy on weekdays. (돌발 가족/친구)
→ My parents both have their jobs. **Well**, they are so busy on weekdays.
저의 부모님은 두 분 각자의 직업을 가지고 계세요. 음, 주중에는 엄청 바쁘세요.

Filler 표현 사용 TIP ⊕

⊘ 다음 문장과의 연결을 위해 filler 표현의 강세는 올려주세요.
⊘ 한 가지 filler를 반복적으로 사용하는 것보다 여러 가지의 filler를 병용하는 게 도움이 됩니다.
⊘ 그 외 다른 Filler: Filler 01 I think that ~ (p.57 참고), Filler 03 Wow! It's a very interesting question, Ava! / Oh my god. This is a very difficult question, Ava! (p.96 참고), Filler 04 Actually / Well… OK! (p.120 참고), Filler 05 Anyway / That's it (p.139 참고)

P01_U02_PT10

Pattern 10

They must/have to/should ~

주어 + must/have to/should + 동사원형.

주어는 ~해야 해요.

긍정문에서 의무를 나타내는 조동사 must, have to, should를 이용하여 표현해 봅시다. 답변 시 조동사의 사용은 고득점을 받는 데 유리합니다.

*부정문: must not과 should not은 '~해서는 안 된다'라는 뜻의 금지를, do/does not have to는 '~할 필요가 없다'라는 뜻의 불필요한 의무를 나타내요.

Pattern following

① 주어 + **must** + 동사원형.
→ I **must** wear a mask. 저는 마스크를 써야 해요. 돌발 건강
→ You **must** go and see that movie. 당신은 가서 그 영화를 봐야 해요. 선택 영화

② 주어 + **have to** + 동사원형.
→ I **have to** do my homework. 저는 숙제를 해야 해요. 선택 집
→ You **have to** clean your room. 당신은 당신 방을 청소해야 해요. 선택 집

③ 주어 + **should** + 동사원형.
→ She **should** study hard. 그녀는 공부를 열심히 해야 해요. 돌발 산업/진로
→ He **should** get AL in the OPIc test. 그는 오픽 시험에서 AL을 받아야 해요. 돌발 산업/진로

④ 주어 + **must not** + 동사원형.
→ You **must not** scream at me. 당신은 저한테 소리를 지르면 안 돼요. 돌발 건강
→ I **must not** drink. 저는 술을 마시면 안 돼요. 돌발 건강

⑤ 주어 + **do/does not have to** + 동사원형.
→ I **don't have to** go there anymore. 저는 더 이상 그곳에 가지 않아도 돼요. 돌발 가족/친구
→ She **doesn't have to** go shopping. 그녀는 쇼핑하러 갈 필요가 없어요. 선택 쇼핑

⑥ 주어 + **should not** + 동사원형.
→ You **should not** play smartphone games too much.
당신은 스마트폰 게임을 너무 많이 하면 안 돼요. 돌발 전화기/기술
→ He **should not** smoke. 그는 흡연을 하면 안 돼요. 돌발 건강

1 집: 저는 / 해야만 해요 / 일을 (must 사용)

_____.

2 가족/친구: 저는 / 하지 않아야 해요 / 잔소리를 (must not 사용)

_____.

3 건강: 당신은 / 해야 해요 / 먹는 것을 / 채소를 (have to 사용)

_____.

4 건강: 당신은 / 필요는 없어요 / 억지로 먹을 (don't have to 사용)

_____.

5 건강: 그는 / 해야 해요 / 운동을 / 매일매일 (should 사용)

_____.

6 건강: 그녀는 / 하지 않아야 해요 / 술 마시는 것을 (should not 사용)

_____.

Vocabulary

wear 입다, 쓰다　mask 마스크　do one's homework 숙제를 하다　clean 청소하다　study 공부하다　hard 열심히　scream at ~에게 소리를 지르다　drink 술을 마시다　not ~ anymore 더 이상 ~않다　go shopping 쇼핑하러 가다　play a game 게임을 하다　smartphone 스마트폰　smoke 흡연을 하다　work 일하다　nag 잔소리를 하다　eat 먹다　vegetable 채소　force oneself to do 억지로 ~하다　work out 운동하다

Pattern **11**	**They can/be able to ~** P01_U02_PT11
	주어 + can/be able to + 동사원형. 주어는 ~할 수 있어요.

이번 패턴은 '~할 수 있다'라는 능력, 가능성의 의미를 담고 있는 조동사 can과 be able to를 이용하여 답변을 만들어 봅시다. can보다는 be able to를 사용하는 것이 좀 더 높은 점수를 받을 가능성이 있어요.

Pattern following

① **I can** + 동사원형. / **I am able to** + 동사원형.
→ **I can** take a rest.
→ **I am able to** take a rest. 저는 쉴 수 있어요. 선택 집

② **She can** + 동사원형. / **She is able to** + 동사원형.
→ **She can** go by herself.
→ **She is able to** go by herself. 그녀는 혼자 갈 수 있어요. 돌발 가족/친구

③ **He can** + 동사원형. / **He is able to** + 동사원형.
→ **He can** do tons of things.
→ **He is able to** do tons of things. 그는 많은 것들을 할 수 있어요. 돌발 가족/친구

④ **They can** + 동사원형. / **They are able to** + 동사원형.
→ **They can** eat various vegetables.
→ **They are able to** eat various vegetables. 그들은 다양한 채소를 먹을 수 있어요. 돌발 건강

Pattern mirroring

① 가족/친구: 저는 / 할 수 있어요 / 등산을 (can/be able to 사용)

_____ .

② 건강:　　　그녀는 / 할 수 있어요 / 건강을 유지하는 것을 (can/be able to 사용)

_____ .

③ 가족/친구: 그는 / 할 수 있어요 / 운전을 (can/be able to 사용)

_____ .

④ 가족/친구: 그들은 / 할 수 있어요 / 영어로 말하기를 (can/be able to 사용)

_____ .

Vocabulary

take a rest 쉬다　by oneself 혼자　tons of 많은　thing 것　various 다양한　vegetable 채소　go hiking 등산 가다　stay 유지하다　healthy 건강한　drive 운전하다　speak in English 영어로 말하다

They will/be going to ~

P01_U02_PT12

주어 + will/be going to + 동사원형.

주어는 ～할 거예요.

미래 시제의 조동사 will과 be going to는 앞으로의 계획, 의지 등을 이야기할 때 꼭 필요한 패턴입니다.

Pattern following

❶ I go there again. 저는 그곳에 다시 가요. 선택 해변 | 국내 여행 | 해외 여행
→ I **will** go there again.
→ I **am going to** go there again. 저는 그곳에 다시 갈 거예요.

❷ She is my mentor. 그녀는 저의 멘토예요. 돌발 가족/친구
→ She **will** be my mentor.
→ She **is going to** be my mentor. 그녀는 저의 멘토가 될 거예요.

❸ He travels first class. 그는 일등석을 타고 여행해요. 선택 해외 여행 돌발 가족/친구
→ He **will** travel first class.
→ He **is going to** travel first class. 그는 일등석을 타고 여행할 거예요.

❹ They go to the park to enjoy this weather. 그들은 이 날씨를 즐기기 위해 공원에 가요. 선택 공원
→ They **will** go to the park to enjoy this weather.
→ They **are going to** go to the park to enjoy this weather.
그들은 이 날씨를 즐기기 위해 공원에 갈 거예요.

Pattern mirroring

❶ 국내 여행: 저는 / 갈 거예요 / 해변에 / 이번 여름 휴가에 (will/be going to 사용)

_____.

❷ 술집/바: 그들은 / 가질 거예요 / 모임을 / 술집에서 (will/be going to 사용)

_____.

❸ 가족/친구: 그들은 / 갈 거예요 / 등산을 / 함께 (will/be going to 사용)

_____.

❹ 건강: 그들은 / 할 거예요 / 많은 것들을 / 그들의 건강을 위하여 (will/be going to 사용)

_____.

Vocabulary

again 다시 mentor 멘토 travel first class 일등석을 타고 여행하다 go to+장소 ~에 가다 enjoy 즐기다 weather 날씨 beach 해변 summer 여름 vacation 휴가 bar 술집, 바 have a gathering 모임을 갖다 go hiking 등산 가다 tons of 많은 a lot of 많은 for one's health 건강을 위해

선택형 주제 출제 유형

사전 설문 조사를 바탕으로 개인 맞춤형 문제가 출제되는데, 본인이 선택한 항목들이 각각의 주제가 되어 Combo Set 2문제 혹은 3문제로 나옵니다. 그리고 그 Combo Set의 첫 번째 문제는 주로 좋아하는 일, 장소, 사람 등에 대해 물어보므로, 앞서 배운 pattern을 이용하여 답변을 완성해 봅시다.

선택형 주제의 빈출 문제 Combo Set

해변 가기

- **좋아하는 해변 묘사**
- 최근에 해변에 다녀온 경험
- 해변에서 일어난 기억에 남는 사건

국내 여행

- **좋아하는 국내 여행지 묘사**
- 어릴 적 다녀온 국내 여행 경험
- 국내 여행 중 일어난 기억에 남는 사건

해외 여행

- **다녀온 해외 여행지 묘사**
- 어릴 적 다녀온 해외여행 경험
- 해외여행 중 일어난 기억에 남는 사건

해변 가기

P01_U02_QA01

해변 가기
Combo Set

- **좋아하는 해변 묘사**
- 최근에 해변에 다녀온 경험
- 해변에서 일어난 기억에 남는 사건

You indicated in the survey that you like to go to the beach. Describe the beach that you like.

설문 조사에 해변에 가는 것을 좋아한다고 하셨네요. 좋아하는 해변에 대해 묘사해 주세요.

Model Answer

There are a lot of beaches in Korea, and there are various places to visit. You know, one of my favorite beaches is 애월 Beach. The reason why I like that place is that it is very beautiful. The color of the sea looks nice, so many people spend time at the beach. People get some coffee, have talks, and take walks as well. Well, there is also party time in the summer. We are able to enjoy our vacation there. Therefore, I will go to the beach this coming weekend.

한국에는 해변이 많고, 방문할 만한 곳들이 다양하게 있습니다. 있잖아요. 제가 가장 좋아하는 해변 중 하나는 애월 해변이에요. 제가 그곳을 좋아하는 이유는 그곳이 너무 예쁘기 때문입니다. 바다의 색이 예뻐서, 많은 사람들이 해변에서 시간을 보내요. 사람들은 커피를 마시고, 이야기를 하고, 산책도 해요. 음, 여름에는 파티도 열려요. 우리는 그곳에서 휴가를 즐길 수 있죠. 따라서, 저는 다가오는 이번 주말에 해변에 갈 거예요.

My Answer

STEP 01 Brainstorming

- 좋아하는 해변
- 그 해변을 좋아하는 이유
- 그곳에서 하는 일
- 그곳은 어떠한 모습인가
- 그 해변에 대한 나의 생각

STEP 02 Make your own story!

Vocabulary

a lot of 많은 beach 해변 various 다양한 place 곳, 장소 visit 방문하다 favorite 가장 좋아하는 beautiful 예쁜 color 색 sea 바다 spend time 시간을 보내다 get some coffee 커피를 마시다 have talks 이야기를 하다 take walks 산책하다 party time 파티 summer 여름 enjoy 즐기다 vacation 휴가 coming 다가오는 weekend 주말

국내 여행

P01_U02_QA02

> **국내 여행**
> Combo Set
> ┌ **좋아하는 국내 여행지 묘사**
> ├ 어릴 적 다녀온 국내 여행 경험
> └ 국내 여행 중 일어난 기억에 남는 사건

You indicated in the survey that you like to travel domestically. Tell me a place you like the most.

설문 조사에 국내 여행을 좋아한다고 하셨네요. 당신이 가장 좋아하는 곳을 말해 주세요.

Model Answer

I like **domestic trips** because there are various places to visit in my country. And all the places are **very beautiful**. Among them, one of my favorite places is 해운대 Beach. The reason why I like it there is that the place is **crowded**. There are a lot of people who enjoy swimming, surfing, and tanning. I can enjoy my free time there. Also, I enjoy taking pictures because it is beautiful, but it sometimes looks messy as well. Anyway, I'm going to enjoy my domestic trip this coming vacation.

저는 국내 여행을 좋아해요. 왜냐하면 우리나라에는 방문할 만한 곳들이 다양하게 있기 때문이에요. 그리고 모든 장소들이 매우 아름답습니다. 그중, 제가 가장 좋아하는 장소 중 하나는 해운대 해변이에요. 제가 그곳을 좋아하는 이유는 그 장소가 사람들로 붐비기 때문이에요. 수영, 서핑, 그리고 태닝을 즐기는 사람들이 많아요. 저도 그곳에서 자유 시간을 즐길 수 있죠. 또한, 그곳이 아름다우니 즐겁게 사진을 찍죠. 하지만 가끔은 그곳이 지저분해 보일 때도 있어요. 어쨌든, 저는 다가오는 이번 휴가에 국내 여행으로 즐거운 시간을 보낼 거예요.

My Answer

STEP **01 Brainstorming**

- 좋아하는 국내 여행지
- 그 여행지를 좋아하는 이유
- 그곳에서 하는 일
- 그곳은 어떠한 모습인가
- 그 여행지에 대한 나의 생각

STEP **02 Make your own story!**

_____

_____

_____

_____

_____

_____

Vocabulary

domestic trip 국내 여행 various 다양한 place 곳, 장소 visit 방문하다 country 나라 beautiful 아름다운 among ~ 중에, ~ 사이에 crowded (사람들로) 붐비는 swim 수영하다 surf 서핑을 하다 tan 태닝을 하다 free time 자유 시간 take pictures 사진을 찍다 messy 지저분한 as well ~도, 또한 coming 다가오는 vacation 휴가

해외 여행

P01_U02_QA03

해외 여행
Combo Set
- 다녀온 해외 여행지 묘사
- 어릴 적 다녀온 해외여행 경험
- 해외여행 중 일어난 기억에 남는 사건

You indicated in the survey that you like to travel internationally. Tell me about another country you have visited. What does it look like?

설문 조사에 해외여행을 좋아한다고 하셨네요. 당신이 다녀온 다른 나라에 대해 말해 주세요. 그곳은 어떤 모습인가요?

Model Answer

I remember going to Japan. Japan is the closest country to Korea. They have various attractions to visit. You know, they have mountains, beaches, and four seasons there. My favorite places to visit are the mountains. The reason why I like it there is that I can go hiking. Well, there are also beautiful beaches. So, we can go swimming as well. The best thing about Japan is that the weather is like our country. They have four seasons: spring, summer, fall, and winter. The weather is so nice in the spring and fall. It is the best weather to go on a picnic. The weather is very hot in the summer. A lot of people visit the beaches in this season. So, they get crowded. The weather is freezing in the winter. We have to wear heavy clothes. Anyway, I love going to Japan.

저는 일본에 갔던 게 기억나요. 일본은 한국에서 가장 가까운 나라이죠. 방문할 만한 다양한 명소들이 있어요. 왜 있잖아요, 일본은 산, 해변, 그리고 사계절이 있어요. 제가 가장 방문하기 좋아하는 곳은 산이에요. 그곳을 좋아하는 이유는 등산하러 갈 수 있기 때문이죠. 음, 아름다운 해변들도 있어요. 그래서, 수영하러 갈 수도 있죠. 일본의 가장 좋은 점은 우리나라와 날씨가 비슷하다는 점이에요. 봄, 여름, 가을, 그리고 겨울 이렇게 사계절이 있죠. 봄과 가을엔 날씨가 무척 좋아요. 소풍 가기에 최고로 좋은 날씨이죠. 여름엔 너무 더워요. 이러한 계절엔 많은 사람들이 해변에 가요. 그래서, 사람들로 붐벼요. 겨울에는 너무 추워요. 두꺼운 옷을 입어야 해요. 그래도, 저는 일본에 가는 것을 좋아해요.

My Answer

STEP 01 Brainstorming

- 다녀온 해외 여행지
- 그 여행지를 좋아하는 이유
- 그곳에서 하는 일
- 그곳은 어떠한 모습인가
- 그 여행지에 대한 나의 생각

STEP 02 Make your own story!

_____

_____

_____

Vocabulary

Japan 일본 close 가까운(close-closer-closest) country 나라 various 다양한 attraction 명소 mountain 산 beach 해변 season 계절 favorite 가장 좋아하는 place 곳, 장소 go hiking 등산 가다 beautiful 아름다운 go swimming 수영하러 가다 as well ~도, 또한 weather 날씨 like ~와 같은 spring 봄 summer 여름 fall 가을 winter 겨울 go on a picnic 소풍 가다 hot 더운 a lot of 많은 crowded (사람들로) 붐비는 freezing 몹시 추운 wear 입다 heavy 무거운, 두꺼운

돌발형 주제 출제 유형

사전 설문 조사를 바탕으로 개인 맞춤형 문제가 출제되는 선택형 주제와는 달리, 사전 설문 조사에서 선택을 하지 않아도 출제되는 주제들을 '돌발형 주제'라고 합니다. 돌발형 주제들도 한 주제당 2~3문제씩 출제되며, 각 주제별로 Combo Set의 첫 번째 문제는 좋아하는 일, 사람, 사물, 장소, 혹은 우리나라의 특징 등을 묘사하는 질문입니다. 앞서 배운 pattern을 이용하여 답변을 완성해 봅시다.

돌발형 주제의 빈출 문제 Combo Set

가구/가전
- **집에 있는 가구/가전 묘사**
- 과거의 가구/가전과 현재의 가구/가전 비교
- 가구/가전에 문제 생긴 경험

가족/친구
- **가족이나 친구 묘사**
- 어릴 적 가족이나 친구와 함께 한 경험
- 가족이나 친구와 함께 있을 때 일어난 기억에 남는 사건

날씨
- **우리나라의 날씨 묘사**
- 오늘의 날씨 묘사
- 과거와 현재의 날씨 변화 묘사

패션
- **우리나라의 패션 묘사**
- 쇼핑하는 방법 묘사
- 과거와 현재의 패션 변화 묘사

건강
- **지인 중 건강한 사람 묘사**
- 건강해지기 위해 한 일 묘사
- 건강해지기 위해 한 일 중 가장 효과적이었던 방법 묘사

가구/가전

P01_U02_QA04

가구/가전
Combo Set
- 집에 있는 가구/가전 묘사
- 과거의 가구/가전과 현재의 가구/가전 비교
- 가구/가전에 문제 생긴 경험

Tell me about the furniture you have in your home. Is there a piece that is your favorite?

집에 있는 가구에 대해 말해 주세요. 가장 좋아하는 가구가 있나요?

Model Answer

I have **various types of furniture and home appliances** in my home. You know, in the living room I **have a TV, a sofa, and a table**. And in my room I **have a bed and a built-in closet**. One of **my favorite pieces of furniture is my bed**. The reason why I like **my bed** is that I can **take a rest** there. Well, **my bed is very cozy and comfortable**. So, I always **get some rest** on it and **use my smartphone** when I'm hanging out on it. The best thing about **the smartphone** is that I can **play games** on it, but I should not do my smartphone game too much. Anyway, I love **my bed**.

저는 집에 다양한 종류의 가구와 가전제품이 있어요. 그러니까, 거실에는 TV, 소파, 그리고 테이블이 있어요. 그리고 제 방에는 침대와 붙박이장이 있어요. 제가 가장 좋아하는 가구 중 하나는 제 침대예요. 제가 제 침대를 좋아하는 이유는 그곳에서 쉴 수 있기 때문이에요. 음, 제 침대는 무척 아늑하고 편안합니다. 그래서, 저는 항상 그곳에서 휴식을 취하며, 쉴 때는 제 스마트폰을 이용하죠. 스마트폰의 가장 좋은 점은 게임을 할 수 있다는 점이지만, 저는 스마트폰 게임을 너무 많이 하면 안 돼요. 그건 그렇고, 저는 제 침대가 정말 좋아요.

My Answer

STEP 01 Brainstorming

- 집에 어떤 가구/가전이 있는가
- 그 가구/가전을 좋아하는 이유
- 좋아하는 가구/가전

STEP 02 Make your own story!

_____

_____

_____

_____

_____

_____

P01_U02_QA05

가족/친구
Combo Set

- 가족이나 친구 묘사
- 어릴 적 가족이나 친구와 함께 한 경험
- 가족이나 친구와 함께 있을 때 일어난 기억에 남는 사건

Tell me about the family or friends you like to visit. Who are these people? What are they like?

즐겨 방문하는 가족이나 친구에 대해 말해 주세요. 이 사람들은 누구인가요? 그들은 어떤 사람들인가요?

Model Answer

I am going to tell you about my parents because I like visiting them. Firstly, my mom is positive. She is always busy, but she looks very happy. You know, she can drive, so she enjoys going shopping by herself on weekends. Also, my dad is hard-working. He always wakes up early and does housework. Even though he has a job, he does the laundry, does the dishes and does the cleaning as well. I think that both are active, so they are talkative. Also, they look happy. Therefore, I love them.

제 부모님에 대해 이야기해 드릴게요. 왜냐하면 전 부모님을 찾아뵙는 걸 좋아하거든요. 먼저, 엄마께선 긍정적이세요. 엄마는 항상 바쁘시지만, 정말 행복해 보여요. 엄마께선 운전을 하실 수 있어서, 주말에 혼자 쇼핑하러 가는 걸 즐기세요. 그리고, 아빠께선 성실하세요. 항상 일찍 일어나셔서 집안일을 하세요. 아빠께서는 일을 하시는데도, 빨래도 하시고, 설거지도 하시고, 청소도 하세요. 제 생각에는 두 분 다 활발하셔서 수다스러우신 것 같아요. 또한, 두 분은 행복해 보여요. 따라서, 저는 그분들을 사랑해요.

My Answer

STEP 01 **Brainstorming**

- 소개할 가족/친구
- 그 가족/친구의 특징
- 그 가족/친구의 성격
- 그 가족/친구의 취미

STEP 02 **Make your own story!**

날씨
Combo Set
- **우리나라의 날씨 묘사**
- 오늘의 날씨 묘사
- 과거와 현재의 날씨 변화 묘사

Tell me about the weather in your country. Are there different seasons? What is the weather typically like?

당신 나라의 날씨에 대해 말해 주세요. 여러 계절이 있나요? 날씨는 보통 어떤가요?

Model Answer

Korea has four seasons. It has spring, summer, fall, and winter. In the spring and fall, the weather is very mild. So, a lot of people enjoy a picnic in this weather. I think it is the perfect weather to go hiking as well. In the summer, it gets super hot. During the rainy season, it is very humid. Also, in the winter, the weather is freezing cold. We should stay at home. My favorite season is spring because it has nice weather, so I can do outdoor activities. And it is spring in Korea now. Therefore, I'm going to go to the park to enjoy this weather.

한국은 사계절을 가지고 있어요. 봄, 여름, 가을, 그리고 겨울이 있어요. 봄과 가을에는, 날씨는 매우 온화해요. 따라서, 많은 사람들이 이러한 날씨에 소풍을 즐깁니다. 제 생각에는 등산을 가기에도 완벽한 날씨인 것 같아요. 여름엔, 무척 더워요. 장마철에는, 아주 습해요. 또한, 겨울에는, 무척 춥습니다. 집에 있어야 해요. 제가 가장 좋아하는 계절은 봄인데, 왜냐하면 날씨가 좋아서 실외 활동을 할 수 있기 때문이에요. 그리고 지금 한국은 봄입니다. 따라서, 저는 이 날씨를 즐기기 위해 공원에 갈 거예요.

My Answer

STEP **01 Brainstorming**

- 우리나라의 날씨는 어떠한가
- 봄의 특징
- 여름의 특징
- 가을의 특징
- 겨울의 특징
- 가장 좋아하는 계절
- 그 계절을 좋아하는 이유

STEP **02 Make your own story!**

Vocabulary

season 계절 spring 봄 summer 여름 fall 가을 winter 겨울 weather 날씨 mild 적당한, 온화한 a lot of 많은 picnic 소풍 perfect 완벽한
go hiking 등산 가다 as well ~도, 또한 super 매우 hot 더운 rainy season 장마철 humid 습한 freezing cold 무척 추운 stay 머무르다
nice 좋은 outdoor activity 실외 활동 park 공원

P01_U02_QA07

패션
Combo Set

- 우리나라의 패션 묘사
- 쇼핑하는 방법 묘사
- 과거와 현재의 패션 변화 묘사

Tell me about the clothes people in your country wear. What kinds of clothes do they wear?

당신 나라의 사람들이 입는 옷에 대해 말해 주세요. 사람들은 어떠한 종류의 옷을 입나요?

Model Answer

Let me tell you about fashion in Korea. People usually wear jackets and long sleeves in the spring and fall because the weather is very nice. The temperature is mild, so it's the perfect weather to go on a picnic. In the summer, people usually wear light clothes like shorts, T-shirts, and so on because the summer is super hot in Korea. When it comes to the rainy season, it's very humid. The winter is freezing cold. Since the weather is freezing, people normally wear heavy clothes like padded coats, knits, and so on. I love our country's fashion.

한국의 패션에 대해 이야기해 볼게요. 사람들은 대부분 봄과 가을에는 재킷과 긴팔 옷을 입어요. 왜냐하면 날씨가 굉장히 좋거든요. 기온이 적당해서, 소풍 가기에 딱 좋은 날씨입니다. 여름에, 사람들은 보통 반바지, 티셔츠 등과 같은 가벼운 옷차림을 해요. 왜냐하면 한국 여름은 무척 덥거든요. 장마철이 되면, 아주 습해요. 겨울은 무척 춥습니다. 날씨가 무척 추우니, 사람들은 대개 패딩, 니트 등과 같은 두꺼운 옷차림을 합니다. 저는 우리나라의 패션을 좋아해요.

My Answer

STEP 01 **Brainstorming**

- 우리나라의 패션의 특징
- 봄의 패션
- 여름의 패션
- 가을의 패션
- 겨울의 패션

STEP 02 **Make your own story!**

_____

_____

_____

_____

_____

Vocabulary

let me ~하겠다 fashion 패션 usually 보통, 대부분 jacket 재킷 long sleeves 긴팔의 옷 spring 봄 fall 가을 temperature 기온, 온도 mild 적당한, 온화한 perfect 완벽한, 딱 좋은 go on a picnic 소풍 가다 summer 여름 light clothes 얇은 옷 like ~와 같은 shorts 반바지 T-shirt 티셔츠 and so on ~ 등 super 매우 hot 더운 when it comes to ~에 관한 한 rainy season 장마철 rain 비가 오다 a lot 많이 humid 습한 winter 겨울 freezing cold 무척 추운 normally 보통, 대개 heavy clothes 두꺼운 옷 padded coat 패딩 coat 코트 knit 니트

건강

P01_U02_QA08

건강
Combo Set

- **지인 중 건강한 사람 묘사**
- 건강해지기 위해 한 일 묘사
- 건강해지기 위해 한 일 중 가장 효과적이었던 방법 묘사

Tell me about someone you know who is very healthy. What is this person like?

지인 중 아주 건강한 사람에 대해 말해 주세요. 이 사람은 어떤 사람인가요?

Model Answer

I think that my friend is very healthy. She tries to stay healthy, so she does tons of things. First, she tries to eat healthy. She eats various vegetables for her health. She avoids junk food because it is not healthy. Also, she tries to work out every day. She goes hiking, jogging and swimming. And she takes yoga classes and takes walks as well. She has to do it every day. Lastly, she takes plenty of breaks. She is energetic, but she is so busy. This is the reason why she takes plenty of breaks. Anyway, I am going to go hiking with her.

제 생각엔 제 친구가 매우 건강해요. 그녀는 건강을 유지하려 해서, 많은 것들을 합니다. 먼저, 그녀는 건강하게 먹으려고 노력합니다. 건강을 위해 여러 가지 채소를 먹어요. 그녀는 정크 푸드는 건강에 좋지 않아서 피합니다. 또한, 그녀는 매일 운동을 하려고 노력합니다. 등산도 가고, 조깅도 하러 가고, 수영도 하러 갑니다. 그리고 요가 수업도 듣고 산책도 합니다. 그녀는 그것을 매일매일 해야만 해요. 마지막으로, 그녀는 충분히 휴식을 취합니다. 그녀는 활기차지만, 아주 바쁩니다. 이러한 이유로 충분히 휴식을 취해요. 그나저나, 저는 그녀와 등산을 갈 거예요.

My Answer

STEP **01 Brainstorming**

- 지인 중 건강한 사람은 누구인가
- 그/그녀의 건강 유지 습관 1
- 그/그녀의 건강 유지 습관 2
- 그/그녀의 건강 유지 습관 3

STEP **02 Make your own story!**

Vocabulary

healthy 건강한, 건강에 좋은 **try to do** ~하려 노력하다 **stay** 유지하다 **tons of** 많은 **thing** 것, 일 **eat** 먹다 **various** 다양한, 여러 가지의 **vegetable** 채소 **avoid** 피하다 **junk food** 정크 푸드 **work out** 운동하다 **go hiking** 등산 가다 **go jogging** 조깅하러 가다 **go swimming** 수영하러 가다 **take classes** 수업을 듣다 **yoga** 요가 **take walks** 산책하다 **as well** ~도, 또한 **take breaks** 쉬다, 휴식을 취하다 **plenty of** 충분한 **energetic** 활기찬, 활동적인 **busy** 바쁜

There is ~
~가 있어요

이 Unit은 Combo Set의 첫 번째 현재 시제로 말하기 중 좋아하는 장소, 자주 방문하는 장소, 우리나라의 특정한 장소를 묻는 질문에 대한 답변을 총 6가지 문장 패턴으로 살펴봅니다. 현재 시제로 묘사하는 답변 방식의 마지막 퍼즐이므로, 앞서 배운 Unit 01, 02 패턴들과 함께 다채로운 패턴의 답변으로 완성해 보세요.

Unit 03의 Pattern 몰아 보기

Q You indicated in the survey that you go to cafés. Tell me about your favorite café. Describe the things you do at a café in detail.

A Pattern 13 **There are** a lot of cafés Pattern 15 **in** Korea. They Pattern 14 **are located near** subway stations or bus stations because a lot of people like coffee these days. I think that I like going to the café because I can kill time there. So, I like going to the café when I have free time. It makes me feel relaxed. My favorite café is Starbucks. The reason why I like Starbucks is that it is the best place for studying and working. It is because Pattern 16 **when you walk into** Starbucks, **you can see** a lot of tables and chairs Pattern 17 **where** you can work. Also, the mood is quiet, so I can concentrate on my work. I think the best thing about Starbucks is that it Pattern 14 **is located near** my house. So, I can get there easily. So, I love this place.

빈출문제 미리보기

사전 설문 조사에서 '국내 여행', '해외 여행', '카페/커피전문점에 가기' 등을 선택하였다면, 주제별 첫 번째 문제는 보통 다음과 같은 문제가 출제됩니다.

선택형 주제 > 집
- 집 묘사 `최다 빈출`
- 집에서 하는 일 묘사

선택형 주제 > 카페/커피전문점에 가기
- 좋아하는 카페 묘사 `최다 빈출`
- 자주 가는 카페 묘사

돌발형 주제 > 은행
- 우리나라의 은행 묘사

돌발형 주제 > 호텔
- 우리나라의 호텔 묘사

돌발형 주제 > 교통
- 우리나라의 교통 묘사

시험 공략 TIP ⊕

⊘ 몇 가지의 표현만으로도 여러 장소를 묘사할 수 있으니, 이 Unit의 패턴들을 익혀 다양한 주제에 사용해 보세요.

⊘ 장소 묘사 또한 연결어를 이용해 문장을 길게 구사하면 고득점을 받을 수 있어요.

⊘ 어려운 표현보다는 본인이 말하기 쉬운 표현들로 답변을 완성해 보세요.

<table>
<tr><td>**Pattern**
13</td><td># There is/are ~

There is + 단수 명사. / There are + 복수 명사.
~가 있어요.</td><td>
P01_U03_PT13</td></tr>
</table>

어떤 장소에 있는 물건을 열거할 때 There is/are 문장 구조의 패턴을 사용합니다. 하나의 물건이라면 There is를, 여러 개의 물건을 열거하고자 한다면 There are로 문장을 시작하세요.

Pattern following

① **There is** + 단수 명사.
→ **There is** a living room, a kitchen, and a balcony. 선택 집
거실, 부엌, 그리고 발코니가 있어요.
→ **There is** a bed, a built-in closet, and a table. 선택 집 돌발 가구/가전
침대, 붙박이장, 그리고 테이블이 있어요.
→ **There is** a park in front of my apartment. 선택 집 | 공원
제가 사는 아파트 앞에 공원이 있어요.

② **There are** + 복수 명사.
→ **There are** three bedrooms and two bathrooms. 선택 집
침실이 세 개, 화장실이 두 개 있어요.
→ **There are** various types of furniture and home appliances in my house. 선택 집
집에 다양한 종류의 가구와 가전제품들이 있어요.
→ **There are** lots of bars and coffee shops in Korea. 선택 술집/바 | 카페
한국에는 술집과 커피숍들이 많이 있어요.
→ **There are** tons of beautiful beaches in our country. 선택 해변 돌발 지형
우리나라에는 아름다운 해변들이 많이 있어요.

Pattern mirroring

① 집:　　　There is/are _____.
② 공원:　　There is/are _____.
③ 카페:　　There is/are _____.
④ 가구/가전: There is/are _____.

Vocabulary

living room 거실　kitchen 부엌　balcony 발코니　bed 침대　built-in closet 붙박이장　table 테이블, 탁자　in front of ~ 앞에　apartment 아파트　bedroom 침실, 방　bathroom 화장실　various 다양한　type 종류　furniture 가구　home appliance 가전제품　lots of 많은　bar 술집　coffee shop 커피숍　tons of 많은　beautiful 아름다운　beach 해변　country 나라　drawer 서랍　bunk bed 2층 침대　chair 의자　sofa 소파　desk 책상　shelf 선반　mirror 거울　nightstand 침실용 탁자　clock 시계

<table>
<tr><td>Pattern
14</td><td>
be located in/near ~

주어 + be located in/near + 위치.
주어는 ～에/～근처에 위치해 있어요.
</td><td>
P01_U03_PT14</td></tr>
</table>

건물이나 물건의 위치를 설명할 때는 be located in/near 표현을 써 보세요. '～을 위치시키다'라는 뜻의 타동사 locate의 수동태를 써서 '～에 위치해 있다'라는 뜻을 나타냅니다. located 뒤에는 in, near 외에도 다른 전치사 at, on, between, in front of, next to, by, beside 등을 쓸 수 있다는 것도 함께 알아 두세요.

Pattern following

❶ 단수 주어 + is located in/near + 위치.

→ This restaurant **is located in** the historic district. 돌발 음식점
  이 식당은 유서 깊은 지역에 위치해 있어요.

→ It **is located in** a city called Seoul. 선택 술집/바 | 카페 돌발 음식점
  그곳은 서울이라는 도시에 위치해 있어요.

→ This coffee shop **is located in front of** my house. 선택 카페
  이 커피숍은 저희 집 앞에 위치해 있어요.

→ It **is located in** Jeju Island. 선택 해변 | 국내 여행 돌발 지형
  그곳은 제주도에 위치해 있어요.

❷ 복수 주어 + are located in/near + 위치.

→ The banks **are located in** every neighborhood. 돌발 은행
  은행들은 모든 지역에 위치해 있어요.

→ The department stores **are located near** subway stations. 선택 쇼핑
  백화점들은 지하철역 근처에 위치해 있어요.

→ Many bars **are located near** universities. 선택 술집/바
  많은 술집들은 대학교 근처에 위치해 있어요.

Pattern mirroring

❶ 술집/바: _____ is/are located in/near _____.

❷ 해변: _____ is/are located in/near _____.

❸ 은행: _____ is/are located in/near _____.

❹ 음식점: _____ is/are located in/near _____.

Vocabulary

restaurant 식당 historic 유서 깊은, 역사적인 district 지구, 지역 city 도시 called ～라는 (이름의) coffee shop 커피숍 in front of ～ 앞에
bank 은행 every 모든 neighborhood 지역, 인근 department store 백화점 subway station 지하철역 bar 술집, 바 university 대학교

Pattern 15 — at/in/on

P01_U03_PT15

주어 + 동사 + at/in/on + 장소.

주어는 ～에서 …해요.

이번 패턴에서는 흔히 헷갈리는 전치사 at, in, on의 올바른 사용법을 배워 볼게요. 장소 묘사에서 가장 많이 사용하지만 실수 또한 많은 부분이기에 정확히 구별하여 알아 두도록 합시다.

Pattern following

1 at + 특정 위치/공간/장소
→ I stay **at** home. 저는 집에 있어요. 선택 집
→ I bought some stuff **at** the store. 저는 가게에서 물건을 몇 개 샀어요. 선택 쇼핑
→ I had dinner **at** the hotel. 저는 호텔에서 저녁 식사를 했어요. 돌발 호텔

2 in + 넓은 위치/공간/장소
→ I am living **in** Korea. 저는 한국에서 살고 있어요. 선택 집
→ I swam **in** the ocean. 저는 바다에서 수영했어요. 선택 해변 | 국내 여행
→ I use my smartphone **in** my room. 저는 제 방에서 스마트폰을 사용해요. 선택 집

3 on + 닿는 면의 장소
→ They are **on** busy streets. 선택 카페 | 술집/바 돌발 음식점 | 은행 | 호텔
  그것들은 번화한 길에 있어요.
→ I lost our wallet **on** the bus in the morning. 돌발 교통
  저는 아침에 버스에서 지갑을 잃어버렸어요.
→ **On** our way there, the traffic was terrible. 돌발 명절 | 교통
  그곳에 가는 길에, 차가 너무 막혔어요.

Pattern mirroring

1 집: _____ at/in/on _____ .
2 국내 여행: _____ at/in/on _____ .
3 은행: _____ at/in/on _____ .
4 교통: _____ at/in/on _____ .

Vocabulary

stay 머물다 buy 사다, 구매하다(buy-bought-bought) stuff 물건 store 가게 dinner 저녁 식사 hotel 호텔 live 살다 swim 수영하다(swim-swam-swum) ocean 바다 use 사용하다 smartphone 스마트폰 room 방 busy 번화한 street 거리, 도로 lose 잃어버리다(lose-lost-lost) wallet 지갑 in the morning 아침에 on one's way 도중에 traffic 교통(량) terrible 끔찍한, 심한

When you walk into ~, you can see …

P01_U03_PT16

When you walk into + 장소, you can see + 명사.

~에 들어가면, …가 보여요.

장소를 묘사할 때 장소의 위치 외에도 그 장소의 내부에 무엇이 있는지 설명하며 답변을 길게 이어갈 수 있습니다.

Pattern following

1 **When you walk into** 카페, **you can see** 볼 수 있는 것. 선택 카페
→ **When you walk into** the coffee shop, **you can see** a lot of tables and chairs.
   커피숍에 들어가면, 많은 테이블과 의자들을 볼 수 있어요.

2 **When you walk into** 술집/바, **you can see** 볼 수 있는 것. 선택 술집/바
→ **When you walk into** the bar, **you can see** various types of beer.
   술집에 들어가면, 다양한 종류의 맥주를 볼 수 있어요.

3 **When you walk into** 음식점, **you can see** 볼 수 있는 것. 돌발 음식점
→ **When you walk into** the restaurant, **you can see** self-service kiosks.
   음식점에 들어가면, 셀프서비스 키오스크들을 볼 수 있어요.

4 **When you walk into** 은행, **you can see** 볼 수 있는 것. 돌발 은행
→ **When you walk into** the bank, **you can see** ATMs.
   은행에 들어가면, 현금 자동 입출금기들을 볼 수 있어요.

5 **When you walk into** 호텔, **you can see** 볼 수 있는 것. 돌발 호텔
→ **When you walk into** the hotel, **you can see** a beautiful chandelier.
   호텔에 들어가면, 아름다운 샹들리에를 볼 수 있어요.

Pattern mirroring

1 카페: When you walk into _____, you can see _____.

2 음식점: When you walk into _____, you can see _____.

3 은행: When you walk into _____, you can see _____.

4 호텔: When you walk into _____, you can see _____.

Vocabulary

walk into ~에 들어가다 coffee shop 커피숍 a lot of 많은 table 테이블 chair 의자 bar 술집, 바 various 다양한 type 종류 beer 맥주
restaurant 음식점 self-service 셀프서비스 kiosk 키오스크 bank 은행 ATM 현금 자동 입출금기 hotel 호텔 beautiful 아름다운 chandelier
샹들리에

Pattern 17

the place where ~

P01_U03_PT17

the place where + 완전한 문장(주어＋동사).
~인 장소

긴 문장 구사는 고득점을 받을 수 있는 가장 좋은 방법입니다. 이번 패턴에서는 장소 명사를 수식하는 관계부사 where를 이용하여 두 문장을 한 문장으로 이어 봅시다. 다만 where 뒤에는 주어, 동사를 갖춘 완전한 구조의 문장이 온다는 것에 주의하세요.

Pattern following

1 There are restaurants or cafés. The customers can enjoy meals and have some coffee there.
음식점이나 카페들이 있어요. 손님들은 그곳에서 식사를 즐기고 커피를 마셔요. 선택 카페 돌발 음식점

→ There are restaurants or cafés **where** the customers can enjoy meals and have some coffee.
손님들이 식사를 즐기고 커피를 마실 수 있는 음식점이나 카페들이 있어요.

2 There are bars. The customers can enjoy drinking with their friends and colleagues there.
술집들이 있어요. 손님들은 그곳에서 친구, 직장 동료와 함께 술을 즐길 수 있어요. 선택 술집/바

→ There are bars **where** the customers can enjoy drinking with their friends and colleagues.
손님들이 친구, 직장 동료와 함께 술을 즐길 수 있는 술집들이 있어요.

3 When you walk into the bank, you can see a lot of chairs. People can wait their turn there.
은행에 들어가면, 많은 의자들을 볼 수 있어요. 사람들은 그곳에서 차례를 기다릴 수 있어요. 돌발 은행

→ When you walk into the bank, you can see a lot of chairs **where** people can wait their turn.
은행에 들어가면, 사람들이 차례를 기다릴 수 있는 많은 의자들을 볼 수 있어요.

4 When you walk into the hotel, you can see the counter. People can check in there.
호텔에 들어가면, 카운터를 볼 수 있어요. 사람들은 그곳에서 체크인을 할 수 있어요. 돌발 호텔

→ When you walk into the hotel, you can see the counter **where** people can check in.
호텔로 들어가면, 사람들이 체크인을 할 수 있는 카운터를 볼 수 있어요.

Pattern mirroring

1 카페: There is/are _____ where _____.

2 술집/바: There is/are _____ where _____.

3 은행: When you walk into _____, you can see _____ where _____.

4 호텔: When you walk into _____, you can see _____ where _____.

Vocabulary

restaurant 음식점 café 카페 customer 손님, 고객 enjoy 즐기다 meal 식사 coffee 커피 bar 술집, 바 drink 술을 마시다 friend 친구 colleague 직장 동료 walk into ~에 들어가다 bank 은행 a lot of 많은 chair 의자 wait one's turn 차례를 기다리다 hotel 호텔 counter 카운터 check in 체크인을 하다

Filler 03	# Wow! It's a very interesting question, Ava! / Oh my god. This is a very difficult question, Ava!

우와! 굉장히 재미있는 질문이네요, Ava! / 맙소사. 너무 어려운 질문이네요, Ava!

P01_U03_FL03

시험장에서 답변 준비가 미흡한 주제가 출제되어 당황스러울 경우, 이러한 filler를 사용하여 답변을 시작해 봅시다. 답변을 생각할 시간을 벌기 위해 또는 당황한 것을 들키지 않기 위해 사용할 수 있는 표현입니다.

Filler following

1 I think that I like listening to music because I can relieve my stress. 선택 음악

→ **Wow! It's a very interesting question, Ava!** I think that I like listening to music because I can relieve my stress.

우와! 굉장히 재미있는 질문이네요, Ava! 제 생각에 저는 스트레스를 해소할 수 있기 때문에 음악 듣는 걸 좋아하는 것 같아요.

2 When you walk into the bank, you can see a lot of chairs where people can wait their turn. 돌발 은행

→ **Oh my god. This is a very difficult question, Ava!** When you walk into the bank, you can see a lot of chairs where people can wait their turn.

맙소사. 너무 어려운 질문이네요, Ava! 은행에 들어가면, 사람들이 차례를 기다릴 수 있는 많은 의자들을 볼 수 있어요.

3 When you walk into the hotel, you can see the counter where people can check in.

→ **Wow! It's a very interesting question, Ava!** Let me see. When you walk into the hotel, you can see the counter where people can check in. 돌발 호텔

우와! 굉장히 재미있는 질문이네요, Ava! 어디 봅시다. 호텔에 들어가면, 사람들이 체크인을 할 수 있는 카운터를 볼 수 있어요.

Filler 표현 사용 TIP ⊕

⊘ 긴 filler 사용으로 당황을 숨길 수 있습니다. 당황하면 대표적으로 나오는 Uh... '어…', Um... '음…' 혹은 버벅거림을 피하기 위해 위의 filler를 사용해 보세요.

⊘ 상황에 알맞은 filler를 써야 한다는 것을 기억하세요.

⊘ 시험장에서 본인이 가장 자신 없는 주제가 출제되었을 경우에 꼭 사용해 보세요.

⊘ 그 외 다른 Filler: Filler 01 I think that ~ (p.57 참고), Filler 02 you know / well / also / and (p.75 참고), Filler 04 Actually / Well… OK! (p.120 참고), Filler 05 Anyway / That's it (p.139 참고)

선택형 주제 출제 유형

사전 설문 조사를 바탕으로 개인 맞춤형 문제가 출제되는데, 본인이 선택한 항목들이 각각의 주제가 되어 Combo Set 2문제 혹은 3문제로 나옵니다. 그리고 그 Combo Set의 첫 번째 문제는 주로 좋아하는 일, 장소, 사람 등에 대해 물어보므로, 앞서 배운 pattern을 이용하여 답변을 완성해 봅시다.

선택형 주제의 빈출 문제 Combo Set

집
- **집 묘사**
- 어릴 적 집과 현재의 집 비교
- 집에 변화를 준 경험

영화 보기
- 좋아하는 영화와 영화배우 묘사
- **최근에 다녀온 영화관 묘사**
- 가장 기억에 남는 영화 묘사

공원 가기
- **좋아하는 공원 묘사**
- 최근에 공원에 다녀온 경험
- 공원에서 일어난 기억에 남는 사건

카페/커피전문점에 가기
- **좋아하는 카페 묘사**
- 과거의 카페와 현재의 카페 비교
- 카페에서 일어난 기억에 남는 사건

술집/바에 가기
- **좋아하는 술집/바 묘사**
- 과거의 술집과 현재의 술집 비교
- 술집에서 일어난 기억에 남는 사건

해변 가기
- **좋아하는 해변 묘사**
- 최근에 해변에 다녀온 경험
- 해변에서 일어난 기억에 남는 사건

해외 여행
- **다녀온 해외 여행지 묘사**
- 어릴 적 다녀온 해외여행 경험
- 해외여행 중 일어난 기억에 남는 사건

> **집** Combo Set
>
> ┌ **집 묘사**
> ├ 어릴 적 집과 현재의 집 비교
> └ 집에 변화를 준 경험
>
> I'd like to talk about where you live. Tell me about your house. What is your favorite room in your house?
>
> 당신이 사는 곳에 대해 이야기 나누고 싶어요. 당신의 집에 대해 말해 주세요. 집에서 가장 좋아하는 방은 무엇인가요?

Model Answer

I am living in Korea, and I live in a high-rise apartment. It is located in Seoul City. I have lived here for 10 years. There is a living room, a kitchen, and a balcony. Also, there are three bedrooms and two bathrooms. There are various types of furniture and home appliances in my house. When you walk into my room, you can see a bed and a built-in closet. And there is a table where I always kill time doing my hobby. Among the rooms, my favorite one is my room. The best thing about my room is that I can relax there. That's it. I love my home.

저는 한국에 살고 있고, 고층 아파트에 살아요. 서울시에 위치해 있어요. 제가 이곳에 산 지도 10년이 되었네요. 집에는 거실, 부엌, 그리고 발코니가 있어요. 또한, 침실 세 개, 화장실 두 개가 있어요. 집에는 다양한 종류의 가구와 가전제품이 있어요. 제 방에 들어가면, 침대와 붙박이장을 볼 수 있어요. 그리고 제가 항상 제 취미 생활을 하며 시간을 때우는 테이블이 있어요. 방들 중에, 제가 가장 좋아하는 방은 제 방이에요. 제 방의 가장 좋아하는 점은 그곳에서 쉴 수 있다는 점이에요. 이게 전부예요. 저는 집이 너무 좋아요.

My Answer

STEP 01 Brainstorming

- 사는 곳의 위치와 거주 기간
- 집의 구조
- 집의 가구/가전
- 가장 좋아하는 방
- 그 방을 좋아하는 이유

STEP 02 Make your own story!

_____

_____

_____

_____

_____

_____

Vocabulary

live 살다 high-rise 고층의 apartment 아파트 city 도시 living room 거실 kitchen 부엌 balcony 발코니 bedroom 침실 bathroom 화장실 various 다양한 type 종류 furniture 가구 home appliance 가전제품 house 집 bed 침대 built-in closet 붙박이장 table 테이블 kill time 시간을 때우다 hobby 취미 among ~ 중에 favorite 가장 좋아하는 relax 쉬다, 휴식을 취하다

영화 보기

P01_U03_QA02

영화 보기
Combo Set

- 좋아하는 영화와 영화배우 묘사
- **최근에 다녀온 영화관 묘사**
- 가장 기억에 남는 영화 묘사

Tell me about the theater you went to. What does it look like?

다녀온 영화관에 대해 말해 주세요. 그곳은 어떤 모습인가요?

Model Answer

I remember going to the theater last weekend. I went there with my friend. I did some window shopping before the movie and had lunch as well. Actually, there are three major multiplex chains in Korea. Of those three, I went to the CGV theater, which is the closest to my home. It is located near a subway station, so it is easy to get there. When you walk into the theater, you can see the counter where the customers can buy popcorn. Also, there are a lot of tables and chairs where people can wait for their movie. And when you walk into the cinema, you can see tons of seats and a huge screen. I think that it is the best place for watching movies.

지난 주말에 영화관에 다녀온 것이 기억나요. 그곳에 친구랑 다녀왔어요. 영화 보기 전에 아이쇼핑을 하고 점심 식사도 했죠. 사실, 한국에는 세 개의 대기업 멀티플렉스 체인점들이 있어요. 그 셋 중에, 저는 집과 가장 가까운 CGV 영화관에 다녀왔죠. 그곳은 지하철역 근처에 위치해 있어서, 쉽게 갈 수 있어요. 영화관에 들어가면, 손님들이 팝콘을 살 수 있는 카운터를 볼 수 있어요. 또한, 사람들이 영화를 기다릴 수 있는 테이블과 의자들도 많이 있어요. 그리고 영화관에 들어가면, 많은 좌석들과 거대한 스크린을 볼 수 있어요. 제 생각엔 그곳이 영화 보기에 최고의 장소인 것 같아요.

My Answer

STEP **01 Brainstorming**

- 언제/누구와 영화관에 갔는가
- 영화 보기 전/후에 하는 일
- 영화관의 위치
- 영화관의 구조

STEP **02 Make your own story!**

_____

_____

_____

_____

_____

Vocabulary

remember 기억하다 go to+장소 ~에 가다 theater 영화관 last 지난 weekend 주말 friend 친구 window shopping 아이쇼핑 before ~ 전에 movie 영화 lunch 점심 식사 as well ~도, 또한 major 주요한, 일류의 multiplex 멀티플렉스 chain 체인점 close 가까운(close-closer-closest) be located 위치해 있다 near ~ 근처에 subway station 지하철역 easy 쉬운 counter 카운터 customer 손님 buy 사다 popcorn 팝콘 a lot of 많은 table 테이블 chair 의자 wait for ~을 기다리다 cinema 영화관 tons of 많은 seat 좌석 huge 거대한 screen 스크린 watch 보다

공원 가기

P01_U03_QA03

공원 가기
Combo Set

- **좋아하는 공원 묘사**
- 최근에 공원에 다녀온 경험
- 공원에서 일어난 기억에 남는 사건

You indicated in the survey that you like to go to the park. Tell me about the park you go to. What does it look like?

설문 조사에서 공원에 가는 것을 좋아한다고 하셨네요. 당신이 가는 공원에 대해 말해 주세요. 그곳은 어떤 모습인가요?

Model Answer

I like going to the park because I can work out, and I love working out in the morning because it makes me feel refreshed. So, I like going to the park when I have free time. I like going to the park. However, I do not like riding a bike. My favorite park is Han River Park. When you walk into the park, you can see the lake in the middle, a lot of trees and flowers, and convenience stores where you can enjoy snacks and meals. Also, there are places where people can enjoy a picnic, so I love it. The reason why I like this park is that it is the best place for working out, going on dates, and taking a walk. Also, I think that the best thing about Han River Park is that I can get my all-time favorite pictures there. I love this place.

저는 공원에 가는 것을 좋아해요. 왜냐하면 운동을 할 수 있기 때문이에요. 그리고 저는 아침에 운동하는 것을 정말 좋아해요. 왜냐하면 제가 상쾌한 기분이 들도록 만들어 주기 때문이에요. 그래서, 저는 시간이 날 때 공원에 가는 것을 좋아해요. 저는 공원에 가는 것을 좋아해요. 하지만, 자전거 타는 것은 좋아하지 않아요. 제가 가장 좋아하는 공원은 한강 공원이에요. 그 공원에 들어가면, 중앙에 호수와, 꽃과 나무들을 많이 볼 수 있고, 간식과 음식을 즐길 수 있는 편의점들도 볼 수 있어요. 또한, 사람들이 소풍을 즐길 수 있는 장소들도 있어서, 저는 그곳이 정말 좋아요. 제가 이 공원을 좋아하는 이유는 운동을 하기에도, 데이트를 하기에도, 그리고 산책을 하기에도 최고의 장소이기 때문이에요. 또한, 제 생각에 한강 공원의 가장 좋은 점은 그곳에서 제 인생 최고의 사진을 얻을 수 있다는 점이에요. 저는 이 장소를 정말 좋아해요.

My Answer

STEP 01 Brainstorming

- 공원에 가는 것을 좋아하는 이유
- 좋아하는 공원
- 그 공원을 좋아하는 이유
- 언제 공원에 가는가
- 공원에서 무엇을 하는가
- 공원의 구조

STEP 02 Make your own story!

카페/커피전문점에 가기

P01_U03_QA04

카페/커피전문점에 가기
Combo Set

→ 좋아하는 카페 묘사
─ 과거의 카페와 현재의 카페 비교
└ 카페에서 일어난 기억에 남는 사건

You indicated in the survey that you go to cafés. Tell me about your favorite café. Describe the things you do at a café in detail.

설문 조사에서 카페에 간다고 하셨네요. 가장 좋아하는 카페에 대해 말해 주세요. 카페에서 하는 일들에 대해 자세히 묘사해 주세요.

Model Answer

There are a lot of cafés in Korea. They are located near subway stations or bus stations because a lot of people like coffee these days. I think that I like going to the café because I can kill time there. So, I like going to the café when I have free time. It makes me feel relaxed. My favorite café is Starbucks. The reason why I like Starbucks is that it is the best place for studying and working. It is because when you walk into Starbucks, you can see a lot of tables and chairs where you can work. Also, the mood is quiet, so I can concentrate on my work. I think the best thing about Starbucks is that it is located near my house. So, I can get there easily. So, I love this place.

한국에는 많은 카페들이 있어요. 지하철역 근처나 버스 정류장 근처에 위치해 있어요. 왜냐하면 요즘 많은 사람들이 커피를 좋아하기 때문이죠. 제 생각엔 저는 시간을 때울 수 있기 때문에 카페에 가는 것을 좋아하는 것 같아요. 그래서, 저는 시간이 날 때 카페에 가는 것을 좋아해요. 그곳은 제가 편안한 기분이 들도록 만들어 줘요. 제가 가장 좋아하는 카페는 스타벅스예요. 제가 스타벅스를 좋아하는 이유는 공부를 하고 일을 하기에 최고의 장소이기 때문이에요. 왜냐하면 스타벅스에 들어가면, 앉아서 일할 수 있는 테이블과 의자들이 많이 있거든요. 게다가, 분위기가 조용해서, 일에 집중할 수 있어요. 제 생각엔 스타벅스의 가장 좋은 점은 저희 집 근처에 위치해 있다는 점이에요. 그래서, 전 그곳에 쉽게 갈 수 있어요. 그러므로, 저는 이곳을 정말 좋아해요.

My Answer

STEP **01 Brainstorming**

● 우리나라의 카페 위치

● 언제 카페에 가는가

● 카페에 가는 것을 좋아하는 이유

● 카페에서 무엇을 하는가

● 좋아하는 카페

● 카페의 구조

● 그 카페를 좋아하는 이유

STEP **02 Make your own story!**

술집/바에 가기

P01_U03_QA05

술집/바에 가기
Combo Set

┌ **좋아하는 술집/바 묘사**
├ 과거의 술집과 현재의 술집 비교
└ 술집에서 일어난 기억에 남는 사건

You indicated in the survey that you go to bars. Tell me about a bar you like to go to.

설문 조사에서 술집에 간다고 하셨네요. 즐겨 찾는 술집에 대해 말해 주세요.

Model Answer

There are a lot of bars in Korea. They are located near subway stations or bus stations because a lot of people like drinking these days. I think that I like going to the bar because I can relieve my stress, and I love drinking beer because it makes me excited. So, I enjoy drinking beer when I feel gloomy. My favorite bar is located near my house. And it is a pub that serves various kinds of beer from all over the world. So, when you walk into the bar, you can see various types of beer from other countries. Also, I love gathering at a bar with my friends and colleagues. The reason why I like gathering is that it is the best way to communicate with my friends and colleagues after work. That's why I like going to the pub. However, I do not like drinking too much.

한국에는 많은 술집들이 있어요. 지하철역 근처나 버스 정류장 근처에 위치해 있어요. 왜냐하면 요즘 많은 사람들이 술 마시는 것을 좋아하기 때문이죠. 제 생각엔 전 스트레스를 풀 수 있어서 술집에 가는 것을 좋아하는 것 같아요. 그리고 맥주 마시는 것을 정말 좋아해요. 왜냐하면 절 신나게 만들어 주기 때문이에요. 그래서, 전 우울할 때 맥주 마시는 것을 즐겨요. 제가 가장 좋아하는 술집은 저희 집 근처에 위치해 있어요. 그리고 이 술집은 세계 곳곳의 다양한 맥주를 판매하는 술집이에요. 그래서, 그 술집에 들어가면 다른 나라의 다양한 맥주를 볼 수 있어요. 또한, 저는 술집에서 친구, 직장 동료들과 모임 갖는 것을 좋아해요. 제가 모임을 좋아하는 이유는 퇴근 후 친구, 직장 동료들과 소통할 수 있는 최고의 방법이기 때문이에요. 그래서 전 술집에 가는 것을 좋아합니다. 하지만, 과음은 좋아하지 않아요.

My Answer

STEP 01 Brainstorming

- 우리나라의 술집 위치
- 술집에 가는 것을 좋아하는 이유
- 좋아하는 술집
- 그 술집을 좋아하는 이유
- 언제 술집에 가는가
- 술집에서 무엇을 하는가
- 술집의 구조

STEP 02 Make your own story!

해변 가기

P01_U03_QA06

해변 가기
Combo Set

- **좋아하는 해변 묘사**
- 최근에 해변에 다녀온 경험
- 해변에서 일어난 기억에 남는 사건

You indicated in the survey that you go to beaches. Tell me about a beach that you like to go to. What does it look like?

설문 조사에서 해변에 간다고 하셨네요. 즐겨 찾는 해변에 대해 말해 주세요. 그곳은 어떤 모습인가요?

Model Answer

I love visiting the beach because it makes me feel refreshed. So, I like going to the beach when I take a vacation. I think that my favorite beach is 해운대 Beach. It is located in Busan City in Korea. Actually, it is a little far from here, but I love that beach. The reason why I like 해운대 Beach is that it is the best place to enjoy the scenery, the smell, and the sounds. It makes me feel relaxed. If you visit there in the summer, there are a lot of people who are enjoying summer activities. And there are also a lot of restaurants and bars where we can enjoy eating and drinking. The best thing about 해운대 Beach is that I can get my all-time favorite pictures there. So, I love this place.

저는 해변에 가는 것을 좋아해요. 왜냐하면 제가 상쾌한 기분이 들도록 만들어 주기 때문이에요. 그래서, 저는 휴가를 낼 때면 해변에 가는 것을 좋아해요. 제 생각에 제가 가장 좋아하는 해변은 해운대 해변인 것 같아요. 그곳은 한국의 부산시에 위치해 있어요. 사실, 제가 있는 곳에서는 조금 멀지만, 그 해변을 정말 좋아해요. 해운대 해변을 좋아하는 이유는 경치, 내음, 그리고 소리를 즐기기에 최고의 장소이기 때문이에요. 그곳은 절 느긋한 기분이 들도록 만들어 줍니다. 만약 여름에 그곳을 방문하면, 여름 활동을 즐기는 사람들이 많이 있어요. 또한 즐겁게 먹고 마실 수 있는 음식점과 술집들도 많아요. 해운대 해변의 가장 좋은 점은 그곳에서 저의 인생 최고의 사진을 얻을 수 있다는 점이에요. 그래서, 저는 이곳을 정말 좋아해요.

My Answer

STEP 01 Brainstorming

- 해변에 가는 것을 좋아하는 이유
- 좋아하는 해변
- 그 해변을 좋아하는 이유
- 언제 해변에 가는가
- 해변에서 무엇을 하는가
- 해변의 모습은 어떠한가

STEP 02 Make your own story!

Vocabulary

visit 방문하다, 찾아가다 beach 해변 refreshed 상쾌한 go to+장소 ~에 가다 take a vacation 휴가 가다 be located 위치해 있다 actually 사실은 a little 약간, 조금 far 먼 place 곳, 장소 enjoy 즐기다 scenery 경치, 풍경 smell 내음, 냄새 sound 소리 relaxed 느긋한, 편안한 summer 여름 a lot of 많은 activity 활동 restaurant 음식점 bar 술집, 바 especially 특히 all-time favorite 인생 최고의 picture 사진

해외 여행

P01_U03_QA07

해외 여행
Combo Set

- 다녀온 해외 여행지 묘사
- 어릴 적 다녀온 해외여행 경험
- 해외여행 중 일어난 기억에 남는 사건

You indicated in the survey that you go on trips internationally. Tell me about your first trip overseas. Describe the country you visited in detail.

설문 조사에서 해외여행을 가신다고 하셨네요. 당신의 첫 해외여행에 대해 말해 주세요. 방문한 나라에 대해 자세히 묘사해 주세요.

Model Answer

I remember going to Japan with my family. It was my first overseas trip, and I was so excited. Japan is Korea's closest neighboring country. So, a lot of Koreans visit Japan for their vacation and for business. Also, there are a lot of famous restaurants where people can enjoy eating and drinking. In Japan, there are a lot of mountains where people can enjoy beautiful colors in the fall. There are many rivers. The rivers provide water for cities. Plus, there are tons of beaches where people can enjoy various types of seafood in Japan. Some beaches are popular vacation spots, and the coastline is breathtaking. Therefore, Japan is one of the most common travel destinations among Koreans.

저는 가족과 일본에 갔던 게 기억나요. 저의 첫 해외여행이어서, 매우 신났었어요. 일본은 한국의 가장 가까운 이웃 나라예요. 그래서, 많은 한국인들이 휴가 및 업무로 일본에 방문합니다. 또한, 사람들이 먹고 마시는 걸 즐길 수 있는 유명한 음식점들이 많습니다. 일본에는, 가을에 사람들이 멋진 단풍을 즐길 수 있는 산도 많습니다. 강도 많습니다. 강이 도시에 물을 공급해 주죠. 게다가, 일본에는 사람들이 다양한 종류의 해산물을 즐길 수 있는 해변들도 많습니다. 몇몇 해변들은 인기 있는 휴양지이고, 해안선이 숨이 막히게 아름다워요. 따라서, 일본은 한국인들 사이에서 가장 흔한 여행지 중 하나예요.

My Answer

STEP 01 **Brainstorming**

- 처음 다녀온 해외 여행지
- 그곳의 위치
- 그 여행지를 좋아하는 이유
- 그곳에서 하는 일
- 그곳은 어떠한 모습인가

STEP 02 **Make your own story!**

_____

_____

_____

Vocabulary

remember 기억하다 go to+장소 ~에 가다 Japan 일본 first 처음의 overseas trip 해외여행 excited 신이 난 close 가까운(close-closer-closest) neighboring 이웃의 country 나라 a lot of 많은 Korean 한국인 visit 방문하다 vacation 휴가 business 업무 famous 유명한 restaurant 음식점 enjoy 즐기다 eat 먹다 drink 마시다 mountain 산 beautiful 아름다운 fall 가을 river 강 provide 제공하다 plus 게다가 tons of 많은 beach 해변 various 다양한 type 종류 seafood 해산물 popular 인기 있는 vacation spot 휴양지 coastline 해안선, 해안지대 breathtaking 숨이 멎을 정도로 아름다운 common 흔한 travel destination 여행지 among ~ 사이에서

돌발형 주제 출제 유형

사전 설문 조사를 바탕으로 개인 맞춤형 문제가 출제되는 선택형 주제와는 달리, 사전 설문 조사에서 선택을 하지 않아도 출제되는 주제들을 '돌발형 주제'라고 합니다. 돌발형 주제들도 한 주제당 2~3문제씩 출제되며, 각주제별로 Combo Set의 첫 번째 문제는 좋아하는 일, 장소, 혹은 우리나라의 특징 등을 묘사하는 문제가 출제됩니다. 앞서 배운 pattern을 이용하여 답변을 완성해 봅시다.

돌발형 주제의 빈출 문제 Combo Set

음식점
- **좋아하는 음식점 묘사**
- 최근에 음식점에 다녀온 경험
- 음식점에서 일어난 기억에 남는 사건

은행
- **우리나라의 은행 묘사**
- **은행에서 하는 일들 묘사**
- 과거의 은행과 현재의 은행 비교

호텔
- **우리나라의 호텔 묘사**
- 최근에 호텔에 다녀온 경험
- 호텔에서 일어난 기억에 남는 사건

교통
- **우리나라의 교통 묘사**
- 과거와 현재의 교통 변화 묘사
- 교통으로 인해 문제 생긴 경험

지형
- **우리나라의 지형 묘사**
- 어릴 적 지형을 방문한 경험
- 지형을 방문하던 중에 일어난 기억에 남는 사건

음식점
Combo Set

┌ **좋아하는 음식점 묘사**
├ 최근에 음식점에 다녀온 경험
└ 음식점에서 일어난 기억에 남는 사건

Tell me about your favorite restaurant. What does it look like? Why do you like it?
가장 좋아하는 음식점에 대해 말해 주세요. 그곳은 어떤 모습인가요? 왜 그곳을 좋아하나요?

Model Answer

There are a lot of restaurants in Korea. They are located near subway stations or bus stations because a lot of people like eating out these days. I think that I like going to barbecue restaurants because my favorite food is Korean grilled pork belly called 삼겹살. So, I often go there with my friends and colleagues. My favorite barbecue restaurant is located near my house. When you walk into the restaurant, you can see a lot of tables and chairs. Also, you can see the people who grill the meat over charcoal. I love gathering at a barbecue restaurant with my friends and colleagues. The reason why I like gathering is that it is the best way to communicate with my friends and colleagues after work. That's why I like going to restaurants.

한국에는 많은 음식점들이 있어요. 지하철역이나 버스 정류장 근처에 위치해 있죠. 왜냐하면 요즘 많은 사람들이 외식하는 것을 좋아하기 때문이에요. 제 생각에 저는 고깃집에 가는 것을 좋아하는 것 같아요. 왜냐하면 제가 제일 좋아하는 음식이 삼겹살이라는 한국식 돼지고기 구이이기 때문이에요. 그래서, 가끔 친구, 직장 동료들이랑 그곳에 가요. 제가 제일 좋아하는 고깃집은 저희 집 근처에 위치해 있어요. 그 음식점에 들어가면, 테이블과 의자들이 많은 것을 볼 수 있어요. 게다가, 숯불에 고기를 굽는 사람들도 볼 수 있어요. 저는 친구, 직장 동료들과 함께 고깃집에서 모이는 걸 좋아해요. 제가 모임을 좋아하는 이유는 퇴근 후 친구, 직장 동료들과 소통할 수 있는 최고의 방법이기 때문이에요. 그래서 저는 음식점에 가는 것을 좋아해요.

My Answer

STEP 01 Brainstorming

- 우리나라의 음식점 위치
- 음식점에 가는 것을 좋아하는 이유
- 좋아하는 음식점
- 그 음식점을 좋아하는 이유
- 언제/누구와 음식점에 가는가
- 음식점에서 무엇을 하는가
- 음식점의 구조

STEP 02 Make your own story!

Vocabulary

a lot of 많은 restaurant 음식점, 식당 be located 위치해 있다 near ~ 근처에 subway station 지하철역 bus station 버스 정류장 eat 먹다 these days 요즘 go to+장소 ~에 가다 barbecue restaurant 고깃집 grilled 구운 pork 돼지고기 pork belly 삼겹살 called ~라는 (이름의) often 종종, 가끔 friend 친구 colleague 직장 동료 table 테이블 chair 의자 grill 굽다 meat 고기 charcoal 숯 gather 모이다 communicate 소통하다 work 일, 업무

은행

P01_U03_QA09

은행
Combo Set

- 우리나라의 은행 묘사
- 은행에서 하는 일들 묘사
- 과거의 은행과 현재의 은행 비교

Tell me about the banks in your country. What do they look like?

당신 나라에 있는 은행에 대해 말해 주세요. 그곳은 어떤 모습인가요?

Model Answer

I think that there are lots of banks in Korea. We can see them everywhere. They are usually located near subway stations, bus stations, or companies. When you walk into a bank, you can see a lot of chairs where customers can sit and wait their turn. We should take number tickets, and when our number is called, we can take care of our business. However, since we have Internet banking these days, we don't have to go to the bank anymore. We can take care of our business on the smartphone. It is much easier and faster than before. It's more convenient. Therefore, I use Internet banking the most.

제 생각엔 한국에는 은행들이 많은 것 같아요. 어디서든 볼 수 있죠. 은행들은 대부분 지하철역, 버스 정류장, 혹은 회사 근처에 위치해 있어요. 은행에 들어가면, 고객들이 앉아서 그들의 차례를 기다릴 수 있는 많은 의자들을 볼 수 있어요. 번호표를 뽑아야 하고, 그런 다음 번호가 불리면 은행 업무를 볼 수 있어요. 하지만, 요즘은 인터넷 뱅킹이 있어서, 더 이상 은행에 가지 않아도 돼요. 은행 업무를 스마트폰으로 볼 수 있어요. 이것은 전보다 훨씬 더 쉽고 빠르죠. 보다 편리해요. 따라서, 저는 인터넷 뱅킹을 가장 많이 사용해요.

My Answer

STEP 01 Brainstorming

- 우리나라의 은행 위치
- 은행의 구조
- 은행에서 무엇을 하는가
- 요즘 은행의 특징

STEP 02 Make your own story!

은행

Combo Set

P01_U03_QA10

은행
Combo Set
- 우리나라의 은행 묘사
- **은행에서 하는 일들 묘사**
- 과거의 은행과 현재의 은행 비교

Tell me about the things that you do at the bank. What kinds of things do you usually do?
당신이 은행에서 하는 일들에 대해 말해 주세요. 보통 어떠한 일들을 하나요?

Model Answer

There are a lot of things to do at the bank. I will tell you about the basic activities that I do at the bank. At the bank, I can open or close an account. I also make wire transfers. I sometimes get my credit card issued. However, as I told you, Ava, we can now take care of our business on our smartphones. It is faster than before. So, I don't have to go to the bank anymore. I just open the bank application and take care of things. Whether I go to the bank or use the application, I can accomplish many things at the bank.

은행에서 하는 일들은 많습니다. 제가 은행에서 하는 기본적인 일들에 대해 이야기해 드릴게요. 은행에서, 저는 계좌를 개설하거나 해지할 수 있어요. 계좌 이체도 하고요. 가끔은 신용카드를 발급받기도 합니다. 하지만 Ava, 이야기한 것처럼, 우리는 이제 스마트폰으로 업무들을 처리할 수 있습니다. 예전보다 더 빨라요. 그래서, 이제는 더 이상 은행에 가지 않아도 됩니다. 은행 애플리케이션을 열어서 업무를 보면 되거든요. 은행을 가든 애플리케이션을 사용하든, 은행에서 많은 일들을 처리할 수 있어요.

My Answer

STEP 01 Brainstorming

● 은행에서 하는 일들 ● 요즘 은행의 특징

STEP 02 Make your own story!

Vocabulary

a lot of 많은 thing 일, 것 bank 은행 basic 기본적인 activity 일, 활동 open an account 계좌를 개설하다 close an account 계좌를 해지하다 make wire transfers 계좌 이체를 하다 credit card 신용카드 issue 발행하다 take care of ~을 처리하다 business 업무 smartphone 스마트폰 fast 빠른(fast-faster-fastest) go to+장소 ~에 가다 not ~ anymore 더 이상 ~않다 application 애플리케이션 use 사용하다 accomplish 성취하다, 해내다

호텔

P01_U03_QA11

호텔
Combo Set

─ **우리나라의 호텔 묘사**
─ 최근에 호텔에 다녀온 경험
─ 호텔에서 일어난 기억에 남는 사건

Describe the hotels in your country. Where are they located?

당신 나라에 있는 호텔에 대해 묘사해 주세요. 어디에 위치해 있나요?

Model Answer

I think that there are lots of hotels in Korea. We can see them everywhere. They are usually located near subway stations, bus stations, or companies. When you walk into a hotel, you can see the counter where the customers can check in and out. There are restaurants or cafés where the customers can enjoy meals or have some coffee. Also, when you walk into the typical hotel room, you can see a bed, a desk, a sofa and a built-in closet. Plus, you can see the toiletries and amenities. If the hotel is located near the beach, you can enjoy a sea view as well. Additionally, there are various restaurants and bars where you can enjoy eating and drinking. Anyway, it's the best place to take a rest.

제 생각엔 한국에는 호텔들이 많이 있는 것 같아요. 어디서든 볼 수 있죠. 호텔들은 대부분 지하철역, 버스 정류장, 혹은 회사 근처에 위치해 있어요. 호텔에 들어가면, 고객들이 체크인과 체크아웃을 할 수 있는 카운터를 볼 수 있어요. 식사를 즐기거나 커피를 마실 수 있는 식당 또는 카페들도 있죠. 그리고, 일반 호텔 방에 들어가면, 침대, 책상, 소파 그리고 붙박이장을 볼 수 있어요. 게다가, 세면도구와 편의 물품들도 볼 수 있죠. 만약 호텔이 해변 근처에 위치해 있다면, 바다 경치도 즐길 수 있어요. 뿐만 아니라, 식사와 술을 즐길 수 있는 음식점과 술집들이 다양하게 있죠. 어쨌든, 그곳은 휴식을 취하기에 최고의 장소예요.

My Answer

STEP 01 Brainstorming

● 우리나라의 호텔 위치

● 호텔 객실의 구조

● 호텔의 구조

● 호텔의 특징

STEP 02 Make your own story!

_____

_____

_____

_____

Vocabulary

lots[a lot] of 많은 hotel 호텔 everywhere 어디에서나 usually 보통, 대부분 be located 위치해 있다 subway station 지하철역 bus station 버스 정류장 company 회사 counter 카운터 customer 고객 check in 체크인을 하다 check out 체크아웃을 하다 restaurant 음식점, 식당 café 카페 enjoy 즐기다 meal 식사 coffee 커피 typical 전형적인, 일반적인 bed 침대 desk 책상 built-in closet 붙박이장 plus 게다가 toiletries 세면도구 amenity 편의 물품 beach 해변 sea view 바다 경치 as well ~도, 또한 additionally 뿐만 아니라, 게다가 various 다양한 bar 술집 eat 먹다 drink 마시다 place 장소, 곳 take a rest 쉬다, 휴식을 취하다

교통
Combo Set

- **우리나라의 교통 묘사**
- 과거와 현재의 교통 변화 묘사
- 교통으로 인해 문제 생긴 경험

Describe the transportation in your country. How do people move around? Do they drive or take public transportation?

당신 나라의 교통에 대해 묘사해 주세요. 사람들은 어떻게 이곳저곳을 돌아다니나요? 운전을 하나요 아니면 대중교통을 이용하나요?

Model Answer

I think that transportation is very well organized in Korea because we have buses, subways, trains, and so on. So, it is easy to move around. The best thing about the subway is that there is no traffic. Since we have various lines, we can get to our destination very quickly. Also, we have a subway app where we can check the time to get on and off. There is a bus app where we can check the time to get on and off as well. It's very convenient. We can check the transfer easily. Plus, we have a high-speed train in Korea called KTX. It is much faster than the ordinary train. We can get to the farthest city within 3-4 hours by high-speed train. Therefore, transportation is very well organized in Korea.

제 생각엔 한국의 교통수단은 아주 잘 갖춰져 있는 것 같아요, 왜냐하면 버스, 지하철, 기차 등이 있거든요. 그래서, 이곳저곳 돌아다니기가 수월해요. 지하철의 가장 좋은 점은 교통 체증이 없는 거예요. 여러 노선들이 있어서, 정말 빠르게 목적지에 갈 수 있어요. 또한, 지하철을 타고 내리는 시간을 확인할 수 있는 지하철 앱이 있어요. 버스를 타고 내리는 시간을 확인할 수 있는 버스 앱도 있죠. 이것은 매우 편리해요. 환승도 쉽게 확인할 수 있어요. 또한, 한국에는 KTX라는 이름의 고속 열차도 있어요. 일반 기차보다 훨씬 더 빨라요. 우리는 가장 먼 도시도 고속 열차로 3~4시간 안에 갈 수 있어요. 따라서, 한국의 교통수단은 아주 잘 갖춰져 있어요.

My Answer

STEP **01** **Brainstorming**

- 우리나라 교통수단의 특징
- 요즘 교통수단의 특징
- 교통수단의 종류

STEP **02** **Make your own story!**

_____

_____

_____

_____

Vocabulary

transportation 교통수단 well organized 잘 갖추어져 있는 bus 버스 subway 지하철 train 기차 and so on ~ 등 easy 쉬운 move around 이곳저곳 돌아다니다 traffic 교통(량) since ~ 때문에 various 다양한, 여러 개의 line 노선 get to ~에 도착하다 destination 목적지 quickly 빠르게 app 앱(= application) check 확인하다 get on (~에) 타다 get off (~에서) 내리다 as well ~도, 또한 convenient 편리한 transfer 환승 easily 쉽게 plus 또한, 게다가 high-speed train 고속 열차 called ~라는 (이름의) much 훨씬 fast 빨리; 빠른(fast-faster-fastest) ordinary 일반적인 far 먼(far-farther-farthest) within ~이내에

지형

P01_U03_QA13

지형
Combo Set
- 우리나라의 지형 묘사
- 어릴 적 지형을 방문한 경험
- 지형을 방문하던 중에 일어난 기억에 남는 사건

Describe your country's geography. What does it look like?
당신 나라의 지형에 대해 묘사해 주세요. 그곳은 어떤 모습인가요?

Model Answer

There are **many mountains and rivers** in Korea. So, you can go hiking and get fresh air. Also, there are **tons of beaches** in Korea. You can go swimming and eat seafood. They are **so nice** **and clean. And we have** four seasons. We have spring, summer, fall, and winter. The weather **is** very nice in the spring and fall. The temperature is mild. So, it is the perfect weather to go **on a picnic. On the other hand,** the summer is very hot in Korea. When it comes to the rainy **season,** it is very humid and sticky. Lastly, the winter is freezing cold. Anyway, this is our **country's geography.**

한국에는 산과 강이 많아요. 그래서, 등산을 가서 신선한 공기를 마실 수 있어요. 또한, 한국에는 해변들도 정말 많아요. 수영하러 갈 수도 있고 해산물을 먹을 수도 있죠. 해변은 굉장히 멋있고 물이 맑아요. 그리고 우리나라는 사계절이 있어요. 봄, 여름, 가을 그리고 겨울이 있죠. 봄과 가을엔 날씨가 정말 좋아요. 기온이 온화해요. 그래서, 소풍 가기에 완벽한 날씨예요. 반대로, 한국의 여름은 엄청 더워요. 장마철에 관해 말하면, 아주 습하고 끈적거려요. 마지막으로, 겨울은 무척 춥습니다. 어쨌든, 이것이 우리나라의 지형이에요.

My Answer

STEP 01 Brainstorming

- 우리나라의 지형은 어떠한가
- 그 외 지형 관련 특징
- 지형의 특징

STEP 02 Make your own story!

_____

_____

_____

_____

_____

Vocabulary

mountain 산 river 강 go hiking 등산하러 가다 fresh air 신선한 공기 tons of 많은 beach 해변 go swimming 수영하러 가다 eat 먹다 seafood 해산물 nice 멋진 clean 깨끗한 season 계절 spring 봄 summer 여름 fall 가을 winter 겨울 mild 온화한, 적당한 perfect 완벽한 go on a picnic 소풍 가다 on the other hand 반대로, 한편 hot 더운 when it comes to ~에 관한 한 rainy season 장마철 humid 습한 sticky 끈적끈적한 lastly 마지막으로 freezing cold 꽁꽁 얼게 추운 country 나라 geography 지형

PART 02

Combo Set 두 번째,
과거 시제로 말하기

OVERVIEW

Combo Set의 두 번째 문제는 현재 시제와 과거 시제를 함께 이용하여 비교해 보는 문제가 출제됩니다. 과거에 좋아했던 것, 자주 했던 것, 사용했던 것과 요즘 좋아하는 것, 자주 하는 것, 사용하는 것을 비교하라는 질문에 PART 02의 **과거 시제로 말하기** 만능 패턴을 이용하여 답변을 완성해 봅시다.

⊙ 예시로 보기

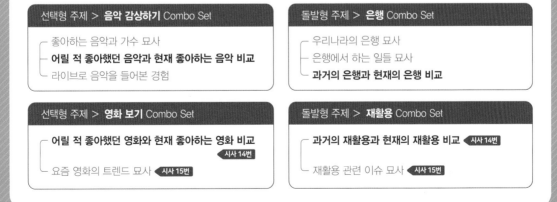

선택형 주제 > **음악 감상하기** Combo Set
- 좋아하는 음악과 가수 묘사
- **어릴 적 좋아했던 음악과 현재 좋아하는 음악 비교**
- 라이브로 음악을 들어본 경험

돌발형 주제 > **은행** Combo Set
- 우리나라의 은행 묘사
- 은행에서 하는 일들 묘사
- **과거의 은행과 현재의 은행 비교**

선택형 주제 > **영화 보기** Combo Set
- **어릴 적 좋아했던 영화와 현재 좋아하는 영화 비교** 시사 14번
- 요즘 영화의 트렌드 묘사 시사 15번

돌발형 주제 > **재활용** Combo Set
- **과거의 재활용과 현재의 재활용 비교** 시사 14번
- 재활용 관련 이슈 묘사 시사 15번

I liked ~
저는 ~을 좋아했어요

Combo Set의 두 번째(혹은 세 번째) 문제인 과거와 현재의 비교 질문에 답변하기 위해서는 과거 시제로 말하기가 중요합니다. 이 Unit에서 다룰 과거 시제의 기본 문장 패턴은 우리가 앞서 PART 01의 현재 시제로 말하기에서 배운 패턴을 그대로 과거 시제로 응용한 것입니다. 현재 자신이 좋아하는 일, 장소, 사람 등이 과거에는 어땠는지 6가지 패턴을 사용하여 이야기를 담아 봅시다.

Unit 04의 Pattern 몰아 보기

Q What kinds of music did you like first? How has your interest in music changed?

A Well... OK! When I was young, **Pattern 21 my favorite** singer **was** a Korean group called Wonder Girls. **Pattern 19 I was into** Wonder Girls' music **because it made me** excited. **Pattern 18 I liked** their songs **because** they had catchy melodies. **Pattern 20 The best thing about** Wonder Girls **was that** they were good-looking and talented. They were really popular among people in Korea and around the world. But now, **Pattern 04 my favorite** singer **is** a Korean group called BTS. **Pattern 04 The reason why I like** BTS **is that** they are the best singers in the world. Also, I think that **Pattern 05 the best thing about** BTS **is that** they are so talented and good-looking. Therefore, **Pattern 01 I like** various musicians now.

빈출문제 미리보기

사전 설문 조사에서 '음악 감상하기', '영화 보기', '카페/커피전문점에 가기' 등을 선택하였다면, 주제별 두 번째 (혹은 세 번째) 문제는 보통 다음과 같은 문제가 출제됩니다.

선택형 주제 > 음악 감상하기
• 처음 음악에 관심을 갖게 된 계기와 들었던 음악 장르, 음악에 대한 관심 변화 과정 묘사
• 어릴 적 좋아했던 음악과 현재 좋아하는 음악 비교 `최다 빈출`

선택형 주제 > 영화 보기
• 어릴 적 좋아했던 영화와 현재 좋아하는 영화 비교 `최다 빈출`
• 마지막으로 본 영화 묘사

선택형 주제 > 카페/커피전문점에 가기
• 과거의 카페와 현재의 카페 비교 `최다 빈출`
• 카페에서 일어난 기억에 남는 사건

돌발형 주제 > 은행
• 과거의 은행과 현재의 은행 비교

돌발형 주제 > 재활용
• 과거의 재활용과 현재의 재활용 비교

시험 공략 TIP

☑ 앞서 주제별로 정리한 현재 좋아하는 일, 장소, 사람 등의 과거 모습을 그려보고, 특징별로 현재와 과거의 차이점을 정리해 둡니다.
☑ Unit 01과 거의 유사한 패턴으로 이어지기 때문에 키워드와 시제에 유의하여 답변을 준비해 보세요.

Pattern 18

I liked 좋아했던 일/행동.

P02_U04_PT18

I liked 좋아했던 것 because I could 할 수 있었던 일/행동.

저는 ～을 좋아했어요, 왜냐하면 …할 수 있었기 때문이에요.

현재 좋아하는 것과 비교하는 답변을 만드는 첫 단계로, 과거에 좋아했던 것과 그것을 좋아했던 이유를 말해봅니다. 현재 시제 패턴에서의 동사 like가 과거형 liked로, can이 과거형 could로만 간단히 바뀌었습니다.

Pattern following

1 **I liked** their songs. 저는 그들의 노래를 좋아했어요. 선택 음악

→ **I liked** their songs **because I could** listen to catchy melodies.
저는 그들의 노래를 좋아했어요, 왜냐하면 기억하기 쉬운 멜로디를 들을 수 있었기 때문이에요.

2 **I liked** watching animation movies. 저는 애니메이션 영화를 좋아했어요. 선택 영화

→ **I liked** watching animation movies **because I could** watch funny scenes.
저는 애니메이션 영화를 좋아했어요, 왜냐하면 웃긴 장면들을 볼 수 있었기 때문이에요.

3 **I liked** going to the local coffee shop. 저는 동네 커피숍에 가는 것을 좋아했어요. 선택 카페

→ **I liked** going to the local coffee shop **because I could** get there easily.
저는 동네 커피숍에 가는 것을 좋아했어요, 왜냐하면 그곳에 가기 쉬웠기 때문이에요.

4 **I liked** going to the local pub. 저는 동네 술집에 가는 것을 좋아했어요. 선택 술집/바

→ **I liked** going to the local pub **because I could** drink domestic beer.
저는 동네 술집에 가는 것을 좋아했어요, 왜냐하면 국산 맥주를 마실 수 있었기 때문이에요.

Pattern mirroring

1 음악: I liked _____ because I could _____.

2 영화: I liked _____ because I could _____.

3 카페: I liked _____ because I could _____.

4 술집/바: I liked _____ because I could _____.

Vocabulary

listen to ～을 듣다 catchy 기억하기 쉬운 melody 멜로디, 선율 animation movie 애니메이션 영화 funny 웃긴 scene 장면 go to+장소
～에 가다 local 지역의 easily 쉽게 pub 술집 domestic 국내의 beer 맥주

I was into 좋아했던 일/행동.

P02_U04_PT19

I was into 좋아했던 것 because it made me (feel) 기분/감정.

저는 ~에 푹 빠져 있었어요, 왜냐하면 그것은 저를 …하게 만들어 주었기 때문이에요.

좋아했던 것과 그것을 통해 느낀 감정을 이야기하는 패턴입니다. 현재 시제의 패턴에서는 동사 love를 사용한 반면, 여기서는 be into something '~에 푹 빠지다' 표현을 이용하여 과거에 자신이 정말 좋아한 것을 강조해 보도록 합시다.

Pattern following

1 **I was into** Wonder Girls' music. 저는 원더걸스 음악에 푹 빠져 있었어요. 선택 음악

→ **I was into** Wonder Girls' music **because it made me** excited.
저는 원더걸스 음악에 푹 빠져 있었어요, 왜냐하면 절 신나게 만들어 주었기 때문이에요.

2 **I was into** The Coffee Bean. 저는 커피빈에 푹 빠져 있었어요. 선택 카페

→ **I was into** The Coffee Bean **because it made me feel** relaxed.
저는 커피빈에 푹 빠져 있었어요, 왜냐하면 제가 편안한 기분이 들도록 만들어 주었기 때문이에요.

3 **I was into** going to the beach. 저는 해변에 가는 것에 푹 빠져 있었어요. 선택 해변

→ **I was into** going to the beach **because it made me feel** refreshed.
저는 해변에 가는 것에 푹 빠져 있었어요, 왜냐하면 제가 상쾌한 기분이 들도록 만들어 주었기 때문이에요.

4 **I was into** drinking beer. 저는 맥주 마시는 것에 푹 빠져 있었어요. 선택 술집/바

→ **I was into** drinking beer **because it made me** excited.
저는 맥주 마시는 것에 푹 빠져 있었어요, 왜냐하면 절 신나게 만들어 주었기 때문이에요.

Pattern mirroring

1 음악: I was into _____ because it made me _____.

2 카페: I was into _____ because it made me _____.

3 해변: I was into _____ because it made me _____.

4 술집/바: I was into _____ because it made me _____.

Vocabulary

excited 신이 난 relaxed 편안한, 여유 있는 go to+장소 ~에 가다 beach 해변 refreshed 상쾌한 drink 마시다 beer 맥주

Pattern **20**	# The best thing about ~ P02_U04_PT20

The best thing about 좋아했던 것 was that 장점.
…의 가장 좋았던 점은 ~였어요.

최상급 표현 the best를 이용하여 과거에 좋아한 것의 제일 좋았던 점을 한 문장으로 구사해 보세요. 접속사나 관계사를 사용한 긴 문장으로 이야기를 이끌어 갈수록 고득점에 가까워집니다.

Pattern following

1 **The best thing about** 가수 이름 **was that** 주어 + 동사. 선택 음악
→ **The best thing about** Wonder Girls **was that** their songs had catchy melodies.
원더걸스의 가장 좋았던 점은 노래가 기억하기 쉬운 멜로디였다는 점이에요.

2 **The best thing about** 집 **was that** 주어 + 동사. 선택 집
→ **The best thing about** my previous house **was that** I could play in the playground in front of my house. 제 예전 집의 가장 좋았던 점은 집 앞 놀이터에서 놀 수 있었던 점이에요.

3 **The best thing about** 카페 이름 **was that** 주어 + 동사. 선택 카페
→ **The best thing about** The Coffee Bean **was that** I could eat my favorite cheesecake there. 커피빈의 가장 좋았던 점은 그곳에서 제가 가장 좋아하는 치즈케이크를 먹을 수 있었던 점이에요.

4 **The best thing about** 해변 이름 **was that** 주어 + 동사. 선택 해변
→ **The best thing about** 해운대 Beach **was that** there were a lot of places to eat and drink. 해운대 해변의 가장 좋았던 점은 먹고 마실 수 있는 곳들이 많았다는 점이에요.

5 **The best thing about** 날씨 **was that** 주어 + 동사. 돌발 날씨
→ **The best thing about** the weather in Korea **was that** we could really feel the four seasons. (과거) 한국 날씨의 가장 좋았던 점은 진짜 사계절을 느낄 수 있었던 점이에요.

Pattern mirroring

1 음악: The best thing about _____ was that _____.

2 집: The best thing about _____ was that _____.

3 카페: The best thing about _____ was that _____.

4 해변: The best thing about _____ was that _____.

5 날씨: The best thing about _____ was that _____.

Vocabulary
catchy 기억하기 쉬운 melody 멜로디 previous 이전의 play 놀다 playground 놀이터 in front of ~ 앞에 eat 먹다 favorite 가장 좋아하는
beach 해변 a lot of 많은 place 장소 drink 마시다 weather 날씨 season 계절

P02_U04_PT21

Pattern 21

My favorite ~ was 좋아했던 것.

My favorite ~ was 좋아했던 것.
The reason why I liked 좋아했던 것 is that 좋아했던 이유.
제가 가장 좋아했던 ~는 …이었어요. 제가 …을 좋아했던 이유는 ~였기 때문이에요.

PART 01 현재 시제로 말하기에서 이미 보았던 패턴이에요. 과거에 가장 좋아했던 사람, 물건, 장소 등을 묘사할 때는 과거 시제로 말해야 한다는 점을 잘 기억해 두세요!

Pattern following

❶ **My favorite** 가수 **was** 가수 이름. **The reason why I liked** 가수 이름 **is that** 주어 + 동사.

→ **My favorite** singer **was** a Korean group called Wonder Girls. **The reason why I liked** Wonder Girls **is that** they were so talented. 선택 음악
제가 가장 좋아했던 가수는 원더걸스라는 한국 그룹이었어요. 제가 원더걸스를 좋아했던 이유는 그들의 실력이 아주 뛰어났기 때문이에요.

❷ **My favorite** 영화 **was** 영화 장르. **The reason why I liked** 영화 장르 **is that** 주어 + 동사.

→ **My favorite** movie **was** an animation movie. **The reason why I liked** that animation movie **is that** it had a lot of funny scenes. 선택 영화
제가 가장 좋아했던 영화는 애니메이션 영화였어요. 제가 그 애니메이션 영화를 좋아했던 이유는 웃긴 장면들이 많았기 때문이에요.

❸ **My favorite** 카페 **was** 카페 이름. **The reason why I liked** 카페 이름 **is that** 주어 + 동사.

→ **My favorite** café **was** The Coffee Bean. **The reason why I liked** The Coffee Bean **is that** it was close to my house. 선택 카페
제가 가장 좋아했던 카페는 커피빈이었어요. 제가 커피빈을 좋아했던 이유는 저희 집과 가까웠기 때문이에요.

❹ **My favorite** 해변 **was** 해변 이름. **The reason why I liked** 해변 이름 **is that** 주어 + 동사.

→ **My favorite** beach **was** 해운대 Beach. **The reason why I liked** 해운대 Beach **is that** there were places to eat and drink. 선택 해변
제가 가장 좋아했던 해변은 해운대 해변이었어요. 제가 해운대 해변을 좋아했던 이유는 먹고 마실 수 있는 곳들이 있었기 때문이에요.

❺ **My favorite** 술집 **was** 술집 이름. **The reason why I liked** 술집 이름 **is that** 주어 + 동사.

→ **My favorite** bar **was** a local pub. **The reason why I liked** the local pub **is that** there was domestic beer. 선택 술집/바
제가 가장 좋아했던 술집은 동네 술집이었어요. 제가 그 동네 술집을 좋아했던 이유는 국산 맥주가 있었기 때문이에요.

① 음악: My favorite _____ was _____. The reason why I liked

_____ is that _____.

② 영화: My favorite _____ was _____. The reason why I liked

_____ is that _____.

③ 카페: My favorite _____ was _____. The reason why I liked

_____ is that _____.

④ 해변: My favorite _____ was _____. The reason why I liked

_____ is that _____.

⑤ 술집/바: My favorite _____ was _____. The reason why I liked

_____ is that _____.

Vocabulary

singer 가수 group 그룹, 무리 called ~라는 (이름의) talented 재능이 있는, 실력이 뛰어난 animation movie 애니메이션 영화 funny 웃긴 scene 장면 close to ~와 가까운 beach 해변 place 장소 eat 먹다 drink 마시다 local 지역의 domestic 국내의 beer 맥주

PART 02 Combo Set 두 번째, 과거 시제로 말하기 **119**

Actually / Well... OK!
사실 / 음… 저!

P02_U04_FL04

질문을 듣고 나서 바로 답변의 시작이 어려울 때는 Um... '음…', Uh... '어…'로 말을 끄는 것보다 Actually 또는 Well... OK! 등으로 말문을 여는 것이 영어 말하기에 좀 더 능숙한 사람처럼 보이게 합니다.

Filler following

❶ I liked their songs because I could listen to catchy melodies. 선택 음악
→ **Actually,** I liked their songs because I could listen to catchy melodies.
사실, 저는 그들의 노래를 좋아했어요, 왜냐하면 기억하기 쉬운 멜로디를 들을 수 있었기 때문이에요.

❷ I was into going to the beach because it made me feel refreshed. 선택 해변
→ **Well... OK!** I was into going to the beach because it made me feel refreshed.
음… 저! 저는 해변에 가는 것에 푹 빠져 있었어요, 왜냐하면 제가 상쾌한 기분이 들도록 만들어 주었기 때문이에요.

❸ I liked going to the local coffee shop because I could get there easily. 선택 카페
→ **Well... OK!** I liked going to the local coffee shop because I could get there easily.
음… 저! 저는 동네 커피숍에 가는 것을 좋아했어요, 왜냐하면 그곳에 가기 쉬웠기 때문이에요.

❹ I was into Wonder Girls' music because it made me excited. 선택 음악
→ **Well... OK!** I was into Wonder Girls' music because it made me excited.
음… 저! 저는 원더걸스 음악에 푹 빠져 있었어요, 왜냐하면 절 신나게 만들어 주었기 때문이에요.

❺ The best thing about my previous house was that I could play in the playground in front of my house. 선택 집
→ **Actually,** the best thing about my previous house was that I could play in the playground in front of my house.
사실, 제 예전 집의 가장 좋았던 점은 집 앞 놀이터에서 놀 수 있었던 점이에요.

Filler 표현 사용 TIP ⊕

⊘ 예상치 못한 질문이거나 잠시 무엇을 말해야 할지 떠올려야 한다면 위의 짧은 filler를 사용 후 답변을 시작해 주세요.
⊘ 답변이 바로 떠오르지 않는 경우, 말 사이의 공백을 두는 것보다는 filler를 사용하면서 할 말을 정리한 후 답변하는 게 좋습니다.
⊘ 그 외 다른 Filler: Filler 01 I think that ~ (p.57 참고), Filler 02 you know / well / also / and (p.75 참고), Filler 03 Wow! It's a very interesting question, Ava! / Oh my god. This is a very difficult question, Ava! (p.96 참고), Filler 05 Anyway / That's it (p.139 참고)

Pattern **22**	# The worst thing about ~	

P02_U04_PT22

The worst thing about 물건, 장소 등 was that 단점.
…의 가장 안 좋았던 점은 ~였어요.

장점이 있다면 단점이 있겠죠? 가장 좋았던 점을 묘사할 때 the best를 썼던 것처럼 그 반대되는 과거에 어떤 물건, 상황, 장소의 가장 안 좋았던 점을 최상급 the worst를 이용해 구사해 봅시다.

Pattern following

① **The worst thing about** 은행 **was that** 주어 + 동사.
→ **The worst thing about** the bank **was that** we had to wait for a long time to get served.
은행의 가장 안 좋았던 점은 도움을 받기 위해 오래 기다려야 했던 점이에요. 〔돌발 은행〕

② **The worst thing about** 인터넷 **was that** 주어 + 동사.
→ **The worst thing about** the Internet **was that** it was too slow. 〔돌발 인터넷/동영상〕
인터넷의 가장 안 좋았던 점은 (속도가) 너무 느렸던 점이에요.

③ **The worst thing about** 교통 **was that** 주어 + 동사.
→ **The worst thing about** the transportation **was that** we couldn't check the exact arrival time. 〔돌발 교통〕
교통의 가장 안 좋았던 점은 정확한 도착 시간을 확인할 수 없었던 점이에요.

④ **The worst thing about** 전화기 **was that** 주어 + 동사.
→ **The worst thing about** the cellphones in Korea **was that** we could make phone calls and send text messages only. 〔돌발 전화기/기술〕
한국 휴대전화의 가장 안 좋았던 점은 전화를 걸고 문자 메시지를 보내는 것만 할 수 있었던 점이에요.

Pattern mirroring

① 은행: The worst thing about _____ was that _____.

② 인터넷/동영상: The worst thing about _____ was that _____.

③ 교통: The worst thing about _____ was that _____.

④ 전화기/기술: The worst thing about _____ was that _____.

Vocabulary

wait 기다리다 for a long time 오랫동안 too 너무 slow (속도가) 느린 transportation 교통 exact 정확한 arrival time 도착 시간 cellphone 휴대전화 make a phone call 전화를 걸다 send 보내다 text message 문자 메시지

I did not like 싫어했던 일/행동.

P02_U04_PT23

I did not[didn't] like 싫어했던 것.
저는 ~을 좋아하지 않았어요.

현재 시제의 does/do가 과거 시제의 did로 바뀌었습니다. 비교 설명 시에는 시제를 잘 구분해서 사용해야 해요.

Pattern following

1. **I didn't like** noise. 저는 시끄러운 걸 좋아하지 않았어요. 선택 카페
→ **I didn't like** noise, **so** I went there. 저는 시끄러운 걸 좋아하지 않아서, 그곳에 갔어요.

2. **I didn't like** going there. 저는 그곳에 가는 걸 좋아하지 않았어요. 돌발 은행
→ It took more than 1 hour, **so I didn't like** going there.
1시간도 넘게 걸려서, 그곳에 가는 것을 좋아하지 않았어요.

3. **I did not like** staying on the train more than 2 hours. 돌발 교통
저는 기차에서 2시간 이상 있는 걸 좋아하지 않았어요.
→ **I did not like** staying on the train more than 2 hours **because** it was too painful for my **back**. 저는 기차에서 2시간 이상 있는 걸 좋아하지 않았어요, 왜냐하면 허리가 너무 아팠기 때문이에요.

4. **I did not like** drinking too fast. 저는 술을 급하게 마시는 걸 좋아하지 않았어요. 선택 술집/바
→ **I did not like** drinking too fast, **so** I liked drinking slowly and talking with my friends for a long time when I was there.
저는 술을 급하게 마시는 것을 좋아하지 않아서, 그곳에 있을 때면 술을 천천히 마시면서 오랜 시간 동안 친구들과 이야기를 나누는 걸 즐겼어요..

Pattern mirroring

1. 카페: I didn't like _____, so _____.
2. 은행: _____, so I didn't like _____.
3. 교통: I didn't like _____ because _____.
4. 술집/바: I didn't like _____, so _____.

Vocabulary
noise 소음 take (시간이) 걸리다 more than ~ 이상 stay 머물다 painful 아픈 back 허리 drink 술을 마시다 fast 빠르게 slowly 천천히 talk 이야기하다 for a long time 오랫동안

선택형 주제 출제 유형

사전 설문 조사에서 본인이 선택한 항목들의 Combo Set 두 번째(혹은 세 번째) 문제는 보통 주제에 따른 **과거와 현재를 비교 설명**하라고 질문합니다. 따라서 **Combo Set의 첫 번째 현재 시제로 말하기와 두 번째 과거 시제로 말하기를 함께 써서** 하나의 답변으로 만들어 봅시다. 참고로, 이 비교 유형의 문제는 시사 문제 Combo Set의 첫 번째(14번) 문제로도 출제됩니다.

선택형 주제의 빈출 문제 Combo Set

음악 감상하기
- 좋아하는 음악과 가수 묘사
- **어릴 적 좋아했던 음악과 현재 좋아하는 음악 비교**
- 라이브로 음악을 들어본 경험

카페/커피전문점에 가기
- 좋아하는 카페 묘사
- **과거의 카페와 현재의 카페 비교**
- 카페에서 일어난 기억에 남는 사건

술집/바에 가기
- 좋아하는 술집/바 묘사
- **과거의 술집과 현재의 술집 비교**
- 술집에서 일어난 기억에 남는 사건

영화 보기
- **과거의 영화와 현재의 영화 비교** `시사 14번`
- 요즘 영화 트렌드 묘사 `시사 15번`

답변 TIP ⊕

⊘ 답변은 **과거 → 현재의 순**으로 전개하는 것을 추천해요.

⊘ 답변 시작 표현: I think that ○○○ has/have changed a lot.

⊘ 과거 설명 시작 표현: when I was young(제가 어릴 적에는), when I was 7 years old(제가 7살 때에는), in the past(과거에는) 등

⊘ 현재로 전환되는 지점에는 연결어 but/however와 현재를 나타내는 표현 now, today, these days 등을 함께 사용하여 과거에서 현재로 넘어간다는 신호를 보내 주세요.

⊘ 답변 마무리는 마무리 Filler 표현 therefore, so, anyway 등과 함께 답변 시작 표현 또는 핵심 문장을 한 번 더 말하는 것이 좋습니다.

음악 감상하기

P02_U04_QA01

음악 감상하기
Combo Set
- 좋아하는 음악과 가수 묘사
- **어릴 적 좋아했던 음악과 현재 좋아하는 음악 비교**
- 라이브로 음악을 들어본 경험

What kinds of music did you like first? How has your interest in music changed?

처음엔 어떤 음악을 좋아했나요? 당신의 음악에 대한 관심은 어떻게 변했나요?

Model Answer

Well... OK! When I was young, my favorite singer was a Korean group called Wonder Girls. I was into Wonder Girls' music because it made me excited. I liked their songs because I could listen to catchy melodies. The best thing about Wonder Girls was that they were good-looking and talented. They were really popular among people in Korea and around the world. But now, my favorite singer is a Korean group called BTS. The reason why I like BTS is that they are the best singers in the world. Also, I think that the best thing about BTS is that they are so talented and good-looking. Therefore, I like various musicians now.

음… 자! 제가 어릴 적 가장 좋아했던 가수는 원더걸스라는 한국 그룹이었어요. 저는 원더걸스 음악에 푹 빠져 있었어요. 왜냐하면 저를 신나게 만들어 주었기 때문이에요. 그들의 음악을 좋아했어요. 왜냐하면 기억하기 쉬운 멜로디를 들을 수 있었기 때문이에요. 원더걸스의 가장 좋았던 점은 예쁘고 실력이 뛰어났던 점이었어요. 한국 사람들 사이에서도 전 세계 사람들 사이에서도 매우 인기가 있었죠. 하지만 지금은, 제가 가장 좋아하는 가수는 BTS라는 한국 그룹이에요. 제가 BTS를 좋아하는 이유는 세계 최고의 가수이기 때문이에요. 또한, 제 생각에 BTS의 가장 좋은 점은 정말 실력이 뛰어나고 잘생겼다는 점이에요. 따라서, 지금은 전 다양한 음악가들을 좋아해요.

My Answer

STEP01 Brainstorming

- 과거 좋아했던 음악/가수
- 그 음악/가수를 좋아했던 이유
- 그 음악/가수의 가장 좋았던 점
- 현재 좋아하는 음악/가수
- 그 음악/가수를 좋아하는 이유
- 그 음악/가수의 가장 좋은 점

STEP02 Make your own story!

Vocabulary

young 어린 singer 가수 group 그룹 called ~라는 (이름의) excited 신이 난 listen to ~을 듣다 catchy 기억하기 쉬운, 중독성이 강한 melody 멜로디 good-looking 잘생긴, 예쁜 talented 실력이 뛰어난 popular 인기 있는 among ~ 사이에서 as well ~도, 또한 various 다양한 musician 음악가

카페/커피전문점에 가기

P02_U04_QA02

카페/커피전문점에 가기
Combo Set
➤ ┌ 좋아하는 카페 묘사
  ├ **과거의 카페와 현재의 카페 비교**
  └ 카페에서 일어난 기억에 남는 사건

Tell me about the cafés in the past. How have they changed?

과거의 카페에 대해 말해 주세요. 그곳은(카페는) 어떻게 변했나요?

Model Answer

My favorite café was The Coffee Bean. I was into The Coffee Bean because it made me feel relaxed. Also, I liked going there because I could get there easily. It was very close to my home. The best thing about that place was that I could stay there for a long time because it was not crowded. I didn't like noise, so I went there. But now, I like various coffee shops where the places are very well designed. The coffee shops are very beautiful these days, so a lot of people visit them to take pictures, have chats, and enjoy the atmosphere. Anyway, I love coffee shops.

제가 가장 좋아했던 카페는 커피빈이었어요. 저는 커피빈에 푹 빠져 있었어요. 왜냐하면 제가 편안한 기분이 들도록 만들어 주었기 때문이에요. 또한, 그곳에 가는 걸 좋아했어요, 왜냐하면 쉽게 갈 수 있었기 때문이에요. 그곳은 저희 집과 매우 가까웠습니다. 그곳의 가장 좋았던 점은 오랜 시간 동안 머무를 수 있었던 점이에요, 왜냐하면 사람들로 붐비지 않았거든요. 저는 시끄러운 걸 좋아하지 않아서, 그곳에 갔어요. 하지만 지금은, 정말 잘 꾸며진 다양한 커피숍을 좋아해요. 요즘 커피숍들은 매우 예뻐서, 많은 사람들은 사진을 찍고 대화를 하고 분위기를 즐기기 위해 그곳에 가요. 아무튼, 저는 커피숍이 좋아요.

My Answer

STEP 01 Brainstorming

● 과거 좋아했던 카페　　　　　　　　　● 현재 좋아하는 카페

● 그 카페를 좋아했던 이유　　　　　　　● 그 카페를 좋아하는 이유

● 그 카페의 가장 좋았던 점　　　　　　　● 그 카페의 가장 좋은 점

STEP 02 Make your own story!

_____

_____

_____

_____

_____

술집/바에 가기

P02_U04_QA03

> **술집/바에 가기**
> Combo Set
> - 좋아하는 술집/바 묘사
> - **과거의 술집과 현재의 술집 비교**
> - 술집에서 일어난 기억에 남는 사건

Think about the bar you used to go to. How has it changed over the years?

당신이 갔던 술집을 떠올려 보세요. 그곳은(술집은) 세월이 흐르면서 어떻게 변했나요?

Model Answer

My favorite **bar** was a **local pub**. I was into **drinking beer** because it made me **excited**. Also, I liked **going to the local pub** because I could **drink domestic beer** there. It was very **close to** my house. The best thing about **the pub** was that I could drink **for a long time** because I was a **regular** there. I didn't like **drinking too fast**, so I liked **drinking slowly** and **talking** with my friends **for a long time** when I was there. But now, I like **various** bars like Korean bars, wine bars, **and so on**. The bars are very **beautiful these days**, and we can **listen to various** types of **music as well**. So, I like **going to different kinds of bars** with my friends.

제가 가장 좋아했던 술집은 동네 술집이었어요. 저는 맥주 마시는 것에 푹 빠져 있었어요, 왜냐하면 절 신나게 만들어 주었기 때문이에요. 또한, 동네 술집에 가는 걸 좋아했어요, 왜냐하면 그곳에서 국산 맥주를 마실 수 있었기 때문이에요. 그곳은 저희 집과 매우 가까웠어요. 그 술집의 가장 좋았던 점은 오랜 시간 동안 술을 마실 수 있었던 점이에요, 왜냐하면 전 그곳의 단골이었거든요. 저는 술을 급하게 마시는 것을 좋아하지 않아서, 그곳에 있을 때면 술을 천천히 마시면서 오랜 시간 동안 친구들과 이야기를 나누는 걸 즐겼어요. 하지만 지금은, 한국식 술집, 와인 바 등과 같은 다양한 술집을 좋아해요. 요즘 술집은 너무 멋지고, 다양한 음악도 들을 수 있어요. 그래서, 저는 친구들과 여러 종류의 술집에 가는 것을 좋아해요.

My Answer

STEP 01 Brainstorming

- 과거 좋아했던 술집
- 그 술집을 좋아했던 이유
- 그 술집의 가장 좋았던 점

- 현재 좋아하는 술집
- 그 술집을 좋아하는 이유
- 그 술집의 가장 좋은 점

STEP 02 Make your own story!

Vocabulary

local 지역의, 동네의 pub 술집 drink 마시다 beer 맥주 excited 신이 난 go to+장소 ~에 가다 domestic 국내의 close to ~에 가까운 for a long time 오랫동안 regular 단골손님 fast 빨리 slowly 천천히 talk 이야기하다 various 다양한 and so on ~ 등 beautiful 아름다운 these days 요즘 listen to ~을 듣다 type 종류 as well ~도, 또한 different 여러 가지의 kind 종류

영화 보기

P02_U04_QA04

영화 보기
Combo Set

├ 과거의 영화와 현재의 영화 비교 〈시사 14번〉

└ 요즘 영화 트렌드 묘사 〈시사 15번〉

What kinds of movies did you like in the past? How have they changed?

과거에 어떤 종류의 영화를 좋아했나요? 그것은(영화는) 어떻게 변했나요?

Model Answer

When I was young, my favorite movies were animation movies. I liked watching animation movies because I could watch funny scenes. I used to watch animation movies after school. The best thing about animation movies was that I could kill time watching them because I didn't want to do my homework. The worst thing about them was that I had to do my homework after watching them. But now, I like watching all kinds of movies because I can relieve my stress, and it makes me feel relaxed. I especially love watching Korean movies because they have become a lot better in quality. When I watch movies, I can get away from reality. Therefore, I love watching various movies now.

제가 어릴 적 가장 좋아했던 영화는 애니메이션 영화였어요. 저는 애니메이션 영화 보는 것을 좋아했어요, 왜냐하면 웃긴 장면들을 볼 수 있었기 때문이에요. 학교 끝나고 애니메이션 영화를 보곤 했어요. 애니메이션 영화의 가장 좋았던 점은 그것들을 보면서 시간을 때울 수 있었던 점이었어요, 왜냐하면 저는 숙제를 하고 싶지 않았거든요. 그것의 가장 안 좋았던 점은 영화를 보고 나서는 숙제를 해야 했었던 점이에요. 하지만 지금은, 모든 종류의 영화를 보는 걸 좋아해요, 왜냐하면 스트레스를 해소할 수 있을 뿐만 아니라 편안한 기분이 들도록 만들어 주기도 하기 때문이에요. 특히, 한국 영화 보는 걸 좋아해요, 왜냐하면 질적으로 정말 좋아졌기 때문이에요. 영화를 볼 때면, 현실에서 벗어날 수 있어요. 따라서, 지금은 저는 다양한 영화를 보는 걸 좋아해요.

My Answer

STEP 01 Brainstorming

- 과거 좋아했던 영화
- 그 영화를 좋아했던 이유
- 그 영화의 가장 좋았던 점

- 현재 좋아하는 영화
- 그 영화를 좋아하는 이유
- 그 영화의 가장 좋은 점

STEP 02 Make your own story!

_____

_____

_____

_____

Vocabulary

young 어린 animation movie 애니메이션 영화 watch 보다 funny 웃긴 scene 장면 used to do ~하곤 했다 after school 방과 후 kill time 시간을 때우다 want to do ~하고 싶다 do one's homework 숙제를 하다 kind 종류 relieve 해소하다 stress 스트레스 relaxed 편안한 a lot 훨씬, 많이 good 좋은(good-better-best) quality 질 get away from ~에서 벗어나다 reality 현실 various 다양한

돌발형 주제 출제 유형

사전 설문 조사에서 선택을 하지 않아도 출제되는 돌발형 주제의 Combo Set 두 번째(혹은 세 번째) 문제는 보통 주제에 따른 **과거와 현재를 비교 설명**하라고 질문합니다. 따라서 **Combo Set의 첫 번째 현재 시제로 말하기**와 **두 번째 과거 시제로 말하기를 함께 써서** 하나의 답변으로 만들어 봅시다. 참고로, 이 비교 유형의 문제는 시사 문제 Combo Set의 첫 번째(14번) 문제로도 출제됩니다.

돌발형 주제의 빈출 문제 Combo Set

은행
- 우리나라의 은행 묘사
- 은행에서 하는 일들 묘사
- **과거의 은행과 현재의 은행 비교**

날씨
- 우리나라의 날씨 묘사
- 오늘의 날씨 묘사
- **과거의 날씨와 현재의 날씨 비교**

재활용
- **과거의 재활용과 현재의 재활용 비교** 시사 14번
- 재활용 관련 이슈 묘사 시사 15번

인터넷/동영상
- **과거의 인터넷 사용과 현재의 인터넷 사용 비교** 시사 14번
- 인터넷 관련 이슈 묘사 시사 15번

답변 TIP 🔍

⊘ 답변은 **과거 → 현재의 순**으로 전개하는 것을 추천해요.
⊘ 답변 시작 표현: I think that ○○○ has/have changed a lot.
⊘ 과거 설명 시작 표현: when I was young(제가 어릴 적에는), when I was 7 years old(제가 7살 때에는), in the past(과거에는) 등
⊘ 현재로 전환되는 지점에는 연결어 but/however와 현재를 나타내는 표현 now, today, these days 등을 함께 사용하여 과거에서 현재로 넘어간다는 신호를 보내 주세요.
⊘ 답변 마무리는 마무리 Filler 표현 therefore, so, anyway 등과 함께 답변 시작 표현 또는 핵심 문장을 한 번 더 말하는 것이 좋습니다.

은행
Combo Set
- 우리나라의 은행 묘사
- 은행에서 하는 일들 묘사
- **과거의 은행과 현재의 은행 비교**

Tell me about the banks in the past and now. How have banks changed over the years?

과거의 은행과 현재의 은행에 대해 말해 주세요. 세월이 흐르면서 은행은 어떻게 변했나요?

Model Answer

I think that banks have changed a lot. In the past, there was no Internet banking, so people had to visit the bank to take care of their business. The worst thing about the bank was that we had to wait for a long time to get served. It took more than 1 hour, so I didn't like going there. But now, we have Internet banking. We can take care of our business on the Internet and the smartphone as well. It is faster than before, and it is very convenient.

제 생각엔 은행이 많이 변한 것 같아요. 과거에는 인터넷 뱅킹이 없어서, 사람들은 업무를 보기 위해 은행을 직접 방문해야 했거든요. 은행의 가장 안 좋았던 점은 도움을 받기 위해 오래 기다려야 했던 점이에요. 1시간도 넘게 걸려서, 그곳에 가는 것을 좋아하지 않았어요. 하지만 지금은, 인터넷 뱅킹이 있습니다. 우리는 인터넷으로 그리고 스마트폰으로도 업무를 처리할 수 있어요. 예전보다 더 빠르고, 매우 편리해요.

My Answer

STEP 01 **Brainstorming**

- 과거 은행의 모습
- 과거 은행의 가장 좋았던/안 좋았던 점
- 현재 은행의 모습
- 현재 은행의 가장 좋은/안 좋은 점

STEP 02 **Make your own story!**

_____

_____

_____

_____

_____

_____

_____

Vocabulary

change 변하다 a lot 많이 in the past 과거에 Internet banking 인터넷 뱅킹 visit 방문하다 take care of ~을 처리하다 business 업무 wait 기다리다 for a long time 오랫동안 take (시간이) 걸리다 more than ~ 이상 on the Internet 인터넷에서 smartphone 스마트폰 as well ~도, 또한 fast 빠른(fast-faster-fastest) before 전에 convenient 편리한

날씨

P02_U04_QA06

날씨
Combo Set
- 우리나라의 날씨 묘사
- 오늘의 날씨 묘사
- **과거의 날씨와 현재의 날씨 비교**

How has the weather in your country changed over the years? Are there any differences?

세월이 흐르면서 당신 나라의 날씨는 어떻게 변했나요? 다른 점이 있나요?

Model Answer

I think that the weather has changed a lot because of global warming. The best thing about the weather in the past was that we could really feel the four seasons. For example, we could feel the mild weather in the spring and fall. And the weather was extremely hot in the summer and freezing in the winter. But now, it has changed. The period of spring and fall is shorter than before. It passes in the blink of an eye. Also, the Asian Dust phenomenon has gotten a lot worse. The worst thing about it is that we have to wear a mask every day. I miss the weather in the past.

제 생각엔 지구 온난화로 인해 날씨가 많이 변한 것 같아요. 과거 날씨의 가장 좋았던 점은 진짜 사계절을 느낄 수 있었던 점이에요. 예를 들어, 봄과 가을에는 온화한 날씨를 느낄 수 있었어요. 여름에는 날씨가 엄청 덥고 겨울에는 날씨가 엄청 추웠어요. 하지만 지금은, 변했어요. 봄과 가을의 기간이 전에 비해 더 짧아요. 눈 깜짝할 사이에 지나가요. 또한, 황사 현상도 훨씬 더 안 좋아졌어요. 그것의 가장 안 좋은 점은 우리가 매일 마스크를 착용해야 한다는 점이에요. 과거의 날씨가 그립네요.

My Answer

STEP 01 **Brainstorming**

- 과거 날씨의 모습
- 현재 날씨의 모습
- 과거 날씨의 가장 좋았던/안 좋았던 점
- 현재 날씨의 가장 좋은/안 좋은 점

STEP 02 **Make your own story!**

Vocabulary

weather 날씨 change 변하다 a lot 많이, 훨씬 because of ~ 때문에 global warming 지구 온난화 in the past 과거에 season 계절 for example 예를 들어 mild 온화한, 적당한 spring 봄 fall 가을 extremely 엄청, 극도로 hot 더운 summer 여름 freezing 꽁꽁 얼게 추운 winter 겨울 period 기간 short 짧은(short-shorter-shortest) before 이전에 pass 지나가다 in the blink of an eye 눈 깜짝할 사이에 Asian Dust 황사 phenomenon 현상 bad 나쁜(bad-worse-worst) wear 쓰다, 입다 mask 마스크 miss 그리워하다

재활용

P02_U04_QA07

재활용 Combo Set
- 과거의 재활용과 현재의 재활용 비교 `시사 14번`
- 재활용 관련 이슈 묘사 `시사 15번`

Compare recycling in the past and now. How has recycling changed?
과거의 재활용과 현재의 재활용을 비교해 보세요. 재활용은 어떻게 변했나요?

Model Answer

I think that recycling has changed a lot. In the past, people did not recycle, so they just threw out the garbage. The worst thing about it was that the smell of the garbage cans was disgusting. But now, people do recycling very well. It is very well practiced in Korea because we have a fixed day to do recycling. We gather paper, plastic, and cans separately and then take them out to the recycling area on the fixed day. The best thing about recycling is that it is very eco-friendly. Therefore, recycling is very well practiced in Korea.

제 생각엔 재활용이 많이 변한 것 같아요. 과거에는, 사람들이 재활용을 하지 않아서, 그냥 쓰레기를 버렸어요. 그것의 가장 안 좋았던 점은 쓰레기통 냄새가 정말 역겨웠던 점이에요. 하지만 지금은, 사람들이 재활용을 매우 잘해요. 한국에서는 아주 잘 실행되고 있어요. 왜냐하면 재활용을 하는 지정된 날이 있거든요. 우리는 종이, 플라스틱, 캔을 각각 따로 모아서, 지정된 날에 재활용 구역에 내다 버려요. 재활용의 가장 좋은 점은 매우 친환경적이라는 점입니다. 따라서, 한국에서 재활용은 아주 잘 실행되고 있어요.

My Answer

STEP 01 Brainstorming

- 과거 재활용의 모습
- 과거 재활용의 가장 좋았던/안 좋았던 점
- 현재 재활용의 모습
- 현재 재활용의 가장 좋은/안 좋은 점

STEP 02 Make your own story!

Vocabulary

recycling 재활용 change 변하다 a lot 많이 in the past 과거에 recycle 재활용하다 throw out ~을 버리다 garbage 쓰레기 smell 냄새 garbage can 쓰레기통 disgusting 역겨운 well 잘 well practiced 잘 실행되는 fixed 지정된 gather 모으다 paper 종이 plastic 플라스틱 can 캔 separately 따로따로 take out ~을 내다 버리다 area 지역, 구역 eco-friendly 친환경적인

인터넷/동영상

P02_U04_QA08

인터넷/동영상 Combo Set

과거의 인터넷 사용과 현재의 인터넷 사용 비교 `시사 14번`

인터넷 관련 이슈 묘사 `시사 15번`

How has the usage of the Internet changed over the years? Tell me in detail.

세월이 흐르면서 인터넷 사용이 어떻게 변했나요? 상세히 말해 주세요.

Model Answer

I think that the Internet has changed a lot. In the past, people could get access to the Internet through computers. The worst thing about the Internet was that it was too slow. It took a long time to get access to the sites that they wanted. Like everyone else, I did not like to wait. But now, people can get access to the Internet through smartphones. The best thing about it is that it is faster. Also, we can do a lot of things with smartphones. For example, we have chats, listen to music, watch video clips, do online shopping, and so on. It is very convenient.

제 생각엔 인터넷은 많이 변한 것 같아요. 과거에는, 사람들이 컴퓨터를 통해 인터넷에 접속할 수 있었어요. 인터넷의 가장 안 좋았던 점은 (속도가) 매우 느렸던 점이에요. 원하는 사이트에 접속하는 데 오랜 시간이 걸렸어요. 다른 모든 사람들과 마찬가지로, 저는 기다리는 걸 좋아하지 않았어요. 하지만 지금은, 사람들이 스마트폰으로 인터넷에 접속할 수 있습니다. 그것의 가장 좋은 점은 더 빠르다는 점이에요. 또한, 스마트폰으로 많은 것들을 할 수 있어요. 예를 들어, 대화를 나누고, 음악을 듣고, 동영상을 보고, 온라인 쇼핑을 하는 등이요. 굉장히 편리해요.

My Answer

STEP 01 **Brainstorming**

● 과거 인터넷의 모습

● 현재 인터넷의 모습

● 과거 인터넷의 가장 좋았던/안 좋았던 점

● 현재 인터넷의 가장 좋은/안 좋은 점

STEP 02 **Make your own story!**

_____

_____

_____

_____

_____

Vocabulary

Internet 인터넷 change 변하다 a lot 많이 in the past 과거에 get access to ~에 접속하다 through ~을 통해 computer 컴퓨터 slow (속도가) 느린 take (시간이) 걸리다 a long time 오랜 시간 site 사이트 want 원하다 wait 기다리다 smartphone 스마트폰 fast 빠른(fast-faster-fastest) a lot of 많은 thing 것 for example 예를 들어 have chats 대화하다 listen to ~을 듣다 music 음악 watch 보다 video clip 동영상 online shopping 온라인 쇼핑 and so on ~ 등 convenient 편리한

Make your own story!

They were ~
그들은 ~였어요

과거에 좋아했던 것을 기술하는 Unit 04에 이어, 과거의 사람/사물의 성격, 행동 등을 나타내는 5가지의 패턴을 살펴봅시다. 같은 문장 형태, 다른 시제인 Unit 02 현재 시제의 패턴과 함께 하나의 답변을 만들어 보세요.

Unit 05의 Pattern 몰아 보기

Q Tell me about the house you lived in when you were young. How was it different from the house you live in now?

A When I was young, `Pattern 26` I **lived** in a three-bedroom apartment. There was a playground in front of my house, so I used to play there with my friends. `Pattern 26` I **played** hide-and-seek, swing, seesaw, and so on. I remember that `Pattern 24` I **was** really happy then because `Pattern 28` I **could** play after school. It is a precious memory. But now, `Pattern 09` I **live** `Pattern 15` in a high-rise apartment. It `Pattern 14` **is located in** Seoul City. Also, `Pattern 13` **there is** a park in front of my house. So, `Pattern 09` I usually **go** there to take a walk with my puppy. Also, `Pattern 11` I **can** work out there as well. Plus, `Pattern 11` I **can** enjoy a picnic on weekends with my family. Therefore, these are the differences between the house that I used to live in and the house that I live in now.

빈출문제 미리보기

사전 설문 조사에서 '해변 가기', '국내 여행' 등을 선택하였다면, 주제별 두 번째(혹은 세 번째) 문제는 보통 다음과 같은 문제가 출제됩니다.

선택형 주제 > 집
- 어릴 적 집과 현재의 집 비교 `최다 빈출`
- 과거의 집 구조와 현재의 집 구조 비교

선택형 주제 > 해변 가기
- 최근에 해변에 다녀온 경험 `최다 빈출`
- 해변에서 일어난 기억에 남는 사건

선택형 주제 > 국내 여행
- 과거의 여행과 현재의 여행 비교 `최다 빈출`
- 국내 여행의 가장 큰 이슈나 걱정거리 묘사

돌발형 주제 > 가구/가전
- 과거의 가구/가전과 현재의 가구/가전 비교

돌발형 주제 > 패션
- 과거의 패션과 현재의 패션 비교

시험 공략 TIP

- ☑ PART 01에서 학습한 현재 시제 문장 구사 패턴들을 응용하여 과거 시제와 현재 시제를 하나의 답변에 사용해 보세요.
- ☑ 형용사는 good, nice 등과 같은 광범위한 단어들보다는 상세히 묘사할 수 있는 형용사를 사용하는 것이 어휘력을 돋보이게 합니다.

Pattern 24	# They were ~	P02_U05_PT24

주어 + be동사의 과거형(was/were) + 성격·성질·상태 형용사.
주어는 ~였어요.

사람이나 물건의 성격, 성질, 상태 등을 묘사할 땐 형용사를 사용하여 답변해야 합니다. 다양한 형용사를 활용하여 『주어 + be동사의 과거형 + 형용사』 형태의 문장 구사를 해 봅시다.

- **사람 묘사 형용사:** positive(긍정적인), creative(창의적인), energetic(활동적인), sociable(사교적인), passionate(열정적인), active(활동적인), talented(재능이 뛰어난), reliable(믿을 만한), talkative(수다스러운), timid(소심한), reasonable(합리적인), brave(용감한) 등
- **사물 묘사 형용사:** convenient(편리한), cozy(아늑한), comfy(편안한), comfortable(편한), portable(휴대가 쉬운), short(짧은), small(작은), huge(거대한), heavy(무거운), light(가벼운) 등

Pattern following

❶ **I was** + 성격·성질·상태 형용사.
→ **I was** really happy, so I decided to stay an extra day. 저는 정말 행복해서, 하루 더 머물기로 했어요. `선택` `해변`
→ **I was** surprised because the view was so beautiful. `선택` `해변`
 저는 놀랐어요, 왜냐하면 전망이 너무 예뻤기 때문이에요.

❷ **He/She was** + 성격·성질·상태 형용사.
→ **He was** talented, so he succeeded in his project. `돌발` `인터넷/동영상`
 그는 재능이 뛰어나서, 프로젝트에 성공할 수 있었어요.
→ **He was** tired because he didn't sleep well. `돌발` `가족/친구`
 그는 피곤했어요, 왜냐하면 잠을 잘 자지 못하였기 때문이에요.
→ **She was** talkative, so I could not sleep. 그녀가 수다스러워서, 저는 잠을 잘 수 없었어요. `돌발` `가족/친구`
→ **She was** honest, so I could believe her. 그녀는 솔직해서, 저는 그녀를 믿을 수 있었어요. `돌발` `가족/친구`

❸ **It was/They were** + 성격·성질·상태 형용사.
→ **It was** inconvenient, so we bought a new one. `돌발` `가구/가전`
 그것은 편리하지 않아서, 새로운 것을 구매했어요.
→ **It was** cozy, so I loved it. 그것은 아늑해서, 너무 마음에 들었어요. `선택` `해변` `돌발` `가구/가전 | 호텔`
→ **They were** too old, so we could not use them. 그것들은 너무 오래되어서, 사용할 수 없었어요. `돌발` `가구/가전`

Pattern mirroring

❶ 해변: I was _____ , so _____ .

❷ 가족/친구: He/She was _____ because _____ .

❸ 호텔: It was _____ , so _____ .

❹ 가구/가전: They were _____ , so _____ .

Vocabulary

happy 행복한 decide 결정하다 stay 머물다 extra 추가의 surprised 놀란 view 전망 beautiful 아름다운, 예쁜 succeed in ~에 성공하다 project 프로젝트 tired 피곤한 sleep 자다 honest 솔직한 believe 믿다 inconvenient 편리하지 않은 new 새로운 old 오래된 use 사용하다

Pattern 25

They looked ~

주어 + looked + 성격·성질·상태 형용사.

주어는 ~해 보였어요[~처럼 보였어요].

이번 패턴에서는 2형식 동사 look의 과거형 looked와 여러 형용사를 조합하여 과거의 어느 때에 보았던 사람이나 사물의 겉모습을 설명해 봅시다. 현재의 모습과 과거의 모습을 비교할 때 많이 쓰는 패턴입니다.

- **사람 묘사 형용사:** handsome(잘생긴), beautiful(예쁜), happy(행복한), young(어린), nice(멋진), sleepy(졸린), tired(피곤한), sad(슬픈) 등
- **사물 묘사 형용사:** messy(지저분한), smelly(냄새나는), clean(깨끗한), tasty(맛있는), convenient(편리한), cozy(아늑한), comfy(편안한), comfortable(편한) 등

Pattern following

1 **He looked** + 성격·성질·상태 형용사.
→ **He looked** tired, so I helped him. 그가 피곤해 보여서, 제가 그를 도와줬어요. 돌발 가족/친구
→ **He looked** happy, so I was happy too. 그가 행복해 보여서, 저도 행복했어요. 돌발 모임/기념일 | 가족/친구

2 **She looked** + 성격·성질·상태 형용사.
→ **She looked** beautiful, so I had a huge crush on her. 돌발 가족/친구
그녀가 예뻐 보여서, 저는 그녀에게 홀딱 반했어요.
→ **She looked** sleepy, so I cooked for her. 그녀가 졸려 보여서, 제가 그녀를 위해 요리했어요. 돌발 가족/친구

3 **It looked** + 성격·성질·상태 형용사.
→ **It looked** messy, so I had to clean up. 그것은 지저분해 보여서, 제가 청소를 해야 했어요. 돌발 가구/가전
→ **It looked** cozy, so I enjoyed it a lot. 그것은 아늑해 보여서, 저는 많이 즐겼어요. 선택 해변 돌발 호텔

4 **They looked** + 성격·성질·상태 형용사.
→ **They looked** brand new, so I was very happy with the look. 돌발 가구/가전
그것들은 새것처럼 보여서, 저는 외관에 매우 만족했어요.
→ **They looked** clean, so I was very surprised. 그것들이 깨끗해 보여서, 저는 정말 놀랐어요. 선택 집

Pattern mirroring

1 가족/친구: He/She looked _____, so _____.

2 가족/친구: He/She looked _____, so _____.

3 가구/가전: It/They looked _____, so _____.

4 집: It/They looked _____, so _____.

5 호텔: It/They looked _____, so _____.

Vocabulary

look ~처럼 보이다; 겉모습, 외관 help 돕다 have a huge crush on ~에게 홀딱 반하다 cook 요리하다 clean up 청소하다 enjoy 즐기다
brand new 새것의 surprised 놀란

They did ~

P02_U05_PT26

주어 + 동작·상태 동사의 과거형(did/got/had/took).

주어는 ~을 했어요.

사람의 동작이나 사물의 상태를 나타내는 동사 do, get, have, take를 과거 시제로 쓰면 과거의 습관이나 특징을 이야기할 수 있어요.

Pattern following

1 I did/got/had/took ~

→ **I did** nothing at home. 저는 집에서 아무것도 하지 않았어요. 선택 집

→ **I got** goose bumps when I watched their performance. 선택 음악
   그들의 무대를 보았을 때 저는 소름이 돋았어요.

→ **I had** a great time with my family. 저는 가족과 좋은 시간을 보냈어요. 돌발 가족/친구

→ **I took** a lot of pictures when I was there. 저는 그곳에 있을 때 사진을 많이 찍었어요. 선택 음악 | 해외 여행

2 He did/got/had/took ~

→ **He did** tons of things at home. 그는 집에서 많은 것들을 했어요. 돌발 가족/친구

→ **He got** drunk. 그는 술에 취했어요. 선택 술집/바

→ **He had** dinner with me. 그는 저와 저녁 식사를 했어요. 돌발 가족/친구

→ **He took** a shower. 그는 샤워를 했어요. 돌발 가족/친구

3 She did/got/had/took ~

→ **She did** her makeup. 그녀는 화장을 했어요. 돌발 가족/친구

→ **She got** some free time. 그녀는 자유 시간이 생겼어요. 돌발 가족/친구

→ **She had** a job. 그녀는 취직을 했어요. 돌발 가족/친구

→ **She took** a break. 그녀는 휴식을 취했어요. 돌발 가족/친구

4 It did/got/had/took ~

→ **It did** matter. 그것은 중요했어요. 돌발 건강

→ **It got** crowded. 그곳은 사람들로 붐볐어요. 선택 해변

→ **It had** something. 그것은 뭔가 있었어요. 돌발 건강

→ **It took** a long time. 시간이 오래 걸렸어요. 돌발 은행

5 They did/got/had/took ~

→ **They did** a good job. 그들은 정말 잘했어요. 돌발 가족/친구 | 인터넷/동영상

→ **They got** awards. 그들은 상을 받았어요. 돌발 인터넷/동영상

→ **They had** a conversation online. 그들은 온라인으로 대화를 나눴어요. 돌발 인터넷/동영상

→ **They took** me to the doctor. 그들은 저를 의사에게 데려다주었어요. 돌발 가족/친구

1 집:　　저는 / 했어요 / 많은 일들을 / 집에서 (동사 did 사용)

_____.

2 집:　　저는 / 피곤했어요 / 그래서 / 저는 / 취했어요 / 휴식을 / 주말에 (동사 got 사용)

_____.

3 가구/가전: 저는 / 가지고 있었어요 / 다양한 가구와 가전제품을 (동사 had 사용)

_____.

4 공원:　　저는 / 했어요 / 산책을 / 저의 강아지와 함께 / 공원에서 (동사 took 사용)

_____.

5 가족/친구: 저의 어머니는 / 했어요 / 빨래를 / 주말에 (동사 did 사용)

_____.

6 가족/친구: 저의 아버지는 / 마셨어요 / 커피를 / 주말에 (동사 got 사용)

_____.

7 가족/친구: 저의 부모님은 / 있었어요 / 그들의 직업이 (동사 had 사용)

_____.

8 가족/친구: 저의 부모님은 / 들었어요 / 테니스 수업을 / 주말에 / 건강을 위해 (동사 took 사용)

_____.

Vocabulary

nothing 아무것도 goose bumps 소름 watch 보다 performance 무대 have a great time 좋은 시간을 보내다 family 가족 take a picture 사진을 찍다 a lot of 많은 tons of 많은 thing 것, 일 dinner 저녁 식사 take a shower 샤워를 하다 makeup 화장 free time 자유시간 job 직업 break 휴식 do a good job 잘하다 drunk 취한 matter 중요하다. 문제 되다 something 무언가 crowded (사람들로) 붐비는 take (시간이) 걸리다. (누구를) 데리고 가다 a long time 오랜 시간 award 상 have a conversation 대화를 나누다 online 온라인으로 doctor 의사 tired 피곤한 get some rest 휴식을 취하다 on weekends 주말에 various 다양한 type 종류 furniture 가구 home appliance 가전제품 take a walk 산책하다 do the laundry 빨래를 하다 get some coffee 커피를 마시다 take a class 수업을 듣다 tennis 테니스 for one's health 건강을 위해

Filler 05 Anyway / That's it
어쨌든 / 그게 다예요

P02_U05_FL05

이번에 사용할 filler 표현은 답변의 마무리를 짓겠다는 신호와 같습니다. 마무리 문장 앞에 써서 매끄럽게 답변을 끝맺도록 합시다.

Filler following

1 I love coffee shops. (선택 카페)
→ **That's it**. I love coffee shops.
그게 다예요. 저는 커피숍을 좋아해요.

2 I like going to different kinds of bars with my friends. (선택 술집/바)
→ **Anyway**, I like going to different kinds of bars with my friends.
어쨌든, 저는 친구들과 함께 여러 종류의 술집에 가는 것을 좋아해요.

3 It was the best trip for me. (선택 국내 여행)
→ **That's it**. It was the best trip for me.
그게 다예요. 그것이 제게 최고의 여행이었어요.

4 I prefer the furniture now because it is more comfortable. (돌발 가구/가전)
→ **Anyway**, I prefer the furniture now because it is more comfortable.
어쨌든, 저는 지금의 가구가 더 좋아요, 왜냐하면 더 편하기 때문이에요.

5 Fashion has changed a lot. (돌발 패션)
→ **That's it**. Fashion has changed a lot.
그게 다예요. 패션은 많이 변했어요.

6 It is very convenient. (돌발 전화기/기술)
→ **Anyway**, it is very convenient.
어쨌든, 그것은 매우 편리해요.

Filler 표현 사용 TIP (+)

⊘ 마무리 문장과의 연결을 위해 filler의 강세는 올려주세요.
⊘ Anyway, That's it 대신 So나 Therefore도 많이 쓰는 표현이니 상황에 따라 다양하게 써 보세요.
⊘ 그 외 다른 Filler: Filler 01 I think that ~ (p.57 참고), Filler 02 you know / well / also / and (p.75 참고), Filler 03 Wow! It's a very interesting question, Ava! / Oh my god. This is a very difficult question, Ava! (p.96 참고), Filler 04 Actually / Well… OK! (p.120 참고)

Pattern 27

They had to ~

주어 + had to + 동사원형.

주어는 ~해야 했어요.

P02_U05_PT27

이번 패턴에서는 과거에 해야 했던 의무를 조동사 have to의 과거형인 had to(~해야 했다)를 이용하여 표현해 봅시다.

Pattern following

❶ I had to + 동사원형.

→ **I had to** call the company. 저는 회사에 전화해야 했어요. `선택` `집`

→ **I had to** clean my house. 저는 집을 청소해야 했어요. `선택` `집`

❷ She had to + 동사원형.

→ **She had to** visit her family. 그녀는 가족을 방문해야 했어요. `돌발` `가족/친구 | 모임/기념일`

→ **She had to** avoid sugary food. 그녀는 설탕이 든 음식을 피해야 했어요. `돌발` `건강`

❸ He had to + 동사원형.

→ **He had to** make an appointment. 그는 약속을 해야만 했어요. `돌발` `가족/친구 | 약속`

→ **He had to** use the cellphone. 그는 휴대전화를 사용해야 했어요. `돌발` `가족/친구 | 전화기/기술`

❹ We/They had to + 동사원형.

→ **We had to** take a flight to go there. 우리는 그곳에 비행기를 타고 가야 했어요. `선택` `해변 | 호텔`

→ **They had to** visit the bank to take care of their business.
그들은 업무를 보기 위해 은행을 직접 방문해야 했어요. `돌발` `은행`

Pattern mirroring

❶ 집: 저는 / 해야 했어요 / 청소를

_____.

❷ 건강: 그녀는 / 해야 했어요 / 먹는 것을 / 채소를

_____.

❸ 건강: 그는 / 해야 했어요 / 운동을 / 매일매일

_____.

❹ 우리는 / 해야 했어요 / 계단을 이용하는 것을

_____.

Vocabulary

call 전화하다 company 회사 clean 청소하다 house 집 visit 방문하다 family 가족 avoid 피하다 sugary 설탕이 든 make an appointment 약속[예약]을 하다 use 사용하다 cellphone 휴대전화 veggie 채소 work out 운동하다 take the stairs 계단을 이용하다

P02_U05_PT28

Pattern 28

They could/were able to ~

주어 + could + 동사원형.
주어 + was/were able to + 동사원형. 주어는 ~할 수 있었어요.

과거에 가능했던 일을 can의 과거형 could와 be able to의 과거형 was/were able to를 사용하여 '~할 수 있었다'의 의미를 담고 있는 문장으로 표현해 봅시다.

Pattern following

1 I could + 동사원형. / I was able to + 동사원형.
→ I could take a rest because it was my vacation. (선택 집)
→ I was able to take a rest because it was my vacation.
저는 쉴 수 있었어요, 왜냐하면 휴가였기 때문이에요.

2 She could + 동사원형. / She was able to + 동사원형.
→ She could be healthy because she tried to eat healthy. (돌발 건강)
→ She was able to be healthy because she tried to eat healthy.
그녀는 건강할 수 있었어요, 왜냐하면 건강하게 먹으려고 했기 때문이에요.

3 He could + 동사원형. / He was able to + 동사원형.
→ He could work out every day because he was free after work. (돌발 건강)
→ He was able to work out every day because he was free after work.
그는 매일 운동을 할 수 있었어요, 왜냐하면 일이 끝나면 자유였기 때문이에요.

4 They could + 동사원형. / They were able to + 동사원형.
→ They could succeed in their project because they got a lot of information on the Internet.
→ They were able to succeed in their project because they got a lot of information on the Internet. 그들은 프로젝트에 성공할 수 있었어요, 왜냐하면 인터넷에서 정보를 많이 얻었기 때문이에요. (돌발 인터넷/동영상)

Pattern mirroring

1 건강: 저는 / 할 수 있었어요 / 요가를

_____ .

2 가족/친구: 그는 / 할 수 있었어요 / 많은 것들을 / 건강을 위해

_____ .

3 해변: 그들은 / 할 수 있었어요 / 해변에 가는 것을 / 주말에

_____ .

Vocabulary

take a rest 쉬다   vacation 휴가   healthy 건강한   try to do ~하려고 하다   work out 운동하다   free 자유로운   succeed in ~에 성공하다
project 프로젝트   get 얻다   a lot of 많은   information 정보   yoga 요가   clean 청소하다   thing 것   beach 해변   on the weekend 주말에

선택형 주제 출제 유형

사전 설문 조사에서 본인이 선택한 항목들의 Combo Set 두 번째(혹은 세 번째) 문제는 보통 주제에 따른 **과거와 현재를 비교 설명**하라고 질문합니다. 따라서 Combo Set의 첫 번째 현재 시제로 말하기와 두 번째 과거 시제로 말하기를 함께 써서 하나의 답변으로 만들어 봅시다. 참고로, 이 비교 유형의 문제는 시사 문제 Combo Set의 첫 번째(14번) 문제로도 출제됩니다.

선택형 주제의 빈출 문제 Combo Set

집
- 집 묘사
- **어릴 적 집과 현재의 집 비교**
- 집에 변화를 준 경험

카페/커피전문점에 가기
- 좋아하는 카페 묘사
- **과거의 카페와 현재의 카페 비교**
- 카페에서 일어난 기억에 남는 사건

술집/바에 가기
- 좋아하는 술집/바 묘사
- **과거의 술집과 현재의 술집 비교**
- 술집에서 일어난 기억에 남는 사건

해변 가기
- 좋아하는 해변 묘사
- **최근에 해변에 다녀온 경험**
- 해변에서 일어난 기억에 남는 사건

집
- **과거의 집 구조와 현재의 집 구조의 비교** `시사 14번`
- 집 관련 이슈 묘사 `시사 15번`

국내 여행
- **과거의 여행과 현재의 여행 비교** `시사 14번`
- 여행 관련 우려 묘사 `시사 15번`

답변 TIP ➕

- ⊘ 답변은 **과거 → 현재의 순**으로 전개하는 것을 추천해요.
- ⊘ 답변 시작 표현: I think that ○○○ has/have changed a lot.
- ⊘ 과거 설명 시작 표현: when I was young(제가 어릴 적에는), when I was 7 years old(제가 7살 때에는), in the past(과거에는) 등
- ⊘ 현재로 전환되는 지점에는 연결어 but/however와 현재를 나타내는 표현 now, today, these days 등을 함께 사용하여 과거에서 현재로 넘어간다는 신호를 보내 주세요.
- ⊘ 답변 마무리는 마무리 Filler 표현 therefore, so, anyway 등과 함께 답변 시작 표현 또는 핵심 문장을 한 번 더 말하는 것이 좋습니다.

집
Combo Set

— 집 묘사
— **어릴 적 집과 현재의 집 비교**
— 집에 변화를 준 경험

Tell me about the house you lived in when you were young. How was it different from the house you live in now?

당신이 어릴 적 살았던 집에 대해 말해 주세요. 그곳은 지금 사는 집과 어떻게 달랐나요?

Model Answer

When I was young, I lived in a three-bedroom apartment. There was a playground in front of my house, so I used to play there with my friends. I played hide-and-seek, swing, seesaw, and so on. I remember that I was really happy then because I could play after school. It is a precious memory. But now, I live in a high-rise apartment. It is located in Seoul City. Also, there is a park in front of my house. So, I usually go there to take a walk with my puppy. Also, I can work out there as well. Plus, I can enjoy a picnic on weekends with my family. So, these are the differences between the house that I used to live in and the house that I live in now.

제가 어릴 적, 저는 방 3개짜리 아파트에 살았어요. 집 앞에 놀이터가 있어서, 그곳에서 친구들과 놀곤 했어요. 숨바꼭질도 하고, 그네랑 시소 등을 탔어요. 그때 방과 후에 놀 수 있어서 너무 행복했던 것이 기억나요. 그것은 소중한 추억이에요. 하지만 지금은, 고층 아파트에 살아요. 서울시에 위치해 있어요. 게다가, 집 앞에는 공원이 있어요. 그래서, 보통 강아지와 산책하려고 그곳에 가요. 또한, 그곳에서 운동도 할 수 있어요. 주말에는 가족과 소풍도 즐길 수 있어요. 따라서, 이것들이 예전에 살던 집과 지금 사는 집의 다른 점이에요.

My Answer

STEP 01 **Brainstorming**

- 어릴 적 살았던 집 형태
- 그 집의 특징

- 현재 사는 집 형태
- 그 집의 특징

STEP 02 **Make your own story!**

Vocabulary

young 어린　live 살다　three-bedroom 방 3개짜리의　apartment 아파트　playground 놀이터　in front of ~ 앞에　house 집　used to do ~하곤 했다　play 놀다　friend 친구　hide-and-seek 숨바꼭질　swing 그네　seesaw 시소　and so on ~ 등　happy 행복한　then 그때　after school 방과 후에　precious 소중한　memory 추억　high-rise 고층의　park 공원　take a walk 산책하다　work out 운동하다　enjoy 즐기다　picnic 소풍　on weekends 주말에　difference 다른 점, 차이　between ~ 사이에

카페/커피전문점에 가기

P02_U05_QA02

카페/커피전문점에 가기
Combo Set

- 좋아하는 카페 묘사
- **과거의 카페와 현재의 카페 비교**
- 카페에서 일어난 기억에 남는 사건

Tell me about the cafés in the past. How have they changed?

과거의 카페에 대해 말해 주세요. 그곳은(카페는) 어떻게 변했나요?

Model Answer

In the past, my favorite café was The Coffee Bean. I was into The Coffee Bean because it made me feel relaxed. Also, I liked going there because I could get there easily. It was very close to my home. The best thing about that place was that I could stay there for a long time because it was not crowded. I didn't like noise, so I went there. I did my homework, work, and so on. Furthermore, I was able to do tons of other things there. But now, I like various coffee shops where the places are very well designed. The coffee shops are very beautiful these days, so a lot of people visit them to take pictures, have chats, and enjoy the atmosphere. Anyway, I love coffee shops.

과거에, 제가 가장 좋아했던 카페는 커피빈이었어요. 저는 커피빈에 푹 빠져 있었어요, 왜냐하면 제가 편안한 기분이 들도록 만들어 주었기 때문이에요. 또한, 그곳에 가는 걸 좋아했어요, 왜냐하면 쉽게 갈 수 있었기 때문이에요. 그곳은 저희 집과 매우 가까웠어요. 그곳의 가장 좋았던 점은 오랜 시간 동안 머무를 수 있었던 점이에요, 왜냐하면 사람들로 붐비지 않았거든요. 저는 시끄러운 걸 좋아하지 않아서, 그곳에 갔어요. 저는 과제, 일 등을 했어요. 게다가, 그곳에서 전 다른 많은 것들을 할 수 있었어요. 하지만 지금은, 정말 잘 꾸며진 다양한 커피숍을 좋아해요. 요즘 커피숍들은 매우 예뻐서, 많은 사람들은 사진을 찍고 대화를 하고 분위기를 즐기기 위해 그곳에 가요. 아무튼, 저는 커피숍이 좋아요.

My Answer

STEP 01 **Brainstorming**

- 과거 좋아했던 카페
- 그 카페를 좋아했던 이유
- 그 카페의 가장 좋았던 점
- 그 카페에서 했던 일

- 현재 좋아하는 카페
- 그 카페를 좋아하는 이유
- 그 카페의 가장 좋은 점
- 그 카페에서 하는 일

STEP 02 **Make your own story!**

Vocabulary

in the past 과거에 relaxed 느긋한, 편안한 easily 쉽게 close to ~에 가까운 stay 머무르다 for a long time 오랫동안 crowded (사람들로) 붐비는, 복잡한 noise 소음 homework 과제 work 일 and so on ~ 등 furthermore 뿐만 아니라, 더욱 tons of 많은 other 다른 thing 것 various 다양한 well designed 잘 꾸며진 beautiful 아름다운 these days 요즘 a lot of 많은 visit 방문하다 take pictures 사진을 찍다 have chats 수다를 떨다 enjoy 즐기다 atmosphere 분위기

술집/바에 가기

P02_U05_QA03

술집/바에 가기
Combo Set
- 좋아하는 술집/바 묘사
- **과거의 술집과 현재의 술집 비교**
- 술집에서 일어난 기억에 남는 사건

Think about the bar you used to go to. How has it changed over the years?

당신이 갔던 술집을 떠올려 보세요. 그곳은(술집은) 세월이 흐르면서 어떻게 변했나요?

Model Answer

In the past, my favorite bar was a local pub. I was into drinking beer because it made me excited. Also, I liked going to the local pub because I could drink domestic beer. It was very close to my house. The best thing about the local pub was that I could drink for a long time because I was a regular there. I didn't like drinking too fast, so I liked drinking slowly and talking with my friends for a long time when I was there. I was able to relieve stress there. But now, I like various bars like Korean bars, wine bars, and so on. The bars are very beautiful these days, and we can listen to various types of music as well. So, I like going to different kinds of bars with my friends.

과거에, 제가 가장 좋아했던 술집은 동네 술집이었어요. 저는 맥주 마시는 것에 푹 빠져 있었어요, 왜냐하면 절 신나게 만들어 주었기 때문이에요. 또한, 동네 술집에 가는 걸 좋아했어요, 왜냐하면 국산 맥주를 마실 수 있었기 때문이에요. 그곳은 저희 집과 매우 가까웠어요. 그 술집의 가장 좋았던 점은 오랜 시간 동안 술을 마실 수 있었던 점이에요, 왜냐하면 전 그곳의 단골이었거든요. 저는 술을 급하게 마시는 것을 좋아하지 않아서, 그곳에 있을 때면 술을 천천히 마시면서 오랜 시간 동안 친구들과 이야기를 나누는 걸 즐겼어요. 저는 그곳에서 스트레스를 해소할 수 있었어요. 하지만 지금은, 한국식 술집, 와인 바 등과 같은 다양한 술집을 좋아해요. 요즘 술집은 너무 멋지고, 다양한 음악도 들을 수 있어요. 그래서, 저는 친구들과 여러 종류의 술집에 가는 것을 좋아해요.

My Answer

STEP 01 Brainstorming

- 과거 좋아했던 술집
- 그 술집을 좋아했던 이유
- 그 술집의 가장 좋았던 점
- 그 술집에서 했던 일

- 현재 좋아하는 술집
- 그 술집을 좋아하는 이유
- 그 술집의 가장 좋은 점
- 그 술집에서 하는 일

STEP 02 Make your own story!

Vocabulary

in the past 과거에 local 지역의, 동네의 pub 술집 drink 마시다 beer 맥주 excited 신이 난 go to+장소 ~에 가다 domestic 국내의 close to ~에 가까운 for a long time 오랫동안 regular 단골손님 fast 빨리 talk 이야기하다 relieve 해소하다 stress 스트레스 various 다양한, 여러 가지의 and so on ~ 등 beautiful 아름다운, 멋진 these days 요즘 listen to ~을 듣다 type 종류 as well ~도, 또한 different 여러 가지의 kind 종류

해변 가기

P02_U05_QA04

해변 가기
Combo Set

- 좋아하는 해변 묘사
- **최근에 해변에 다녀온 경험**
- 해변에서 일어난 기억에 남는 사건

Think about the last time when you went to a beach. What happened?

당신이 마지막으로 해변에 다녀온 때를 떠올려 보세요. 무슨 일이 있었나요?

Model Answer

I went to the beach with my family when I was 10 years old. We went to 애월 Beach located in Jeju Island. It was a little far from Seoul City, but it was very well known. So, we had to take a flight to go there. Also, I was really happy because we stayed at a beachside hotel. It was so cozy. I did tons of things there. I swam in the ocean, played in the sand with my sister, and took a lot of pictures. I was able to make special memories. Anyway, it was the best trip for me.

제가 10살 때 가족과 함께 해변에 갔어요. 제주도에 위치해 있는 애월 해변에 다녀왔어요. 서울에서는 조금 멀었는데, 아주 잘 알려진 곳이었어요. 그래서, 그곳에 비행기를 타고 갔어야 했어요. 또한 저는 너무 행복했어요, 왜냐하면 해변가의 호텔에 머물렀기 때문이에요. 너무 아늑했어요. 그곳에서 많은 것들을 했어요. 저는 바다에서 수영도 하고, 언니와 모래에서 놀기도 하고, 사진도 많이 찍었어요. 특별한 추억을 만들 수 있었어요. 아무튼, 그것은 제게 최고의 여행이었어요.

My Answer

STEP 01 **Brainstorming**

- 과거 다녀온 해변
- 그 해변의 위치
- 그 해변에 간 방법
- 그 해변에서 한 일
- 그 경험에 대한 나의 느낌

STEP 02 **Make your own story!**

Vocabulary

go to+장소 ～에 가다(go-went-gone) beach 해변 family 가족 located in ～에 위치해 있는 a little 조금 far 먼 well known 잘 알려진 flight 비행기 happy 행복한 stay 머무르다 beachside hotel 해변가의 호텔 cozy 아늑한 tons of 많은 thing 것 swim 수영하다(swim-swam-swum) ocean 바다 sand 모래 sister 여자형제 take a picture 사진을 찍다 a lot of 많은 special 특별한 memory 추억 trip 여행

집
Combo Set

┌ 과거의 집 구조와 현재의 집 구조의 비교 `시사 14번`

└ 집 관련 이슈 묘사 `시사 15번`

How has the style of homes changed over the years? Are there any differences?
세월이 흐르면서 집의 스타일은 어떻게 변했나요? 다른 점이 있나요?

Model Answer

I think that apartment buildings have changed a lot. They are taller than before. When I was young, the buildings were not that tall. They were just 5 to 10 floors high, so they looked short. Some buildings did not even have an elevator. We had to take the stairs. That is the reason why we were able to call our friends by shouting outside easily. However, apartment buildings are so high these days. They are more than 30 floors high. Most apartments have an elevator to go up and down. I think it is impossible to go up the stairs anymore. Therefore, apartment buildings have changed a lot. ──> 마무리 Filler 표현과 함께 한 번 더!

제 생각엔 아파트 건물들이 많이 변한 것 같아요. 건물들이 전보다 더욱 높아요. 제가 어렸을 적에는, 건물들이 그다지 높지 않았어요. 5층에서 10층 정도의 높이여서, 작아 보였었죠. 심지어 몇몇 건물들은 엘리베이터가 없었어요. 계단을 이용해야 했어요. 그래서 밖에서 쉽게 큰 소리로 외쳐 친구를 부를 수 있었어요. 하지만, 요즘에는 아파트 건물들이 꽤 높아요. 30층이 넘어요. 대부분의 아파트에는 오르내리는 엘리베이터가 있어요. 제 생각엔 더 이상 계단으로 올라가는 것이 불가능한 것 같아요. 따라서, 아파트 건물들이 많이 변했어요.

My Answer

STEP 01 Brainstorming

● 과거 집의 구조

● 현재 집의 구조

● 과거 집의 특징

● 현재 집의 특징

STEP 02 Make your own story!

_____

_____

_____

_____

_____

_____

_____

Vocabulary

apartment building 아파트 건물　change 변하다　a lot 많이　tall 키가 큰, 높은(tall-taller-tallest)　young 어린　floor 층　high 높이가 ~인 short 키가 작은　elevator 엘리베이터　take the stairs 계단을 이용하다　call 부르다　by V-ing ~함으로써　shout 소리치다, 큰 소리로 부르다 outside 밖에서　easily 쉽게　these days 요즘　more than ~이상　most 대부분의　go up and down 오르내리다　impossible 불가능한　go up the stairs 계단을 오르다　anymore 더 이상

국내 여행

P02_U05_QA06

국내 여행 Combo Set
- 과거의 여행과 현재의 여행 비교 〈시사 14번〉
- 여행 관련 우려 묘사 〈시사 15번〉

Compare traveling in the past and now. How is traveling today different compared to the past?

과거의 여행과 현재의 여행을 비교해 보세요. 현재의 여행은 과거와 비교하여 어떻게 다른가요?

Model Answer

I think that traveling has changed a lot. It is faster than before. When I was young, transportation was not that fast. It took more than 5 hours to go to another city by train, so it was very difficult. And we did not have various ways to travel. We had to take ordinary trains. Also, plane tickets were too expensive in the past. But now, we have a high-speed train called KTX, and the plane tickets are more reasonable than before. That is the reason why it's easier traveling now than in the past. Therefore, I think that traveling has changed a lot. ✎ ➡ 마무리 Filler 표현과 함께 한 번 더!

제 생각엔 여행이 많이 변한 것 같아요. 전보다 더욱 빨라요. 제가 어릴 적, 교통은 그렇게 빠르지 않았어요. 다른 도시로 기차를 타고 가면 5시간이 넘게 걸리기도 해서, 여행이 너무 힘들었어요. 그리고 여행 가기 위한 다양한 방법들이 없었어요. 보통의 기차를 타야 했어요. 또한, 비행기 표가 과거에는 아주 비쌌어요. 하지만 지금은, KTX라는 이름의 고속 열차도 생겼고, 비행기 표도 전보다 가격이 더 합리적이에요. 이러한 이유로 오늘날 여행하는 것은 과거보다 더 쉬워요. 따라서, 제 생각에는 여행이 많이 변한 것 같아요.

My Answer

STEP 01 Brainstorming

- 과거 여행의 모습
- 현재 여행의 모습

- 과거 여행의 특징
- 현재 여행의 특징

STEP 02 Make your own story!

돌발형 주제 출제 유형

사전 설문 조사에서 선택을 하지 않아도 출제되는 돌발형 주제의 Combo Set 두 번째(혹은 세 번째) 문제는 보통 주제에 따른 **과거와 현재를 비교 설명**하라고 질문합니다. 따라서 **Combo Set의 첫 번째 현재 시제로 말하기와 두 번째 과거 시제로 말하기를 함께 써서** 하나의 답변으로 만들어 봅시다. 참고로, 이 비교 유형의 문제는 시사 문제 Combo Set의 첫 번째(14번) 문제로도 출제됩니다.

돌발형 주제의 빈출 문제 Combo Set

가구/가전
- 집에 있는 가구/가전 묘사
- **과거의 가구/가전과 현재의 가구/가전 비교**
- 가구/가전에 문제 생긴 경험

패션
- 우리나라의 패션 묘사
- 쇼핑하는 방법 묘사
- **과거의 패션과 현재의 패션 비교**

전화기/기술
- 사람들이 사용하는 전화기/기술 묘사
- 본인이 사용하는 전화기/기술 묘사
- **과거의 전화기/기술과 현재의 전화기/기술 비교**

호텔
- 우리나라의 호텔 묘사
- **최근에 호텔에 다녀온 경험**
- 호텔에서 일어난 기억에 남는 사건

답변 TIP

⊘ 답변은 **과거 → 현재의 순**으로 전개하는 것을 추천해요.
⊘ 답변 시작 표현: I think that ○○○ has/have changed a lot.
⊘ 과거 설명 시작 표현: when I was young(제가 어릴 적에는), when I was 7 years old(제가 7살 때에는), in the past(과거에는) 등
⊘ 현재로 전환되는 지점에는 연결어 but/however와 현재를 나타내는 표현 now, today, these days 등을 함께 사용하여 과거에서 현재로 넘어간다는 신호를 보내 주세요.
⊘ 답변 마무리는 마무리 Filler 표현 therefore, so, anyway 등과 함께 답변 시작 표현 또는 핵심 문장을 한 번 더 말하는 것이 좋습니다.

가구/가전

P02_U05_QA07

가구/가전
Combo Set
- 집에 있는 가구/가전 묘사
- **과거의 가구/가전과 현재의 가구/가전 비교**
- 가구/가전에 문제 생긴 경험

How has furniture changed? How was it in the past, and how is it now?

가구는 어떻게 변했나요? 그것은(가구는) 과거에는 어땠고 지금은 어떤가요?

Model Answer

Of course! Furniture styles have changed a lot. When I was young, we had to sit on the floor to have meals. So, we sat cross-legged on the floor. That's the reason why we used the kitchen table, which was a folding table. It looked short. We were able to fold and unfold it. But now, we have a modern-style kitchen table, so we are able to sit on a chair at the table and have meals. Also, there are more colors than in the past. Anyway, I prefer the furniture now because it is more comfortable.

당연하죠! 가구의 스타일은 많이 변했어요. 제가 어릴 적, 우리는 바닥에 앉아서 식사를 해야 했어요. 그래서, 바닥에 책상다리를 하고 앉았어요. 이러한 이유 때문에 우리는 접이식 상인 밥상을 사용했어요. 짧아 보였어요. 우리는 상을 접었다가 폈다가 할 수 있었죠. 하지만 지금은, 현대식의 식탁이 있어서, 식탁 의자에 앉아서 식사를 할 수 있어요. 또한, 과거보다 더 많은 색상이 생겼어요. 어쨌든, 저는 지금의 가구가 더 좋아요. 왜냐하면 더 편하기 때문이에요.

My Answer

STEP 01 **Brainstorming**

- 과거 가구/가전의 모습
- 과거 가구/가전의 특징
- 현재 가구/가전의 모습
- 현재 가구/가전의 특징

STEP 02 **Make your own story!**

Vocabulary

furniture 가구 style 스타일 change 변하다 a lot 많이 young 어린 sit 앉다 floor 바닥 meal 식사 cross-legged 다리를 포갠, 책상다리를 한 kitchen table 식탁, 밥상 folding table 접이식 상 short 짧은 fold 접다 unfold 펴다 modern-style 현대식의 chair 의자 color 색 in the past 과거에 prefer 선호하다, 더 좋아하다 comfortable 편안한

 돌발형 주제 **패션**

P02_U05_QA08

패션 Combo Set
- 우리나라의 패션 묘사
- 쇼핑하는 방법 묘사
- **과거의 패션과 현재의 패션 비교**

Fashion has changed a lot. How has it changed?
패션이 많이 변했습니다. 그것은(패션은) 어떻게 변했나요?

Model Answer

Fashion has changed a lot. In the past, we were able to wear clothes that were no-brand. So, we could buy clothes which had plain designs. They looked simple. But now, there are various brands, so we have a lot of options to choose from. For example, we have sports brands like Nike, Adidas, and so on. Also, we have luxury brands like Chanel, Dior, and so on. Therefore, fashion has changed a lot. ○→ 마무리 Filler 표현과 함께 한 번 더!

패션은 많이 변했습니다. 과거에는, 브랜드가 없는 옷들을 입을 수 있었어요. 그래서, 우리는 평범한 디자인의 옷들을 살 수 있었죠. 단순해 보였어요. 하지만 지금은, 다양한 브랜드가 있어서, 고를 수 있는 선택지가 굉장히 많아요. 예를 들어, 나이키, 아디다스 등과 같은 스포츠 브랜드가 있어요. 또한, 샤넬, 디올 등과 같은 명품 브랜드도 있어요. 따라서, 패션은 많이 변했습니다.

My Answer

STEP **01 Brainstorming**

- 과거 패션의 모습
- 현재 패션의 모습
- 과거 패션의 특징
- 현재 패션의 특징

STEP **02 Make your own story!**

_____

_____

_____

_____

_____

_____

_____

Vocabulary

fashion 패션 change 변하다 a lot 많이 in the past 과거에는 wear 입다, 착용하다 clothes 옷 no-brand 브랜드가 없는 buy 구매하다 plain 평범한 design 디자인 simple 단순한 various 다양한 brand 브랜드, 상표 choose 선택하다 a lot of 많은 option 선택권 for example 예를 들어 and so on ~ 등 luxury brand 명품 브랜드

전화기/기술
Combo Set
- 사람들이 사용하는 전화기/기술 묘사
- 본인이 사용하는 전화기/기술 묘사
- **과거의 전화기/기술과 현재의 전화기/기술 비교**

How has technology changed over the years? What was it like when you were younger? How was it different from today?

세월이 흐르면서 기술이 어떻게 변했나요? 당신이 어릴 적에 그것은(기술은) 어땠나요? 지금과는 어떻게 달랐나요?

Model Answer

I think that technology has changed a lot. In the past, people used just cellphones. The worst thing about the cellphones in Korea was that we could make phone calls and send text messages only. We did just two things at that time. It was inconvenient. That is the reason why we had to use the computer to get access to the Internet. But now, we have smartphones. The best thing about the smartphone is that we can get access to the Internet. Also, we can do a lot of things with smartphones. For example, we have chats, listen to music, watch video clips, do online shopping, and so on. It is very convenient.

제 생각엔 기술은 많이 변한 것 같아요. 과거에는, 사람들이 그저 휴대전화를 사용했어요. 한국 휴대전화의 가장 안 좋았던 점은 전화를 걸고 문자 메시지를 보내는 것만 할 수 있었던 점이었어요. 우리는 당시 단 두 가지만 했어요. 편리하지는 않았어요. 이러한 이유 때문에 우리는 인터넷에 접속하기 위해 컴퓨터를 이용해야 했어요. 하지만 지금은, 스마트폰이 있어요. 스마트폰의 가장 좋은 점은 인터넷에 접속할 수 있다는 점이에요. 또한, 스마트폰으로 많은 것들을 할 수 있어요. 예를 들어, 대화를 나누고, 음악을 듣고, 동영상을 보고, 온라인 쇼핑을 하는 등등이에요. 굉장히 편리해요.

My Answer

STEP 01 **Brainstorming**

- 과거 전화기/기술의 모습
- 현재 전화기/기술의 모습

- 과거 전화기/기술의 가장 좋았던/안 좋았던 점
- 현재 전화기/기술의 가장 좋은/안 좋은 점

STEP 02 **Make your own story!**

Vocabulary

technology 기술 change 변하다 a lot 많이 in the past 과거에는 use 사용하다 cellphone 전화기 make phone calls 전화를 걸다 send 보내다 text message 문자 메시지 only 오직, ~만 thing 것, 일 at that time 그 당시에 inconvenient 불편한 computer 컴퓨터 get access to ~에 접속하다 Internet 인터넷 smartphone 스마트폰 a lot of 많은 for example 예를 들어 have chats 대화하다 listen to ~을 듣다 music 음악 watch 보다 video clip 동영상 online shopping 온라인 쇼핑 and so on ~ 등 convenient 편리한

 돌발형 주제 **호텔**

P02_U05_QA10

 호텔
Combo Set

- 우리나라의 호텔 묘사
- **최근에 호텔에 다녀온 경험**
- 호텔에서 일어난 기억에 남는 사건

Tell me about the last time you went to a hotel. Where did you go? What did you do there?

당신이 마지막으로 호텔에 다녀온 때에 대해 말해 주세요. 어디를 갔나요? 그곳에서 무엇을 했나요?

> **TIP** 출제 비율이 상대적으로 낮은 돌발형 주제는 비슷한 주제끼리 동일한 답변을 준비해도 좋습니다.
> # 해변 – 최근에 해변에 다녀온 경험

Model Answer

I went to the beach with my family when I was 10 years old. We went to 애월 Beach located in Jeju Island. It was a little far from Seoul City, but it was very well known. So, we had to take a flight to go there. Also, I was really happy because we stayed at a beachside hotel. It was so cozy. The view was wonderful. I could not believe my eyes. I did tons of things there. I swam in the ocean, played in the sand with my sister, and took a lot of pictures. I was able to make special memories. Anyway, it was the best trip for me.

제가 10살 때 가족과 함께 해변에 갔어요. 제주도에 위치해 있는 애월 해변에 다녀왔어요. 서울에서는 조금 멀었는데, 아주 잘 알려진 곳이었어요. 그래서, 그곳에 비행기를 타고 갔어야 했어요. 또한 저는 너무 행복했어요. 왜냐하면 해변가의 호텔에 머물렀기 때문이에요. 너무 아늑했어요. 전망이 멋졌어요. 제 눈을 의심했어요. 그곳에서 많은 것들을 했어요. 저는 바다에서 수영도 하고, 언니와 모래에서 놀기도 하고, 사진도 많이 찍었어요. 특별한 추억을 만들 수 있었어요. 아무튼, 그것은 제게 최고의 여행이었어요.

My Answer

STEP 01 Brainstorming

- 과거 다녀온 호텔
- 그 호텔의 위치
- 그 호텔에 간 방법
- 그 호텔에서 한 일
- 그 경험에 대한 나의 느낌

STEP 02 Make your own story!

_____

_____

_____

_____

Vocabulary

go to+장소 ~에 가다(go-went-gone) beach 해변 family 가족 located in ~에 위치해 있는 a little 조금 far 먼 well known 잘 알려진 flight 비행기 happy 행복한 stay 머무르다 beachside hotel 해변가의 호텔 cozy 아늑한 view 전망 wonderful 멋진 believe 믿다 tons of 많은 thing 것, 일 swim 수영하다(swim-swam-swum) ocean 바다 sand 모래 sister 여자형제 take a picture 사진을 찍다 a lot of 많은 special 특별한 memory 추억 best 최고의(good-better-best) trip 여행

There was ~
~가 있었어요

어느 장소의 과거 모습을 묘사하는 총 3가지 패턴을 살펴봅시다. 이 Unit을 통해 Combo Set의 두 번째(혹은 세 번째) 문제 중 좋아했던 장소, 자주 방문했던 장소와 요즘 좋아하는 장소, 자주 방문하는 장소 등을 과거 시제와 현재 시제를 사용하여 더 상세히 비교하는 답변을 만들 수 있습니다. 장소 묘사와 동시에 본인이 느꼈던 감정 또한 과거 시제로 표현하며 회상해 보세요.

Unit 06의 Pattern 몰아 보기

Q Think about the last time you went to a park. What happened?

A I went to the park with my family and puppy last Saturday. We went to the park `Pattern 30` **located near** our house. There we took walks and rode bikes. Also, `Pattern 29` **there was** outdoor exercise equipment, so my parents worked out using that equipment. I could enjoy the trees, flowers, and fresh air as well. I was very excited, so I took a lot of pictures of our family. I think that I got an all-time favorite picture of our family there. The best thing about the park was that the weather was perfect for walks because it is fall in Korea. I was very happy. I hope to go again.

빈출문제 미리보기

사전 설문 조사에서 '술집/바에 가기', '카페/커피전문점에 가기' 등을 선택하였다면, 주제별 두 번째(혹은 세 번째) 문제는 보통 다음과 같은 문제가 출제됩니다.

선택형 주제 > 술집/바에 가기
- 과거의 술집과 현재의 술집 비교 `최다 빈출`
- 술집에서 일어난 기억에 남는 사건

선택형 주제 > 카페/커피전문점에 가기
- 과거의 카페와 현재의 카페 비교 `최다 빈출`
- 카페에서 일어난 기억에 남는 사건

선택형 주제 > 공원 가기
- 최근에 공원에 다녀온 경험 `최다 빈출`
- 공원에서 일어난 기억에 남는 사건

돌발형 주제 > 교통
- 과거의 교통과 현재의 교통 비교

돌발형 주제 > 인터넷/동영상
- 과거의 인터넷 사용과 현재의 인터넷 사용 비교

시험 공략 TIP (+)
- ⊘ 한 장소의 과거와 현재 모습을 비교하는 답변에서는 정확한 시제 사용이 중요합니다. 과거의 모습을 설명할 때는 과거 시제로, 현재의 모습을 설명할 때는 현재 시제로 반드시 구분 지어 답변을 전개해 보세요.
- ⊘ 본인의 감정도 과거 시제로 표현을 해준다면 과거 본인의 감정 표현을 회상할 수 있다는 능력을 보여 줄 수 있어요.

There was/were ~

P02_U06_PT29

There was + 단수 명사. / There were + 복수 명사.

~가 있었어요.

과거의 장소를 자세히 묘사할 때 '~가 있었다'라는 소개로 시작할 수 있습니다. There was/were 패턴을 사용하여 단수 명사와 복수 명사를 올바르게 구분하여 문장 구사를 해 보세요.

Pattern following

① **There was** + 단수 명사.
→ **There was** a playground in front of my apartment. 선택 집│공원
저희 아파트 앞에 놀이터가 있었어요.

→ **There was** a folding table. 선택 집 돌발 가구/가전
접이식 상이 있었어요.

→ **There was** no smartphone in the past. 돌발 은행│전화기/기술
과거에는 스마트폰이 없었어요.

② **There were** + 복수 명사.
→ **There were** a lot of children in the playground. 선택 집│공원
놀이터에 많은 아이들이 있었어요.

→ **There were** various types of furniture and home appliances in my house. 선택 집
저희 집에는 다양한 종류의 가구와 가전제품들이 있었어요.

→ **There were** bars that served domestic beer only. 선택 술집/바
오직 국산 맥주만 판매하는 술집들이 있었어요.

Pattern mirroring

① 집: There was/were _____.

② 공원: There was/were _____.

③ 카페: There was/were _____.

④ 가구/가전: There was/were _____.

Vocabulary

playground 놀이터 in front of ~ 앞에 apartment 아파트 folding table 접이식 상[테이블] smartphone 스마트폰 in the past 과거에는 a lot of 많은 children 아이들(child의 복수형) various 다양한 type 종류 furniture 가구 home appliance 가전제품 serve 제공하다, 차려내다 domestic 국산의 beer 맥주 only 오직, ~만

Pattern 30

was/were located in/near ~

주어 + was/were located in/near + 위치.
주어는 ～에/～근처에 위치해 있었어요.

어느 사물, 장소의 과거 위치를 설명할 때 be located in/near의 과거형을 사용해 보세요. located 뒤에는 in, near 외에도 다른 전치사 at, on, between, in front of, next to, by, beside 등을 쓸 수 있습니다.

Pattern following

① 단수 주어 + **was located in/near** + 위치.
→ It **was located near** my house. `선택` `공원 | 카페 | 술집/바`
그것은 저희 집 근처에 위치해 있었어요.

→ It **was located in** a city called Seoul. `선택` `카페 | 술집/바` `돌발` `음식점`
그곳은 서울이라는 도시에 위치해 있었어요.

→ This coffee shop **was located in front of** my house. `선택` `카페`
이 커피숍은 저희 집 앞에 위치해 있었어요.

② 복수 주어 + **were located in/near** + 위치.
→ The banks **were located in** the financial district. `돌발` `은행`
은행들은 금융 지구에 위치해 있었어요.

→ The hotels **were located near** subway stations. `돌발` `호텔`
호텔들은 지하철역 근처에 위치해 있었어요.

→ The bars **were located near** universities. `선택` `술집/바`
술집들은 대학교 근처에 위치해 있었어요.

Pattern mirroring

① 술집/바: _____ was/were located in/near _____.

② 해변: _____ was/were located in/near _____.

③ 은행: _____ was/were located in/near _____.

④ 음식점: _____ was/were located in/near _____.

Vocabulary

city 도시 called ～라는 (이름의) coffee shop 커피숍 in front of ～ 앞에 financial 금융의 district 지구, 지역 subway station 지하철역
university 대학교

선택형 주제 출제 유형

사전 설문 조사에서 본인이 선택한 항목들의 Combo Set 두 번째(혹은 세 번째) 문제는 보통 주제에 따른 **과거와 현재를 비교 설명**하라고 질문합니다. 따라서 **Combo Set의 첫 번째 현재 시제로 말하기와 두 번째 과거 시제로 말하기를 함께 써서** 하나의 답변으로 만들어 봅시다. 참고로, 이 비교 유형의 문제는 시사 문제 Combo Set의 첫 번째(14번) 문제로도 출제됩니다.

선택형 주제의 빈출 문제 Combo Set

집
- 집 묘사
- **어릴 적 집과 현재의 집 비교**
- 집에 변화를 준 경험

카페/커피전문점에 가기
- 좋아하는 카페 묘사
- **과거의 카페와 현재의 카페 비교**
- 카페에서 일어난 기억에 남는 사건

술집/바에 가기
- 좋아하는 술집/바 묘사
- **과거의 술집과 현재의 술집 비교**
- 술집에서 일어난 기억에 남는 사건

공원 가기
- 좋아하는 공원 묘사
- **최근에 공원에 다녀온 경험**
- 공원에서 일어난 기억에 남는 사건

해변 가기
- 좋아하는 해변 묘사
- **최근에 해변에 다녀온 경험**
- 해변에서 일어난 기억에 남는 사건

해외 여행
- 다녀온 해외 여행지 묘사
- **어릴 적 다녀온 해외여행 경험**
- 해외여행 중 일어난 기억에 남는 사건

답변 TIP +

⊘ 답변은 **과거 → 현재**의 순으로 전개하는 것을 추천해요.

⊘ 답변 시작 표현: I think that ◯◯◯ has/have changed a lot.

⊘ 과거 설명 시작 표현: when I was young(제가 어릴 적에는), when I was 7 years old(제가 7살 때에는), in the past(과거에는) 등

⊘ 현재로 전환되는 지점에는 연결어 but/however와 현재를 나타내는 표현 now, today, these days 등을 함께 사용하여 과거에서 현재로 넘어간다는 신호를 보내 주세요.

⊘ 답변 마무리는 마무리 Filler 표현 therefore, so, anyway 등과 함께 답변 시작 표현 또는 핵심 문장을 한 번 더 말하는 것이 좋습니다.

집
Combo Set
- 집 묘사
- **어릴 적 집과 현재의 집 비교**
- 집에 변화를 준 경험

Tell me about the house you lived in when you were young. How was it different from the house you live in now?

당신이 어릴 적 살았던 집에 대해 말해 주세요. 그곳은 지금 사는 집과 어떻게 달랐나요?

Model Answer

Well... OK! When I was young, I lived in a three-bedroom apartment. There was a playground in front of my house where I could play with my friends after school. So, I used to play there all the time. I played hide-and-seek, swing, and seesaw and made something special with sand. I was very happy then, so I have a lot of special memories of that place. But now, I'm living in a four-bedroom apartment, and it is a high-rise apartment. Plus, there is a park near my house. So, I can take a walk, ride a bike, work out, and enjoy some fresh air. Anyway, I prefer the house I live in now.

음… 재 제가 어릴 적, 방 3개짜리 아파트에 살았어요. 집 앞에는 친구들과 방과 후에 놀 수 있던 놀이터가 있었어요. 그래서, 항상 그곳에서 놀곤 했어요. 숨바꼭질도 하고, 그네랑 시소도 타고, 모래로 특별한 것도 만들었어요. 그때 너무 행복해서, 그 장소에 대한 특별한 추억이 많이 있어요. 하지만 지금은, 방 4개짜리 아파트에 살고 있고, 고층 아파트예요. 게다가, 집 근처에는 공원이 있어요. 그래서, 산책도 하고, 자전거도 타고, 운동도 하고, 신선한 공기도 즐길 수 있어요. 어쨌든, 저는 지금 살고 있는 집이 더 좋아요.

My Answer

STEP 01 Brainstorming

- 과거 살았던 집의 모습
- 과거 집의 특징

- 현재 사는 집의 모습
- 현재 집의 특징

STEP 02 Make your own story!

Vocabulary

young 어린 live 살다 three-bedroom 방 3개짜리의 apartment 아파트 playground 놀이터 in front of ～ 앞에 house 집 play 놀다 friend 친구 after school 방과 후에 used to do ～하곤 했다 all the time 항상 hide-and-seek 숨바꼭질 seesaw 시소 something 무언가, 어떤 것 special 특별한 sand 모래 happy 행복한 then 그때 a lot of 많은 memory 추억 place 장소 high-rise 고층의 park 공원 near ～ 근처에 take a walk 산책하다 ride a bike 자전거를 타다 work out 운동하다 enjoy 즐기다 fresh 새로운 air 공기 prefer 선호하다, 더 좋아하다

카페/커피전문점에 가기

P02_U06_QA02

카페/커피전문점에 가기
Combo Set
- 좋아하는 카페 묘사
- **과거의 카페와 현재의 카페 비교**
- 카페에서 일어난 기억에 남는 사건

Tell me about the cafés in the past. How have they changed?

과거의 카페에 대해 말해 주세요. 그곳은(카페는) 어떻게 변했나요?

TIP 시대의 흐름에 따라 비슷한 변화를 겪는 주제들은 같은 이야기를 사용하여 답변할 수 있습니다.
\# 술집/바 – 과거의 술집과 현재의 술집 비교

Model Answer

I think that cafés have changed a lot. In the past, there were many people at the cafés. They were talking with others and having gatherings as well. We were able to spend time with more than 5 people at that time. But now, it is different due to COVID-19. People are not that noisy like before because they try to talk quietly, and they wear masks while they are talking. We must wear masks except during eating time. Also, we have to keep our distance from other people to avoid the spread of COVID-19. That is the reason why we try to gather in groups of less than 5 people these days. I think that COVID-19 brought a lot of changes in the world. Therefore, cafés have changed a lot. ➔ 마무리 Filler 표현과 함께 한 번 더!

제 생각엔 카페가 많이 변한 것 같아요. 과거에는, 카페에는 많은 사람들이 있었어요. 그들은 다른 사람들과 대화도 나누고 모임도 가졌어요. 그때 우리는 5명 이상의 사람들과도 시간을 보낼 수 있었습니다. 하지만 지금은, 코로나바이러스로 인해 달라졌어요. 사람들은 예전처럼 시끄럽지 않아요. 왜냐하면 조용히 이야기를 하려 하고 이야기할 때는 마스크를 착용하기 때문이에요. 우리는 먹는 시간을 제외하고는 마스크를 꼭 착용해야 합니다. 또한, 코로나바이러스의 확산을 방지하기 위하여 다른 사람들과 거리를 지켜야 하기도 합니다. 이러한 이유로 요즘 우리는 5명 미만의 인원으로 모이려고 노력합니다. 제 생각에는 코로나바이러스가 세상에 정말 큰 변화를 가져다준 것 같아요. 따라서, 카페가 많이 변했어요.

My Answer

STEP 01 Brainstorming

- 과거 카페의 모습
- 과거 카페의 특징
- 현재 카페의 모습
- 현재 카페의 특징

STEP 02 Make your own story!

_____

_____

_____

_____

Vocabulary

change 변하다; 변화 a lot 많이 in the past 과거에는 many 많은 people 사람들 talk 이야기하다 gathering 모임 spend (시간 등을) 보내다 more than ~ 이상의 different 다른 due to ~ 때문에 COVID-19 코로나바이러스 noisy 시끄러운 like ~처럼 before 전에 try to do ~하려고 노력하다 quietly 조용히 wear 착용하다 mask 마스크 except ~을 제외하고 keep 유지하다 distance 거리 avoid 피하다 spread 확산 gather 모이다 less than ~ 미만의 these days 요즘 bring 가져오다 world 세계

술집/바에 가기

P02_U06_QA03

술집/바에 가기
Combo Set
- 좋아하는 술집/바 묘사
- **과거의 술집과 현재의 술집 비교**
- 술집에서 일어난 기억에 남는 사건

Think about the bar you used to go to. How has it changed over the years?

당신이 갔었던 술집을 떠올려 보세요. 세월이 흐르면서 그곳은(술집은) 어떻게 변했나요?

TIP 시대의 흐름에 따라 비슷한 변화를 겪는 주제들은 같은 이야기를 사용하여 답변할 수 있습니다.
카페 – 과거의 카페와 현재의 카페 비교

 **Model Answer**

I think that bars have changed a lot. In the past, there were many people in the bars. They were talking with others and having gatherings as well. We were able to spend time with more than 5 people at that time. But now, it is different due to COVID-19. People are not that noisy like before because they try to talk quietly, and they wear masks while they are talking. We must wear masks except during eating time. Also, we have to keep our distance from other people to avoid the spread of COVID-19. That is the reason why we try to gather in groups of less than 5 people these days. I think that COVID-19 brought a lot of changes in the world. Therefore, bars have changed a lot. → 마무리 Filler 표현과 함께 한 번 더!

제 생각엔 술집이 많이 변한 것 같아요. 과거에는, 술집에는 사람들이 많았어요. 그들은 다른 사람들과 대화도 나누고 모임도 가졌어요. 그때 우리는 5명 이상의 사람들과도 시간을 보낼 수 있었습니다. 하지만 지금은, 코로나바이러스로 인해 달라졌어요. 사람들은 예전처럼 시끄럽지 않아요, 왜냐하면 조용히 이야기를 하려 하고 이야기할 때는 마스크를 착용하기 때문이에요. 우리는 먹는 시간을 제외하고는 마스크를 꼭 착용해야 합니다. 또한, 코로나바이러스의 확산을 방지하기 위하여 다른 사람들과 거리를 지켜야 하기도 합니다. 이러한 이유로 요즘 우리는 5명 미만의 인원으로 모이려고 노력합니다. 제 생각에는 코로나바이러스가 세상에 정말 큰 변화를 가져다준 것 같아요. 따라서, 술집이 많이 변했어요.

My Answer

STEP **01 Brainstorming**

- 과거 술집의 모습
- 현재 술집의 모습

- 과거 술집의 특징
- 현재 술집의 특징

STEP **02 Make your own story!**

_____

_____

_____

_____

Vocabulary

change 변하다: 변화 a lot 많이 in the past 과거에는 many 많은 people 사람들 talk 이야기하다 gathering 모임 spend (시간 등을) 보내다 more than ~ 이상의 different 다른 due to ~ 때문에 COVID-19 코로나바이러스 noisy 시끄러운 like ~처럼 before 전에 try to do ~하려고 노력하다 quietly 조용히 wear 착용하다 mask 마스크 except ~을 제외하고 keep 유지하다 distance 거리 avoid 피하다 spread 확산 gather 모이다 less than ~ 미만의 these days 요즘 bring 가져오다 world 세계

공원 가기

P02_U06_QA04

공원 가기
Combo Set

- 좋아하는 공원 묘사
- **최근에 공원에 다녀온 경험**
- 공원에서 일어난 기억에 남는 사건

Think about the last time you went to a park. What happened?

당신이 마지막으로 공원에 다녀온 때를 떠올려 보세요. 무슨 일이 있었나요?

Model Answer

I went to the park with my family and puppy last Saturday. We went to the park located near our house. There we took walks and rode bikes. Also, there was outdoor exercise equipment, so my parents worked out using that equipment. I could enjoy the trees, flowers, and fresh air as well. I was very excited, so I took a lot of pictures of our family. I think that I got an all-time favorite picture of our family there. The best thing about the park was that the weather was perfect for walks because it is fall in Korea. I was very happy. I hope to go again.

지난 토요일에 가족 그리고 강아지와 함께 공원에 다녀왔어요. 저희 가족은 집 근처에 위치한 공원에 갔어요. 그곳에서, 우리는 산책도 하고 자전거도 탔어요. 또한, 야외 운동 기구가 있어서, 부모님께선 그 기구를 사용하여 운동도 하셨어요. 저는 나무, 꽃, 그리고 신선한 공기도 즐길 수 있었어요. 저는 너무 신나서, 가족들의 사진을 많이 찍었어요. 제 생각엔 그곳에서 우리 가족의 인생 최고의 사진을 건진 것 같아요. 공원의 가장 좋았던 점은 산책하기에 날씨가 완벽했던 점이었어요. 왜냐하면 지금 한국은 가을이거든요. 저는 정말 행복했어요. 또 가고 싶네요.

My Answer

STEP 01 Brainstorming

- 과거 다녀온 공원
- 그 공원의 위치
- 그 공원에서 한 일
- 그 공원의 가장 좋았던 점
- 그 경험에 대한 나의 느낌

STEP 02 Make your own story!

_____

_____

_____

_____

_____

Vocabulary

go to+장소 ~에 가다(go-went-gone) family 가족 puppy 강아지 last 지난 Saturday 토요일 located near ~ 근처에 위치해 있는 take walks 산책하다(take-took-taken) ride bikes 자전거를 타다(ride-rode-ridden) outdoor 야외의 exercise equipment 운동 기구 parents 부모님 work out 운동하다 enjoy 즐기다 tree 나무 flower 꽃 fresh 신선한 air 공기 as well ~도, 또한 excited 신이 난 take a picture 사진을 찍다 a lot of 많은 all-time favorite 인생 최고의 weather 날씨 perfect 완벽한 fall 가을 happy 행복한 hope to do ~하고 싶다 again 다시

해변 가기

P02_U06_QA05

해변 가기 Combo Set

- 좋아하는 해변 묘사
- **최근에 해변에 다녀온 경험**
- 해변에서 일어난 기억에 남는 사건

Think about the last time you went to a beach. What happened?

당신이 마지막으로 해변에 다녀온 때를 떠올려 보세요. 무슨 일이 있었나요?

Model Answer

I remember going to the beach with my friends for our last summer vacation. We went to 광안리 Beach located in Busan City. This beach is very well known. We took a high-speed train called KTX to get there. It took about 2 hours and 30 minutes. At the beach, there were a lot of things to do. We swam in the ocean, took a lot of pictures, and got our all-time favorite picture. Also, we tried surfing, but it was very difficult. We went to the restaurant near the beach. We were able to enjoy eating seafood with the sounds of the waves in the background. I was really happy. That's it.

지난여름 휴가에 친구들과 함께 해변에 다녀온 게 기억나요. 우리는 부산에 위치해 있는 광안리 해변에 다녀왔어요. 이 해변은 정말 유명해요. 우리는 그곳에 KTX라는 고속 열차를 타고 갔습니다. 2시간 30분 정도 걸렸어요. 그 해변에서, 할 게 정말 많았어요. 우리는 바다에서 수영도 하고, 사진도 많이 찍고, 인생 최고의 사진도 건졌어요. 또한, 서핑에 도전해 보았는데, 그건 너무 어려웠어요. 우리는 해변 근처 식당에 갔어요. 파도 소리를 배경으로 해산물을 즐길 수 있었습니다. 너무 행복했어요. 이게 다예요.

My Answer

STEP 01 Brainstorming

- 과거 다녀온 해변
- 그 해변의 위치
- 그 해변에 간 방법
- 그 해변에서 한 일
- 그 경험에 대한 나의 느낌

STEP 02 Make your own story!

_____

_____

_____

_____

Vocabulary

go to+장소 ~에 가다(go-went-gone) last 지난 summer vacation 여름 휴가 located in ~에 위치해 있는 city 도시 well known 유명한, 잘 알려진 high-speed train 고속 열차 called ~라는 (이름의) a lot of 많은 thing 것, 일 swim 수영하다(swim-swam-swum) ocean 바다 take a picture 사진을 찍다 all-time favorite 인생 최고의 try 시도하다 surfing 파도타기, 서핑 difficult 어려운 restaurant 식당 near ~ 근처에 enjoy 즐기다 eat 먹다 seafood 해산물 sound 소리 wave 파도 in the background 배경에 있는 happy 행복한

해외 여행

P02_U06_QA06

해외 여행
Combo Set

- 다녀온 해외 여행지 묘사
- **어릴 적 다녀온 해외여행 경험**
- 해외여행 중 일어난 기억에 남는 사건

Tell me about an overseas trip you took when you were young. Where did you go? What did you do in there?

당신이 어릴 적에 다녀온 해외여행에 대해 말해 주세요. 어디에 갔나요? 그곳에서 무엇을 했나요?

Model Answer

I went to Japan with my family when I was 20 years old. It was my first overseas trip, and I was so excited. Japan is Korea's closest neighboring country. A lot of Koreans visit Japan for their vacation and for business. In Japan, there are a lot of mountains. So, we could enjoy beautiful colors in the fall. There are many rivers. Plus, there are tons of beaches in Japan. So, we could enjoy various types of seafood there. Also, there were a lot of famous restaurants to enjoy eating and drinking. Therefore, it was the best trip that I have ever taken overseas.

제가 20살 때 가족과 함께 일본에 다녀왔어요. 처음으로 갔던 해외 여행이라, 너무 신났어요. 일본은 한국의 가장 가까운 이웃 나라예요. 많은 한국인들이 휴가나 업무로 일본을 방문해요. 일본에는, 산이 많아요. 그래서, 가을에 아름다운 단풍을 즐길 수 있었어요. 강도 많아요. 그리고, 일본에는 해변들도 정말 많아요. 그래서, 그곳에서 다양한 종류의 해산물을 즐길 수 있었어요. 또한, 일본에는 먹고 마시는 것을 즐길 수 있는 유명한 식당들도 많았어요. 따라서, 그것은 제가 다녀 본 해외여행 중 최고의 여행이었어요.

My Answer

STEP 01 Brainstorming

- 과거 다녀온 해외 여행지
- 그 여행지의 특징
- 그 여행지에서 한 일
- 그 경험에 대한 나의 느낌

STEP 02 Make your own story!

Vocabulary

go to+장소 ~에 가다(go-went-gone) Japan 일본 family 가족 first 첫 번째의 overseas 해외의; 해외에[로] trip 여행 excited 신이 난 close 가까운(close-closer-closest) neighboring 이웃의 country 나라 a lot of 많은 Korean 한국인 visit 방문하다 vacation 휴가 business 사업 mountain 산 enjoy 즐기다 beautiful 아름다운 color 색 fall 가을 many 많은 river 강 tons of 많은 beach 해변 people 사람들 various 다양한 type 종류 seafood 해산물 famous 유명한 restaurant 식당 eat 먹다 drink 마시다 best 최고의

돌발형 주제 출제 유형

사전 설문 조사에서 선택을 하지 않아도 출제되는 돌발형 주제의 Combo Set 두 번째(혹은 세 번째) 문제는 보통 주제에 따른 **과거와 현재를 비교 설명**하라고 질문합니다. 따라서 **Combo Set의 첫 번째 현재 시제로 말하기**와 **두 번째 과거 시제로 말하기**를 함께 써서 하나의 답변으로 만들어 봅시다. 참고로, 이 비교 유형의 문제는 시사 문제 Combo Set의 첫 번째(14번) 문제로도 출제됩니다.

돌발형 주제의 빈출 문제 Combo Set

가구/가전

- 집에 있는 가구/가전 묘사
- **과거의 가구/가전과 현재의 가구/가전 비교**
- 가구/가전에 문제 생긴 경험

교통

- 우리나라의 교통 묘사
- **과거의 교통과 현재의 교통 비교**
- 교통으로 인해 문제 생긴 경험

은행

- 우리나라의 은행 묘사
- 은행에서 하는 일들 묘사
- **과거의 은행과 현재의 은행 비교**

전화기/기술

- **과거의 전화기와 현재의 전화기 비교** `시사 14번`
- 전화기 관련 문제점 묘사 `시사 15번`

인터넷/동영상

- **과거의 인터넷 사용과 현재의 인터넷 사용 비교** `시사 14번`
- 인터넷 관련 이슈 묘사 `시사 15번`

답변 TIP ⊕

- ⊘ 답변은 **과거 → 현재의 순**으로 전개하는 것을 추천해요.
- ⊘ 답변 시작 표현: I think that ○○○ has/have changed a lot.
- ⊘ 과거 설명 시작 표현: when I was young(제가 어릴 적에는), when I was 7 years old(제가 7살 때에는), in the past(과거에는) 등
- ⊘ 현재로 전환되는 지점에는 연결어 but/however와 현재를 나타내는 표현 now, today, these days 등을 함께 사용하여 과거에서 현재로 넘어간다는 신호를 보내 주세요.
- ⊘ 답변 마무리는 마무리 Filler 표현 therefore, so, anyway 등과 함께 답변 시작 표현 또는 핵심 문장을 한 번 더 말하는 것이 좋습니다.

가구/가전

P02_U06_QA07

가구/가전
Combo Set

- 집에 있는 가구/가전 묘사
- **과거의 가구/가전과 현재의 가구/가전 비교**
- 가구/가전에 문제 생긴 경험

How has furniture changed? How was it in the past and how is it now?

가구는 어떻게 변했나요? 그것은(가구는) 과거에는 어땠고 지금은 어떤가요?

Model Answer

Of course! Furniture styles have changed a lot. When I was young, there was a bed, a desk, and a built-in closet in my room. It was for children's furniture. That is the reason why the size of the furniture was smaller than now. Also, the colors were brighter. They were, for example, pink, green, blue, and so on. But now, the furniture that I have is taller than before. And the colors are darker. They are brown, gray, black, and so on. I think that the furniture style now is different. Therefore, furniture styles have changed a lot. → 마무리 Filler 표현과 함께 한 번 더!

당연하죠! 가구의 스타일은 많이 변했어요. 제가 어릴 적, 제 방에는 침대, 책상, 그리고 붙박이장이 있었어요. 이 가구들은 어린이용 가구였어요. 이러한 이유로 인해 가구의 크기는 지금보다 더 작았어요. 또한, 색상들은 더 밝았어요. 예를 들어, 분홍, 초록, 파랑 등이었어요. 하지만 지금은, 제가 갖고 있는 가구는 전보다 더 큽니다. 그리고 색상들은 더 어두워졌어요. 갈색, 회색, 검은색 등이에요. 제 생각엔 지금의 가구 스타일은 다른 것 같아요. 따라서, 가구의 스타일은 많이 변했습니다.

My Answer

STEP 01 Brainstorming

- 과거 가구/가전의 모습
- 과거 가구/가전의 특징

- 현재 가구/가전의 모습
- 현재 가구/가전의 특징

STEP 02 Make your own story!

furniture 가구 style 스타일, 모양 change 변하다 a lot 많이 young 어린 bed 침대 desk 책상 built-in closet 붙박이장 children 어린이 size 크기 small 작은(small-smaller-smallest) color 색상 bright 밝은(bright-brighter-brightest) and so on ~ 등 tall 키가 큰(tall-taller-tallest) before 전에 dark 어두운(dark-darker-darkest) different 다른

교통

P02_U06_QA08

교통
Combo Set

- 우리나라의 교통 묘사
- **과거의 교통과 현재의 교통 비교**
- 교통으로 인해 문제 생긴 경험

How has transportation changed over the years? How did you travel when you were a child? Tell me how people used to get around in the past and how they do now.

세월이 흐르면서 교통은 어떻게 변했나요? 당신이 어릴 적엔 어떻게 이동했나요? 과거에 사람들은 어떻게 이곳저곳을 돌아다녔는지 그리고 현재는 어떻게 하고 있는지 말해 주세요.

Model Answer

I think that transportation has changed a lot. In the past, there was no transportation app. So, we had to be at the station early to avoid missing a train. The worst thing about it was that we could not check the exact arrival time. It was inconvenient. However, we have a transportation app now. It helps us to check the departure time and the arrival time through the smartphone. The best thing about it is that we don't have to be at the station early, and we can check the exact arrival time. It is very convenient. Moreover, we can also check the traffic condition through the app. Therefore, transportation has changed a lot. ↝ 마무리 Filler 표현과 함께 한 번 더!

제 생각엔 교통이 많이 변한 것 같아요. 과거에는 교통 앱이 없었어요. 그래서, 우리는 열차를 놓치지 않기 위해 역에 일찍 가 있어야 했어요. 그것의 가장 안 좋았던 점은 정확한 도착 시간을 알 수 없었다는 점이었습니다. 불편했어요. 하지만, 우리는 지금 교통 앱이 있습니다. 그것은 스마트폰으로 출발 시간과 도착 시간을 확인할 수 있도록 도와줍니다. 그것의 가장 좋은 점은 역에 일찍 가지 않아도 되는 점과 정확한 도착 시간을 확인할 수 있다는 점입니다. 너무 편리해요. 더불어, 앱을 통해 교통 상황도 확인할 수 있어요. 따라서, 교통은 많이 변했어요.

My Answer

STEP 01 Brainstorming

- 과거 교통의 모습
- 현재 교통의 모습
- 과거 교통의 가장 좋았던/안 좋았던 점
- 현재 교통의 가장 좋은/안 좋은 점

STEP 02 Make your own story!

Vocabulary

transportation 교통 change 변하다 a lot 많이 in the past 과거에는 app 앱(= application) station 역 early 일찍 avoid 피하다 miss 놓치다 train 기차, 열차 check 확인하다 exact 정확한 arrival 도착 time 시간 inconvenient 불편한 departure time 출발 시간 through ~을 통해, ~으로 smartphone 스마트폰 convenient 편리한 moreover 게다가 condition 상황

 은행

은행
Combo Set
- 우리나라의 은행 묘사
- 은행에서 하는 일들 묘사
- **과거의 은행과 현재의 은행 비교**

P02_U06_QA09

How have banks changed over the years? Describe what banks looked like in the past. How were they different from banks today?

세월이 흐르면서 은행은 어떻게 변했나요? 과거에 은행은 어떤 모습이었는지 묘사해 주세요. 그것은 현재의 은행과 어떻게 달랐나요?

Model Answer

I think that banks have changed a lot. In the past, there were a lot of people at the banks because we had to take care of our business with the teller. The worst thing about it was that it took a long time. However, there are a lot of ATMs these days. That is the reason why we are able to take care of our business using ATMs. The best thing about it is that it is faster. We don't have to wait our turn, so it takes less time. Therefore, banks have changed a lot. ⤳ 마무리 Filler 표현과 함께 한 번 더!

제 생각엔 은행은 많이 변한 것 같아요. 과거에, 은행에는 정말 많은 사람들이 있었어요, 왜냐하면 우리는 업무를 은행 직원과 함께 처리를 해야 했기 때문이에요. 그것의 가장 안 좋았던 점은 시간이 오래 걸렸다는 점이었어요. 하지만, 요즘은 ATM이 많이 있습니다. 이러한 이유로 우리는 ATM을 사용하여 업무를 처리할 수 있게 되었습니다. 그것의 가장 좋은 점은 더 빠르다는 점이에요. 우리는 차례를 기다리지 않아도 돼서, 시간이 덜 걸립니다. 따라서, 은행은 많이 변했습니다.

My Answer

STEP **01 Brainstorming**

● 과거 은행의 모습

● 현재 은행의 모습

● 과거 은행의 가장 좋았던/안 좋았던 점

● 현재 은행의 가장 좋은/안 좋은 점

STEP **02 Make your own story!**

Vocabulary

bank 은행 change 변하다 a lot 많이 in the past 과거에는 a lot of 많은 people 사람들 take care of ~을 처리하다 business 업무 teller 은행 직원 take (시간이) 걸리다 a long time 오랜 시간 use 사용하다 ATM 현금 자동 입출금기 fast 빠른(fast-faster-fastest) wait one's turn 차례를 기다리다 less 더 적은(little-less-least)

P02_U06_QA10

전화기/기술
Combo Set

과거의 전화기와 현재의 전화기 비교 시사 14번

전화기 관련 문제점 묘사 시사 15번

How was the cellphone used in the past? How has it changed over the years?

과거에 사용되던 휴대전화는 어땠나요? 세월이 흐르면서 그것은(휴대전화는) 어떻게 변했나요?

Model Answer

I think that technology has changed a lot. In the past, there were no cellphones. We were able to make phone calls with the telephone at home or with the pay phone on the street. It was difficult to contact a person if we didn't make an appointment. The worst thing about it was that there was no way to contact when we had a sudden change. As time passed, there are cellphones. The best thing about them is that we can make phone calls and send text messages everywhere. Also, cellphones have evolved, so we have smartphones these days. We can do a lot of things with smartphones. For example, we have chats, listen to music, watch video clips, do online shopping, and so on. It is very convenient.

제 생각엔 기술은 많이 변한 것 같아요. 과거에는, 휴대전화가 없었습니다. 우리는 집에 있는 전화기나 길거리에 있는 공중전화를 이용해서 전화를 할 수 있었어요. 만약 약속을 잡지 않으면 연락하기가 어려웠습니다. 그것의 가장 안 좋았던 점은 갑작스러운 변화가 있었을 때 연락할 방법이 없었다는 점이었어요. 시간이 흘러, 휴대전화가 생겼습니다. 그것의 가장 좋은 점은 어디서든 전화를 걸고 문자 메시지를 보낼 수 있다는 점이에요. 또한, 휴대전화가 발달하여, 우리에겐 요즘 스마트폰이 있습니다. 스마트폰으로는 많은 것들을 할 수 있습니다. 예를 들어, 대화를 나누고, 음악을 듣고, 동영상을 보고, 온라인 쇼핑을 하는 등등이요. 굉장히 편리해요.

My Answer

STEP 01 **Brainstorming**

- 과거 전화기의 모습
- 과거 전화기의 가장 좋았던/안 좋았던 점

- 현재 전화기의 모습
- 현재 전화기의 가장 좋은/안 좋은 점

STEP 02 **Make your own story!**

Vocabulary

technology 기술 change 변하다; 변화 a lot 많이 in the past 과거에는 cellphone 휴대전화 make phone calls 전화를 걸다 telephone 전화기 pay phone 공중전화 difficult 어려운 contact 연락하다 each other 서로 make an appointment 만날 약속을 하다 way 방법 sudden 갑작스러운 as time passed 시간이 흘러 send 보내다 text message 문자메시지 everywhere 어디서든 evolve 발달하다 smartphone 스마트폰 have chats 대화하다 listen to ~을 듣다 music 음악 watch 보다 video clip 동영상 online shopping 온라인 쇼핑 and so on ~ 등 convenient 편리한

인터넷/동영상

P02_U06_QA11

인터넷/동영상
Combo Set
┌ 과거의 인터넷 사용과 현재의 인터넷 사용 비교 [시사 14번]
└ 인터넷 관련 이슈 묘사 [시사 15번]

How has the usage of the Internet changed over the years? Tell me in detail.
세월이 흐르면서 인터넷 사용이 어떻게 변했나요? 상세히 말해 주세요.

Model Answer

I think that the Internet has changed a lot. In the past, there were limited websites. We could surf the Internet, communicate, work, and so on. The worst thing about it was that it was too slow. It took a long time to get access to the sites that we wanted. But now, there are various websites we can access. We can watch different video clips, do online shopping, do video chatting, and so on. There are a lot of things to do on the Internet. The best thing about it is that it is fast. It is amazing. Therefore, I am sure that the Internet has changed a lot. → 마무리 Filler 표현과 함께 한 번 더!

제 생각엔 인터넷은 많이 변한 것 같아요. 과거에는, 웹사이트들이 한정적이었습니다. 우리는 인터넷 서핑, 의사소통, 일 등을 할 수 있었습니다. 그것의 가장 안 좋았던 점은 (속도가) 너무 느렸다는 점입니다. 원하는 사이트에 접속하기까지 오랜 시간이 걸렸어요. 하지만 지금은, 접속할 만한 웹사이트가 다양해요. 우리는 여러 동영상들을 볼 수도 있고, 온라인 쇼핑도 할 수 있고, 화상 채팅 등도 할 수 있어요. 인터넷으로 많은 것들을 할 수 있어요. 그것의 가장 좋은 점은 (속도가) 빠르다는 점입니다. 놀라워요. 따라서, 저는 인터넷이 많이 변했다고 확신해요.

My Answer

STEP 01 **Brainstorming**

● 과거 인터넷의 모습

● 현재 인터넷의 모습

● 과거 인터넷의 가장 좋았던/안 좋았던 점

● 현재 인터넷의 가장 좋은/안 좋은 점

STEP 02 **Make your own story!**

Vocabulary

Internet 인터넷   change 변하다   a lot 많이   in the past 과거에는   limited 한정된   website 웹사이트   surf the Internet 인터넷을 서핑하다   communicate 의사소통을 하다   work 일하다   and so on ~ 등   slow (속도가) 느린   take (시간이) 걸리다   a long time 오랜 시간   get access to ~에 접속하다   site 사이트   want 원하다   various 다양한   access 접속하다   watch 보다   different 여러 가지의, 다른   video clip 동영상   online shopping 온라인 쇼핑   video chatting 화상 채팅   a lot of 많은   thing 것   fast (속도가) 빠른   amazing 놀라운   sure 확신하는

Combo Set 세 번째,

경험담 말하기

UNIT 07 I did/have done ~   저는 ~했어요

OVERVIEW

Combo Set의 세 번째 문제는 경험담을 이야기하는 문제들이 출제됩니다. 이 문제에서는 주제별 상황, 장소에서 일어난 기억에 남는 일에 대해 과거 시제 혹은 현재 완료 시제를 사용하여 상세하게 묘사하는 능력을 측정합니다. PART 03의 **경험담 말하기** 만능 패턴을 이용하여 답변을 완성해 봅시다.

◉ 예시로 보기

선택형 주제 > **공원 가기** Combo Set
- 좋아하는 공원 묘사
- 최근에 공원에 다녀온 경험
- **공원에서 일어난 기억에 남는 사건**

돌발형 주제 > **모임/기념일** Combo Set
- 우리나라의 모임/기념일 묘사
- 최근에 모임/기념일을 가진 경험
- **모임/기념일에 일어난 기억에 남는 사건**

선택형 주제 > **카페/커피전문점에 가기** Combo Set
- 좋아하는 카페 묘사
- 과거의 카페와 현재의 카페 비교
- **카페에서 일어난 기억에 남는 사건**

돌발형 주제 > **가족/친구** Combo Set
- 가족이나 친구 묘사
- 어릴 적 가족이나 친구와 함께 한 경험
- **가족이나 친구와 함께 있을 때 일어난 기억에 남는 사건**

I did/have done ~
저는 ~했어요

주제별 상황, 장소에서 있었던 경험담을 이야기할 때는 주로 과거 시제와 현재 완료 시제를 사용합니다. 우리가 이미 앞서 배운 PART 02의 과거 시제로 말하기 패턴에 회상 표현, 현재 완료 시제 패턴 몇 가지를 추가하여 하나의 경험담 답변을 만들어 보세요.

Unit 07의 Pattern 몰아 보기

Q Tell me about a time when you heard live music. Describe that experience in detail.

A Of course! Pattern 33 **I remember a time when** Pattern 31 **I went to** a concert. It was a concert by a Korean boy group called BTS. The concert was held last summer at a large stadium, and there were a lot of people there. Pattern 31 **I really enjoyed** it because Pattern 36 **I have never been** to a concert. It was very exciting. The fans were screaming and singing during the concert. The best thing about the concert was that their performance was amazing. Pattern 37 **It was the best** performance that Pattern 35 **I have seen**. Therefore, if I have a chance, I hope to go again. I cannot forget this experience. I think that Pattern 37 **it was the most memorable** concert that Pattern 35 **I have** ever **been** to.

빈출문제 미리보기

사전 설문 조사에서 '공원 가기', '카페/커피전문점에 가기', '음악 감상하기' 등을 선택하였다면, 주제별 세 번째 문제는 보통 다음과 같은 문제가 출제됩니다.

선택형 주제 > 공원 가기
- 최근에 공원에 다녀온 경험
- 공원에서 일어난 기억에 남는 사건 〔최다 빈출〕

선택형 주제 > 카페/커피전문점에 가기
- 카페에서 일어난 기억에 남는 사건 〔최다 빈출〕

선택형 주제 > 음악 감상하기
- 라이브로 음악을 들어본 경험 〔최다 빈출〕

돌발형 주제 > 모임/기념일
- 모임/기념일에 일어난 기억에 남는 사건

돌발형 주제 > 가족/친구
- 가족이나 친구와 함께 있을 때 일어난 기억에 남는 사건

시험 공략 TIP ⊕

- ⊘ 과거에 있었던 일을 상세히 설명하고 본인이 느꼈던 감정도 함께 표현하며 스토리텔링을 재미있게 해 주세요.
- ⊘ 과거 시제로 본인의 감정 표현을 한다면 그 당시에 본인이 느꼈던 감정을 회상할 수 있다는 능력을 보여줄 수 있어요.

<table>
<tr>
<td>Pattern
31</td>
<td># I went/visited/ate ~

I/We + 과거 동사(행동).
주어는 ~을 했어요.</td>
<td>
P03_U07_PT31</td>
</tr>
</table>

이미 과거 시제로 말하기에서 살펴본 패턴이에요. 자신이 과거에 했던 행동을 묘사할 때는 과거 시제를 써야 한다는 것을 다시 한번 상기하며, 일반 동사(do, go, visit, eat, play 등)의 과거형을 알맞게 써서 표현해 보세요.

Pattern following

❶ 주어 + **went to** + 장소.
→ I **went to** the park last Saturday. 저는 지난 토요일에 공원에 다녀왔어요. 선택 공원
→ We **went to** the beach during summer vacation. 우리는 여름 휴가에 해변에 다녀왔어요. 선택 해변

❷ 주어 + **visited** + 장소.
→ I **visited** my grandparents' house for a family holiday. 돌발 가족/친구 | 명절
저는 명절에 할머니 할아버지 댁에 방문했어요.
→ We **visited** the barbecue restaurant for a gathering. 돌발 모임/기념일
우리는 모임을 위해 고깃집을 방문했어요.

❸ 주어 + **ate** + 음식.
→ I **ate** seafood there. 저는 그곳에서 해산물을 먹었어요. 선택 해변
→ We **ate** traditional Korean food. 우리는 한국 전통 음식을 먹었어요. 돌발 명절

❹ 주어 + **swam** + 장소.
→ I **swam** in the swimming pool. 저는 수영장에서 수영을 했어요. 돌발 호텔
→ We **swam** in the ocean. 우리는 바다에서 수영을 했어요. 선택 해변 | 국내 여행

❺ 주어 + **played/spent** + 명사.
→ I **played** hide-and-seek in the playground. 저는 놀이터에서 숨바꼭질을 했어요. 돌발 가족/친구
→ I **spent** some time with my grandparents. 저는 할머니 할아버지와 함께 시간을 보냈어요. 돌발 가족/친구

Pattern mirroring

❶ 공원: I/We went to _____ .

❷ 명절: I/We visited _____ .

❸ 해변: I/We swam _____ .

❹ 가족/친구: I/We spent _____ .

Vocabulary

last 지난 Saturday 토요일 summer 여름 vacation 휴가, 방학 barbecue restaurant 고깃집 gathering 모임 grandparents 할머니 할아버지 family holiday 명절, 가족 휴가 seafood 해산물 traditional 전통의 food 음식 swimming pool 수영장 ocean 바다 hide-and-seek 숨바꼭질 playground 놀이터 spend (시간을) 보내다

I felt ~

Pattern 32

I felt/was + 감정 형용사 + when I 과거의 일/사건.
저는 ~했을 때 …한 감정이었어요.

I enjoyed it a lot when I 과거의 일/사건.
저는 ~했을 때 정말 즐거웠어요.

이번 패턴에서는 과거의 어떤 상황에서 자신이 느꼈던 감정을 과거 시제로 표현해 봅시다. *Unit 02 Pattern 01 참고

Pattern following

① **I felt** + 감정 형용사 + **when I** 과거의 일/사건.
→ **I felt** excited **when I** succeeded in my project. 저는 프로젝트에 성공했을 때 신났어요. 돌발 인터넷/동영상

② **I was** + 감정 형용사 + **when I** 과거의 일/사건.
→ **I was** pleased **when I** met my grandparents. 저는 할머니 할아버지를 뵀을 때 기뻤어요. 돌발 명절
→ **I was** surprised **when I** met my high school friend at a park. 선택 공원
저는 공원에서 고등학교 친구를 만났을 때 놀랐어요.
→ **I was** shocked **when I** met my ex-boyfriend at a bar. 선택 술집/바
저는 술집에서 전 남자친구를 만났을 때 충격을 받았어요.
→ **I was** annoyed **when I** saw cockroaches in my room. 선택 집
저는 제 방에서 바퀴벌레를 보았을 때 짜증 났어요.

③ **I enjoyed it a lot when I** 과거의 일/사건.
→ **I enjoyed it a lot when I** went to the beach. 저는 해변에 갔을 때 정말 즐거웠어요. 선택 해변

Pattern mirroring

① 집:　　저는 / 신났어요 / 리모델링 했었을 때 / 집을

I felt/was _____ when I _____.

② 명절:　　저는 / 기뻤어요 / 가족을 만났을 때 / 명절에

I felt/was _____ when I _____.

③ 술집/바: 저는 / 충격을 받았어요 / 계산서를 보았을 때 / 술집에서

I felt/was _____ when I _____.

④ 해변:　　저는 / 정말 즐거웠어요 / 수영했을 때 / 바다에서

I enjoyed it a lot when I _____.

Vocabulary

excited 신이 난 succeed in ~에 성공하다 project 프로젝트 pleased 기쁜 meet 만나다(meet-met-met) surprised 놀란 high school 고등학교 shocked 충격을 받은 ex-boyfriend 전 남자친구 annoyed 짜증이 난 see 보다(see-saw-seen) cockroach 바퀴벌레 room 방 go to+장소 ~에 가다(go-went-gone) remodel 리모델링을 하다 for the holiday 명절에 check 계산서 swim 수영하다(swim-swam-swum) ocean 바다

Pattern 33

I remember a time when I ~

P03_U07_PT33

I remember a time when I 과거의 일/사건.

저는 ~했던 때가 기억나요.

경험담을 이야기하는 답변은 보통 회상하는 표현으로 시작합니다. '저는 ~했던 때가 기억나요'라고 회상하며 이야기를 시작해 보세요.

Pattern following

1. **I remember a time when I ran into** 사람.
→ **I remember a time when I ran into** my high school friend at a café. 선택 카페
저는 카페에서 고등학교 친구를 우연히 마주친 때가 기억나요.

2. **I remember a time when I went to** 장소.
→ **I remember a time when I went to** my grandparents' house. 돌발 명절
저는 할머니 할아버지 댁에 다녀온 때가 기억나요.

3. **I remember a time when I got** 물건.
→ **I remember a time when I got** the food to go at a restaurant. 돌발 음식점
저는 음식점에서 음식을 포장해서 가져갔던 때가 기억나요.
→ **I remember a time when I got** some clothes at a shopping mall. 선택 쇼핑
저는 쇼핑몰에서 옷을 샀던 때가 기억나요.

4. **I remember a time when I ate** 음식.
→ **I remember a time when I ate** something bad. 돌발 명절
저는 뭔가 잘못된 걸 먹었던 때가 기억나요.
→ **I remember a time when I ate** seafood stew with my family. 선택 해변
저는 가족과 함께 해물탕을 먹었던 때가 기억나요.

Pattern mirroring

1 카페: I remember a time when I ran into _____.

2 명절: I remember a time when I went to _____.

3 쇼핑: I remember a time when I got _____.

4 국내 여행: I remember a time when I ate _____.

Vocabulary

run into ~와 우연히 마주치다(run-ran-run) high school 고등학교 grandparents 할머니 할아버지 food 음식 to go 가지고 갈 restaurant 음식점 clothes 옷 shopping mall 쇼핑몰 something 무언가 bad 잘못된, 안 좋은 seafood stew 해물탕

PART 03 Combo Set 세 번째, 경험담 말하기 **175**

I used to ~

P03_U07_PT34

주어 + used to + 동사원형.

주어는 ~하곤 했어요.

과거의 일을 이야기할 때, 과거에는 했지만 현재는 더 이상 하지 않은 일을 이야기할 때가 있습니다. 이때 과거의 상태나 습관을 나타내는 조동사 used to 표현을 사용해 보세요.

Pattern following

1 I used to + 동사원형.

→ **I used to** watch animation movies when I was a kid. 선택 영화

저는 어릴 적에 애니메이션 영화를 보곤 했어요.

→ **I used to** play in the playground all the time. 선택 집

저는 항상 놀이터에서 놀곤 했어요.

2 He/She used to + 동사원형.

→ **He used to** drink every day when he was in his 20s. 돌발 건강

그는 20대 때 매일매일 술을 마시곤 했어요.

→ **He used to** play games all night in his youth. 돌발 가족/친구

그는 어린 시절에 밤새 게임을 하곤 했어요.

→ **She used to** eat junk food. 돌발 건강

그녀는 정크 푸드를 먹곤 했어요.

→ **She used to** play a musical instrument. 돌발 가족/친구

그녀는 악기를 연주하곤 했어요.

3 We used to + 동사원형.

→ **We used to** play hide-and-seek after school. 선택 집

우리는 방과 후에 숨바꼭질을 하곤 했어요.

→ **We used to** use the folding table. 돌발 가구/가전

우리는 접이식 상을 사용하곤 했어요.

Pattern mirroring

1 집: I used to _____ .

2 건강: He used to _____ .

3 가족/친구: She used to _____ .

4 가구/가전: We used to _____ .

Vocabulary

watch 보다 animation movie 애니메이션 영화 kid 어린이 playground 놀이터 all the time 항상, 늘 hide-and-seek 숨바꼭질 after school 방과 후에 drink 술을 마시다 every day 매일 in one's 20s 20대에 junk food 정크 푸드 game 게임 all night 밤새 youth 어린 시절 musical instrument 악기 use 사용하다 folding table 접이식 상[테이블]

<table>
<tr><td>Pattern
35</td><td>

I have p.p.

P03_U07_PT35

주어 + has/have + p.p.
주어는 ~해 왔어요.

</td></tr>
</table>

현재 완료 시제는 고득점을 받기 위해 꼭 알아 두어야 하는 표현입니다. 과거에 일어난 어떤 일이 현재까지 영향을 미칠 때 '~해 왔다, ~했다'라는 뜻의 『I have + p.p.(과거분사)』 패턴을 이용하여 나타냅니다.

Pattern following

① I have + p.p.
→ **I have lived** in this apartment for 10 years. 선택 집
   저는 이 아파트에서 10년 동안 살아왔어요.
→ **I have tried** to take vitamins every day. 돌발 건강
   저는 매일매일 비타민을 먹으려고 노력해 왔어요.

② He/She has + p.p.
→ **She has tried** to work out every day. 돌발 건강
   그녀는 매일매일 운동하려고 노력해 왔어요.
→ **He has tried** not to drink too much. 돌발 건강
   그는 술을 많이 마시지 않으려고 노력해 왔어요.

③ We have + p.p.
→ **We have tried** our best with this project. 돌발 인터넷/동영상
   우리는 이 프로젝트를 위해 최선을 다해 왔어요.
→ **We have renovated** our house. 선택 집
   우리는 집을 수리했어요.

Pattern mirroring

① 집: I have _____ .

② 건강: She has _____ .

③ 가족/친구: He has _____ .

④ 인터넷/동영상: We have _____ .

Vocabulary

live 살다 apartment 아파트 for ~ 동안 try to do ~하려고 노력하다 take 먹다. 마시다 vitamin 비타민 work out 운동하다 every day 매일 try not to do ~하지 않으려고 노력하다 drink 술을 마시다 too much 과하게 try one's best 최선을 다하다 project 프로젝트 renovate 수리하다. 개조하다

I have not/never p.p.

P03_U07_PT36

주어 + has/have not/never + p.p.
주어는 ～하지 않았어요.

앞서 살펴본 현재 완료 시제의 부정문은 '~하지 않았다, ~해 본 적이 없다'라는 뜻의 『I have not/never + p.p.(과거분사)』 패턴을 이용하여 나타냅니다.

Pattern following

① **I have not/never + p.p.**
→ **I haven't thought** about it. 저는 그것에 대해 생각해 본 적이 없어요. (Filler 표현)
→ **I have never been** to another country. (선택 해외 여행)
   저는 다른 나라에 가 본 적이 없어요.

② **He/She has not/never + p.p.**
→ **She hasn't changed** a bit. (선택 공원 | 카페 | 술집/바)
   그녀는 하나도 변하지 않았어요.
→ **He hasn't stayed** at a beachside hotel. (돌발 호텔)
   그는 해변가의 호텔에 머물러 본 적이 없어요.
→ **She has never eaten** seafood. (돌발 건강)
   그녀는 해산물을 먹어 본 적이 없어요.
→ **He has never been** to Jeju Island. (돌발 가족/친구)
   그는 제주도에 가 본 적이 없어요.

Pattern mirroring

① 가족/친구: She hasn't _____ .

② 건강:　　 He hasn't _____ .

③ 해외 여행: I have never _____ .

④ 호텔:　　 We have never _____ .

Pattern 37	**It was the best/the worst ~**

P03_U07_PT37

It was the + 최상급 + 명사. 그것은 가장 …한 ~였어요.
It was the worst + 명사. 그것은 최악의 ~였어요.

고득점을 받기 위해선 최상급 표현을 필수로 알아 두어야 합니다. 자신의 경험담이 최고 혹은 최악이었다는 것을 최상급으로 표현해 보세요.

Pattern following

1 **It was the + 최상급** + 명사.
→ **It was the most memorable** concert. 선택 음악
그것은 가장 기억에 남는 콘서트였어요.

→ **It was the most memorable** experience that I have had. 선택 집 | 해외 여행
그것은 제가 겪었던 일 중 가장 기억에 남는 경험이었어요.

2 **It was the worst** + 명사.
→ **It was the worst** summer that I have had. 선택 집
그것은 제가 겪었던 여름 중 최악의 여름이었어요.

→ **It was the worst** trip. 선택 해외 여행
그것은 최악의 여행이었어요.

Pattern mirroring

1 집: It was the _____.

2 음악: It was the _____.

3 해외 여행: It was the _____.

4 가족/친구: It was the _____.

Vocabulary

memorable 기억에 남는 concert 콘서트 experience 경험 summer 여름 trip 여행

선택형 주제 출제 유형

사전 설문 조사에서 본인이 선택한 항목들의 Combo Set 세 번째 문제는 보통 주제에 따른 **과거의 경험담을 이야기**하라고 질문합니다. 따라서 현재에도 계속되는 사실은 현재 완료 시제를 쓰고 과거에서만 머무는 사실은 과거 시제로 써서 고득점의 기준인 시제 구분을 정확히 하도록 합시다. 참고로, '기억에 남는 사건'을 묻는 문제는 1문제 정도 출제되므로, 각기 다른 주제별로 답변을 준비하는 것보다 하나의 사건을 장소, 상황에 따라 응용하는 것이 좋습니다.

선택형 주제의 빈출 문제 Combo Set

음악 감상하기
- 좋아하는 음악과 가수 묘사
- 어릴 적 좋아했던 음악과 현재 좋아하는 음악 비교
- **라이브로 음악을 들어본 경험**

집
- 집 묘사
- 어릴 적 집과 현재의 집 비교
- **집에 변화를 준 경험 or 집에 문제 생긴 경험**

공원 가기
- 좋아하는 공원 묘사
- **최근에 공원에 다녀온 경험**
- **공원에서 일어난 기억에 남는 사건**

카페/커피전문점에 가기
- 좋아하는 카페 묘사
- 과거의 카페와 현재의 카페 비교
- **카페에서 일어난 기억에 남는 사건**

술집/바에 가기
- 좋아하는 술집/바 묘사
- 과거의 술집과 현재의 술집 비교
- **술집에서 일어난 기억에 남는 사건**

해변 가기
- 좋아하는 해변 묘사
- **최근에 해변에 다녀온 경험**
- **해변에서 일어난 기억에 남는 사건**

쇼핑하기
- 쇼핑 습관 묘사
- 어릴 적 다녀온 쇼핑 경험
- **쇼핑 중 일어난 기억에 남는 사건**

국내 여행
- 좋아하는 국내 여행지 묘사
- 어릴 적 다녀온 국내 여행 경험
- **국내 여행 중 일어난 기억에 남는 사건**

해외 여행
- 다녀온 해외 여행지 묘사
- 어릴 적 다녀온 해외여행 경험
- **해외여행 중 일어난 기억에 남는 사건**

음악 감상하기

P03_U07_QA01

음악 감상하기
Combo Set

- 좋아하는 음악과 가수 묘사
- 어릴 적 좋아했던 음악과 현재 좋아하는 음악 비교
- **라이브로 음악을 들어본 경험**

Tell me about a time when you heard live music. Describe that experience in detail.

라이브 음악을 들었던 때에 대해 말해 주세요. 그 경험에 대해 상세히 묘사해 주세요.

Model Answer

Of course! I remember a time when I went to a concert. It was a concert by a Korean boy group called BTS. The concert was held last summer at a large stadium, and there were a lot of people there. I really enjoyed it because I had never been to a concert. It was very exciting. The fans were screaming and singing during the concert. The best thing about the concert was that their performance was amazing. It was the best performance that I have seen. Therefore, if I have a chance, I hope to go again. I cannot forget this experience. I think that it was the most memorable concert that I have ever been to.

당연하죠! 콘서트를 다녀온 때가 기억나요. BTS라는 한국 보이 그룹의 콘서트였어요. 콘서트는 지난여름 큰 규모의 경기장에서 열렸고, 그곳엔 많은 사람들이 있었어요. 저는 정말 즐거운 시간을 보냈어요, 왜냐하면 저는 콘서트에 가 본 적이 없었거든요. 콘서트는 정말 신나더라고요. 콘서트 중에 팬들은 소리도 지르고 노래도 했어요. 그 콘서트의 가장 좋았던 점은 그들의 공연이 놀라웠던 점이었어요. 제가 본 것 중 최고의 공연이었죠. 따라서, 만약 기회가 있다면, 다시 가고 싶어요. 저는 이 경험을 잊을 수 없어요. 제 생각엔 그것은 제가 여태껏 다녀온 콘서트 중 가장 기억에 남는 콘서트였어요.

My Answer

STEP **01 Brainstorming**

- 라이브 음악을 들은 때
- 라이브 음악을 들은 장소
- 그 경험의 가장 좋았던 점
- 그 경험에 대한 느낌

STEP **02 Make your own story!**

Vocabulary

go to+장소 ~에 가다(go-went-gone) concert 콘서트 boy group 보이 그룹 hold 열다(hold-held-held) last 지난 summer 여름 large 큰 stadium 경기장 a lot of 많은 people 사람들 really 정말 enjoy 즐기다 exciting 신나는 fan 팬 scream 소리 지르다 sing 노래 부르다 during ~ 동안 performance 무대 amazing 놀라운, 엄청난 chance 기회 hope to do ~하고 싶다 again 다시 forget 잊다 experience 경험 memorable 기억에 남는

집
Combo Set
- 집 묘사
- 어릴 적 집과 현재의 집 비교
- **집에 변화를 준 경험** or 집에 문제 생긴 경험

Sometimes, we want to change something in our home. Tell me about a time when you made some changes in your house.

가끔, 우리는 집에 변화를 주고 싶어 합니다. 당신의 집에 변화를 준 때에 대해 말해 주세요.

Model Answer

I remember a time when my house was renovated. We redid the wallpaper, the floors and the bathroom because they were too old. They looked so messy, so we redid them. After the renovation, the house looked so clean. I was really surprised. It felt like I had moved to another house. Also, I remember a time when we bought a new bed and a new sofa. Since ours were too old, I could not use them, so we bought new ones. After we renovated our house and bought some new furniture, our house looked brand new. I was really happy with the look. So, it was the best experience that I have had at home.

집을 수리한 때가 기억나요. 벽지, 바닥, 그리고 화장실을 다시 했어요. 왜냐하면 너무 오래되었거든요. 몹시 지저분해 보여서, 다시 새로 했어요. 리모델링을 하고 나니, 집이 굉장히 깨끗해 보이더라고요. 정말 놀랐어요. 다른 집으로 이사 온 느낌이었어요. 또한, 집에 침대와 소파를 새로 구입한 때가 기억나요. 우리가 가지고 있는 것들이 너무 오래되었기에, 사용할 수가 없어서 새로 구매했죠. 집을 수리하고 가구도 새로 구매하고 나니, 우리 집이 새집 같아 보였어요. 저는 그 모습에 너무 행복했어요. 그래서, 그것이 제가 집에서 겪었던 일 중 최고의 경험이었어요.

My Answer

STEP **01 Brainstorming**

- 집에 변화를 준 때
- 변화를 준 곳
- 변화를 준 이유
- 변화 후 느낌

STEP **02 Make your own story!**

_____

_____

_____

_____

_____

Vocabulary

renovate 수리하다, 보수하다 redo 다시 하다(redo-redid-redone) wallpaper 벽지 floor 바닥 bathroom 화장실 old 오래된 messy 지저분한 renovation 수리 clean 깨끗한 surprised 놀란 feel like ~한 느낌이다 move 이사 가다 another 다른 buy 구매하다(buy-bought-bought) new 새로운 bed 침대 sofa 소파 since ~하기 때문에 use 사용하다 furniture 가구 brand new 새것인 happy 행복한 look 모습, 외관 experience 경험

집

P03_U07_QA03

집
Combo Set
- 집 묘사
- 어릴 적 집과 현재의 집 비교
- 집에 변화를 준 경험 or **집에 문제 생긴 경험**

Tell me about a time when you had some problems in your house. What were those problems?

당신의 집에 문제가 생긴 때에 대해 말해 주세요. 어떤 문제들이었나요?

Model Answer

Of course! I remember a time when things didn't work well. Once, the air conditioner was broken in the summer. So, it was extremely hot! I had to call the company to fix it. It was the worst summer that I have had. Also, the TV didn't work well. It was so boring waiting for a person to fix it. But it was okay with me because I had my smartphone! Plus, I had a bug problem. There were cockroaches in my house. Oh my gosh! I was really shocked at that time. It was disgusting! It was terrible. Therefore, it was the worst experience that I have had in my house.

당연하죠! 물건들이 고장 났던 때가 기억나요. 한번은, 여름에 에어컨이 고장 났어요. 그래서, 너무 더웠어요! 회사에 연락해서 고쳐 달라고 해야 했죠. 제가 겪었던 여름 중 최악의 여름이었어요. 또한, TV가 고장 났어요. 고쳐 주실 분을 기다리는 게 너무 지루하더라고요. 하지만 괜찮았어요. 왜냐하면 저는 스마트폰이 있었거든요! 또한, 집에 벌레 문제가 있었어요. 집에 바퀴벌레가 있었어요. 맙소사! 그때 너무 충격을 받았어요. 역겨웠어요! 끔찍했어요. 따라서, 그것이 제가 집에서 겪었던 일 중 최악의 경험이었어요.

My Answer

STEP 01 Brainstorming

- 집에 생긴 문제
- 문제에 대한 느낌
- 문제 해결을 위해 했던 대처

STEP 02 Make your own story!

_____

_____

_____

_____

_____

_____

Vocabulary

thing 물건, 것, 상황 work 작동하다 well 잘, 좋게 air conditioner 에어컨 broken 고장 난 summer 여름 extremely 극도로 hot 더운 call 부르다 company 회사 fix 고치다 worst 최악의(bad-worse-worst) boring 지루한 wait for ~을 기다리다 okay 괜찮은 smartphone 스마트폰 plus 게다가 bug 벌레 problem 문제 cockroach 바퀴벌레 shocked 충격 받은 disgusting 역겨운 terrible 끔찍한 experience 경험

공원 가기

P03_U07_QA04

공원 가기
Combo Set
- 좋아하는 공원 묘사
- **최근에 공원에 다녀온 경험**
- 공원에서 일어난 기억에 남는 사건

Tell me about the last time you went to a park. Where did you go and what did you do there?

당신이 마지막으로 공원에 다녀온 때에 대해 말해 주세요. 어디로 갔고 그곳에서 무엇을 하였나요?

 TIP '최근에 ○○○ 한 경험'은 '과거 시제로 말하기'와 '경험담 말하기' 둘 모두에 해당돼요.

Model Answer

I remember a time when I went to a park. It was last Saturday. The park is located near my house, so I can get there easily. I went there to take a walk with my puppy. So, I enjoyed the trees, flowers, and grass when I was there. Also, I rode a bike. I think parks are great places for exercise. I took a lot of pictures, got my all-time favorite picture and posted it on Instagram. Anyway, it was a pleasant and enjoyable visit for me.

공원에 다녀왔던 때가 기억나요. 지난 토요일이었어요. 공원은 집 근처에 위치해 있어서, 가기 쉬워요. 저는 강아지와 함께 산책하러 그곳에 갔어요. 그래서, 그곳에서 나무, 꽃, 잔디들을 즐겼어요. 또한, 자전거도 탔어요. 제 생각엔 공원은 운동하기에 좋은 장소인 것 같아요. 사진도 많이 찍고 인생 최고의 사진도 건져서 인스타그램에 올렸어요. 어쨌든, 그것은 제겐 정말 기분 좋고 즐거웠던 방문이었어요.

My Answer

STEP01 **Brainstorming**

- 최근에 공원을 방문한 때
- 공원에서 한 일
- 공원을 방문한 목적
- 그 경험에 대한 느낌
- 공원의 특징

STEP02 **Make your own story!**

_____

_____

_____

_____

_____

_____

_____

_____

Vocabulary

go to+장소 ~에 가다(go-went-gone) park 공원 last 지난 Saturday 토요일 be located near ~ 근처에 위치해 있다 easily 쉽게 take a walk 산책하다 enjoy 즐기다 tree 나무 flower 꽃 grass 잔디 ride a bike 자전거를 타다(ride-rode-ridden) great 훌륭한 place 장소 exercise 운동 take a picture 사진을 찍다 a lot of 많은 all-time favorite 인생 최고의 post 게시하다 pleasant 기분 좋은 enjoyable 즐거운 visit 방문

공원 가기

P03_U07_QA05

공원 가기
Combo Set

- 좋아하는 공원 묘사
- 최근에 공원에 다녀온 경험
- **공원에서 일어난 기억에 남는 사건**

Tell me about a memorable experience that happened at a park. Why was it so memorable?

공원에서 일어난 기억에 남는 경험에 대해 말해 주세요. 그것이 왜 그렇게 기억에 남았나요?

TIP '기억에 남는 사건'을 묻는 질문은 시험에서 한 문제 정도만 출제되므로 하나의 이야기를 가지고 장소, 상황에 따라 응용하도록 합시다.
#카페 #술집/바 #해변 #쇼핑 #국내 여행 #음식점 #모임/기념일 #호텔 #지형

Model Answer

I remember a time when I ran into my high school friend at a park. Last summer, I was taking a walk in the park. Suddenly, someone called my name. I looked back and saw my high school friend. Oh my god! Can you believe it, Ava? I was really surprised because it had been such a long time since I'd seen her. So, I was very happy at that time. I asked her how her life was, but she hadn't changed a bit. We exchanged phone numbers and promised to meet again to catch up. So, that's it. That was the most memorable experience that I have had at a park.

공원에서 고등학교 친구를 우연히 마주쳤던 때가 기억나요. 지난여름, 저는 공원에서 산책을 하고 있었어요. 갑자기, 누군가가 제 이름을 부른 거예요. 돌아보니 고등학교 친구를 본 거죠. 세상에! 믿어져요, Ava? 저는 정말 깜짝 놀랐어요. 왜냐하면 그녀를 본 지 너무 오래되었거든요. 그래서, 그 순간 정말 행복했어요. 친구에게 잘 지냈냐고 물어봤는데, 그녀는 조금도 변하지 않았더라고요. 우리는 전화번호를 교환하고 밀린 이야기를 나누기 위해 다시 만나기로 약속했어요. 따라서, 그게 다예요. 그것이 제가 공원에서 겪었던 일 중 가장 기억에 남는 경험이었어요.

My Answer

STEP 01 Brainstorming

- 공원에서 사건이 일어난 때
- 일어난 사건의 세부 사항
- 공원을 방문한 목적
- 그 사건에 대한 느낌

STEP 02 Make your own story!

Vocabulary

run into ~를 우연히 마주치다(run-ran-run) high school 고등학교 friend 친구 park 공원 last 지난 summer 여름 take a walk 산책하다 suddenly 갑자기 someone 누군가 call 부르다 look back 돌아보다 believe 믿다 really 정말 surprised 놀란 a long time 오랜 시간 happy 행복한 at that time 그 순간 ask 묻다 life 인생 change 변하다 exchange 주고받다 phone number 전화번호 promise 약속하다 meet 만나다 again 다시 catch up 밀린 이야기를 나누다 memorable 기억에 남는 experience 경험

카페/커피전문점에 가기

P03_U07_QA06

카페/커피전문점에 가기
Combo Set

→ ┌ 좋아하는 카페 묘사
  ├ 과거의 카페와 현재의 카페 비교
  └ **카페에서 일어난 기억에 남는 사건**

Tell me about a memorable experience that happened at a café. What made it so memorable?

카페에서 일어난 기억에 남는 경험에 대해 말해 주세요. 그것이 왜 그렇게 기억에 남았나요?

TIP '기억에 남는 사건'을 묻는 질문은 시험에서 한 문제 정도만 출제되므로 하나의 이야기를 가지고 장소, 상황에 따라 응용하도록 합시다.
#공원 #술집/바 #해변 #쇼핑 #국내 여행 #음식점 #모임/기념일 #호텔 #지형

Model Answer

I remember a time when I ran into my high school friend at a café. Last summer, I was killing time at the café. Suddenly, someone called my name. I looked back and saw my high school friend. Oh my god! Can you believe it, Ava? I was really surprised because it had been such a long time since I'd seen her. So, I was very happy at that time. I asked her how her life was, but she hadn't changed a bit. We exchanged phone numbers and promised to meet again to catch up. So, that's it. That was the most memorable experience that I have had at a café.

카페에서 고등학교 친구를 우연히 마주쳤던 때가 기억나요. 지난여름, 저는 카페에서 시간을 때우고 있었어요. 갑자기, 누군가가 제 이름을 부른 거예요. 돌아보니 고등학교 친구를 본 거죠. 세상에! 믿어져요, Ava? 저는 정말 깜짝 놀랐어요, 왜냐하면 그녀를 본 지 너무 오래되었거든요. 그래서, 그 순간 정말 행복했어요. 친구에게 잘 지냈냐고 물어봤는데, 그녀는 조금도 변하지 않았더라고요. 우리는 전화번호를 교환하고 밀린 이야기를 나누기 위해 다시 만나기로 약속했어요. 따라서, 그게 다예요. 그것이 제가 카페에서 겪었던 일 중 가장 기억에 남는 경험이었어요.

My Answer

STEP 01 Brainstorming

● 카페에서 사건이 일어난 때   ● 일어난 사건의 세부 사항

● 카페를 방문한 목적   ● 그 사건에 대한 느낌

STEP 02 Make your own story!

Vocabulary

run into ~를 우연히 마주치다(run-ran-run) high school 고등학교 friend 친구 café 카페 last 지난 summer 여름 kill time 시간을 때우다
suddenly 갑자기 someone 누군가 call 부르다 look back 돌아보다 believe 믿다 really 정말 surprised 놀란 a long time 오랜 시간
happy 행복한 at that time 그 순간 ask 묻다 life 인생 change 변하다 exchange 주고받다 phone number 전화번호 promise 약속하다
meet 만나다 again 다시 catch up 밀린 이야기를 나누다 memorable 기억에 남는 experience 경험

술집/바에 가기

P03_U07_QA07

술집/바에 가기 Combo Set
- 좋아하는 술집/바 묘사
- 과거의 술집과 현재의 술집 비교
- **술집에서 일어난 기억에 남는 사건**

Tell me about a memorable experience that happened at a bar. Why was it so memorable?

술집에서 일어난 기억에 남는 경험에 대해 말해 주세요. 그것이 왜 그렇게 기억에 남았나요?

TIP '기억에 남는 사건'을 묻는 질문은 시험에서 한 문제 정도만 출제되므로 하나의 이야기를 가지고 장소, 상황에 따라 응용하도록 합시다.
#공원 #카페 #해변 #쇼핑 #국내 여행 #음식점 #모임/기념일 #호텔 #지형

Model Answer

I remember a time when I ran into my high school friend at a bar. Last summer, I was drinking beer and catching up with a friend at the bar. Suddenly, someone called my name. I looked back and saw my high school friend. Oh my god! Can you believe it, Ava? I was really surprised because it had been such a long time since I'd seen her. So, I was very happy at that time. I asked her how her life was, but she hadn't changed a bit. We exchanged phone numbers and promised to meet again to catch up. So, that's it. That was the most memorable experience that I have had at a bar.

술집에서 고등학교 친구를 우연히 마주쳤던 때가 기억나요. 지난여름, 저는 술집에서 친구와 맥주를 마시며 밀린 이야기를 나누고 있었어요. 갑자기, 누군가가 제 이름을 부른 거예요. 돌아보니 고등학교 친구를 본 거죠. 세상에! 믿어져요, Ava? 저는 정말 깜짝 놀랐어요, 왜냐하면 그녀를 본 지 너무 오래되었거든요. 그래서, 그 순간 정말 행복했어요. 친구에게 잘 지냈냐고 물어봤는데, 그녀는 조금도 변하지 않았더라고요. 우리는 전화번호를 교환하고 밀린 이야기를 나누기 위해 다시 만나기로 약속했어요. 따라서, 그게 다예요. 그것이 제가 술집에서 겪었던 일 중 가장 기억에 남는 경험이었어요.

My Answer

STEP 01 Brainstorming

- 술집에서 사건이 일어난 때
- 일어난 사건의 세부 사항
- 술집을 방문한 목적
- 그 사건에 대한 느낌

STEP 02 Make your own story!

_____

_____

_____

_____

_____

Vocabulary

run into ~를 우연히 마주치다(run-ran-run) high school 고등학교 friend 친구 bar 술집, 바 last 지난 summer 여름 drink 마시다 beer 맥주 catch up 밀린 이야기를 나누다 suddenly 갑자기 someone 누군가 call 부르다 look back 돌아보다 believe 믿다 really 정말 surprised 놀란 a long time 오랜 시간 happy 행복한 at that time 그 순간 ask 묻다 life 인생 change 변하다 exchange 주고받다 phone number 전화번호 promise 약속하다 meet 만나다 again 다시 memorable 기억에 남는 experience 경험

해변 가기

P03_U07_QA08

해변 가기
Combo Set

- 좋아하는 해변 묘사
- **최근에 해변에 다녀온 경험**
- 해변에서 일어난 기억에 남는 사건

Think about the last time you went to a beach. What happened?

당신이 마지막으로 해변에 다녀온 때를 떠올려 보세요. 무슨 일이 있었나요?

TIP 출제 비율이 상대적으로 낮은 돌발형 주제는 비슷한 주제끼리 동일한 답변을 준비해도 좋습니다.

#호텔 – 최근에 호텔에 다녀온 경험 #국내 여행 – 어릴 적 다녀온 국내 여행 경험 #지형 – 어릴 적 지형을 방문한 경험

Model Answer

I remember a time when I went to a beach with my family. We went to 애월 Beach located in Jeju Island. It is actually far from Seoul City, but it is very well known. I was really happy because we stayed at a beachside hotel. I had never stayed at a beachside hotel before. The view from the room was so amazing, and it was so cozy. When I was there, I ate seafood for the first time. It was so tasty. Also, I swam in the ocean, played in the sand with my sister, and took a lot of pictures. I enjoyed it a lot, so it was one of the best trips I have ever had.

가족과 함께 해변에 다녀온 때가 기억나요. 우리는 제주도에 위치한 애월 해변에 다녀왔어요. 사실 그곳은 서울에서 멀지만, 아주 잘 알려진 곳이에요. 저는 정말 행복했어요. 왜냐하면 해변가의 호텔에서 머물렀기 때문이에요. 저는 이전에 해변가 호텔에 머물러 본 적이 없었어요. 방에서 보는 전망은 너무 멋있었고 방은 정말 아늑했어요. 제가 그곳에 있었을 때, 저는 해산물을 처음 먹어 보았어요. 너무 맛있었어요. 또한, 바다에서 수영도 하고, 언니와 모래에서 놀기도 하고, 사진도 많이 찍었어요. 너무 즐거웠어요. 그래서 그것은 제가 여태껏 다녀온 최고의 여행 중 하나였어요.

My Answer

STEP 01 Brainstorming

- 최근 다녀온 해변
- 그 해변의 위치
- 그 해변에서 한 일
- 그 경험에 대한 나의 느낌

STEP 02 Make your own story!

_____

_____

_____

_____

_____

Vocabulary

go to+장소 ~에 가다(go-went-gone) beach 해변 family 가족 located in ~에 위치해 있는 actually 사실은 far 먼 well known 잘 알려진 happy 행복한 stay 머무르다 beachside hotel 해변가의 호텔 before 이전에 view 전망 amazing 너무 멋진 cozy 아늑한 eat 먹다 seafood 해산물 for the first time 처음으로 tasty 맛있는 swim 수영하다(swim-swam-swum) ocean 바다 sand 모래 sister 여자형제 take a picture 사진을 찍다 a lot of 많은 enjoy 즐기다 a lot 많이 best 최고의(good-better-best) trip 여행

해변 가기

P03_U07_QA09

해변 가기
Combo Set
- 좋아하는 해변 묘사
- 최근에 해변에 다녀온 경험
- **해변에서 일어난 기억에 남는 사건**

Tell me about a memorable experience that happened at a beach. What made it so memorable?

해변에서 일어난 기억에 남는 경험에 대해 말해 주세요. 그것이 왜 그렇게 기억에 남았나요?

> **TIP** '기억에 남는 사건'을 묻는 질문은 시험에서 한 문제 정도만 출제되므로 하나의 이야기를 가지고 장소, 상황에 따라 응용하도록 합시다.
> #공원 #카페 #술집/바 #쇼핑 #국내 여행 #음식점 #모임/기념일 #호텔 #지형

Model Answer

I remember a time when I ran into my high school friend at 애월 Beach. Last summer, I was enjoying myself at the beach. Suddenly, someone called my name. I looked back and saw my high school friend. Oh my god! Can you believe it, Ava? I was really surprised because it had been such a long time since I'd seen her. So, I was very happy at that time. I asked her how her life was, but she hadn't changed a bit. We exchanged phone numbers and promised to meet again to catch up. So, that's it. That was the most memorable experience that I have had at a beach.

애월 해변에서 고등학교 친구를 우연히 마주쳤던 때가 기억나요. 지난여름, 저는 해변에서 즐거운 시간을 보내고 있었어요. 갑자기, 누군가가 제 이름을 부른 거예요. 돌아보니 고등학교 친구를 본 거죠. 세상에! 믿어져요, Ava? 저는 정말 깜짝 놀랐어요, 왜냐하면 그녀를 본 지 너무 오래되었거든요. 그래서, 그 순간 정말 행복했어요. 친구에게 잘 지냈냐고 물어봤는데, 그녀는 조금도 변하지 않았더라고요. 우리는 전화번호를 교환하고 밀린 이야기를 나누기 위해 다시 만나기로 약속했어요. 따라서, 그게 다예요. 그것이 제가 해변에서 겪었던 일 중 가장 기억에 남는 경험이었어요.

My Answer

STEP 01 Brainstorming

- 해변에서 사건이 일어난 때
- 해변을 방문한 목적
- 일어난 사건의 세부 사항
- 그 사건에 대한 느낌

STEP 02 Make your own story!

_____

_____

_____

_____

_____

_____

Vocabulary

run into ~를 우연히 마주치다(run-ran-run) high school 고등학교 friend 친구 beach 해변 last 지난 summer 여름 enjoy 즐기다 suddenly 갑자기 someone 누군가 call 부르다 look back 돌아보다 believe 믿다 really 정말 surprised 놀란 a long time 오랜 시간 happy 행복한 at that time 그 순간 ask 묻다 life 인생 change 변하다 exchange 주고받다 phone number 전화번호 promise 약속하다 meet 만나다 again 다시 catch up 밀린 이야기를 나누다 memorable 기억에 남는 experience 경험

쇼핑하기

P03_U07_QA10

쇼핑하기
Combo Set
- 쇼핑 습관 묘사
- 어릴 적 다녀온 쇼핑 경험
- **쇼핑 중 일어난 기억에 남는 사건**

Tell me about a memorable experience that happened while you were shopping. What made it so memorable?

쇼핑하던 중 일어난 기억에 남는 경험에 대해 말해 주세요. 그것이 왜 그렇게 기억에 남았나요?

TIP '기억에 남는 사건'을 묻는 질문은 시험에서 한 문제 정도만 출제되므로 하나의 이야기를 가지고 장소, 상황에 따라 응용하도록 합시다.
#공원 #카페 #술집/바 #해변 #국내 여행 #음식점 #모임/기념일 #호텔 #지형

Model Answer

I remember a time when I ran into my high school friend at the shopping mall. Last summer, I was shopping with my mommy. Suddenly, someone called my name. I looked back and saw my high school friend. Oh my god! Can you believe it, Ava? I was really surprised because it had been such a long time since I'd seen her. So, I was very happy at that time. I asked her how her life was, but she hadn't changed a bit. We exchanged phone numbers and promised to meet again to catch up. So, that's it. That was the most memorable experience that I have had while I was shopping.

쇼핑몰에서 고등학교 친구를 우연히 마주쳤던 때가 기억나요. 지난여름, 저는 엄마와 쇼핑을 하고 있었어요. 갑자기, 누군가가 제 이름을 부른 거예요. 돌아보니 고등학교 친구를 본 거죠. 세상에! 믿어져요, Ava? 저는 정말 깜짝 놀랐어요, 왜냐하면 그녀를 본 지 너무 오래되었거든요. 그래서, 그 순간 정말 행복했어요. 친구에게 잘 지냈냐고 물어봤는데, 그녀는 조금도 변하지 않았더라고요. 우리는 전화번호를 교환하고 밀린 이야기를 나누기 위해 다시 만나기로 약속했어요. 따라서, 그게 다예요. 그것이 제가 쇼핑하던 중에 겪었던 일 중 가장 기억에 남는 경험이었어요.

My Answer

STEP01 Brainstorming

- 쇼핑 중 사건이 일어난 때
- 쇼핑을 한 곳
- 일어난 사건의 세부 사항
- 그 사건에 대한 느낌

STEP02 Make your own story!

Vocabulary

run into ~를 우연히 마주치다(run-ran-run) high school 고등학교 friend 친구 shopping mall 쇼핑몰 last 지난 summer 여름 shop 쇼핑하다 suddenly 갑자기 someone 누군가 call 부르다 look back 돌아보다 believe 믿다 really 정말 surprised 놀란 a long time 오랜 시간 happy 행복한 at that time 그 순간 ask 묻다 life 인생 change 변하다 exchange 주고받다 phone number 전화번호 promise 약속하다 meet 만나다 again 다시 catch up 밀린 이야기를 나누다 memorable 기억에 남는 experience 경험

국내 여행

P03_U07_QA11

국내 여행
Combo Set

- 좋아하는 국내 여행지 묘사
- 어릴 적 다녀온 국내 여행 경험
- **국내 여행 중 일어난 기억에 남는 사건**

Tell me about a memorable experience that happened during a domestic trip. Why was it so memorable?

국내 여행 중 일어난 기억에 남는 경험에 대해 말해 주세요. 그것이 왜 그렇게 기억에 남았나요?

> **TIP** '기억에 남는 사건'을 묻는 질문은 시험에서 한 문제 정도만 출제되므로 하나의 이야기를 가지고 장소, 상황에 따라 응용하도록 합시다.
> #공원 #카페 #술집/바 #해변 #쇼핑 #음식점 #모임/기념일 #호텔 #지형

Model Answer

I remember a time when I ran into my high school friend at 애월 Beach. Last summer, I was enjoying myself at the beach. Suddenly, someone called my name. I looked back and saw my high school friend. Oh my god! Can you believe it, Ava? I was really surprised because it had been such a long time since I'd seen her. So, I was very happy at that time. I asked her how her life was, but she hadn't changed a bit. We exchanged phone numbers and promised to meet again to catch up. So, that's it. That was the most memorable experience that I have had while traveling within my own country.

애월 해변에서 고등학교 친구를 우연히 마주쳤던 때가 기억나요. 지난여름, 저는 해변에서 즐거운 시간을 보내고 있었어요. 갑자기, 누군가가 제 이름을 부른 거예요. 돌아보니 고등학교 친구를 본 거죠. 세상에! 믿어져요. Ava? 저는 정말 깜짝 놀랐어요. 왜냐하면 그녀를 본 지 너무 오래되었거든요. 그래서, 그 순간 정말 행복했어요. 친구에게 잘 지냈냐고 물어봤는데, 그녀는 조금도 변하지 않았더라고요. 우리는 전화번호를 교환하고 밀린 이야기를 나누기 위해 다시 만나기로 약속했어요. 따라서, 그게 다예요. 그것이 제가 국내에서 여행하던 중에 겪었던 일 중 가장 기억에 남는 경험이었어요.

My Answer

STEP **01 Brainstorming**

- 여행에서 사건이 일어난 때
- 여행 간 곳
- 일어난 사건의 세부 사항
- 그 사건에 대한 느낌

STEP **02 Make your own story!**

_____

_____

_____

_____

_____

Vocabulary

run into ~를 우연히 마주치다(run-ran-run) high school 고등학교 friend 친구 beach 해변 last 지난 summer 여름 enjoy 즐기다 suddenly 갑자기 someone 누군가 call 부르다 look back 돌아보다 believe 믿다 really 정말 surprised 놀란 a long time 오랜 시간 happy 행복한 at that time 그 순간 ask 묻다 life 인생 change 변하다 exchange 주고받다 phone number 전화번호 promise 약속하다 meet 만나다 again 다시 catch up 밀린 이야기를 나누다 memorable 기억에 남는 experience 경험 travel 여행하다 country 나라, 국가

해외 여행
Combo Set
┌ 다녀온 해외 여행지 묘사
├ 어릴 적 다녀온 해외 여행 경험
└ **해외 여행 중 일어난 기억에 남는 사건**

Tell me about a memorable experience that happened during an overseas trip. Tell me the story in detail.

해외 여행 중 일어난 기억에 남는 경험에 대해 말해 주세요. 그 이야기를 상세히 말해 주세요.

TIP '기억에 남는 사건'을 묻는 질문은 시험에서 한 문제 정도만 출제되므로 하나의 이야기를 가지고 장소, 상황에 따라 응용하도록 합시다.
#가족/친구 #명절

Model Answer

I remember a time when I went to Japan with my family. We visited various tourist attractions. Suddenly, I had a stomachache, and I couldn't eat anything at that moment. I couldn't move because it was so painful. So, my parents took me to the doctor, and the doctor said that I had food poisoning. I took some medicine and got lots of rest. I couldn't do anything during the entire trip. It was so boring. Therefore, it was the worst trip that I have had.

가족과 일본에 다녀왔던 때가 기억나요. 우리는 다양한 관광 명소들을 방문했어요. 갑자기, 저는 복통을 앓았고, 그 당시에 아무것도 먹지 못했어요. 너무 아파서 움직이지도 못했어요. 그래서, 부모님께서 저를 병원에 데리고 가셨고, 의사 선생님께서 말씀하시길 식중독에 걸렸다고 하셨어요. 저는 약을 먹고 푹 쉬었어요. 여행 내내 아무것도 하지 못했어요. 너무 지루했죠. 따라서, 그것이 제가 다녀온 여행 중 최악의 여행이었어요.

My Answer

STEP 01 **Brainstorming**

- 여행에서 사건이 일어난 때
- 여행 간 곳
- 일어난 사건의 세부 사항
- 그 사건에 대한 느낌

STEP 02 **Make your own story!**

Vocabulary

go to+장소 ~에 가다(go-went-gone)　Japan 일본　visit 방문하다　various 다양한　tourist attraction 관광 명소　suddenly 갑자기 stomachache 복통　eat 먹다　anything 아무것도　at that moment 그 당시에　move 움직이다　painful 아픈　parents 부모님　take someone to …에 ~를 데리고 가다　doctor 의사　food poisoning 식중독　medicine 약　lots of 많은　rest 휴식　during ~ 동안　entire 전체의 trip 여행　boring 지루한　worst 최악의(bad-worse-worst)

돌발형 주제 출제 유형

사전 설문 조사에서 선택을 하지 않아도 출제되는 돌발형 주제의 Combo Set 세 번째 문제는 보통 주제에 따른 **경험담을 이야기**하라고 질문합니다. 따라서 현재에도 계속되는 사실은 현재 완료 시제를 쓰고 과거에서만 머무는 사실은 과거 시제로 써서 고득점의 기준인 시제 구분을 정확히 하도록 합시다. 참고로, '기억에 남는 사건'을 묻는 문제는 1문제 정도 출제되므로 각기 다른 주제별로 답변을 준비하는 것보다 하나의 사건을 장소, 상황에 따라 응용하는 것이 좋습니다.

돌발형 주제의 빈출 문제 Combo Set

모임/기념일
- 우리나라의 모임/기념일 묘사
- 최근에 모임/기념일을 가진 경험
- **모임/기념일에 일어난 기억에 남는 사건**

호텔
- 우리나라의 호텔 묘사
- **최근에 호텔에 다녀온 경험**
- **호텔에서 일어난 기억에 남는 사건**

가족/친구
- 가족이나 친구 묘사
- 어릴 적 가족이나 친구와 함께 한 경험
- **가족이나 친구와 함께 할 때 일어난 기억에 남는 사건**

명절
- 우리나라의 명절 묘사
- **어릴 적 명절 때 일어난 일**
- **명절 때 일어난 기억에 남는 사건**

재활용
- 우리나라의 재활용 묘사
- 본인의 재활용 방법 묘사
- **재활용을 하던 중에 일어난 기억에 남는 사건**

지형
- 우리나라의 지형 묘사
- **어릴 적 지형을 방문한 경험**
- 지형을 방문하던 중에 일어난 기억에 남는 사건

약속
- 살면서 잡는 약속 묘사
- 어릴 적 약속을 한 경험
- **약속 때 일어난 기억에 남는 사건**

모임/기념일
Combo Set

- 우리나라의 모임/기념일 묘사
- 최근에 모임/기념일을 가진 경험
- **모임/기념일에 일어난 기억에 남는 사건**

Tell me about a memorable experience that happened at a gathering. What made it so memorable?

모임에서 일어난 기억에 남는 경험에 대해 말해 주세요. 그것이 왜 그렇게 기억에 남았나요?

TIP '기억에 남는 사건'을 묻는 질문은 시험에서 한 문제 정도만 출제되므로 하나의 이야기를 가지고 장소, 상황에 따라 응용하도록 합시다.
#공원 #카페 #술집/바 #해변 #쇼핑 #국내 여행 #음식점 #호텔 #지형

Model Answer

I remember a time when I ran into my high school friend at a gathering. Last summer, I was drinking beer and catching up with a friend. Suddenly, someone called my name. I looked back and saw my high school friend. Oh my god! Can you believe it, Ava? I was really surprised because it had been such a long time since I'd seen her. So, I was very happy at that time. I asked her how her life was, but she hadn't changed a bit. We exchanged phone numbers and promised to meet again to catch up. So, that's it. That was the most memorable experience that I have had at a gathering.

모임에서 고등학교 친구를 우연히 마주쳤던 때가 기억나요. 지난여름, 저는 친구와 맥주를 마시며 밀린 이야기를 나누고 있었어요. 갑자기, 누군가가 제 이름을 부른 거예요. 돌아보니 고등학교 친구를 본 거죠. 세상에! 믿어져요, Ava? 저는 정말 깜짝 놀랐어요, 왜냐하면 그녀를 본 지 너무 오래되었거든요. 그래서, 그 순간 정말 행복했어요. 친구에게 잘 지냈냐고 물어봤는데, 그녀는 조금도 변하지 않았더라고요. 그래서 우리는 전화번호를 교환하고 밀린 이야기를 나누기 위해 다시 만나기로 약속했어요. 따라서, 그게 다예요. 그것이 제가 모임에서 겪었던 일 중 가장 기억에 남는 경험이었어요.

My Answer

STEP **01** **Brainstorming**

- 모임에서 사건이 일어난 때
- 그 사건에 대한 느낌
- 일어난 사건의 세부 사항

STEP **02** **Make your own story!**

_____

_____

_____

_____

_____

Vocabulary

run into ~를 우연히 마주치다(run-ran-run) high school 고등학교 friend 친구 gathering 모임 last 지난 summer 여름 drink 마시다 beer 맥주 catch up 밀린 이야기를 나누다 suddenly 갑자기 someone 누군가 call 부르다 look back 돌아보다 believe 믿다 really 정말 surprised 놀란 a long time 오랜 시간 happy 행복한 at that time 그 순간 ask 묻다 life 인생 change 변하다 exchange 주고받다 phone number 전화번호 promise 약속하다 meet 만나다 again 다시 memorable 기억에 남는 experience 경험

P03_U07_QA14

호텔
Combo Set

- 우리나라의 호텔 묘사
- **최근에 호텔에 다녀온 경험**
- 호텔에서 일어난 기억에 남는 사건

Tell me about the last time when you went to a hotel. Where did you go? What did you do there?

당신이 마지막으로 호텔에 다녀온 때에 대해 말해 주세요. 어디에 갔나요? 그곳에서 무엇을 했나요?

> **TIP** 출제 비율이 상대적으로 낮은 돌발형 주제는 비슷한 주제끼리 동일한 답변을 준비해도 좋습니다.
> #해변 – 최근에 해변에 다녀온 경험 #국내 여행 – 어릴 적 다녀온 국내 여행 경험 #지형 – 어릴 적 지형을 방문한 경험

Model Answer

I remember a time when I went to a hotel with my family. At that time, I was really happy because we stayed at a beachside hotel. Actually, I had never stayed at a beachside hotel before. The view from the room was so amazing, and it was so cozy. When I was there, I ate seafood for the first time. It was so tasty. Also, I swam in the ocean, played in the sand with my sister, and took a lot of pictures. I enjoyed it a lot, so it was one of the best trips I have ever had.

가족과 함께 호텔에 다녀온 때가 기억나요. 저는 그때 정말 행복했어요. 왜냐하면 해변가의 호텔에서 머물렀기 때문이에요. 사실, 저는 이전에 해변가의 호텔에 머물러 본 적이 없었어요. 방에서 보는 전망은 너무 멋있었고 방은 정말 아늑했어요. 제가 그곳에 있었을 때, 저는 해산물을 처음 먹어 보았어요. 너무 맛있었어요. 또한, 바다에서 수영도 하고, 언니와 모래에서 놀기도 하고, 사진도 많이 찍었어요. 너무 즐거웠어요. 그래서 그것은 제가 여태껏 다녀온 최고의 여행 중 하나였어요.

My Answer

STEP 01 Brainstorming

- 최근 다녀온 호텔
- 그 호텔의 특징
- 그 호텔에서 한 일
- 그 경험에 대한 나의 느낌

STEP 02 Make your own story!

_____

_____

_____

_____

_____

_____

_____

Vocabulary

go to+장소 ~에 가다(go-went-gone) hotel 호텔 family 가족 at that time 그때 happy 행복한 stay 머무르다 beachside hotel 해변가의 호텔 before 이전에 view 전망 amazing 너무 멋진 cozy 아늑한 eat 먹다 seafood 해산물 tasty 맛있는 swim 수영하다(swim-swam-swum) ocean 바다 sand 모래 sister 여자형제 take a picture 사진을 찍다 a lot of 많은 enjoy 즐기다 a lot 많이 best 최고의(good-better-best) trip 여행

호텔

P03_U07_QA15

호텔
Combo Set

- 우리나라의 호텔 묘사
- 최근에 호텔에 다녀온 경험
- **호텔에서 일어난 기억에 남는 사건**

Tell me about a memorable experience that happened at a hotel. Why was it so memorable?

호텔에서 일어난 기억에 남는 경험에 대해 말해 주세요. 그것이 왜 그렇게 기억에 남았나요?

TIP '기억에 남는 사건'을 묻는 질문은 시험에서 한 문제 정도만 출제되므로 하나의 이야기를 가지고 장소, 상황에 따라 응용하도록 합시다.
#공원 #카페 #술집/바 #해변 #쇼핑 #국내 여행 #음식점 #모임/기념일 #지형

Model Answer

I remember a time when I ran into my high school friend at a hotel. Last summer, I was traveling alone. Suddenly, someone called my name. I looked back and saw my high school friend. Oh my god! Can you believe it, Ava? I was really surprised because it had been such a long time since I'd seen her. So, I was very happy at that time. I asked her how her life was, but she hadn't changed a bit. We exchanged phone numbers and promised to meet again to catch up. So, that's it. That was the most memorable experience that I have had at a hotel.

호텔에서 고등학교 친구를 우연히 마주쳤던 때가 기억나요. 지난여름, 저는 혼자 여행하던 중이었어요. 갑자기, 누군가가 제 이름을 부른 거예요. 돌아보니 고등학교 친구를 본 거죠. 세상에! 믿어져요, Ava? 저는 정말 깜짝 놀랐어요. 왜냐하면 그녀를 본 지 너무 오래되었거든요. 그래서, 그 순간 정말 행복했어요. 친구에게 잘 지냈냐고 물어봤는데, 그녀는 조금도 변하지 않았더라고요. 그래서 우리는 전화번호를 교환하고 밀린 이야기를 나누기 위해 다시 만나기로 약속했어요. 따라서, 그게 다예요. 그것이 제가 호텔에서 겪었던 일 중 가장 기억에 남는 경험이었어요.

My Answer

STEP 01 Brainstorming

- 호텔에서 사건이 일어난 때
- 일어난 사건의 세부 사항
- 그 사건에 대한 느낌

STEP 02 Make your own story!

_____

_____

_____

_____

_____

Vocabulary

run into ~를 우연히 마주치다(run-ran-run) high school 고등학교 friend 친구 hotel 호텔 last 지난 summer 여름 travel 여행하다 alone 혼자 suddenly 갑자기 someone 누군가 call 부르다 look back 돌아보다 believe 믿다 really 정말 surprised 놀란 a long time 오랜 시간 happy 행복한 ask 묻다 life 인생 change 변하다 exchange 주고받다 phone number 전화번호 promise 약속하다 meet 만나다 again 다시 catch up 밀린 이야기를 나누다 memorable 기억에 남는 experience 경험

가족/친구
Combo Set
- 가족이나 친구 묘사
- 어릴 적 가족이나 친구와 함께 한 경험
- **가족이나 친구와 함께 할 때 일어난 기억에 남는 사건**

Tell me about a memorable time when you were with your family or friends. Tell me in detail.

가족이나 친구와 있었던 기억에 남는 때에 대해 말해 주세요. 상세히 말해 주세요.

TIP '기억에 남는 사건'을 묻는 질문은 시험에서 한 문제 정도만 출제되므로 하나의 이야기를 가지고 장소, 상황에 따라 응용하도록 합시다.
#명절 #교통

Model Answer

I remember a time when I went to my grandparents' house for a family holiday. At that time, I drove a car for my family. On our way there, the traffic was terrible. The roads were packed with cars. I was annoyed because I had driven for a long time. My back was in so much pain, and I was so sleepy. It was quite dangerous, but I finally did it. Anyway, it was the worst experience that I have had.

명절에 할머니 할아버지 댁에 다녀왔던 때가 기억나요. 그 당시, 저는 가족을 위해 운전을 했어요. 가던 길에, 교통이 끔찍했어요. 도로가 차들로 꽉 차 있었어요. 저는 짜증 났어요, 왜냐하면 오랜 시간 동안 운전했거든요. 허리가 무척 아팠고, 너무 졸렸어요. 상당히 위험했지만, 끝내 해냈어요. 어쨌든, 그것은 제가 겪었던 일 중 최악의 경험이었어요.

My Answer

STEP **01 Brainstorming**

- 사건이 일어난 때
- 일어난 사건의 세부 사항
- 그 사건에 대한 느낌

STEP **02 Make your own story!**

_____

_____

_____

_____

_____

_____

Vocabulary

go to+장소 ~에 가다(go-went-gone) grandparents 할머니 할아버지 visit 방문하다 family holiday 명절, 가족 휴가 drive 운전하다(drive-drove-driven) car 자동차 on one's way ~ 도중에 traffic 교통(량) terrible 끔찍한 road 길 be packed with ~로 꽉 찬 annoyed 짜증이 난 for a long time 오랜 시간 동안 back 허리 in pain 아픈 sleepy 졸린 quite 꽤, 상당히 dangerous 위험한 finally 결국 worst 최악의(bad-worse-worst) experience 경험

 돌발형 주제 **명절**

P03_U07_QA17

명절
Combo Set

- 우리나라의 명절 묘사
- **어릴 적 명절 때 일어난 일**
- 명절 때 일어난 기억에 남는 사건

Tell me about an experience that happened during a holiday when you were young. Tell me everything about that experience.

당신이 어릴 적 명절 때 일어난 경험에 대해 말해 주세요. 그 경험에 대한 모든 것을 말해 주세요.

TIP '기억에 남는 사건'을 묻는 질문은 시험에서 한 문제 정도만 출제되므로 하나의 이야기를 가지고 장소, 상황에 따라 응용하도록 합시다.
#해외 여행 #가족/친구

Model Answer

I remember a time when I went to my grandparents' house with my family. When I was 10 years old, we visited them for a family holiday. Suddenly, I had a stomachache, and I couldn't eat anything at that moment. I couldn't move because it was so painful. So, my parents took me to the doctor, and the doctor said that I had food poisoning. I took some medicine and got lots of rest. I couldn't do anything during the family holiday. It was so boring. Therefore, it was the worst family holiday that I have had.

가족과 함께 할머니 할아버지 댁에 다녀왔던 때가 기억나요. 제가 10살 때, 우리는 명절을 지내기 위해 방문했어요. 갑자기, 저는 복통을 앓았고, 그 당시에 아무것도 먹지 못했어요. 너무 아파서 움직이지도 못했어요. 그래서, 부모님께서 저를 병원에 데리고 가셨고, 의사 선생님께서 말씀하시길 식중독에 걸렸다고 하셨어요. 저는 약을 먹고 푹 쉬었어요. 명절 내내 아무것도 하지 못했어요. 너무 지루했죠. 따라서, 그것은 제가 지냈던 명절 중 최악의 명절이었어요.

My Answer

STEP 01 Brainstorming

- 사건이 일어난 때
- 일어난 사건의 세부 사항
- 그 사건에 대한 느낌

STEP 02 Make your own story!

_____

_____

_____

_____

_____

Vocabulary

go to+장소 ~에 가다(go-went-gone) grandparents 할머니 할아버지 visit 방문하다 family holiday 명절, 가족 휴가 suddenly 갑자기 stomachache 복통 eat 먹다 anything 아무것도 at that moment 그 당시에 move 움직이다 painful 아픈 parents 부모님 take someone to …에 ~를 데리고 가다 doctor 의사 food poisoning 식중독 medicine 약 lots of 많은 rest 휴식 during ~ 동안 boring 지루한 worst 최악의(bad-worse-worst) trip 여행

명절

P03_U07_QA18

- 우리나라의 명절 묘사
- 어릴 적 명절 때 일어난 일
- **명절 때 일어난 기억에 남는 사건**

Tell me about a memorable experience that happened during a holiday. What made it so memorable?

명절 때 일어난 기억에 남는 경험에 대해 말해 주세요. 그것이 왜 그렇게 기억에 남았나요?

> **TIP** '기억에 남는 사건'을 묻는 질문은 시험에서 한 문제 정도만 출제되므로 하나의 이야기를 가지고 장소, 상황에 따라 응용하도록 합시다.
> #가족/친구 #교통

Model Answer

I remember a time when I went to my grandparents' house for a family holiday. At that time, I drove a car for my family. On our way there, the traffic was terrible. The roads were packed with cars. I was annoyed because I had driven for a long time. My back was in so much pain, and I was so sleepy. It was quite dangerous, but I finally did it. Anyway, it was the worst experience that I have had.

명절에 할머니 할아버지 댁에 다녀왔던 때가 기억나요. 그 당시, 저는 가족을 위해 운전을 했어요. 가던 길에, 교통이 끔찍했어요. 도로가 차들로 꽉 차 있었어요. 저는 짜증 났어요, 왜냐하면 오랜 시간 동안 운전했거든요. 허리가 무척 아팠고, 너무 졸렸어요. 상당히 위험했지만, 끝내 해냈어요. 어쨌든, 그것은 제가 겪었던 일 중 최악의 경험이었어요.

My Answer

STEP 01 Brainstorming

- 사건이 일어난 때
- 일어난 사건의 세부 사항
- 그 사건에 대한 느낌

STEP 02 Make your own story!

Vocabulary

go to+장소 ~에 가다(go-went-gone) grandparents 할머니 할아버지 visit 방문하다 family holiday 명절, 가족 휴가 drive 운전하다(drive-drove-driven) car 자동차 on one's way ~ 도중에 traffic 교통(량) terrible 끔찍한 road 길 be packed with ~로 꽉 찬 annoyed 짜증이 난 for a long time 오랜 시간 동안 back 허리 in pain 아픈 sleepy 졸린 quite 꽤, 상당히 dangerous 위험한 finally 결국 worst 최악의(bad-worse-worst) experience 경험

재활용

P03_U07_QA19

재활용
Combo Set

─ 우리나라의 재활용 묘사
─ 본인의 재활용 방법 묘사
─ **재활용을 하던 중에 일어난 기억에 남는 사건**

Tell me about a memorable experience that happened while you were doing recycling. Why was it so memorable?

재활용을 하던 중에 일어난 기억에 남는 경험에 대해 말해 주세요. 그것이 왜 그렇게 기억에 남았나요?

Model Answer

I remember a time when I took out the recycling. It was two days ago. As I was doing recycling, I lost my wallet. I put my wallet on the recycling basket, but I forgot to pack it after the recycling. It means I just threw out my wallet in the recycling area. I was so surprised. I called my apartment guard and explained my situation. Finally, he found it and returned it to me. Oh my gosh. It was terrible. I don't want to experience anything like this again. Since then, I have tried to be more careful to pack my things.

제가 재활용품을 내다 버렸던 때가 기억나요. 이틀 전이었어요. 재활용을 하던 중에 지갑을 잃어버렸어요. 재활용함 위에 지갑을 놓았는데, 제가 재활용 후에 그것을 챙기는 걸 깜빡했어요. 그것은 제가 분리수거장에 제 지갑을 함께 버렸다는 의미이죠. 너무 놀랐어요. 아파트 경비원을 불러서 상황을 설명했어요. 결국, 그분이 그걸 찾아서 저에게 돌려주셨죠. 세상에! 끔찍했어요. 이 같은 경험은 다시는 하고 싶지 않아요. 그 후로는, 제 물건을 챙기는 데 더욱 주의를 기울이려 노력해요.

My Answer

STEP 01 Brainstorming

- 사건이 일어난 때
- 일어난 사건의 세부 사항
- 그 사건에 대한 느낌

STEP 02 Make your own story!

 돌발형 주제 **지형**

P03_U07_QA20

지형
Combo Set
- 우리나라의 지형 묘사
- **어릴 적 지형을 방문한 경험**
- 지형을 방문하던 중에 일어난 기억에 남는 사건

Think about the early memories when you visited a place related to the geography of your country. What happened?

당신 나라의 지형과 관련된 곳을 방문한 어릴 적 추억을 떠올려 보세요. 무슨 일이 있었나요?

TIP 출제 비율이 상대적으로 낮은 돌발형 주제는 비슷한 주제끼리 동일한 답변을 준비해도 좋습니다.
#호텔 – 최근에 호텔에 다녀온 경험 #해변 – 최근에 해변에 다녀온 경험 #국내 여행 – 어릴 적 다녀온 국내 여행 경험

Model Answer

I remember a time when I went to a beach with my family. When I was 10 years old, we went to 애월 Beach located in Jeju Island. It is actually far from Seoul City, but it is very well known. I was really happy because we stayed at a beachside hotel. I had never stayed at a beachside hotel before. The view from the room was so amazing, and it was so cozy. When I was there, I ate seafood for the first time. It was so tasty. Also, I swam in the ocean, played in the sand with my sister, and took a lot of pictures. I enjoyed it a lot, so it was one of the best trips I have ever had.

가족과 함께 해변에 다녀온 때가 기억나요. 제가 10살 때, 우리는 제주도에 위치한 애월 해변에 다녀왔어요. 사실 그곳은 서울에서 멀지만, 아주 잘 알려진 곳이에요. 저는 정말 행복했어요. 왜냐하면 해변가의 호텔에서 머물렀기 때문이에요. 저는 이전에 해변가의 호텔에 머물러 본 적이 없었어요. 방에서 보는 전망은 너무 멋있었고 방은 정말 아늑했어요. 제가 그곳에 있었을 때, 저는 해산물을 처음 먹어 보았어요. 너무 맛있었어요. 또한, 바다에서 수영도 하고, 언니와 모래에서 놀기도 하고, 사진도 많이 찍었어요. 너무 즐거웠어요. 그래서 그것은 제가 여태껏 다녀온 최고의 여행 중 하나였어요.

My Answer

STEP **01** **Brainstorming**

- 어릴 적 다녀온 지형 관련된 곳
- 그곳에서 한 일
- 그곳의 위치
- 그 경험에 대한 나의 느낌

STEP **02** **Make your own story!**

Vocabulary

go to+장소 ~에 가다(go-went-gone) beach 해변 family 가족 located in ~에 위치해 있는 actually 사실은 far 먼 well known 잘 알려진 happy 행복한 stay 머무르다 beachside hotel 해변가의 호텔 before 이전에 view 전망 amazing 너무 멋진 cozy 아늑한 eat 먹다 seafood 해산물 for the first time 처음으로 tasty 맛있는 swim 수영하다(swim-swam-swum) ocean 바다 sand 모래 sister 여자형제 take a picture 사진을 찍다 a lot of 많은 enjoy 즐기다 a lot 많이 best 최고의(good-better-best) trip 여행

약속
Combo Set
— 살면서 잡는 약속 묘사
— 어릴 적 약속을 한 경험
— **약속 때 일어난 기억에 남는 사건**

Tell me about a memorable experience that happened when you had an appointment. Why was it so memorable?

당신이 약속을 했을 때 일어난 기억에 남는 경험에 대해 말해 주세요. 그것이 왜 그렇게 기억에 남았나요?

Model Answer

I remember a time when I was **supposed to get my hair done** at the hair salon. However, I got really sick at the last minute. I had a stomachache. So, I called the hair salon and explained my situation. I told them that I couldn't make it to my appointment. I asked to reschedule it. I was so sorry about missing the appointment. Thankfully, they understood my situation that day.

저는 미용실에서 머리를 하기로 했던 때가 기억나요. 그런데, 가기 직전에 너무 아팠어요. 복통이 있었습니다. 그래서, 미용실에 전화해서 상황을 설명했어요. 약속을 지키지 못할 것이라고 말했어요. 다시 약속을 잡아 달라고 요청했어요. 약속을 지키지 못해 정말 죄송했어요. 감사하게도, 그날의 제 상황을 이해해 주셨어요.

My Answer

STEP **01 Brainstorming**

● 사건이 일어난 때

● 일어난 사건의 세부 사항

● 그 사건에 대한 느낌

STEP **02 Make your own story!**

Vocabulary

be supposed to do ～하기로 되어 있다 get one's hair done 머리를 하다 hair salon 미용실 sick 아픈 at the last minute 직전에, 임박해서 stomachache 복통 call 전화하다 explain 설명하다 situation 상황 make it 시간 맞춰 가다. 참석하다 appointment 약속 ask to do ～해 달라고 요청하다 reschedule 일정을 변경하다 sorry 미안한 miss 놓치다 understand 이해하다(understand-understood-understood)

Make your own story!

OVERVIEW

주제별 실전 연습에서는 각 주제별 Combo Set 3문제, 즉 첫 번째 현재 시제로 말하기, 두 번째 과거 시제로 말하기, 세 번째 경험담 말하기를 한눈에 정리해 보며 자신만의 답변을 최종 완성하는 시간을 갖도록 합시다.

⊙ 예시로 보기

선택형 주제 > 음악 감상하기 Combo Set
- 좋아하는 음악과 가수 묘사
- 어릴 적 좋아했던 음악과 현재 좋아하는 음악 비교
- 라이브로 음악을 들어본 경험

선택형 주제 > 카페/커피전문점에 가기 Combo Set
- 좋아하는 카페 묘사
- 과거의 카페와 현재의 카페 비교
- 카페에서 일어난 기억에 남는 사건

돌발형 주제 > 은행 Combo Set
- 우리나라의 은행 묘사
- 은행에서 하는 일들 묘사
- 과거의 은행과 현재의 은행 비교

돌발형 주제 > 재활용 Combo Set
- 과거의 재활용과 현재의 재활용 비교 　시사 14번
- 재활용 관련 이슈 묘사 　시사 15번

UNIT 08 선택형 주제 전술 FOCUS

사전 설문 조사에서 가장 많이 선택하는 주제별 Combo Set 답변을 살펴봅시다. 앞서 PART 01~03에서 학습한 패턴으로 이루어진 답변뿐만 아니라 미처 다루지 못했던 주제별 답변도 추가하였으니 주제별로 한번 살펴보면서 자신만의 답변을 준비해 보세요.

01 집

02 음악 감상하기

03 영화 보기

04 공원 가기

05 카페/커피전문점에 가기

06 술집/바에 가기

07 해변 가기

08 쇼핑하기

09 국내 여행

10 해외 여행

 **01 집**

P04_U08_01

| 현재 시제로 말하기 | 과거 시제로 말하기 | 경험담 말하기 |

Q I'd like to talk about where you live. Tell me about your house. What is your favorite room in your house?

당신이 사는 곳에 대해 이야기 나누고 싶어요. 당신의 집에 대해 말해 주세요. 집에서 가장 좋아하는 방은 무엇인가요?

A I am living in Korea, and I live in a high-rise apartment. It is located in Seoul City. I have lived here for 10 years. There is a living room, a kitchen, and a balcony. Also, there are three bedrooms and two bathrooms. There are various types of furniture and home appliances in my house. When you walk into my room, you can see a bed and a built-in closet. And there is a table where I always kill time doing my hobby. Among the rooms, my favorite one is my room. The best thing about my room is that I can relax there. That's it. I love my home.

저는 한국에 살고 있고, 고층 아파트에 살아요. 서울시에 위치해 있어요. 제가 이곳에 산 지도 10년이 되었네요. 집에는 거실, 부엌, 그리고 발코니가 있어요. 또한, 침실 세 개, 화장실 두 개가 있어요. 집에는 다양한 종류의 가구와 가전제품이 있어요. 제 방에 들어가면, 침대와 붙박이장을 볼 수 있어요. 그리고 제가 항상 제 취미 생활을 하며 시간을 때우는 테이블이 있어요. 방들 중에, 제가 가장 좋아하는 방은 제 방이에요. 제 방의 가장 좋은 점은 그곳에서 쉴 수 있다는 점이에요. 이게 전부예요. 저는 집이 너무 좋아요.

| 현재 시제로 말하기 | 과거 시제로 말하기 | 경험담 말하기 |

Q Tell me about the house you lived in when you were young. How was it different from the house you live in now?

당신이 어릴 적 살았던 집에 대해 말해 주세요. 그곳은 지금 사는 집과 어떻게 달랐나요?

A When I was young, I lived in a three-bedroom apartment. There was a playground in front of my house, so I used to play there with my friends. I played hide-and-seek, swing, seesaw, and so on. I remember that I was really happy then because I could play after school. It is a precious memory. But now, I live in a high-rise apartment. It is located in Seoul City. Also, there is a park in front of my house. So, I usually go there to take a walk with my puppy. Also, I can work out there as well. Plus, I can enjoy a picnic on weekends with my family. So, these are the differences between the house that I used to live in and the house that I live in now.

제가 어릴 적, 저는 방 3개짜리 아파트에 살았어요. 집 앞에 놀이터가 있어서, 그곳에서 친구들과 놀곤 했어요. 숨바꼭질도 하고, 그네랑 시소 등을 탔어요. 그때 방과 후에 놀 수 있어서 너무 행복했던 것이 기억나요. 그것은 소중한 추억이에요. 하지만 지금은, 고층 아파트에 살아요. 서울시에 위치해 있어요. 게다가, 집 앞에는 공원이 있어요. 그래서, 보통 강아지와 산책하려고 그곳에 가요. 또한 그곳에서 운동도 할 수 있어요. 주말에는 가족과 소풍도 즐길 수 있어요. 따라서, 이것들이 예전에 살던 집과 지금 사는 집의 다른 점이에요.

| 현재 시제로 말하기 | 과거 시제로 말하기 | 경험담 말하기 |

Q Sometimes, we want to change something in our home. Tell me about a time when you made some changes in your house.

가끔, 우리는 집에 변화를 주고 싶어 합니다. 당신의 집에 변화를 준 때에 대해 말해 주세요.

A I remember a time when my house was renovated. We redid the wallpaper, the floors and the bathroom because they were too old. They looked so messy, so we redid them. After the renovation, the house looked so clean. I was really surprised. It felt like I had moved to another house. Also, I remember a time when we bought a new bed and a new sofa. Since ours were too old, I could not use them, so we bought new ones. After we renovated our house and bought some new furniture, our house looked brand new. I was really happy with the look. So, it was the best experience that I have had at home.

집을 수리한 때가 기억나요. 벽지, 바닥, 그리고 화장실을 다시 했어요. 왜냐하면 너무 오래되었거든요. 몹시 지저분해 보여서, 다시 새로 했어요. 리모델링을 하고 나니, 집이 굉장히 깨끗해 보이더라고요. 정말 놀랐어요. 다른 집으로 이사 온 느낌이었어요. 또한, 집에 침대와 소파를 새로 구입한 때가 기억나요. 우리가 가지고 있는 것들이 너무 오래되었기에, 사용할 수가 없어서 새로 구매했죠. 집을 수리하고 가구도 새로 구매하고 나니, 우리 집이 새집 같아 보였어요. 저는 그 모습에 너무 행복했어요. 그래서, 그것이 제가 집에서 겪었던 일 중 최고의 경험이었어요.

02 음악 감상하기

P04_U08_02

현재 시제로 말하기   과거 시제로 말하기   경험담 말하기

Q You indicated in the survey that you like to listen to music. What type of music do you listen to? Who is your favorite singer?

설문 조사에 음악 듣는 것을 좋아한다고 하셨네요. 어떤 종류의 음악을 들으세요? 가장 좋아하는 가수는 누구인가요?

A I like listening to music because I can relieve my stress, and I love listening to music because it makes me happy. So, I listen to music when I feel gloomy. My favorite singer is a Korean group called BTS. The reason why I like BTS is that they are the best singers in the world. Also, I think that the best thing about BTS is that they are good-looking and talented. I like listening to music, but I do not like hip hop music.

저는 음악 듣는 것을 좋아해요. 왜냐하면 스트레스를 해소할 수 있기 때문이에요. 그리고 저는 음악 듣는 것을 정말 좋아하는데, 왜냐하면 절 행복하게 만들어 주기 때문이에요. 그래서, 저는 우울할 때 음악을 들어요. 제가 가장 좋아하는 가수는 BTS라는 한국 그룹이에요. 제가 BTS를 좋아하는 이유는 그들이 세계에서 최고의 가수이기 때문이에요. 또한, 제 생각에 BTS의 가장 좋은 점은 잘생기고 재능이 뛰어나다는 점인 것 같아요. 저는 음악 듣는 것을 좋아하지만, 힙합 음악은 좋아하지 않아요.

현재 시제로 말하기   과거 시제로 말하기   경험담 말하기

Q What kinds of music did you like first? How has your interest in music changed?

처음엔 어떤 음악을 좋아했나요? 당신의 음악에 대한 관심은 어떻게 변했나요?

A Well... OK! When I was young, my favorite singer was a Korean group called Wonder Girls. I was into Wonder Girls' music because it made me excited. I liked their songs because I could listen to catchy melodies. The best thing about Wonder Girls was that they were good-looking and talented. They were really popular among people in Korea and around the world. But now, my favorite singer is a Korean group called BTS. The reason why I like BTS is that they are the best singers in the world. Also, I think that the best thing about BTS is that they are so talented and good-looking. Therefore, I like various musicians now.

음… 자! 제가 어릴 적 가장 좋아했던 가수는 원더걸스라는 한국 그룹이었어요. 저는 원더걸스 음악에 푹 빠져 있었어요, 왜냐하면 저를 신나게 만들어 주었기 때문이에요. 그들의 음악을 좋아했어요, 왜냐하면 기억하기 쉬운 멜로디를 들을 수 있었기 때문이에요. 원더걸스의 가장 좋았던 점은 예쁘고 실력이 뛰어났던 점이었어요. 한국 사람들 사이에서도 전 세계 사람들 사이에서도 매우 인기가 있었죠. 하지만 지금은, 제가 가장 좋아하는 가수는 BTS라는 한국 그룹이에요. 제가 BTS를 좋아하는 이유는 세계 최고의 가수이기 때문이에요. 또한, 제 생각에 BTS의 가장 좋은 점은 정말 실력이 뛰어나고 잘생겼다는 점이에요. 따라서, 지금은 전 다양한 음악가들을 좋아해요.

현재 시제로 말하기   과거 시제로 말하기   경험담 말하기

Q Tell me about a time when you heard live music. Describe that experience in detail.

라이브 음악을 들었던 때에 대해 말해 주세요. 그 경험에 대해 상세히 묘사해 주세요.

A Of course! I remember a time when I went to a concert. It was a concert by a Korean boy group called BTS. The concert was held last summer at a large stadium, and there were a lot of people there. I really enjoyed it because I had never been to a concert. It was very exciting. The fans were screaming and singing during the concert. The best thing about the concert was that their performance was amazing. It was the best performance that I have seen. Therefore, if I have a chance, I hope to go again. I cannot forget this experience. I think that it was the most memorable concert that I have ever been to.

당연하죠! 콘서트를 다녀온 때가 기억나요. BTS라는 한국 보이 그룹의 콘서트였어요. 콘서트는 지난여름 큰 규모의 경기장에서 열렸고, 그곳엔 많은 사람들이 있었어요. 저는 정말 즐거운 시간을 보냈어요, 왜냐하면 저는 콘서트에 가 본 적이 없었거든요. 콘서트는 정말 신나더라고요. 콘서트 중에 팬들은 소리도 지르고 노래도 했어요. 그 콘서트의 가장 좋았던 점은 그들의 공연이 놀라웠던 점이었어요. 제가 본 것 중 최고의 공연이었죠. 따라서, 만약 기회가 있다면, 다시 가고 싶어요. 저는 이 경험을 잊을 수 없어요. 제 생각엔 그것은 제가 여태껏 다녀온 콘서트 중 가장 기억에 남는 콘서트였어요.

03 영화 보기

P04_U08_03

현재 시제로 말하기	과거 시제로 말하기	경험담 말하기

Q You indicated in the survey that you like to watch movies. Tell me about your favorite type of movies. Who is your favorite actor or actress?

설문 조사에 영화 보는 것을 좋아한다고 하셨네요. 가장 좋아하는 영화 종류에 대해 말해 주세요. 가장 좋아하는 배우는 누구인가요?

A I like watching movies because I can relieve my stress, and I love watching movies because it makes me feel relaxed. So, I watch movies when I'm at home. I like watching movies. However, I do not like zombie movies. My favorite actor is a Korean actor named 윤여정. The reason why I like 윤여정 is that she is the best actor in Korea. Also, my favorite movie is Parasite. The reason why I like Parasite is that it is the best movie that I have watched. I think that the best thing about Parasite is that it is well made.

저는 영화 보는 것을 좋아해요. 왜냐하면 스트레스를 해소할 수 있기 때문이에요. 그리고 저는 영화 보는 것을 정말 좋아하는데, 왜냐하면 제가 편안한 기분이 들도록 만들어 주기 때문이에요. 그래서, 저는 집에 있을 때 영화를 봐요. 저는 영화 보는 것을 좋아해요. 그러나, 좀비 영화는 좋아하지 않아요. 제가 가장 좋아하는 배우는 윤여정이라는 한국 배우예요. 제가 윤여정을 좋아하는 이유는 그녀가 한국에서 최고의 배우이기 때문이에요. 또한, 제가 가장 좋아하는 영화는 〈기생충〉이에요. 〈기생충〉을 좋아하는 이유는 제가 본 영화 중 최고의 영화이기 때문이에요. 제 생각에 〈기생충〉의 가장 좋은 점은 구성이 잘되었다는 점인 것 같아요.

현재 시제로 말하기	과거 시제로 말하기	경험담 말하기

Q Tell me about the theater you went to. What does it look like?

다녀온 영화관에 대해 말해 주세요. 그곳은 어떤 모습인가요?

A I remember going to the theater last weekend. I went there with my friend. I did some window shopping before the movie and had lunch as well. Actually, there are three major multiplex chains in Korea. Of those three, I went to the CGV theater, which is the closest to my home. It is located near a subway station, so it is easy to get there. When you walk into the theater, you can see the counter where the customers can buy popcorn. Also, there are a lot of tables and chairs where people can wait for their movie. And when you walk into the cinema, you can see tons of seats and a huge screen. I think that it is the best place for watching movies.

지난 주말에 영화관에 다녀온 것이 기억나요. 그곳에 친구랑 다녀왔어요. 영화 보기 전에 아이쇼핑을 하고 점심 식사도 했죠. 사실, 한국에는 세 개의 대기업 멀티플렉스 체인점들이 있어요. 그 셋 중에, 저는 집과 가장 가까운 CGV 영화관에 다녀왔죠. 그곳은 지하철역 근처에 위치해 있어서, 쉽게 갈 수 있어요. 영화관에 들어가면, 손님들이 팝콘을 살 수 있는 카운터를 볼 수 있어요. 또한, 사람들이 영화를 기다릴 수 있는 테이블과 의자들도 많이 있어요. 그리고 영화관에 들어가면, 많은 좌석들과 거대한 스크린을 볼 수 있어요. 제 생각엔 그곳이 영화 보기에 최고의 장소인 것 같아요.

현재 시제로 말하기	과거 시제로 말하기	경험담 말하기

Q What was the most memorable movie you watched? Why was it so memorable?

보았던 영화 중 가장 기억에 남는 영화가 무엇이었나요? 그것이 왜 그렇게 기억에 남았나요?

A I recently watched a Korean movie called 미나리. I watched it with my friend. Actually, the movie was about the life of Koreans in the USA. So, it was packed with fun and touching scenes. My favorite actor, 윤여정 starred in this movie. The reason why I like 윤여정 is that she is the best actor in Korea. She is so talented. She got an award at the Oscars. I'm very proud of her. I really liked the storyline of the movie, and I also liked the acting and the message of the movie. I really enjoyed it. Therefore, it was one of the most memorable movies that I watched recently.

저는 최근에 한국 영화 〈미나리〉를 봤어요. 친구와 함께 보았어요. 사실, 이 영화는 한국인들의 미국 생활에 대한 영화였어요. 그래서, 재미있고 감동적인 장면들로 가득했어요. 이 영화에 제가 가장 좋아하는 배우 윤여정이 출연했어요. 제가 윤여정을 좋아하는 이유는 그녀가 한국에서 최고의 배우이기 때문이에요. 그녀는 아주 뛰어난 실력을 가지고 있습니다. 오스카에서 상도 받았어요. 저는 그녀가 너무 자랑스럽습니다. 저는 영화의 이야기 구조가 너무 좋았고, 또 영화의 메시지와 배우들의 연기도 좋았습니다. 정말 재미있게 보았어요. 따라서, 그것이 제가 최근에 본 가장 기억에 남는 영화 중 하나였어요.

현재 시제로 말하기	과거 시제로 말하기	경험담 말하기

Q You indicated in the survey that you go to parks. Tell me about the park you like to visit. What does it look like?
설문 조사에 공원에 간다고 하셨네요. 즐겨 찾는 공원에 대해 말해 주세요. 그곳은 어떤 모습인가요?

A I like going to the park because I can work out, and I love working out in the morning because it makes me feel refreshed. So, I like going to the park when I have free time. I like going to the park. However, I do not like riding a bike. My favorite park is Han River Park. The reason why I like this park is that it is the best place for working out, going on dates, and taking a walk. Also, I think that the best thing about Han River Park is that I can get my all-time favorite pictures there. I love this place.
저는 공원에 가는 것을 좋아해요. 왜냐하면 운동을 할 수 있기 때문이에요. 그리고 저는 아침에 운동하는 것을 정말 좋아하는데, 왜냐하면 제가 상쾌한 기분이 들도록 만들어 주기 때문이에요. 그래서, 저는 시간이 날 때 공원에 가는 것을 좋아해요. 저는 공원에 가는 것을 좋아해요. 그러나, 자전거 타는 것은 좋아하지 않아요. 제가 가장 좋아하는 공원은 한강 공원이에요. 이 공원을 좋아하는 이유는 이곳이 운동도 하고, 데이트도 하고, 산책도 하기에 최고의 장소이기 때문이에요. 또한, 제 생각에 한강 공원의 가장 좋은 점은 그곳에서 제 인생 최고의 사진을 얻을 수 있다는 점인 것 같아요. 저는 이곳을 정말 좋아해요.

현재 시제로 말하기	과거 시제로 말하기	경험담 말하기

Q Think about the last time you went to a park. What happened?
당신이 마지막으로 공원에 다녀온 때를 떠올려 보세요. 무슨 일이 있었나요?

A I went to the park with my family and puppy last Saturday. We went to the park located near our house. There we took walks and rode bikes. Also, there was outdoor exercise equipment, so my parents worked out using that equipment. I could enjoy the trees, flowers, and fresh air as well. I was very excited, so I took a lot of pictures of our family. I think that I got an all-time favorite picture of our family there. The best thing about the park was that the weather was perfect for walks because it is fall in Korea. I was very happy. I hope to go again.
지난 토요일에 가족 그리고 강아지와 함께 공원에 다녀왔어요. 저희 가족은 집 근처에 위치한 공원에 갔어요. 그곳에서, 우리는 산책도 하고 자전거도 탔어요. 또한, 야외 운동 기구가 있어서, 부모님께서 그 기구를 사용하여 운동도 하셨어요. 저는 나무, 꽃, 그리고 신선한 공기도 즐길 수 있었어요. 저는 너무 신나서, 가족들의 사진을 많이 찍었어요. 제 생각엔 그곳에서 우리 가족의 인생 최고의 사진을 건진 것 같아요. 공원의 가장 좋았던 점은 산책하기에 날씨가 완벽했던 점이었어요. 왜냐하면 지금 한국은 가을이거든요. 저는 정말 행복했어요. 또 가고 싶네요.

현재 시제로 말하기	과거 시제로 말하기	경험담 말하기

Q Tell me about a memorable experience that happened at a park. Why was it so memorable?
공원에서 일어난 기억에 남는 경험에 대해 말해 주세요. 그것이 왜 그렇게 기억에 남았나요?

A I remember a time when I ran into my high school friend at a park. Last summer, I was taking a walk in the park. Suddenly, someone called my name. I looked back and saw my high school friend. Oh my god! Can you believe it, Ava? I was really surprised because it had been such a long time since I'd seen her. So, I was very happy at that time. I asked her how her life was, but she hadn't changed a bit. We exchanged phone numbers and promised to meet again to catch up. So, that's it. That was the most memorable experience that I have had at a park.
공원에서 고등학교 친구를 우연히 마주쳤던 때가 기억나요. 지난여름, 저는 공원에서 산책을 하고 있었어요. 갑자기, 누군가가 제 이름을 부른 거예요. 돌아보니 고등학교 친구를 본 거죠. 세상에! 믿어져요, Ava? 저는 정말 깜짝 놀랐어요. 왜냐하면 그녀를 본 지 너무 오래되었거든요. 그래서, 그 순간 정말 행복했어요. 친구에게 잘 지냈냐고 물어봤는데, 그녀는 조금도 변하지 않았더라고요. 우리는 전화번호를 교환하고 밀린 이야기를 나누기 위해 다시 만나기로 약속했어요. 따라서, 그게 다예요. 그것이 제가 공원에서 겪었던 일 중 가장 기억에 남는 경험이었어요.

05 카페/커피전문점에 가기

현재 시제로 말하기 | 과거 시제로 말하기 | 경험담 말하기

Q You indicated in the survey that you go to coffee shops. Describe your favorite coffee shop. What does it look like?

설문 조사에 커피숍에 간다고 하셨네요. 좋아하는 커피숍에 대해 묘사해 주세요. 그곳은 어떤 모습인가요?

A I think that I like going to the café because I can kill time there. So, I like going to the café when I have free time. It makes me feel relaxed. I like going to the café. However, I do not like a study café. My favorite café is Starbucks. The reason why I like Starbucks is that it is the best place for studying and working. Also, the best thing about Starbucks is that I can listen to music, watch video clips, and catch up with friends as well. So, I love this place.

제 생각에 저는 시간을 때울 수 있기 때문에 카페 가는 것을 좋아하는 것 같아요. 그래서, 저는 시간이 날 때 카페에 가는 것을 좋아해요. 그곳은 제가 편안한 기분이 들도록 만들어 줘요. 저는 카페에 가는 것을 좋아해요. 그러나, 스터디 카페는 좋아하지 않아요. 제가 가장 좋아하는 카페는 스타벅스예요. 제가 스타벅스를 좋아하는 이유는 공부를 하고 일을 하기에 최고의 장소이기 때문이에요. 또한, 스타벅스의 가장 좋은 점은 음악도 들을 수 있고, 영상도 볼 수 있고, 친구와 수다도 떨 수 있다는 점이에요. 그래서, 전 이곳이 정말 좋아요.

현재 시제로 말하기 | **과거 시제로 말하기** | 경험담 말하기

Q Tell me about the cafés in the past. How have they changed?

예전의 카페에 대해 말해 주세요. 그곳은(카페는) 어떻게 변했나요?

A My favorite café was The Coffee Bean. I was into The Coffee Bean because it made me feel relaxed. Also, I liked going there because I could get there easily. It was very close to my home. The best thing about that place was that I could stay there for a long time because it was not crowded. I didn't like noise, so I went there. But now, I like various coffee shops where the places are very well designed. The coffee shops are very beautiful these days, so a lot of people visit them to take pictures, have chats, and enjoy the atmosphere. Anyway, I love coffee shops.

제가 가장 좋아했던 카페는 커피빈이었어요. 저는 커피빈에 푹 빠져 있었어요. 왜냐하면 제가 편안한 기분이 들도록 만들어 주었기 때문이에요. 또한, 그곳에 가는 걸 좋아했어요, 왜냐하면 쉽게 갈 수 있었기 때문이에요. 그곳은 저희 집과 매우 가까웠습니다. 그곳의 가장 좋았던 점은 오랜 시간 동안 머무를 수 있었던 점이에요, 왜냐하면 사람들로 붐비지 않았거든요. 저는 시끄러운 걸 좋아하지 않아서, 그곳에 갔어요. 하지만 지금은, 정말 잘 꾸며진 다양한 커피숍을 좋아해요. 요즘 커피숍들은 매우 예뻐서, 많은 사람들은 사진을 찍고 대화를 하고 분위기를 즐기기 위해 그곳에 가요. 아무튼, 저는 커피숍이 좋아요.

현재 시제로 말하기 | 과거 시제로 말하기 | **경험담 말하기**

Q Tell me about a memorable experience that happened at a café. What made it so memorable?

카페에서 일어난 기억에 남는 경험에 대해 말해 주세요. 그것이 왜 그렇게 기억에 남았나요?

A I remember a time when I ran into my high school friend at a café. Last summer, I was killing time at the café. Suddenly, someone called my name. I looked back and saw my high school friend. Oh my god! Can you believe it, Ava? I was really surprised because it had been such a long time since I'd seen her. So, I was very happy at that time. I asked her how her life was, but she hadn't changed a bit. We exchanged phone numbers and promised to meet again to catch up. So, that's it. That was the most memorable experience that I have had at a café.

카페에서 고등학교 친구를 우연히 마주쳤던 때가 기억나요. 지난여름, 저는 카페에서 시간을 때우고 있었어요. 갑자기, 누군가가 제 이름을 부른 거예요. 돌아보니 고등학교 친구를 본 거죠. 세상에! 믿어져요, Ava? 저는 정말 깜짝 놀랐어요, 왜냐하면 그녀를 본 지 너무 오래되었거든요. 그래서, 그 순간 정말 행복했어요. 친구에게 잘 지냈냐고 물어봤는데, 그녀는 조금도 변하지 않았더라고요. 우리는 전화번호를 교환하고 밀린 이야기를 나누기 위해 다시 만나기로 약속했어요. 따라서, 그게 다예요. 그것이 제가 카페에서 겪었던 일 중 가장 기억에 남는 경험이었어요.

P04_U08_06

현재 시제로 말하기	과거 시제로 말하기	경험담 말하기

Q You indicated in the survey that you go to bars. Tell me about a pub or bar you like to go to.
설문 조사에 술집에 간다고 하셨네요. 즐겨 찾는 술집에 대해 말해 주세요.

A I think that I like going to the bar because I can relieve my stress there, and I love drinking beer because it makes me excited. So, I enjoy drinking beer when I feel gloomy. My favorite bar is a pub that serves various kinds of beer from all over the world. The reason why I like this pub is that I can enjoy all kinds of beer from all over the world. Also, I love gathering at a bar with my friends and colleagues. The reason why I like gathering is that it is the best way to communicate with my friends and colleagues after work. That's why I like going to the pub. However, I do not like drinking too much.

제 생각에 저는 스트레스를 해소할 수 있어서 술집에 가는 것을 좋아하는 것 같아요. 그리고 저는 맥주 마시는 것을 정말 좋아하는데, 왜냐하면 절 신나게 만들어 주기 때문이에요. 그래서, 전 우울할 때 맥주를 즐겨 마셔요. 제가 가장 좋아하는 술집은 세계 곳곳의 다양한 맥주를 판매하는 술집이에요. 이 술집을 좋아하는 이유는 전 세계 온갖 종류의 맥주를 즐길 수 있기 때문이에요. 또한, 저는 술집에서 친구, 직장 동료와 모임 갖는 것을 좋아해요. 제가 모임을 좋아하는 이유는 퇴근 후 친구, 직장 동료와 소통할 수 있는 최고의 방법이기 때문이에요. 그래서 전 술집에 가는 것을 좋아합니다. 하지만, 과음은 좋아하지 않아요.

현재 시제로 말하기	과거 시제로 말하기	경험담 말하기

Q Think about the bar you used to go to. How has it changed over the years?
당신이 갔었던 술집을 떠올려 보세요. 그곳은(술집은) 세월이 흐르면서 어떻게 변했나요?

A My favorite bar was a local pub. I was into drinking beer because it made me excited. Also, I liked going to the local pub because I could drink domestic beer there. It was very close to my house. The best thing about the pub was that I could drink for a long time because I was a regular there. I didn't like drinking too fast, so I liked drinking slowly and talking with my friends for a long time when I was there. But now, I like various bars like Korean bars, wine bars, and so on. The bars are very beautiful these days, and we can listen to various types of music as well. So, I like going to different kinds of bars with my friends.

제가 가장 좋아했던 술집은 동네 술집이었어요. 저는 맥주 마시는 것에 푹 빠져 있었어요, 왜냐하면 절 신나게 만들어 주었기 때문이에요. 또한, 동네 술집에 가는 걸 좋아했어요, 왜냐하면 그곳에서 국산 맥주를 마실 수 있었기 때문이에요. 그곳은 저희 집과 매우 가까웠어요. 그 술집의 가장 좋았던 점은 오랜 시간 동안 술을 마실 수 있었던 점이에요, 왜냐하면 전 그곳의 단골이었거든요. 저는 술을 급하게 마시는 것을 좋아하지 않아서, 그곳에 있을 때는 술을 천천히 마시면서 오랜 시간 동안 친구들과 이야기를 나누는 걸 즐겼어요. 하지만 지금은, 한국식 술집, 와인 바 등과 같은 다양한 술집을 좋아해요. 요즘 술집은 너무 멋지고, 다양한 음악도 들을 수 있어요. 그래서, 저는 친구들과 여러 종류의 술집에 가는 것을 좋아해요.

현재 시제로 말하기	과거 시제로 말하기	경험담 말하기

Q Tell me about a memorable experience that happened at a bar. Why was it so memorable?
술집에서 일어난 기억에 남는 경험에 대해 말해 주세요. 그것이 왜 그렇게 기억에 남았나요?

A I remember a time when I ran into my high school friend at a bar. Last summer, I was drinking beer and catching up with a friend at the bar. Suddenly, someone called my name. I looked back and saw my high school friend. Oh my god! Can you believe it, Ava? I was really surprised because it had been such a long time since I'd seen her. So, I was very happy at that time. I asked her how her life was, but she hadn't changed a bit. We exchanged phone numbers and promised to meet again to catch up. So, that's it. That was the most memorable experience that I have had at a bar.

술집에서 고등학교 친구를 우연히 마주쳤던 때가 기억나요. 지난여름, 저는 술집에서 친구와 맥주를 마시며 밀린 이야기를 나누고 있었어요. 갑자기, 누군가가 제 이름을 부른 거예요. 돌아보니 고등학교 친구를 본 거죠. 세상에! 믿어져요, Ava? 저는 정말 깜짝 놀랐어요, 왜냐하면 그녀를 본 지 너무 오래되었거든요. 그래서, 그 순간 정말 행복했어요. 친구에게 잘 지냈냐고 물어봤는데, 그녀는 조금도 변하지 않았더라고요. 우리는 전화번호를 교환하고 밀린 이야기를 나누기 위해 다시 만나기로 약속했어요. 따라서, 그게 다예요. 그것이 제가 술집에서 겪었던 일 중 가장 기억에 남는 경험이었어요.

07 해변 가기

P04_U08_07

| 현재 시제로 말하기 | 과거 시제로 말하기 | 경험담 말하기 |

Q You indicated in the survey that you go to beaches. Tell me about your favorite beach you go to. What does it look like?

설문 조사에 해변에 간다고 하셨네요. 즐겨 찾는 해변에 대해 말해 주세요. 그곳은 어떤 모습인가요?

A I like visiting the beach because it makes me feel refreshed. So, I love going to the beach when I take a vacation. I think that my favorite beach is 해운대 Beach. It is in Busan City in Korea. Actually, it is a little far from here, but I love that beach. The reason why I like 해운대 Beach is that it is the best place to enjoy the scenery, the smell, and the sounds. It makes me feel relaxed. Also, the best thing about 해운대 Beach is that I can get my all-time favorite pictures there. So, I love this place.

저는 해변에 가는 것을 좋아해요. 왜냐하면 제가 상쾌한 기분이 들도록 만들어 주기 때문이에요. 그래서, 저는 휴가를 낼 때면 해변에 가는 것을 좋아해요. 제 생각에 제가 가장 좋아하는 해변은 해운대 해변인 것 같아요. 이곳은 한국의 부산시에 있어요. 사실, 제가 있는 곳에서는 조금 멀지만, 그 해변을 정말 좋아해요. 해운대 해변을 좋아하는 이유는 경치, 냄새, 그리고 소리를 즐기기에 최고의 장소이기 때문이에요. 그곳은 절 느긋한 기분이 들도록 만들어 줍니다. 또한, 해운대 해변의 가장 좋은 점은 그곳에서 저의 인생 최고의 사진을 얻을 수 있다는 점이에요. 그래서, 저는 이곳을 정말 좋아해요.

| 현재 시제로 말하기 | 과거 시제로 말하기 | 경험담 말하기 |

Q Think about the last time you went to a beach. What happened?

당신이 마지막으로 해변에 다녀온 때를 떠올려 보세요. 무슨 일이 있었나요?

A I remember a time when I went to a beach with my family. We went to 애월 Beach located in Jeju Island. It is actually far from Seoul City, but it is very well known. I was really happy because we stayed at a beachside hotel. I had never stayed at a beachside hotel before. The view from the room was so amazing, and it was so cozy. When I was there, I ate seafood for the first time. It was so tasty. Also, I swam in the ocean, played in the sand with my sister, and took a lot of pictures. I enjoyed it a lot, so it was one of the best trips I have ever had.

가족과 함께 해변에 다녀온 때가 기억나요. 우리는 제주도에 위치한 애월 해변에 다녀왔어요. 사실 그곳은 서울에서 멀지만, 아주 잘 알려진 곳이에요. 저는 정말 행복했어요. 왜냐하면 해변가의 호텔에서 머물렀기 때문이에요. 저는 이전에 해변가 호텔에 머물러 본 적이 없었어요. 방에서 보는 전망은 너무 멋있었고 방은 정말 아늑했어요. 제가 그곳에 있었을 때, 저는 해산물을 처음 먹어 보았어요. 너무 맛있었어요. 또한, 바다에서 수영도 하고, 언니와 모래에서 놀기도 하고, 사진도 많이 찍었어요. 너무 즐거웠어요. 그래서 그것은 제가 여태껏 다녀온 최고의 여행 중 하나였어요.

| 현재 시제로 말하기 | 과거 시제로 말하기 | 경험담 말하기 |

Q Tell me about a memorable experience that happened at a beach. What made it so memorable?

해변에서 일어난 기억에 남는 경험에 대해 말해 주세요. 그것이 왜 그렇게 기억에 남았나요?

A I remember a time when I ran into my high school friend at 애월 Beach. Last summer, I was enjoying myself at the beach. Suddenly, someone called my name. I looked back and saw my high school friend. Oh my god! Can you believe it, Ava? I was really surprised because it had been such a long time since I'd seen her. So, I was very happy at that time. I asked her how her life was, but she hadn't changed a bit. We exchanged phone numbers and promised to meet again to catch up. So, that's it. That was the most memorable experience that I have had at a beach.

애월 해변에서 고등학교 친구를 우연히 마주쳤던 때가 기억나요. 지난여름, 저는 해변에서 즐거운 시간을 보내고 있었어요. 갑자기, 누군가가 제 이름을 부른 거예요. 돌아보니 고등학교 친구를 본 거죠. 세상에! 믿어져요, Ava? 저는 정말 깜짝 놀랐어요. 왜냐하면 그녀를 본 지 너무 오래되었거든요. 그래서, 그 순간 정말 행복했어요. 친구에게 잘 지냈냐고 물어봤는데, 그녀는 조금도 변하지 않았더라고요. 우리는 전화번호를 교환하고 밀린 이야기를 나누기 위해 다시 만나기로 약속했어요. 따라서, 그게 다예요. 그것이 제가 해변에서 겪었던 일 중 가장 기억에 남는 경험이었어요.

P04_U08_08

| 현재 시제로 말하기 | 과거 시제로 말하기 | 경험담 말하기 |

Q You indicated in the survey that you go shopping. Tell me about your shopping habits.
설문 조사에 쇼핑 간다고 하셨네요. 당신의 쇼핑 습관에 대해 말해 주세요.

A I think that I like shopping because I can relieve my stress, and I love shopping because it makes me excited. So, I enjoy shopping when I feel gloomy. My favorite shopping is online shopping. The reason why I like online shopping is that I can buy everything easily. The best thing about it is that I can do online shopping with my smartphone. I just get access to the Internet and there are various websites. On the websites, I can compare the prices and get a special discount. Also, they deliver products to my home. It is very easy and convenient. That's why I like online shopping these days.
제 생각에 저는 쇼핑하는 것을 좋아하는 것 같아요, 왜냐하면 스트레스를 해소할 수 있기 때문이에요. 그리고 저는 쇼핑하는 것을 정말 좋아해요, 왜냐하면 절 신나게 만들어 주기 때문이에요. 그래서, 저는 우울할 때 쇼핑을 즐깁니다. 제가 가장 좋아하는 쇼핑은 온라인 쇼핑이에요. 제가 온라인 쇼핑을 좋아하는 이유는 모든 것을 쉽게 살 수 있기 때문이에요. 그것의 가장 좋은 점은 스마트폰으로 온라인 쇼핑을 할 수 있다는 점이에요. 인터넷에 접속하면 다양한 웹사이트들이 있어요. 웹사이트에서, 가격을 비교할 수 있고 특별 할인도 받을 수 있어요. 또한, 상품을 집으로 배송해 줍니다. 굉장히 쉽고 편리합니다. 그래서 저는 요즘 온라인 쇼핑을 좋아해요.

| 현재 시제로 말하기 | 과거 시제로 말하기 | 경험담 말하기 |

Q Tell me about your early memories of shopping. Where did you go? What did you do there?
당신이 어릴 적 쇼핑한 추억에 대해 말해 주세요. 어디에 갔나요? 그곳에서 무엇을 했나요?

A I went to the department store with my family when I was young. Actually, it was located near my house, so we could go there easily. Since it was my birthday, my parents bought me a lot of clothes and shoes. I bought T-shirts, pants, and jackets. Also, I bought white sneakers. And then we went grocery shopping as well. I think it is a precious memory from my childhood because I was happy with the gifts. Therefore, it was the best shopping experience.
제가 어릴 적 가족과 함께 백화점을 다녀왔어요. 사실, 집 근처에 위치해 있어서, 가기 쉬웠습니다. 제 생일이었기 때문에, 부모님이 많은 옷과 신발을 사주셨어요. 저는 티셔츠, 바지, 그리고 재킷을 샀습니다. 또한, 하얀색 스니커즈도 샀어요. 그러고 나서 우리는 장도 보았습니다. 제 생각엔 이것은 제 어릴 적 소중한 추억인 것 같아요, 왜냐하면 선물로 너무 행복했거든요. 따라서, 그것이 최고의 쇼핑 경험이었습니다.

| 현재 시제로 말하기 | 과거 시제로 말하기 | 경험담 말하기 |

Q Tell me about a memorable experience that happened while you were shopping. What made it so memorable?
쇼핑하던 중 일어난 기억에 남는 경험에 대해 말해 주세요. 그것이 왜 그렇게 기억에 남았나요?

A I remember a time when I ran into my high school friend at the shopping mall. Last summer, I was shopping with my mommy. Suddenly, someone called my name. I looked back and saw my high school friend. Oh my god! Can you believe it, Ava? I was really surprised because it had been such a long time since I'd seen her. So, I was very happy at that time. I asked her how her life was, but she hadn't changed a bit. We exchanged phone numbers and promised to meet again to catch up. So, that's it. That was the most memorable experience that I have had while I was shopping.
쇼핑몰에서 고등학교 친구를 우연히 마주쳤던 때가 기억나요. 지난여름, 저는 엄마와 쇼핑을 하고 있었어요. 갑자기, 누군가가 제 이름을 부른 거예요. 돌아보니 고등학교 친구를 본 거죠. 세상에! 믿어져요, Ava? 저는 정말 깜짝 놀랐어요, 왜냐하면 그녀를 본 지 너무 오래되었거든요. 그래서, 그 순간 정말 행복했어요. 친구에게 잘 지냈냐고 물어봤는데, 그녀는 조금도 변하지 않았더라고요. 우리는 전화번호를 교환하고 밀린 이야기를 나누기 위해 다시 만나기로 약속했어요. 따라서, 그게 다예요. 그것이 제가 쇼핑하던 중에 겪었던 일 중 가장 기억에 남는 경험이었어요.

P04_U08_09

현재 시제로 말하기 | 과거 시제로 말하기 | 경험담 말하기

Q You indicated in the survey that you like to travel domestically. Tell me a place you like the most.

설문 조사에 국내 여행을 좋아한다고 하셨네요. 당신이 가장 좋아하는 곳을 말해 주세요.

A I like domestic trips because there are various places to visit in my country. And all the places are very beautiful. Among them, one of my favorite places is 해운대 Beach. The reason why I like it there is that the place is crowded. There are a lot of people who enjoy swimming, surfing, and tanning. I can enjoy my free time there. Also, I enjoy taking pictures because it is beautiful, but it sometimes looks messy as well. Anyway, I'm going to enjoy my domestic trip this coming vacation.

저는 국내 여행을 좋아해요, 왜냐하면 우리나라에는 방문할 만한 곳들이 다양하게 있기 때문이에요. 그리고 모든 장소들이 매우 아름답습니다. 그중, 제가 가장 좋아하는 장소 중 하나는 해운대 해변이에요. 제가 그곳을 좋아하는 이유는 그 장소가 사람들로 붐비기 때문이에요. 수영, 서핑, 그리고 태닝을 즐기는 사람들이 많아요. 저도 그곳에서 자유 시간을 즐길 수 있죠. 또한, 그곳이 아름다우니 즐겁게 사진을 찍죠, 하지만 가끔은 그곳이 지저분해 보일 때도 있어요. 어쨌든, 저는 다가오는 이번 휴가에 국내 여행으로 즐거운 시간을 보낼 거예요.

현재 시제로 말하기 | 과거 시제로 말하기 | 경험담 말하기

Q Tell me about some of the trips you took in your youth. Where did you go? What did you do there?

당신이 어릴 적에 했던 여행에 대해 말해 주세요. 어디에 갔나요? 그곳에서 무엇을 했나요?

A I remember a time when I went to a beach with my family. When I was 10 years old, we went to 애월 Beach located in Jeju Island. It is actually far from Seoul City, but it is very well known. I was really happy because we stayed at a beachside hotel. I had never stayed at a beachside hotel before. The view from the room was so amazing, and it was so cozy. When I was there, I ate seafood for the first time. It was so tasty. Also, I swam in the ocean, played in the sand with my sister, and took a lot of pictures. I enjoyed it a lot, so it was one of the best trips I have ever had.

가족과 함께 해변에 다녀온 때가 기억나요. 제가 10살 때, 우리는 제주도에 위치한 애월 해변에 다녀왔어요. 사실 그곳은 서울에서 멀지만, 아주 잘 알려진 곳이에요. 저는 정말 행복했어요, 왜냐하면 해변가의 호텔에서 머물렀기 때문이에요. 저는 이전에 해변가 호텔에 머물러 본 적이 없었어요. 방에서 보는 전망은 너무 멋있었고 방은 정말 아늑했어요. 제가 그곳에 있었을 때, 저는 해산물을 처음 먹어 보았어요. 너무 맛있었어요. 또한, 바다에서 수영도 하고, 언니와 모래에서 놀기도 하고, 사진도 많이 찍었어요. 너무 즐거웠어요. 그래서 그것은 제가 여태껏 다녀온 최고의 여행 중 하나였어요.

현재 시제로 말하기 | 과거 시제로 말하기 | 경험담 말하기

Q Tell me about a memorable experience that happened during a domestic trip. Why was it so memorable?

국내 여행 중 일어난 기억에 남는 경험에 대해 말해 주세요. 그것이 왜 그렇게 기억에 남았나요?

A I remember a time when I ran into my high school friend at 애월 Beach. Last summer, I was enjoying myself at the beach. Suddenly, someone called my name. I looked back and saw my high school friend. Oh my god! Can you believe it, Ava? I was really surprised because it had been such a long time since I'd seen her. So, I was very happy at that time. I asked her how her life was, but she hadn't changed a bit. We exchanged phone numbers and promised to meet again to catch up. So, that's it. That was the most memorable experience that I have had while traveling within my own country.

애월 해변에서 고등학교 친구를 우연히 마주쳤던 때가 기억나요. 지난여름, 저는 해변에서 즐거운 시간을 보내고 있었어요. 갑자기, 누군가가 제 이름을 부른 거예요. 돌아보니 고등학교 친구를 본 거죠. 세상에! 믿어져요, Ava? 저는 정말 깜짝 놀랐어요, 왜냐하면 그녀를 본 지 너무 오래되었거든요. 그래서, 그 순간 정말 행복했어요. 친구에게 잘 지냈냐고 물어봤는데, 그녀는 조금도 변하지 않았더라고요. 우리는 전화번호를 교환하고 밀린 이야기를 나누기 위해 다시 만나기로 약속했어요. 따라서, 그게 다예요. 그것이 제가 국내에서 여행하던 중에 겪었던 일 중 가장 기억에 남는 경험이었어요.

10 해외 여행

P04_U08_10

현재 시제로 말하기 | 과거 시제로 말하기 | 경험담 말하기

Q You indicated in the survey that you like to travel internationally. Tell me about another country you have visited. What does it look like?

설문 조사에 해외여행을 좋아한다고 하셨네요. 당신이 다녀온 다른 나라에 대해 말해 주세요. 그곳은 어떤 모습인가요?

A I remember going to Japan. Japan is the closest country to Korea. They have various attractions to visit. You know, they have mountains, beaches, and four seasons there. My favorite places to visit are the mountains. The reason why I like it there is that I can go hiking. Well, there are also beautiful beaches. So, we can go swimming as well. The best thing about Japan is that the weather is like our country. They have four seasons: spring, summer, fall, and winter. The weather is so nice in the spring and fall. It is the best weather to go on a picnic. The weather is very hot in the summer. A lot of people visit the beaches in this season. So, they get crowded. The weather is freezing in the winter. We have to wear heavy clothes. Anyway, I love going to Japan.

저는 일본에 갔던 게 기억나요. 일본은 한국에서 가장 가까운 나라이죠. 방문할 만한 다양한 명소들이 있어요. 왜 있잖아요, 일본은 산, 해변, 그리고 사계절이 있어요. 제가 가장 방문하기 좋아하는 곳은 산이에요. 그곳을 좋아하는 이유는 등산하러 갈 수 있기 때문이죠. 음, 아름다운 해변들도 있어요. 그래서, 수영하러 갈 수도 있죠. 일본의 가장 좋은 점은 우리나라와 날씨가 비슷하다는 점이에요. 봄, 여름, 가을, 그리고 겨울 이렇게 사계절이 있죠. 봄과 가을엔 날씨가 무척 좋아요. 소풍 가기에 최고로 좋은 날씨이죠. 여름엔 너무 더워요. 이러한 계절엔 많은 사람들이 해변에 가요. 그래서, 사람들로 붐벼요. 겨울에는 너무 추워요. 두꺼운 옷을 입어야 해요. 그래도, 저는 일본에 가는 것을 좋아해요.

현재 시제로 말하기 | 과거 시제로 말하기 | 경험담 말하기

Q Tell me about an overseas trip you took when you were young. Where did you go? What did you do there?

당신이 어릴 적에 다녀온 해외여행에 대해 말해 주세요. 어디에 갔나요? 그곳에서 무엇을 했나요?

A I went to Japan with my family when I was 20 years old. It was my first overseas trip, and I was so excited. Japan is Korea's closest neighboring country. A lot of Koreans visit Japan for their vacation and for business. In Japan, there are a lot of mountains. So, we could enjoy beautiful colors in the fall. There are many rivers. Plus, there are tons of beaches in Japan. So, we could enjoy various types of seafood there. Also, there were a lot of famous restaurants to enjoy eating and drinking. Therefore, it was the best trip that I have ever taken overseas.

제가 20살 때 가족과 함께 일본에 다녀왔어요. 처음으로 갔던 해외 여행이라, 너무 신났어요. 일본은 한국의 가장 가까운 이웃 나라예요. 많은 한국인들이 휴가나 업무로 일본을 방문해요. 일본에는, 산이 많아요. 그래서, 가을에 아름다운 단풍을 즐길 수 있었어요. 강도 많아요. 그리고, 일본에는 해변들도 정말 많아요. 그래서, 그곳에서 다양한 종류의 해산물을 즐길 수 있었어요. 또한, 일본에는 먹고 마시는 것을 즐길 수 있는 유명한 식당들도 많았어요. 따라서, 그것은 제가 다녀 본 해외여행 중 최고의 여행이었어요.

현재 시제로 말하기 | 과거 시제로 말하기 | 경험담 말하기

Q Tell me about a memorable experience that happened during an overseas trip. Tell me the story in detail.

해외여행 중 일어난 기억에 남는 경험에 대해 말해 주세요. 그 이야기를 상세히 말해 주세요.

A I remember a time when I went to Japan with my family. We visited various tourist attractions. Suddenly, I had a stomachache, and I couldn't eat anything at that moment. I couldn't move because it was so painful. So, my parents took me to the doctor, and the doctor said that I had food poisoning. I took some medicine and got lots of rest. I couldn't do anything during the entire trip. It was so boring. Therefore, it was the worst trip that I have had.

가족과 일본에 다녀왔던 때가 기억나요. 우리는 다양한 관광 명소들을 방문했어요. 갑자기, 저는 복통을 앓았고, 그 당시에 아무것도 먹지 못했어요. 너무 아파서 움직이지도 못했어요. 그래서, 부모님께서 저를 병원에 데리고 가셨고, 의사 선생님께서 말씀하시길 식중독에 걸렸다고 하셨어요. 저는 약을 먹고 푹 쉬었어요. 여행 내내 아무것도 하지 못했어요. 너무 지루했죠. 따라서, 그것이 제가 다녀온 여행 중 최악의 여행이었어요.

Make your own story!

UNIT 09 돌발형 주제 전술 FOCUS

사전 설문 조사에서 선택하지 않아도 출제되는 돌발형 주제별 Combo Set 답변을 살펴봅시다. 앞서 PART 1~3에서 학습한 패턴으로 이루어진 답변뿐만 아니라 미처 다루지 못했던 주제별 답변도 추가하였으니 주제별로 한번 살펴보면서 자신만의 답변을 준비해 보세요.

01 ▶ **음식점**

02 ▶ **명절**

03 ▶ **건강**

04 ▶ **은행**

05 ▶ **호텔**

06 ▶ **모임/기념일**

07 ▶ **가족/친구**

08 ▶ **지형**

09 ▶ **전화기/기술**

10 ▶ **날씨**

11 ▶ **교통**

12 ▶ **약속**

13 ▶ **가구/가전**

14 ▶ **인터넷/동영상**

15 ▶ **패션**

16 ▶ **재활용**

P04_U09_01

| 현재 시제로 말하기 | 과거 시제로 말하기 | 경험담 말하기 |

Q Tell me about your favorite restaurant. What does it look like? Why do you like it?

가장 좋아하는 음식점에 대해 말해 주세요. 그곳은 어떤 모습인가요? 왜 그곳을 좋아하나요?

A There are a lot of restaurants in Korea. They are located near subway stations or bus stations because a lot of people like eating out these days. I think that I like going to barbecue restaurants because my favorite food is Korean grilled pork belly called 삼겹살. So, I often go there with my friends and colleagues. My favorite barbecue restaurant is located near my house. When you walk into the restaurant, you can see a lot of tables and chairs. Also, you can see the people who grill the meat over charcoal. I love gathering at a barbecue restaurant with my friends and colleagues. The reason why I like gathering is that it is the best way to communicate with my friends and colleagues after work. That's why I like going to restaurants.

한국에는 많은 음식점들이 있어요. 지하철역이나 버스 정류장 근처에 위치해 있죠. 왜냐하면 요즘 많은 사람들이 외식하는 것을 좋아하기 때문이에요. 제 생각에 저는 고깃집에 가는 것을 좋아하는 것 같아요. 왜냐하면 제가 제일 좋아하는 음식이 삼겹살이라는 한국식 돼지고기 구이이기 때문이에요. 그래서, 가끔 친구, 직장 동료들이랑 그곳에 가요. 제가 제일 좋아하는 고깃집은 저희 집 근처에 위치해 있어요. 그 음식점에 들어가면, 테이블과 의자들이 많은 것을 볼 수 있어요. 게다가, 숯불에 고기를 굽는 사람들도 볼 수 있어요. 저는 친구, 직장 동료들과 함께 고깃집에서 모이는 걸 좋아해요. 제가 모임을 좋아하는 이유는 퇴근 후 친구, 직장 동료들과 소통할 수 있는 최고의 방법이기 때문이에요. 그래서 저는 음식점에 가는 것을 좋아해요.

| 현재 시제로 말하기 | 과거 시제로 말하기 | 경험담 말하기 |

Q Tell me about the last time you went to a restaurant. Where did you go? What did you do there?

당신이 마지막으로 음식점에 다녀온 때에 대해 말해 주세요. 어디에 갔나요? 그곳에서 무엇을 했나요?

A I remember a time when I went to a restaurant. I went there with my friends, and we had a gathering. Actually, it had been such a long time since I'd seen them, so I was really excited. We went to the barbecue restaurant, and we ate beef and pork. Also, we ate various types of side dishes. All the food was really tasty. During the meal, we talked a lot about our lives. We enjoyed it a lot. I think that it was the best time that we have had. We promised to have a gathering again sometime soon.

음식점에 다녀온 때가 기억나요. 저는 친구들과 함께 그곳에 갔어요. 그리고 우리는 모임을 가졌어요. 사실, 그들을 본 지 너무 오래돼서, 저는 너무 신이 났어요. 우리는 고깃집에 가서, 소고기와 돼지고기를 먹었어요. 또한, 다양한 종류의 반찬들도 먹었지요. 모든 음식들이 다 맛있었어요. 식사를 하는 동안, 우리는 우리의 인생에 대해 많은 이야기를 나누었답니다. 너무 즐거웠어요. 제 생각엔 우리가 가졌던 시간 중 최고의 시간이었던 것 같습니다. 우리는 조만간 다시 모임을 갖기로 약속했어요.

| 현재 시제로 말하기 | 과거 시제로 말하기 | 경험담 말하기 |

Q Tell me about a memorable experience that happened at a restaurant. What made it so memorable?

음식점에서 일어난 기억에 남는 경험에 대해 말해 주세요. 그것이 왜 그렇게 기억에 남았나요?

A I remember a time when I ran into my high school friend at a restaurant. Last summer, I was having a gathering with friends. Suddenly, someone called my name. I looked back and saw my high school friend. Oh my god! Can you believe it, Ava? I was really surprised because it had been such a long time since I'd seen her. So, I was very happy at that time. I asked her how her life was, but she hadn't changed a bit. We exchanged phone numbers and promised to meet again to catch up. So, that's it. That was the most memorable experience that I have had at a restaurant.

음식점에서 고등학교 친구를 우연히 마주쳤던 때가 기억나요. 지난 여름, 저는 친구들과 모임을 가지고 있었어요. 갑자기, 누군가가 제 이름을 부른 거예요. 돌아보니 고등학교 친구를 본 거죠. 세상에! 믿어져요, Ava? 저는 정말 깜짝 놀랐어요. 왜냐하면 그녀를 본 지 너무 오래되었거든요. 그래서, 그 순간 정말 행복했어요. 친구에게 잘 지냈냐고 물어봤는데, 그녀는 조금도 변하지 않았더라고요. 우리는 전화번호를 교환하고 밀린 이야기를 나누기 위해 다시 만나기로 약속했어요. 따라서, 그게 다예요. 그것이 제가 음식점에서 겪었던 일 중 가장 기억에 남는 경험이었어요.

P04_U09_02

| 현재 시제로 말하기 | 과거 시제로 말하기 | 경험담 말하기 |

Q Describe your country's holidays. What do people do during the holidays?
당신 나라의 명절에 대해 말해 주세요. 명절에 사람들은 무엇을 하나요?

A There are two big family holidays in Korea. We have Lunar New Year's Day and Thanksgiving Day. There are a lot of activities that we do on those holidays. Firstly, we visit our hometown to meet the family. When we get together, we cook holiday food and have meals together. We always eat Korean holiday food such as Korean pizza, Korean Spaghetti, and rice cake soup. We also do a lot of catching up. Plus, there is one more activity that is important. We call this 차례. This is a ceremony that lets us show respect for our ancestors, and it is our tradition. Anyway, these are the two big family holidays in Korea.

한국에는 두 가지 큰 명절이 있습니다. 음력 설과 추석이 있어요. 이 명절에는 많은 활동들을 합니다. 첫 번째로, 우리의 고향을 방문하여 가족들을 만납니다. 함께 모이면, 명절 음식들을 요리하고 함께 식사를 합니다. 우리는 항상 한국식 피자, 한국식 스파게티, 그리고 떡국과 같은 한국 명절 음식을 먹습니다. 그리고 밀린 이야기를 많이 합니다. 또한 활동이 한 가지 더 있는데, 이것은 중요합니다. 우리는 이것을 차례라고 부릅니다. 우리의 조상에게 예의를 보이는 의식이며 전통입니다. 어쨌든, 한국에는 이렇게 두 가지 큰 명절이 있습니다.

| 현재 시제로 말하기 | 과거 시제로 말하기 | 경험담 말하기 |

Q Tell me about an experience that happened during a holiday when you were young. Tell me everything about that experience.
당신이 어릴 적 명절 때 일어난 경험에 대해 말해 주세요. 그 경험에 대한 모든 것을 말해 주세요.

A I remember a time when I went to my grandparents' house with my family. When I was 10 years old, we visited them for a family holiday. Suddenly, I had a stomachache, and I couldn't eat anything at that moment. I couldn't move because it was so painful. So, my parents took me to the doctor, and the doctor said that I had food poisoning. I took some medicine and got lots of rest. I couldn't do anything during the family holiday. It was so boring. Therefore, it was the worst family holiday that I have had.

가족과 함께 할머니 할아버지 댁에 다녀왔던 때가 기억나요. 제가 10살 때, 우리는 명절을 지내기 위해 방문했어요. 갑자기, 저는 복통을 앓았고, 그 당시에 아무것도 먹지 못했어요. 너무 아파서 움직이지도 못했어요. 그래서, 부모님께서 저를 병원에 데리고 가셨고, 의사 선생님께서 말씀하시길 식중독에 걸렸다고 하셨어요. 저는 약을 먹고 푹 쉬었어요. 명절 내내 아무것도 하지 못했어요. 너무 지루했죠. 따라서, 그것은 제가 지냈던 명절 중 최악의 명절이었어요.

| 현재 시제로 말하기 | 과거 시제로 말하기 | 경험담 말하기 |

Q Tell me about a memorable experience that happened during a holiday. What made it so memorable?
명절 때 일어난 기억에 남는 경험에 대해 말해 주세요. 그것이 왜 그렇게 기억에 남았나요?

A I remember a time when I went to my grandparents' house for a family holiday. At that time, I drove a car for my family. On our way there, the traffic was terrible. The roads were packed with cars. I was annoyed because I had driven for a long time. My back was in so much pain, and I was so sleepy. It was quite dangerous, but I finally did it. Anyway, it was the worst experience that I have had.

명절에 할머니 할아버지 댁에 다녀왔던 때가 기억나요. 그 당시, 저는 가족을 위해 운전을 했어요. 가던 길에, 교통이 끔찍했어요. 도로가 차들로 꽉 차 있었어요. 저는 짜증 났어요, 왜냐하면 오랜 시간 동안 운전했거든요. 허리가 무척 아팠고, 너무 졸렸어요. 상당히 위험했지만, 끝내 해냈어요. 어쨌든, 그것은 제가 겪었던 일 중 최악의 경험이었어요.

03 건강

| 현재 시제로 말하기 | 과거 시제로 말하기 | 경험담 말하기 |

Q Tell me about someone you know who is very healthy. What is this person like?
지인 중 아주 건강한 사람에 대해 말해 주세요. 이 사람은 어떤 사람인가요?

A I think that my friend is very healthy. She tries to stay healthy, so she does tons of things. First, she tries to eat healthy. She eats various vegetables for her health. She avoids junk food because it is not healthy. Also, she tries to work out every day. She goes hiking, jogging and swimming. And she takes yoga classes and takes walks as well. She has to do it every day. Lastly, she takes plenty of breaks. She is energetic, but she is so busy. This is the reason why she takes plenty of breaks. Anyway, I am going to go hiking with her.

제 생각엔 제 친구가 매우 건강해요. 그녀는 건강을 유지하려 해서, 많은 것들을 합니다. 먼저, 그녀는 건강하게 먹으려고 노력합니다. 건강을 위해 여러 가지 채소를 먹어요. 그녀는 정크 푸드는 건강에 좋지 않아서 피합니다. 또한, 그녀는 매일 운동을 하려고 노력합니다. 등산도 가고, 조깅도 하러 가고, 수영도 하러 갑니다. 그리고 요가 수업도 듣고 산책도 합니다. 그녀는 그것을 매일매일 해야만 해요. 마지막으로, 그녀는 충분히 휴식을 취합니다. 그녀는 활기차지만, 아주 바쁩니다. 이러한 이유로 충분히 휴식을 취해요. 그나저나, 저는 그녀와 등산을 갈 거예요.

| 현재 시제로 말하기 | 과거 시제로 말하기 | 경험담 말하기 |

Q Tell me about the things you have done to become healthy. What have you done to become healthier?
건강해지기 위해 한 일들에 대해 말해 주세요. 더 건강해지기 위해 무엇을 했나요?

A I have tried various things to become healthy. Firstly, I have tried to work out every day. I have gone to the park and worked out after work. I have taken walks and jogged. Sometimes, I have done home training as well. And I also have tried to eat healthy food. I have tried to take vitamins and tried not to eat instant food. Plus, I have tried not to drink too much. Actually, I love drinking, so it was a little hard for me. Anyway, I have tried a lot of things to become healthy.

저는 건강해지기 위해 많은 것들을 해 왔습니다. 첫 번째로, 저는 매일 운동을 하려고 노력했어요. 퇴근 후 공원에 가서 운동을 했습니다. 산책도 하고 조깅도 했어요. 가끔은, 홈트레이닝도 했습니다. 그리고 건강한 음식을 먹으려고 노력했어요. 비타민을 섭취하고 인스턴트 음식을 먹지 않으려고 노력했습니다. 또한, 술을 너무 많이 마시지 않으려고 노력했어요. 사실, 저는 술을 좋아해서, 이게 조금 힘들었습니다. 어쨌든, 저는 건강해지기 위해 이렇게 많은 것들을 했습니다.

| 현재 시제로 말하기 | 과거 시제로 말하기 | 경험담 말하기 |

Q Tell me about the most effective ways to become healthy. Tell me something you have done to try to improve your health.
건강해지기 위해 했던 가장 효과적인 방법에 대해 말해 주세요. 건강을 증진하기 위해 노력했던 것들에 대해 말해 주세요.

A As I told you, Ava, I have tried various things to become healthy. Among them, working out was the most effective way to become healthy. In the past, I used to take a rest after work because I was very tired. Also, I spent most of my time at home during the weekends. I did nothing and took a rest at home with my smartphone or TV. So, I have tried to develop my physical strength by working out. I have tried to take a walk for an hour after work. And I have also tried to go jogging. At first, it was too difficult, but I felt myself becoming healthier over time. Therefore, I think that working out was the most effective way to become healthy.

Ava, 제가 이야기했던 것처럼, 저는 건강해지기 위해 다양한 것들을 했습니다. 그중, 운동하는 것이 건강해지기 위한 가장 효과적인 방법이었던 것 같아요. 과거에, 저는 퇴근하면 쉬기만 했습니다. 왜냐하면 너무 피곤했거든요. 또한, 주말에도 대부분의 시간을 집에서 보냈어요. 집에서 아무것도 하지 않고 스마트폰과 TV를 보며 시간을 보냈죠. 그래서, 운동으로 저의 체력을 길러 보려고 노력했습니다. 퇴근 후에 1시간 동안 산책을 했습니다. 또한 조깅도 했습니다. 처음에는 너무 어려웠지만, 시간이 지날수록 더 건강해지는 것을 느낄 수 있었어요. 따라서, 제 생각엔 운동하는 것이 건강해지기 위한 가장 효과적인 방법이었던 것 같습니다.

04 은행

P04_U09_04

Q Tell me about the banks in your country. What do they look like?
당신 나라에 있는 은행에 대해 말해 주세요. 그곳은 어떤 모습인가요?

A I think that there are lots of banks in Korea. We can see them everywhere. They are usually located near subway stations, bus stations, or companies. When you walk into a bank, you can see a lot of chairs where customers can sit and wait their turn. We should take number tickets, and when our number is called, we can take care of our business. However, since we have Internet banking these days, we don't have to go to the bank anymore. We can take care of our business on the smartphone. It is much easier and faster than before. It's more convenient. Therefore, I use Internet banking the most.

제 생각엔 한국에는 은행들이 많은 것 같아요. 어디서든 볼 수 있죠. 은행들은 대부분 지하철역, 버스 정류장, 혹은 회사 근처에 위치해 있어요. 은행에 들어가면, 고객들이 앉아서 그들의 차례를 기다릴 수 있는 많은 의자들을 볼 수 있어요. 번호표를 뽑아야 하고, 그런 다음 번호가 불리면 은행 업무를 볼 수 있어요. 하지만, 요즘은 인터넷 뱅킹이 있어서, 더 이상 은행에 가지 않아도 돼요. 은행 업무를 스마트폰으로 볼 수 있어요. 이것은 전보다 훨씬 더 쉽고 빠르죠. 보다 편리해요. 따라서, 저는 인터넷 뱅킹을 가장 많이 사용해요.

Q Tell me about the things that you do at the bank. What kinds of things do you usually do?
당신이 은행에서 하는 일에 대해 말해 주세요. 보통 어떠한 일들을 하나요?

A There are a lot of things to do at the bank. I will tell you about the basic activities that I do at the bank. At the bank, I can open or close an account. I also make wire transfers. I sometimes get my credit card issued. However, as I told you, Ava, we can now take care of our business on our smartphones. It is faster than before. So, I don't have to go to the bank anymore. I just open the bank application and take care of things. Whether I go to the bank or use the application, I can accomplish many things at the bank.

은행에서 하는 일들은 많습니다. 제가 은행에서 하는 기본적인 일들에 대해 이야기해 드릴게요. 은행에서, 저는 계좌를 개설하거나 해지할 수 있어요. 계좌 이체도 하고요. 가끔은 신용카드를 발급받기도 합니다. 하지만 Ava, 이야기한 것처럼, 우리는 이제 스마트폰으로 업무들을 처리할 수 있습니다. 예전보다 더 빨라요. 그래서, 이제는 더 이상 은행에 가지 않아도 됩니다. 은행 애플리케이션을 열어서 업무를 보면 되거든요. 은행을 가든 애플리케이션을 사용하든, 은행에서 많은 일들을 처리할 수 있어요.

Q Tell me about the banks in the past and now. How have banks changed over the years?
과거의 은행과 현재의 은행에 대해 말해 주세요. 세월이 흐르면서 은행은 어떻게 변했나요?

A I think that banks have changed a lot. In the past, there was no Internet banking, so people had to visit the bank to take care of their business. The worst thing about the bank was that we had to wait for a long time to get served. It took more than 1 hour, so I didn't like going there. But now, we have Internet banking. We can take care of our business on the Internet and the smartphone as well. It is faster than before, and it is very convenient.

제 생각엔 은행이 많이 변한 것 같아요. 과거에는 인터넷 뱅킹이 없어서, 사람들은 업무를 보기 위해 은행을 직접 방문해야 했거든요. 은행의 가장 안 좋았던 점은 도움을 받기 위해 오래 기다려야 했던 점이에요. 1시간도 넘게 걸려서, 그곳에 가는 것을 좋아하지 않았어요. 하지만 지금은, 인터넷 뱅킹이 있습니다. 우리는 인터넷으로 그리고 스마트폰으로도 업무를 처리할 수 있어요. 예전보다 더 빠르고, 매우 편리해요.

 호텔

P04_U09_05

| 현재 시제로 말하기 | 과거 시제로 말하기 | 경험담 말하기 |

Q Describe the hotels in your country. Where are they located?

당신 나라에 있는 호텔에 대해 묘사해 주세요. 어디에 위치해 있나요?

A I think that there are lots of hotels in Korea. We can see them everywhere. They are usually located near subway stations, bus stations, or companies. When you walk into a hotel, you can see the counter where the customers can check in and out. There are restaurants or cafés where the customers can enjoy meals or have some coffee. Also, when you walk into the typical hotel room, you can see a bed, a desk, a sofa and a built-in closet. Plus, you can see the toiletries and amenities. If the hotel is located near the beach, you can enjoy a sea view as well. Additionally, there are various restaurants and bars where you can enjoy eating and drinking. Anyway, it's the best place to take a rest.

제 생각엔 한국에는 호텔들이 많이 있는 것 같아요. 어디서든 볼 수 있죠. 호텔들은 대부분 지하철역, 버스 정류장, 혹은 회사 근처에 위치해 있어요. 호텔에 들어가면, 고객들이 체크인과 체크아웃을 할 수 있는 카운터를 볼 수 있어요. 식사를 즐기거나 커피를 마실 수 있는 식당 또는 카페도 있죠. 그리고, 일반 호텔 방에 들어가면, 침대, 책상, 소파 그리고 붙박이장을 볼 수 있어요. 게다가, 세면도구와 편의 물품들도 볼 수 있죠. 만약 호텔이 해변 근처에 위치해 있다면, 바다 경치도 즐길 수 있어요. 뿐만 아니라, 식사와 술을 즐길 수 있는 음식점과 술집들이 다양하게 있죠. 어쨌든, 그곳은 휴식을 취하기에 최고의 장소예요.

| 현재 시제로 말하기 | 과거 시제로 말하기 | 경험담 말하기 |

Q Tell me about the last time you went to a hotel. Where did you go? What did you do there?

당신이 마지막으로 호텔에 다녀온 때에 대해 말해 주세요. 어디에 갔나요? 그곳에서 무엇을 했나요?

A I remember a time when I went to a hotel with my family. At that time, I was really happy because we stayed at a beachside hotel. Actually, I had never stayed at a beachside hotel before. The view from the room was so amazing, and it was so cozy. When I was there, I ate seafood for the first time. It was so tasty. Also, I swam in the ocean, played in the sand with my sister, and took a lot of pictures. I enjoyed it a lot, so it was one of the best trips I have ever had.

가족과 함께 호텔에 다녀온 때가 기억나요. 저는 그때 정말 행복했어요. 왜냐하면 해변가의 호텔에서 머물렀기 때문이에요. 사실, 저는 이전에 해변가의 호텔에 머물러 본 적이 없었어요. 방에서 보는 전망은 너무 멋있었고 방은 정말 아늑했어요. 제가 그곳에 있었을 때, 저는 해산물을 처음 먹어 보았어요. 너무 맛있었어요. 또한, 바다에서 수영도 하고, 언니와 모래에서 놀기도 하고, 사진도 많이 찍었어요. 너무 즐거웠어요. 그래서 그것은 제가 여태껏 다녀온 최고의 여행 중 하나였어요.

| 현재 시제로 말하기 | 과거 시제로 말하기 | 경험담 말하기 |

Q Tell me about a memorable experience that happened at a hotel. Why was it so memorable?

호텔에서 일어난 기억에 남는 경험에 대해 말해 주세요. 그것이 왜 그렇게 기억에 남았나요?

A I remember a time when I ran into my high school friend at a hotel. Last summer, I was traveling alone. Suddenly, someone called my name. I looked back and saw my high school friend. Oh my god! Can you believe it, Ava? I was really surprised because it had been such a long time since I'd seen her. So, I was very happy at that time. I asked her how her life was, but she hadn't changed a bit. We exchanged phone numbers and promised to meet again to catch up. So, that's it. That was the most memorable experience that I have had at a hotel.

호텔에서 고등학교 친구를 우연히 마주쳤던 때가 기억나요. 지난여름, 저는 혼자 여행하던 중이었어요. 갑자기, 누군가가 제 이름을 부른 거예요. 돌아보니 고등학교 친구를 본 거죠. 세상에! 믿어져요, Ava? 저는 정말 깜짝 놀랐어요. 왜냐하면 그녀를 본 지 너무 오래되었거든요. 그래서, 그 순간 정말 행복했어요. 친구에게 잘 지냈냐고 물어봤는데, 그녀는 조금도 변하지 않았더라고요. 우리는 전화번호를 교환하고 밀린 이야기를 나누기 위해 다시 만나기로 약속했어요. 따라서, 그게 다예요. 그것이 제가 호텔에서 겪었던 일 중 가장 기억에 남는 경험이었어요.

모임/기념일

P04_U09_06

| 현재 시제로 말하기 | 과거 시제로 말하기 | 경험담 말하기 |

Q Tell me about the gatherings in your country. What do people do when they have gatherings?
당신 나라의 모임에 대해 말해 주세요. 사람들은 모임을 가질 때 무엇을 하나요?

A There are a lot of gatherings in our country. We have staff dinners, after parties, birthday parties, and so on. We usually have these gatherings at bars or restaurants because, when we walk into the bars or restaurants, we can see big tables and chairs where we can have gatherings. Most people have meals, talk, and drink when they have gatherings. We talk about our lives, work, and so on. I think that it is the best time to communicate and become familiar with each other. Therefore, we usually have gatherings at bars or restaurants with our friends or colleagues.

우리나라에는 다양한 모임들이 있습니다. 회식, 뒤풀이, 생일 파티 등이 있습니다. 우리는 보통 술집이나 식당에서 이러한 모임을 엽니다. 왜 나하면 술집이나 음식점에 들어가면 모임을 가질 수 있는 큰 테이블과 많은 의자들이 있기 때문이에요. 대부분의 사람들은 모임을 가지면 식사를 하며 이야기도 하고 술도 함께 마십니다. 우리는 우리의 인생이나 일 등에 대한 이야기를 합니다. 제 생각엔 소통을 할 수 있고 친해 질 수 있는 가장 좋은 시간이라고 생각합니다. 따라서 우리는 보통 친구, 직장 동료들과 술집이나 음식점에서 모임을 갖습니다.

| 현재 시제로 말하기 | 과거 시제로 말하기 | 경험담 말하기 |

Q Tell me about the last time you had a gathering. Give me all the details.
당신이 마지막으로 모임을 가졌던 때에 대해 말해 주세요. 상세히 말해 주세요.

A I remember a time when I went to a restaurant. I went there with my friends, and we had a gathering. Actually, it had been such a long time since I'd seen them, so I was really excited. We went to the barbecue restaurant, and we ate beef and pork. Also, we ate various types of side dishes. All the food was really tasty. During the meal, we talked a lot about our lives. We enjoyed it a lot. I think that it was the best time that we have had. We promised to have a gathering again sometime soon.

음식점에 다녀온 때가 기억나요. 저는 친구들과 함께 그곳에 갔어요. 그리고 우리는 모임을 가졌어요. 사실, 그들을 본 지 너무 오래돼서, 저 는 너무 신이 났어요. 우리는 고깃집에 가서, 소고기와 돼지고기를 먹었어요. 또한, 다양한 종류의 반찬들도 먹었지요. 모든 음식들이 다 맛 있었어요. 식사를 하는 동안, 우리는 우리의 인생에 대해 많은 이야기를 나누었답니다. 너무 즐거웠어요. 제 생각엔 우리가 가졌던 시간 중 최고의 시간이었던 것 같습니다. 우리는 조만간 다시 모임을 갖기로 약속했어요.

| 현재 시제로 말하기 | 과거 시제로 말하기 | 경험담 말하기 |

Q Tell me about a memorable experience that happened at a gathering. What made it so memorable?
모임에서 일어난 기억에 남는 경험에 대해 말해 주세요. 그것이 왜 그렇게 기억에 남았나요?

A I remember a time when I ran into my high school friend at a gathering. Last summer, I was drinking beer and catching up with a friend. Suddenly, someone called my name. I looked back and saw my high school friend. Oh my god! Can you believe it, Ava? I was really surprised because it had been such a long time since I'd seen her. So, I was very happy at that time. I asked her how her life was, but she hadn't changed a bit. We exchanged phone numbers and promised to meet again to catch up. So, that's it. That was the most memorable experience that I have had at a gathering.

모임에서 고등학교 친구를 우연히 마주쳤던 때가 기억나요. 지난여름, 저는 친구와 맥주를 마시며 밀린 이야기를 나누고 있었어요. 갑자기, 누군가가 제 이름을 부른 거예요. 돌아보니 고등학교 친구를 본 거죠. 세상에! 믿어져요, Ava? 저는 정말 깜짝 놀랐어요. 왜냐하면 그녀를 본 지 너무 오래되었거든요. 그래서, 그 순간 정말 행복했어요. 친구에게 잘 지냈냐고 물어봤는데, 그녀는 조금도 변하지 않았더라고요. 우리는 전화번호를 교환하고 밀린 이야기를 나누기 위해 다시 만나기로 약속했어요. 따라서, 그게 다예요. 그것이 제가 모임에서 겪었던 일 중 가장 기억에 남는 경험이었어요.

07 가족/친구

P04_U09_07

| 현재 시제로 말하기 | 과거 시제로 말하기 | 경험담 말하기 |

Q Tell me about the family or friends you like to visit. Who are these people? What are they like?
즐겨 방문하는 가족이나 친구에 대해 말해 주세요. 이 사람들은 누구인가요? 그들은 어떤 사람들인가요?

A I am going to tell you about my parents because I like visiting them. Firstly, my mom is positive. She is always busy, but she looks very happy. You know, she can drive, so she enjoys going shopping by herself on weekends. Also, my dad is hard-working. He always wakes up early and does housework. Even though he has a job, he does the laundry, does the dishes and does the cleaning as well. I think that both are active, so they are talkative. Also, they look happy. Therefore, I love them.
제 부모님에 대해 이야기해 드릴게요. 왜냐하면 전 부모님을 찾아뵙는 걸 좋아하거든요. 먼저, 엄마께선 긍정적이세요. 엄마는 항상 바쁘시지만, 정말 행복해 보여요. 엄마께선 운전을 하실 수 있어서, 주말에 혼자 쇼핑하러 가는 걸 즐기세요. 그리고, 아빠께선 성실하세요. 항상 일찍 일어나셔서 집안일을 하세요. 아빠께서는 일을 하시는데도, 빨래도 하시고, 설거지도 하시고, 청소도 하세요. 제 생각에는 두 분 다 활발하셔서 수다스러우신 것 같아요. 또한, 두 분은 행복해 보여요. 따라서, 저는 그분들을 사랑해요.

| 현재 시제로 말하기 | 과거 시제로 말하기 | 경험담 말하기 |

Q Tell me about an early memory you have from when you were with your family or friends. Give me all the details.
가족이나 친구와 있었던 어릴 적 추억에 대해 말해 주세요. 상세히 말해 주세요.

A I remember a time when I went to my grandparents' house with my family. When I was 10 years old, we visited them for a family holiday. Suddenly, I had a stomachache, and I couldn't eat anything at that moment. I couldn't move because it was so painful. So, my parents took me to the doctor, and the doctor said that I had food poisoning. I took some medicine and got lots of rest. I couldn't do anything during the family holiday. It was so boring. Therefore, it was the worst family holiday that I have had.
가족과 함께 할머니 할아버지 댁에 다녀왔던 때가 기억나요. 제가 10살 때, 우리는 명절을 지내기 위해 방문했어요. 갑자기, 저는 복통을 앓았고, 그 당시에 아무것도 먹지 못했어요. 너무 아파서 움직이지도 못했어요. 그래서, 부모님께서 저를 병원에 데리고 가셨고, 의사 선생님께서 말씀하시길 식중독에 걸렸다고 하셨어요. 저는 약을 먹고 푹 쉬었어요. 명절 내내 아무것도 하지 못했어요. 너무 지루했죠. 따라서, 그것은 제가 지냈던 명절 중 최악의 명절이었어요.

| 현재 시제로 말하기 | 과거 시제로 말하기 | 경험담 말하기 |

Q Tell me about a memorable time when you were with your family or friends. Tell me in detail.
가족이나 친구와 있었던 기억에 남는 때에 대해 말해 주세요. 상세히 말해 주세요.

A I remember a time when I went to my grandparents' house for a family holiday. At that time, I drove a car for my family. On our way there, the traffic was terrible. The roads were packed with cars. I was annoyed because I had driven for a long time. My back was in so much pain, and I was so sleepy. It was quite dangerous, but I finally did it. Anyway, it was the worst experience that I have had.
명절에 할머니 할아버지 댁에 다녀왔던 때가 기억나요. 그 당시, 저는 가족을 위해 운전을 했어요. 가던 길에, 교통이 끔찍했어요. 도로가 차들로 꽉 차 있었어요. 저는 짜증 났어요. 왜냐하면 오랜 시간 동안 운전했거든요. 허리가 무척 아팠고, 너무 졸렸어요. 상당히 위험했지만, 끝내 해냈어요. 어쨌든, 그것은 제가 겪었던 일 중 최악의 경험이었어요.

08 지형

P04_U09_08

현재 시제로 말하기   과거 시제로 말하기   경험담 말하기

Q Describe your country's geography. What does it look like?
당신 나라의 지형에 대해 묘사해 주세요. 그곳은 어떤 모습인가요?

A There are many mountains and rivers in Korea. So, you can go hiking and get fresh air. Also, there are tons of beaches in Korea. You can go swimming and eat seafood. They are so nice and clean. And we have four seasons. We have spring, summer, fall, and winter. The weather is very nice in the spring and fall. The temperature is mild. So, it is the perfect weather to go on a picnic. On the other hand, the summer is very hot in Korea. When it comes to the rainy season, it is very humid and sticky. Lastly, the winter is freezing cold. Anyway, this is our country's geography.

한국에는 산과 강이 많아요. 그래서, 등산을 가서 신선한 공기를 마실 수 있어요. 또한, 한국에는 해변들도 정말 많아요. 수영하러 갈 수도 있고 해산물을 먹을 수도 있죠. 해변은 굉장히 멋있고 물이 맑아요. 그리고 우리나라는 사계절이 있어요. 봄, 여름, 가을 그리고 겨울이 있죠. 봄과 가을엔 날씨가 정말 좋아요. 기온이 온화해요. 그래서, 소풍 가기에 완벽한 날씨예요. 반대로, 한국의 여름은 엄청 더워요. 장마철에 관해 말하면, 아주 습하고 끈적거려요. 마지막으로, 겨울은 무척 춥습니다. 어쨌든, 이것이 우리나라의 지형이에요.

현재 시제로 말하기   과거 시제로 말하기   경험담 말하기

Q Think about the early memories when you visited a place related to the geography of your country. What happened?
당신 나라의 지형과 관련된 곳을 방문한 어릴 적 추억을 떠올려 보세요. 무슨 일이 있었나요?

A I remember a time when I went to a beach with my family. When I was 10 years old, we went to 애월 Beach located in Jeju Island. It is actually far from Seoul City, but it is very well known. I was really happy because we stayed at a beachside hotel. I had never stayed at a beachside hotel before. The view from the room was so amazing, and it was so cozy. When I was there, I ate seafood for the first time. It was so tasty. Also, I swam in the ocean, played in the sand with my sister, and took a lot of pictures. I enjoyed it a lot, so it was one of the best trips I have ever had.

가족과 함께 해변에 다녀온 때가 기억나요. 제가 10살 때, 우리는 제주도에 위치한 애월 해변에 다녀왔어요. 사실 그곳은 서울에서 멀지만, 아주 잘 알려진 곳이에요. 저는 정말 행복했어요. 왜냐하면 해변가의 호텔에서 머물렀기 때문이에요. 저는 이전에 해변가의 호텔에 머물러 본 적이 없었어요. 방에서 보는 전망은 너무 멋있었고 방은 정말 아늑했어요. 제가 그곳에 있었을 때, 저는 해산물을 처음 먹어 보았어요. 너무 맛있었어요. 또한, 바다에서 수영도 하고, 언니와 모래에서 놀기도 하고, 사진도 많이 찍었어요. 너무 즐거웠어요. 그래서 그것은 제가 여태껏 다녀온 최고의 여행 중 하나였어요.

현재 시제로 말하기   과거 시제로 말하기   경험담 말하기

Q Tell me about a memorable experience that happened when you visited a place related to the geography of your country.
당신 나라의 지형과 관련된 곳을 방문했을 때 일어난 기억에 남는 경험에 대해 말해 주세요.

A I remember a time when I ran into my high school friend at 애월 Beach. Last summer, I was enjoying myself at the beach. Suddenly, someone called my name. I looked back and saw my high school friend. Oh my god! Can you believe it, Ava? I was really surprised because it had been such a long time since I'd seen her. So, I was very happy at that time. I asked her how her life was, but she hadn't changed a bit. We exchanged phone numbers and promised to meet again to catch up. So, that's it. That was the most memorable experience that I have had at a beach.

애월 해변에서 고등학교 친구를 우연히 마주쳤던 때가 기억나요. 지난여름, 저는 해변에서 즐거운 시간을 보내고 있었어요. 갑자기, 누군가가 제 이름을 부른 거예요. 돌아보니 고등학교 친구를 본 거죠. 세상에! 믿어져요, Ava? 저는 정말 깜짝 놀랐어요. 왜냐하면 그녀를 본 지 너무 오래되었거든요. 그래서, 그 순간 정말 행복했어요. 친구에게 잘 지냈냐고 물어봤는데, 그녀는 조금도 변하지 않았더라고요. 우리는 전화번호를 교환하고 밀린 이야기를 나누기 위해 다시 만나기로 약속했어요. 따라서, 그게 다예요. 그것이 제가 해변에서 겪었던 일 중 가장 기억에 남는 경험이었어요.

09 전화기/기술

현재 시제로 말하기	과거 시제로 말하기	경험담 말하기

Q How has technology changed over the years? What was it like when you were younger? How was it different from today?

세월이 흐르면서 기술이 어떻게 변했나요? 당신이 어릴 적에 그것은(기술은) 어땠나요? 지금과는 어떻게 달랐나요?

A I think that technology has changed a lot. In the past, people used just cellphones. The worst thing about the cellphones in Korea was that we could make phone calls and send text messages only. We did just two things at that time. It was inconvenient. That is the reason why we had to use the computer to get access to the Internet. But now, we have smartphones. The best thing about the smartphone is that we can get access to the Internet. Also, we can do a lot of things with smartphones. For example, we have chats, listen to music, watch video clips, do online shopping, and so on. It is very convenient.

제 생각엔 기술은 많이 변한 것 같아요. 과거에는, 사람들이 그저 휴대전화를 사용했어요. 한국 휴대전화의 가장 안 좋았던 점은 전화를 걸고 문자 메시지를 보내는 것만 할 수 있었던 점이었어요. 우리는 당시 단 두 가지만 했어요. 편리하지는 않았어요. 이러한 이유 때문에 우리는 인터넷에 접속하기 위해 컴퓨터를 이용해야 했어요. 하지만 지금은, 스마트폰이 있어요. 스마트폰의 가장 좋은 점은 인터넷에 접속할 수 있다는 점이에요. 또한, 스마트폰으로 많은 것들을 할 수 있어요. 예를 들어, 대화를 나누고, 음악을 듣고, 동영상을 보고, 온라인 쇼핑을 하는 등등이요. 굉장히 편리해요.

10 날씨

현재 시제로 말하기	과거 시제로 말하기	경험담 말하기

Q Tell me about the weather in your country. Are there different seasons? What is the weather typically like?

당신 나라의 날씨에 대해 말해 주세요. 여러 계절이 있나요? 날씨는 보통 어떤가요?

A Korea has four seasons. It has spring, summer, fall, and winter. In the spring and fall, the weather is very mild. So, a lot of people enjoy a picnic in this weather. I think it is the perfect weather to go hiking as well. In the summer, it gets super hot. During the rainy season, it is very humid. Also, in the winter, the weather is freezing cold. We should stay at home. My favorite season is spring because it has nice weather, so I can do outdoor activities. And it is spring in Korea now. Therefore, I'm going to go to the park to enjoy this weather.

한국은 사계절을 가지고 있어요. 봄, 여름, 가을, 그리고 겨울이 있어요. 봄과 가을에는, 날씨는 매우 온화해요. 따라서, 많은 사람들이 이러한 날씨에 소풍을 즐깁니다. 제 생각에는 등산을 가기에도 완벽한 날씨인 것 같아요. 여름엔, 무척 더워요. 장마철에는, 아주 습해요. 또한, 겨울에는, 무척 춥습니다. 집에 있어야 해요. 제가 가장 좋아하는 계절은 봄인데, 왜냐하면 날씨가 좋아서 실외 활동을 할 수 있기 때문이에요. 그리고 지금 한국은 봄입니다. 따라서, 저는 이 날씨를 즐기기 위해 공원에 갈 거예요.

Q Describe the weather today. 오늘의 날씨를 묘사해 주세요.

A-1 It's spring in Korea. I love spring because the temperature is mild, so it's perfect picnic weather. Also, a lot of people are planning to go to a cherry blossom festival these days. Since the weather is so nice, we are wearing light clothes. I'm so happy to enjoy this weather. The best thing about the spring is that I can go on a picnic, so I'm going to Han River Park to enjoy a picnic this coming weekend!

한국은 봄이에요. 저는 봄을 좋아해요. 왜냐하면 온도가 적당해서 소풍 가기에 완벽한 날씨거든요. 또한, 요즘 많은 사람들이 벚꽃 축제를 가려고 계획하고 있습니다. 날씨가 너무 좋으니, 우리는 가벼운 옷차림을 하고 있어요. 저는 이 날씨를 즐기게 되어 너무 행복합니다. 봄의 가장 좋은 점은 소풍을 갈 수 있는 점이에요. 그래서 저는 이번 주말에 한강 공원에 가서 소풍을 즐길 거예요!

A-2 It's summer in Korea. I love summer because the temperature is extremely hot! Moreover, it's so humid and sticky during the rainy season. That's why a lot of people are planning to go to a swimming pool these days. Since the weather is so hot, we are wearing light clothes. I'm so happy to enjoy this weather because I can go swimming. The best thing about the summer is that we can enjoy summer activities, so I'm going to go swimming this coming weekend with my friends!

한국은 여름이에요. 저는 여름을 좋아해요. 왜냐하면 엄청 덥거든요! 그리고, 장마철에는 습하고 끈적끈적합니다. 이러한 이유로 많은 사람들이 요즘 수영장에 가려고 계획하고 있어요. 날씨가 너무 더우니, 사람들은 가벼운 옷차림을 하고 있습니다. 저는 이 날씨를 즐기게 되어 너무 행복해요. 왜냐하면 수영하러 갈 수 있거든요. 여름의 가장 좋은 점은 여름 활동을 즐길 수 있는 점이에요. 그래서 저는 이번 주말에 친구들과 함께 수영하러 갈 거예요!

A-3 It's fall in Korea. I love fall because the temperature is a bit chilly. Moreover, it's mild enough to go on a picnic, and I'm looking forward to seeing maple trees. That's why a lot of people are planning to go hiking these days. Since the weather is a bit chilly, we are starting to wear jackets. I'm so happy to enjoy this weather because my birthday is coming. The best thing about the fall is that we can enjoy outdoor activities, so I'm going to go hiking this coming weekend with my friends!

한국은 가을이에요. 저는 가을을 좋아해요. 왜냐하면 기온이 약간 쌀쌀하거든요. 그리고, 소풍 가기에도 적당하니 저는 단풍나무를 보길 기대하고 있어요. 이러한 이유로 많은 사람들이 요즘 등산을 가려고 계획하고 있습니다. 날씨가 약간 쌀쌀하니, 우리는 재킷을 입기 시작했어요. 저는 이 날씨를 즐기게 되어 너무 행복해요. 왜냐하면 제 생일이 다가오거든요. 가을의 가장 좋은 점은 야외 활동을 즐길 수 있는 점이에요. 그래서 저는 이번 주말에 친구와 등산을 갈 거예요!

A-4 It's winter in Korea. I love winter because it is freezing cold. So, a lot of people are wearing heavy clothes these days. Also, we are looking forward to enjoying winter sports like snowboarding, skiing, and so on. I'm so happy to enjoy this season because Christmas is coming. I'm going to have a Christmas party with my family. The best thing about the winter is that we can enjoy winter activities, so I am going to go snowboarding this coming weekend with my friends!

한국은 겨울이에요. 저는 겨울을 좋아해요. 왜냐하면 엄청 춥거든요. 그래서, 많은 사람들은 요즘 두꺼운 옷을 입고 있습니다. 또한, 스노보드, 스키 등과 같은 겨울 스포츠를 즐기길 기대하고 있어요. 저는 이 계절을 즐기게 되어 너무 행복해요. 왜냐하면 크리스마스가 다가오니까요. 저는 이번 크리스마스 파티는 가족과 함께 할 거예요. 겨울의 가장 좋은 점은 겨울 활동을 즐길 수 있는 점이에요. 그래서 저는 이번 주말에 친구와 스노보드를 타러 갈 거예요!

Q How has the weather in your country changed over the years? Are there any differences?
세월이 흐르면서 당신 나라의 날씨는 어떻게 변했나요? 다른 점이 있나요?

A I think that the weather has changed a lot because of global warming. The best thing about the weather in the past was that we could really feel the four seasons. For example, we could feel the mild weather in the spring and fall. And the weather was extremely hot in the summer and freezing in the winter. But now, it has changed. The period of spring and fall is shorter than before. It passes in the blink of an eye. Also, the Asian Dust phenomenon has gotten a lot worse. The worst thing about it is that we have to wear a mask every day. I miss the weather in the past.

제 생각엔 지구 온난화로 인해 날씨가 많이 변한 것 같아요. 과거 날씨의 가장 좋았던 점은 진짜 사계절을 느낄 수 있었던 점이에요. 예를 들어, 봄과 가을에는 온화한 날씨를 느낄 수 있었어요. 여름에는 날씨가 엄청 덥고 겨울에는 날씨가 엄청 추웠어요. 하지만 지금은, 변했어요. 봄과 가을의 기간이 전에 비해 더 짧아요. 눈 깜짝할 사이에 지나가요. 또한, 황사 현상도 훨씬 더 안 좋아졌어요. 그것의 가장 안 좋은 점은 우리가 매일 마스크를 착용해야 한다는 점이에요. 과거의 날씨가 그립네요.

 **11 교통**

P04_U09_11

| 현재 시제로 말하기 | 과거 시제로 말하기 | 경험담 말하기 |

Q Describe the transportation in your country. How do people move around? Do they drive or take public transportation?

당신 나라의 교통에 대해 묘사해 주세요. 사람들은 어떻게 이곳저곳을 돌아다니나요? 운전을 하나요 아니면 대중교통을 이용하나요?

A I think that transportation is very well organized in Korea because we have buses, subways, trains, and so on. So, it is easy to move around. The best thing about the subway is that there is no traffic. Since we have various lines, we can get to our destination very quickly. Also, we have a subway app where we can check the time to get on and off. There is a bus app where we can check the time to get on and off as well. It's very convenient. We can check the transfer easily. Plus, we have a high-speed train in Korea called KTX. It is much faster than the ordinary train. We can get to the farthest city within 3-4 hours by high-speed train. Therefore, transportation is very well organized in Korea.

제 생각엔 한국의 교통수단은 아주 잘 갖춰져 있는 것 같아요. 왜냐하면 버스, 지하철, 기차 등이 있거든요. 그래서, 이곳저곳 돌아다니기가 수월해요. 지하철의 가장 좋은 점은 교통 체증이 없는 거예요. 여러 노선들이 있어서, 정말 빠르게 목적지에 갈 수 있어요. 또한, 지하철을 타고 내리는 시간을 확인할 수 있는 지하철 앱이 있어요. 버스를 타고 내리는 시간을 확인할 수 있는 버스 앱도 있죠. 이것은 매우 편리해요. 환승도 쉽게 확인할 수 있어요. 또한, 한국에는 KTX라는 이름의 고속 열차도 있어요. 일반 기차보다 훨씬 더 빨라요. 우리는 가장 먼 도시도 고속 열차로 3–4시간 안에 갈 수 있어요. 따라서, 한국의 교통수단은 아주 잘 갖춰져 있어요.

| 현재 시제로 말하기 | 과거 시제로 말하기 | 경험담 말하기 |

Q How has transportation changed over the years? How did you travel when you were a child? Tell me how people used to get around in the past and how they do now.

세월이 흐르면서 교통은 어떻게 변했나요? 당신이 어릴 적엔 어떻게 이동했나요? 과거에 사람들은 어떻게 이곳저곳을 돌아다녔는지 그리고 현재는 어떻게 하고 있는지 말해 주세요.

A I think that transportation has changed a lot. In the past, there was no transportation app. So, we had to be at the station early to avoid missing a train. The worst thing about it was that we could not check the exact arrival time. It was inconvenient. However, we have a transportation app now. It helps us to check the departure time and the arrival time through the smartphone. The best thing about it is that we don't have to be at the station early, and we can check the exact arrival time. It is very convenient. Moreover, we can also check the traffic condition through the app. Therefore, transportation has changed a lot.

제 생각엔 교통이 많이 변한 것 같아요. 과거에는 교통 앱이 없었어요. 그래서, 우리는 열차를 놓치지 않기 위해 역에 일찍 가 있어야 했어요. 그것의 가장 안 좋았던 점은 정확한 도착 시간을 알 수 없었다는 점이었습니다. 불편했어요. 하지만, 우리는 지금 교통 앱이 있습니다. 그것은 스마트폰으로 출발 시간과 도착 시간을 확인할 수 있도록 도와줍니다. 그것의 가장 좋은 점은 역에 일찍 가지 않아도 되는 점과 정확한 도착 시간을 확인할 수 있다는 점입니다. 너무 편리해요. 더불어, 앱을 통해 교통 상황도 확인할 수 있어요. 따라서, 교통은 많이 변했어요.

| 현재 시제로 말하기 | 과거 시제로 말하기 | 경험담 말하기 |

Q Tell me about a problem that you had because of transportation. What happened? Tell me in detail.

교통 때문에 겪은 문제에 대해 말해 주세요. 무슨 일이 있었나요? 상세히 말해 주세요.

A I remember a time when I went to my grandparents' house for a family holiday. At that time, I drove a car for my family. On our way there, the traffic was terrible. The roads were packed with cars. I was annoyed because I had driven for a long time. My back was in so much pain, and I was so sleepy. It was quite dangerous, but I finally did it. Anyway, it was the worst experience that I have had.

명절에 할머니 할아버지 댁에 다녀왔던 때가 기억나요. 그 당시, 저는 가족을 위해 운전을 했어요. 가던 길에, 교통이 끔찍했어요. 도로가 차들로 꽉 차 있었어요. 저는 짜증 났어요. 왜냐하면 오랜 시간 동안 운전했거든요. 허리가 무척 아팠고, 너무 졸렸어요. 상당히 위험했지만, 끝내 해냈어요. 어쨌든, 그것은 제가 겪었던 일 중 최악의 경험이었어요.

12 약속

현재 시제로 말하기	과거 시제로 말하기	경험담 말하기

Q Tell me about an appointment you have in your life.
살면서 잡는 약속에 대해 말해 주세요.

A There are a lot of appointments. We have friends' appointments, a doctor's appointment, a hair appointment, and so on. We usually make an appointment with a smartphone because we have a communication application these days. People make a group chat room and make an appointment by talking about the date, time, and the place to meet. It is much easier than before. Also, if we want to make an appointment with a doctor or a hair salon, we can also chat or make a phone call as well. I think that the best thing about making an appointment is that we can save time.

많은 약속들이 있습니다. 우리는 친구와의 약속, 의사와의 약속, 미용사와의 약속 등이 있습니다. 우리는 보통 스마트폰을 이용해 약속을 잡습니다. 왜냐하면 요즘엔 소통할 수 있는 애플리케이션이 있기 때문이에요. 사람들은 그룹 채팅방을 만들어서 만날 날짜, 시간, 장소에 대해 이야기하며 약속을 잡을 수 있습니다. 예전보다 훨씬 더 쉽습니다. 또한, 만약 의사나 미용사와 약속을 잡고 싶다면, 채팅으로 잡을 수도 있고 전화로 잡을 수도 있습니다. 제 생각엔 약속을 하는 것의 가장 좋은 점은 시간 절약을 할 수 있는 점인 것 같습니다.

현재 시제로 말하기	과거 시제로 말하기	경험담 말하기

Q Tell me about a memorable experience that happened when you had an appointment. Why was it so memorable?
당신이 약속을 했을 때 일어난 기억에 남는 경험에 대해 말해 주세요. 그것이 왜 그렇게 기억에 남았나요?

A I remember a time when I was supposed to get my hair done at the hair salon. However, I got really sick at the last minute. I had a stomachache. So, I called the hair salon and explained my situation. I told them that I couldn't make it to my appointment. I asked to reschedule it. I was so sorry about missing the appointment. Thankfully, they understood my situation that day.

저는 미용실에서 머리를 하기로 했던 때가 기억나요. 그런데, 가기 직전에 너무 아팠어요. 복통이 있었습니다. 그래서, 미용실에 전화해서 상황을 설명했어요. 약속을 지키지 못할 것이라고 말했어요. 다시 약속을 잡아 달라고 요청했어요. 약속을 지키지 못해 정말 죄송했어요. 감사하게도, 그날의 제 상황을 이해해 주셨어요.

13 가구/가전

P04_U09_13

| 현재 시제로 말하기 | 과거 시제로 말하기 | 경험담 말하기 |

Q Tell me about the furniture you have in your home. Is there a piece that is your favorite?

집에 있는 가구에 대해 말해 주세요. 가장 좋아하는 가구가 있나요?

A I have various types of furniture and home appliances in my home. You know, in the living room I have a TV, a sofa, and a table. And in my room I have a bed and a built-in closet. One of my favorite pieces of furniture is my bed. The reason why I like my bed is that I can take a rest there. Well, my bed is very cozy and comfortable. So, I always get some rest on it and use my smartphone when I'm hanging out on it. The best thing about the smartphone is that I can play games on it, but I should not do my smartphone game too much. Anyway, I love my bed.

저는 집에 다양한 종류의 가구와 가전제품이 있어요. 그러니까, 거실에는 TV, 소파, 그리고 테이블이 있어요. 그리고 제 방에는 침대와 붙박이장이 있어요. 제가 가장 좋아하는 가구 중 하나는 제 침대예요. 제가 제 침대를 좋아하는 이유는 그곳에서 쉴 수 있기 때문이에요. 음, 제 침대는 무척 아늑하고 편안합니다. 그래서, 저는 항상 그곳에서 휴식을 취하며, 쉴 때는 제 스마트폰을 이용하죠. 스마트폰의 가장 좋은 점은 게임을 할 수 있다는 점이지만, 저는 스마트폰 게임을 너무 많이 하면 안 돼요. 그건 그렇고, 저는 제 침대가 정말 좋아요.

| 현재 시제로 말하기 | 과거 시제로 말하기 | 경험담 말하기 |

Q How has furniture changed? How was it in the past, and how is it now?

가구는 어떻게 변했나요? 그것은(가구는) 과거에는 어땠고 지금은 어떤가요?

A Of course! Furniture styles have changed a lot. When I was young, we had to sit on the floor to have meals. So, we sat cross-legged on the floor. That's the reason why we used the kitchen table, which was a folding table. It looked short. We were able to fold and unfold it. But now, we have a modern-style kitchen table, so we are able to sit on a chair at the table and have meals. Also, there are more colors than in the past. Anyway, I prefer the furniture now because it is more comfortable.

당연하죠! 가구의 스타일은 많이 변했어요. 제가 어릴 적, 우리는 바닥에 앉아서 식사를 해야 했어요. 그래서, 바닥에 책방다리를 하고 앉았어요. 이러한 이유 때문에 우리는 접이식 상인 밥상을 사용했어요. 짧아 보였어요. 우리는 상을 접었다가 폈다가 할 수 있었죠. 하지만 지금은, 현대식의 식탁이 있어서, 식탁 의자에 앉아서 식사를 할 수 있어요. 또한, 과거보다 더 많은 색상이 생겼어요. 어쨌든, 저는 지금의 가구가 더 좋아요, 왜냐하면 더 편하기 때문이에요.

| 현재 시제로 말하기 | 과거 시제로 말하기 | 경험담 말하기 |

Q Tell me about a problem you had with a piece of furniture or an appliance.

가구나 가전제품에 생겼던 문제에 대해 말해 주세요.

A Of course! I remember a time when I had an experience like this. Just a few months ago, my laptop computer was broken. The problem was that I dropped it and I cracked the screen. I called up the service center and went there to fix it. The technician examined the laptop carefully and then said the screen needed to be replaced with a new one. I was really surprised at that time. Since that incident, I have tried to be much more careful.

당연하죠! 저는 이와 같은 경험이 있었던 때가 기억나요. 불과 몇 달 전에, 제 노트북이 고장 났어요. 문제는 제가 떨어뜨려서 화면이 깨져 버렸죠. 서비스 센터에 전화해서 고치러 갔습니다. 기술자가 주의 깊게 검사하더니, 새로운 스크린으로 교체해야 한다고 말씀하시더라고요. 그때 전 너무 깜짝 놀랐습니다. 이 일이 있고부터는, 훨씬 더 조심하려고 노력하고 있습니다.

14 인터넷/동영상

P04_U09_14

현재 시제로 말하기 | 과거 시제로 말하기 | 경험담 말하기

Q Tell me about the things that you do online. What kinds of things do you like to do online?
온라인에서 하는 일들에 대해 말해 주세요. 온라인으로 어떠한 것들을 즐겨 하나요?

A There are a lot of things to do online. I can have a chat, watch clips, listen to music, surf, and so on. I mainly enjoy watching various types of clips. It doesn't matter whether they are sports clips or game clips. These days, I enjoy watching Korean movie clips. Movie clips have become much better than in the past. They are a lot better in quality. When I watch the movie clips, I can get away from reality and have indirect experience. I can relieve stress as well. So, I just watch whatever is fun when it comes to video clips.
온라인으로 할 수 있는 일은 많습니다. 채팅을 하고, 동영상들을 보고, 음악을 듣고, 인터넷 검색 등을 할 수 있죠. 저는 주로 다양한 종류의 영상들을 보는 것을 즐깁니다. 스포츠 영상이건 게임 영상이건 상관없습니다. 요즘은, 한국 영화 영상을 즐겨 보고 있어요. 영화 영상들이 과거보다 훨씬 더 나아졌어요. 질이 정말 더 좋아졌습니다. 영화 영상들을 볼 때면, 현실에서 벗어나서 간접 체험을 할 수 있습니다. 스트레스 해소도 할 수 있고요. 그래서, 저는 동영상에 관해서라면 재미있는 건 뭐든 봅니다.

현재 시제로 말하기 | **과거 시제로 말하기** | 경험담 말하기

Q What did you do online yesterday? How did you get online? Tell me in detail.
어제 온라인에서 무엇을 했나요? 어떻게 온라인에 접속했나요? 상세히 말해 주세요.

A I did tons of things online yesterday. First of all, I had a chat with friends by Kakaotalk. Next, I did searches and did online shopping. Plus, I listened to music and watched video clips. And, I checked the news and the weather forecast. Also, I took pictures and posted them on Instagram. Lastly, I did Internet banking on my phone. I did tons of things online yesterday on my smartphone.
저는 어제 온라인에서 많은 것들을 했어요. 가장 먼저, 카카오톡을 이용해 친구들과 채팅을 했어요. 다음으로는, 검색도 하고 온라인 쇼핑도 했어요. 그리고, 음악도 들었고 영상들도 보았습니다. 뉴스와 일기예보도 확인했어요. 또한, 사진도 찍고 인스타그램에 올리기도 했습니다. 마지막으로, 휴대전화로 인터넷 뱅킹도 했어요. 저는 스마트폰으로 어제 정말 많은 것들을 했어요.

현재 시제로 말하기 | 과거 시제로 말하기 | **경험담 말하기**

Q Tell me about the most memorable clip that you watched. What made it special?
보았던 영상 중 가장 기억에 남는 영상에 대해 말해 주세요. 그것이 왜 특별했나요?

A I remember a movie clip that I watched recently. I recently watched a Korean movie called 미나리. In fact, the movie was about the life of Koreans in the USA. So, it was packed with fun and touching scenes. My favorite actor, 윤여정 starred in this movie. The reason why I like 윤여정 is that she is the best actor in Korea. She is so talented. She got an award at the Oscars. I'm very proud of her. I really liked the storyline of the movie, and I also liked the acting and the message of the movie. I really enjoyed it. So, it was the most memorable movie clip that I watched recently.
최근에 본 영화 영상이 기억나요. 저는 최근에 한국 영화 〈미나리〉를 봤어요. 사실, 이 영화는 한국인들의 미국 생활에 대한 영화였어요. 그래서, 재미있고 감동적인 장면들로 가득했어요. 이 영화에 제가 가장 좋아하는 배우 윤여정이 출연했어요. 제가 윤여정을 좋아하는 이유는 그녀가 한국에서 최고의 배우이기 때문이에요. 그녀는 아주 뛰어난 실력을 가지고 있습니다. 오스카에서 상도 받았어요. 저는 그녀가 너무 자랑스럽습니다. 저는 영화의 이야기 구조가 너무 좋았고 또 영화의 메시지와 배우들의 연기도 좋았어요. 정말 재미있게 보았어요. 따라서, 그것이 제가 최근에 본 가장 기억에 남는 영화 영상이었어요.

P04_U09_15

| 현재 시제로 말하기 | 과거 시제로 말하기 | 경험담 말하기 |

Q Tell me about the clothes people in your country wear. What kinds of clothes do they wear?
당신 나라의 사람들이 입는 옷에 대해 말해 주세요. 사람들은 어떠한 종류의 옷을 입나요?

A Let me tell you about fashion in Korea. People usually wear jackets and long sleeves in the spring and fall because the weather is very nice. The temperature is mild, so it's the perfect weather to go on a picnic. In the summer, people usually wear light clothes like shorts, T-shirts, and so on because the summer is super hot in Korea. When it comes to the rainy season, it's very humid. The winter is freezing cold. Since the weather is freezing, people normally wear heavy clothes like padded coats, knits, and so on. I love our country's fashion.
한국의 패션에 대해 이야기해 볼게요. 사람들은 대부분 봄과 가을에는 재킷과 긴팔 옷을 입어요. 왜냐하면 날씨가 굉장히 좋거든요. 기온이 적당해서, 소풍 가기에 딱 좋은 날씨입니다. 여름에, 사람들은 보통 반바지, 티셔츠 등과 같은 가벼운 옷차림을 해요. 왜냐하면 한국 여름은 무척 덥거든요. 장마철이 되면, 아주 습해요. 겨울은 무척 춥습니다. 날씨가 무척 추우니, 사람들은 대개 패딩, 니트 등과 같은 두꺼운 옷차림을 합니다. 저는 우리나라의 패션을 좋아해요.

| 현재 시제로 말하기 | 과거 시제로 말하기 | 경험담 말하기 |

Q What do you usually do when you go shopping for new clothes? How do you shop?
새로운 옷을 사러 갈 때 무엇을 하나요? 어떻게 쇼핑을 하나요?

A I think that I like shopping because I can relieve my stress, and I love shopping because it makes me excited. So, I enjoy shopping when I feel gloomy. My favorite shopping is online shopping. The reason why I like online shopping is that I can buy everything easily. The best thing about it is that I can do online shopping with my smartphone. I just get access to the Internet, and there are various websites. On the websites, I can compare the prices and get a special discount. Also, they deliver products to my home. It is very easy and convenient. That's why I like online shopping these days.
제 생각에 저는 쇼핑하는 것을 좋아하는 것 같아요. 왜냐하면 스트레스를 해소할 수 있기 때문이에요. 그리고 저는 쇼핑하는 것을 정말 좋아해요. 왜냐하면 절 신나게 만들어 주기 때문이에요. 그래서, 저는 우울할 때 쇼핑을 즐깁니다. 제가 가장 좋아하는 쇼핑은 온라인 쇼핑이에요. 제가 온라인 쇼핑을 좋아하는 이유는 모든 것을 쉽게 살 수 있기 때문이에요. 그것의 가장 좋은 점은 스마트폰으로 온라인 쇼핑을 할 수 있다는 점이에요. 인터넷에 접속하면 다양한 웹사이트들이 있어요. 웹사이트에서, 가격을 비교할 수 있고 특별 할인도 받을 수 있어요. 또한, 상품을 집으로 배송해 줍니다. 굉장히 쉽고 편리합니다. 그래서 저는 요즘 온라인 쇼핑을 좋아해요.

| 현재 시제로 말하기 | 과거 시제로 말하기 | 경험담 말하기 |

Q Fashion has changed a lot. How has it changed?
패션이 많이 변했습니다. 그것은(패션은) 어떻게 변했나요?

A Fashion has changed a lot. In the past, we were able to wear clothes that were no-brand. So, we could buy clothes which had plain designs. They looked simple. But now, there are various brands, so we have a lot of options to choose from. For example, we have sports brands like Nike, Adidas, and so on. Also, we have luxury brands like Chanel, Dior, and so on. Therefore, fashion has changed a lot.
패션은 많이 변했습니다. 과거에는, 브랜드가 없는 옷들을 입을 수 있었어요. 그래서, 우리는 평범한 디자인의 옷들을 살 수 있었죠. 단순해 보였어요. 하지만 지금은, 다양한 브랜드가 있어서, 고를 수 있는 선택지가 굉장히 많아요. 예를 들어, 나이키, 아디다스 등과 같은 스포츠 브랜드가 있어요. 또한, 샤넬, 디올 등과 같은 명품 브랜드도 있어요. 따라서, 패션은 많이 변했습니다.

P04_U09_16

| 현재 시제로 말하기 | 과거 시제로 말하기 | 경험담 말하기 |

Q Tell me about recycling in your country. How do people recycle?
당신 나라의 재활용에 대해 말해 주세요. 사람들은 어떻게 재활용을 하나요?

A Recycling is the most important daily routine for Koreans. So, recycling is very well practiced in Korea. People usually prepare three garbage cans at home. They are for regular garbage, food waste, and recycling. People gather the things separately and take them out to the recycling area on a fixed day. At my apartment, we can do recycling on Wednesdays and Saturdays. Anyway, I think that Korea is a great example when it comes to recycling.

한국인들에게 재활용은 가장 중요한 일과입니다. 한국에서 재활용은 매우 잘 실행되고 있습니다. 사람들은 보통 집에 세 가지의 쓰레기통이 있습니다. 일반 쓰레기통, 음식물 쓰레기통, 그리고 재활용 쓰레기통입니다. 사람들은 각각 따로 모아서 분리수거장에 지정된 날에 가져다 버립니다. 저희 아파트는 수요일과 토요일마다 재활용을 할 수 있습니다. 따라서, 제 생각에는 한국은 재활용에 있어서 훌륭한 예인 것 같아요.

| 현재 시제로 말하기 | 과거 시제로 말하기 | 경험담 말하기 |

Q Compare recycling in the past and now. How has recycling changed?
과거의 재활용과 현재의 재활용을 비교해 보세요. 재활용은 어떻게 변했나요?

A I think that recycling has changed a lot. In the past, people did not recycle, so they just threw out garbage. The worst thing about it was that the smell of the garbage cans was disgusting. But now, people do recycling very well. It is very well practiced in Korea because we have a fixed day to do recycling. We gather paper, plastic, and cans separately and then take them out to the recycling area on the fixed day. The best thing about recycling is that it is very eco-friendly. Therefore, recycling is very well practiced in Korea.

제 생각엔 재활용이 많이 변한 것 같아요. 과거에는, 사람들이 재활용을 하지 않아서, 그냥 쓰레기를 버렸어요. 그것의 가장 안 좋았던 점은 쓰레기통 냄새가 정말 역겨웠던 점이에요. 하지만 지금은, 사람들이 재활용을 매우 잘해요. 한국에서는 아주 잘 실행되고 있어요. 왜냐하면 재활용을 하는 지정된 날이 있거든요. 우리는 종이, 플라스틱, 캔을 각각 따로 모아서, 지정된 날에 재활용 구역에 내다 버려요. 재활용의 가장 좋은 점은 매우 친환경적이라는 점입니다. 따라서, 한국에서 재활용은 아주 잘 실행되고 있어요.

| 현재 시제로 말하기 | 과거 시제로 말하기 | 경험담 말하기 |

Q Tell me about a memorable experience that happened while you were doing recycling. Why was it so memorable?
재활용을 하던 중에 일어난 기억에 남는 경험에 대해 말해 주세요. 그것이 왜 그렇게 기억에 남았나요?

A I remember a time when I took out the recycling. It was two days ago. As I was doing recycling, I lost my wallet. I put my wallet on the recycling basket, but I forgot to pack it after the recycling. It means I just threw out my wallet in the recycling area. I was so surprised. I called my apartment guard and explained my situation. Finally, he found it and returned it to me. Oh my gosh. It was terrible. I don't want to experience anything like this again. Since then, I have tried to be more careful to pack my things.

제가 재활용품을 내다 버렸던 때가 기억나요. 이틀 전이었어요. 재활용을 하던 중에 지갑을 잃어버렸어요. 재활용함 위에 지갑을 놓았는데, 제가 재활용 후에 그것을 챙기는 걸 깜빡했어요. 그것은 제가 분리수거장에 제 지갑을 함께 버렸다는 의미이죠. 너무 놀랐어요. 아파트 경비원을 불러서 상황을 설명했어요. 결국, 그분이 그걸 찾아서 저에게 돌려주셨죠. 세상에! 끔찍했어요. 이 같은 경험은 다시는 하고 싶지 않아요. 그 후로는, 제 물건을 챙기는 데 더욱 주의를 기울이려 노력해요.

Make your own story!

UNIT 10 · 선택형 주제 시사 전술 FOCUS

사전 설문 조사에서 본인이 선택한 항목들 중 하나가 시사 Combo Set 14번, 15번 문제로 출제될 수 있습니다. 보통 두 가지를 비교하는 문제나 이슈, 트렌드 등을 물어보는 문제 유형입니다. 앞서 PART 01~03에서 배운 패턴을 이용한 답변이 어떻게 이루어져 있는지 살펴보고 자신만의 답변을 준비해 보세요.

01 집

02 음악 감상하기

03 영화 보기

04 공원 가기

05 쇼핑하기

06 국내 여행 / 해외 여행

 01 집

P04_U10_01

현재 시제로 말하기	과거 시제로 말하기	경험담 말하기

Q How has the style of homes changed over the years? Are there any differences?
세월이 흐르면서 집의 스타일은 어떻게 변했나요? 다른 점이 있나요?

A I think that apartment buildings have changed a lot. They are taller than before. When I was young, the buildings were not that tall. They were just 5 to 10 floors high, so they looked short. Some buildings did not even have an elevator. We had to take the stairs. That is the reason why we were able to call our friends by shouting outside easily. However, apartment buildings are so high these days. They are more than 30 floors high. Most apartments have an elevator to go up and down. I think it is impossible to go up the stairs anymore. Therefore, apartment buildings have changed a lot.

제 생각엔 아파트 건물들이 많이 변한 것 같아요. 건물들이 전보다 더욱 높아요. 제가 어렸을 적에는, 건물들이 그다지 높지 않았어요. 5층에서 10층 정도의 높이여서, 작아 보였었죠. 심지어 몇몇 건물들은 엘리베이터가 없었어요. 계단을 이용해야 했어요. 그래서 밖에서 쉽게 큰소리로 외쳐 친구를 부를 수 있었어요. 하지만, 요즘에는 아파트 건물들이 꽤 높아요. 30층이 넘어요. 대부분의 아파트에는 오르내리는 엘리베이터가 있어요. 제 생각엔 더 이상 계단으로 올라가는 것이 불가능한 것 같아요. 따라서, 아파트 건물들이 많이 변했어요.

현재 시제로 말하기	과거 시제로 말하기	경험담 말하기

Q Tell me about some issues regarding housing. What was the issue?
집 관련 이슈에 대해 말해 주세요. 이슈는 무엇이었나요?

A People can experience various problems when they rent a house. The reason why people have problems is that the housing price is too high. So, their house may be too small for them because of the price. Also, the location or transportation may be a problem as well. Because of the price, the house may be too far from the subway station. Plus, the rent is too high. I think this is the biggest issue when people find a place that they like. Therefore, people are having a hard time finding their house to live in.

사람들은 집을 렌트할 때 다양한 문제들을 경험할 수 있습니다. 사람들이 문제를 겪는 이유는 집값이 매우 비싸기 때문입니다. 그래서, 가격 때문에 그들의 집은 생각보다 작을 수도 있습니다. 또한, 위치나 대중교통이 문제가 될 수도 있습니다. 가격 때문에, 집이 지하철역과 먼 곳에 위치하는 것일지도 모릅니다. 그리고, 집세가 너무 비쌉니다. 제 생각에는 사람들이 원하는 집을 찾는 것이 가장 큰 이슈인 것 같습니다. 따라서, 사람들은 살 집을 찾는 것에 어려움을 겪고 있습니다.

P04_U10_02

| 현재 시제로 말하기 | 과거 시제로 말하기 | 경험담 말하기 |

Q You indicated in the survey that you listen to music. Pick two different kinds of music or composers and compare them.

설문 조사에 음악을 듣는다고 하셨네요. 다른 종류의 두 음악이나 작곡가를 선택해서 비교해 주세요.

A I like listening to music because I can relieve my stress, and I love listening to music because it makes me happy. So, I listen to music when I feel gloomy. My favorite singer is a Korean group called BTS. The reason why I like BTS is that they are the best singers in the world. Also, I think that the best thing about BTS is that they are good-looking and talented. I like listening to music, but I do not like hip hop music.

저는 음악 듣는 것을 좋아해요. 왜냐하면 스트레스를 해소할 수 있기 때문이에요. 그리고 저는 음악 듣는 것을 정말 좋아하는데, 왜냐하면 절 행복하게 만들어 주기 때문이에요. 그래서, 저는 우울할 때 음악을 들어요. 제가 가장 좋아하는 가수는 BTS라는 한국 그룹이에요. 제가 BTS를 좋아하는 이유는 그들이 세계에서 최고의 가수이기 때문이에요. 또한, 제 생각에 BTS의 가장 좋은 점은 잘생기고 재능이 뛰어나다는 점인 것 같아요. 저는 음악 듣는 것을 좋아하지만, 힙합 음악은 좋아하지 않아요.

| 현재 시제로 말하기 | 과거 시제로 말하기 | 경험담 말하기 |

Q Tell me about the music gadgets or equipment that people are interested in. What new products excite them?

사람들이 관심 있어 하는 음악 기기나 장비에 대해 말해 주세요. 어떤 신상품이 사람들에게 흥미를 일으키나요?

A The latest music devices are the smartphone and wireless earphones. These days, most people listen to music on their smartphones and with the wireless earphones. The wireless earphones are the latest trend in music equipment. The wireless earphones are comfortable to use. They are easy to carry and wear, so a lot of people are using them. Smartphones have Bluetooth functions on them, so we just connect, and then we can listen to music. It's very convenient because we don't have to carry them in our pocket. Therefore, I bought those as well!

가장 최신 음악 장비는 스마트폰과 무선 이어폰입니다. 요즘, 대부분의 사람들은 스마트폰과 무선 이어폰으로 음악을 듣습니다. 무선 이어폰은 음악 장비 중 최신 트렌드입니다. 무선 이어폰은 사용하기가 편리합니다. 무선 이어폰은 휴대하고 착용하기가 수월해서, 많은 사람들이 사용 중이죠. 스마트폰은 블루투스 기능이 있어서 그냥 연결해서 음악을 들을 수 있습니다. 굉장히 편리합니다. 왜냐하면 주머니에 따로 챙기지 않아도 되기 때문이에요. 따라서, 저도 구매했습니다!

현재 시제로 말하기	과거 시제로 말하기	경험담 말하기

Q What kinds of movies did you like in the past? How have they changed?
과거에 어떤 종류의 영화를 좋아했나요? 그것은(영화는) 어떻게 변했나요?

A When I was young, my favorite movies were animation movies. I liked watching animation movies because I could watch funny scenes. I used to watch animation movies after school. The best thing about animation movies was that I could kill time watching them because I didn't want to do my homework. The worst thing about them was that I had to do my homework after watching them. But now, I like watching all kinds of movies because I can relieve my stress, and it makes me feel relaxed. I especially love watching Korean movies because they have become a lot better in quality. When I watch movies, I can get away from reality. Therefore, I love watching various movies now.

제가 어릴 적 가장 좋아했던 영화는 애니메이션 영화였어요. 저는 애니메이션 영화 보는 것을 좋아했어요, 왜냐하면 웃긴 장면들을 볼 수 있었기 때문이에요. 학교 끝나고 애니메이션 영화를 보곤 했어요. 애니메이션 영화의 가장 좋았던 점은 그것들을 보면서 시간을 때울 수 있었던 점이었어요, 왜냐하면 저는 숙제를 하고 싶지 않았거든요. 그것의 가장 안 좋았던 점은 영화를 보고 나서는 숙제를 해야 했었던 점이에요. 하지만 지금은, 모든 종류의 영화를 보는 걸 좋아해요, 왜냐하면 스트레스를 해소할 수 있을 뿐만 아니라 편안한 기분이 들도록 만들어 주기도 하기 때문이에요. 특히, 한국 영화 보는 걸 좋아해요, 왜냐하면 질적으로 정말 좋아졌기 때문이에요. 영화를 볼 때면, 현실에서 벗어날 수 있어요. 따라서, 지금은 저는 다양한 영화를 보는 걸 좋아해요.

현재 시제로 말하기	과거 시제로 말하기	경험담 말하기

Q Tell me about the latest trend in the movie industry. What is so special about it?
영화 산업에서의 가장 최신 트렌드에 대해 말해 주세요. 그것은 무엇이 그렇게 특별한가요?

A The latest trend in the movie industry is 4D. 4D technology offers audiences a unique experience — they are immersed into the on-screen action like never before. The newest evolution in the 4D cinema experience provides a totally immersive environment. It allows the viewers to feel the action on the screen and be part of the movie from the built-in motion and effects in the seats and theater walls, which enhance the movie experience. Therefore, 4D technology is giving movie-goers more options to choose from.

영화 산업에서의 가장 최신 트렌드는 4D 영화입니다. 4D 기술은 관객들에게 아주 독특한 경험을 선사합니다. 한 번도 보지 못했던 스크린 액션에 몰두하게 만들어 줍니다. 4D 영화관의 최신 진화는 완전한 몰입형 환경을 제공합니다. 이는 관객이 화면에서 액션을 느끼고 좌석 및 극장 벽에 설치된 모션(동작)과 효과를 통해 영화의 일부가 되어 영화를 통한 체험을 향상시킬 수 있습니다. 따라서, 4D 기술이 영화 관람객들에게 더 많은 선택권을 주고 있습니다.

04 공원 가기

P04_U10_04

현재 시제로 말하기	과거 시제로 말하기	경험담 말하기

Q Compare the activities that children and adults do at the parks. Are there any differences?

어른들과 아이들이 공원에서 하는 활동들을 비교해 주세요. 다른 점이 있나요?

A I think that adults normally go to parks to do various activities. For example, they take walks and ride bikes. Also, they sometimes get some exercise and get some fresh air because there are lots of sports facilities. They walk their dogs there as well. Sometimes, they go on picnics and have dates. Unlike adults, young children go to parks to hang out with their friends. They go to the playground and go on rides such as swings or slides. And they always shout, run, and make a lot of noise there as well. So, adults and children go to parks for different reasons.

제 생각엔 어른들은 보통 공원에 다양한 활동을 하러 갑니다. 예를 들어, 산책을 하거나 자전거를 탑니다. 또한 공원에는 많은 운동 기구들이 있어서 운동도 하고 신선한 공기를 즐기기도 합니다. 그곳에서 강아지 산책도 시킵니다. 가끔, 소풍도 즐기고 데이트도 하죠. 어른들과 달리, 아이들은 친구들과 놀러 공원에 갑니다. 놀이터로 가서 그네나 미끄럼틀 같은 기구들을 탑니다. 그리고 그곳에서 늘 소리를 지르고 달리고 크게 소란을 피우죠. 그래서, 어른들과 아이들은 다른 이유로 공원에 갑니다.

현재 시제로 말하기	과거 시제로 말하기	경험담 말하기

Q Tell me about the issue regarding parks. How do people deal with the issue?

공원 관련 이슈에 대해 말해 주세요. 사람들은 이슈를 어떻게 해결하나요?

A I think that the biggest issue with parks is littering. Many people throw away garbage at the parks. They are very irresponsible. Even though there are trash cans, people just throw away garbage on the streets. It is the reason why some people from the community service center clean the park once or twice a week. To solve this problem, we have to think of the solution for it.

제 생각에 공원의 가장 큰 이슈는 쓰레기를 버리는 것입니다. 많은 사람들이 공원에 쓰레기를 버립니다. 정말 무책임하죠. 쓰레기통이 있는데도 불구하고, 사람들은 길거리에 쓰레기를 함부로 버립니다. 이러한 이유로 인해 주민 자치 센터에서 나온 몇몇 사람들이 일주일에 한 번 혹은 두 번씩 공원을 청소합니다. 이 문제를 해결하기 위해서는, 해결책을 생각해야 합니다.

05 쇼핑하기

현재 시제로 말하기	과거 시제로 말하기	경험담 말하기

Q Tell me about people's shopping habits these days. How do they shop?
요즘 사람들의 쇼핑 습관에 대해 말해 주세요. 그들은 어떻게 쇼핑을 하나요?

A I think that people like shopping because they can relieve their stress, and they love shopping because it makes them excited. So, people enjoy shopping when they feel gloomy. Their favorite shopping is online shopping. The reason why they like online shopping is that they can buy everything easily. The best thing about it is that they can do online shopping with their smartphone. They just get access to the Internet, and there are various websites. On the websites, they can compare the prices and get a special discount. Also, online shopping malls deliver products to people's homes. It is very easy and convenient. That's why people like online shopping these days.

제 생각에 사람들은 쇼핑하는 것을 좋아하는 것 같아요. 왜냐하면 스트레스를 해소할 수 있기 때문이에요. 그리고 그들은 쇼핑하는 것을 정말 좋아해요. 왜냐하면 그들을 신나게 만들어 주기 때문이에요. 그래서, 사람들은 우울할 때 쇼핑을 즐깁니다. 사람들이 가장 좋아하는 쇼핑은 온라인 쇼핑이에요. 온라인 쇼핑을 가장 좋아하는 이유는 모든 것을 쉽게 살 수 있기 때문이에요. 그것의 가장 좋은 점은 스마트폰으로 온라인 쇼핑을 할 수 있다는 점이에요. 인터넷에 접속하면 다양한 웹사이트들이 있어요. 웹사이트에서 가격을 비교할 수 있고 특별 할인도 받을 수 있어요. 또한, 온라인 쇼핑몰은 상품을 집까지 배송해 줍니다. 굉장히 쉽고 편리합니다. 그래서 사람들은 요즘 온라인 쇼핑을 좋아해요.

현재 시제로 말하기	과거 시제로 말하기	경험담 말하기

Q Tell me about shopping trends. Why are they mentioned by people these days?
쇼핑 트렌드에 대해 말해 주세요. 그것들은 왜 사람들에 의해 언급되나요?

A The latest music devices are the smartphone and wireless earphones. These days, most people listen to music on their smartphones and with the wireless earphones. The wireless earphones are the latest trend in music equipment. The wireless earphones are comfortable to use. They are easy to carry and wear, so a lot of people are using them. Smartphones have Bluetooth functions on them, so we just connect, and then we can listen to music. It's very convenient because we don't have to carry them in our pocket. Therefore, I bought those as well!

가장 최신 음악 장비는 스마트폰과 무선 이어폰입니다. 요즘, 대부분의 사람들은 스마트폰과 무선 이어폰으로 음악을 듣습니다. 무선 이어폰은 음악 장비 중 최신 트렌드입니다. 무선 이어폰은 사용하기가 편리합니다. 무선 이어폰은 휴대하고 착용하기가 수월해서, 많은 사람들이 사용 중이죠. 스마트폰은 블루투스 기능이 있어서 그냥 연결해서 음악을 들을 수 있습니다. 굉장히 편리합니다. 왜냐하면 주머니에 따로 챙기지 않아도 되기 때문이에요. 따라서, 저도 구매했습니다!

06 국내 여행/해외 여행

P04_U10_06

현재 시제로 말하기	과거 시제로 말하기	경험담 말하기

Q Compare traveling in the past and now. How is traveling today different compared to the past?
과거의 여행과 현재의 여행을 비교해 보세요. 현재의 여행은 과거와 비교하여 어떻게 다른가요?

A I think that traveling has changed a lot. It is faster than before. When I was young, transportation was not that fast. It took more than 5 hours to go to another city by train, so it was very difficult. And we did not have various ways to travel. We had to take ordinary trains. Also, plane tickets were too expensive in the past. But now, we have a high-speed train called KTX, and the plane tickets are more reasonable than before. That is the reason why it's easier traveling now than in the past. Therefore, I think that traveling has changed a lot.
제 생각엔 여행이 많이 변한 것 같아요. 전보다 더욱 빨라요. 제가 어릴 적, 교통은 그렇게 빠르지 않았어요. 다른 도시로 기차를 타고 가면 5시간이 넘게 걸리기도 해서, 여행이 너무 힘들었어요. 그리고 여행 가기 위한 다양한 방법들이 없었어요. 보통의 기차를 타야 했어요. 또한, 비행기 표가 과거에는 아주 비쌌어요. 하지만 지금은, KTX라는 이름의 고속 열차도 생겼고, 비행기 표도 전보다 가격이 더 합리적이에요. 이러한 이유로 오늘날 여행하는 것은 과거보다 더 쉬워요. 따라서, 제 생각에는 여행이 많이 변한 것 같아요.

현재 시제로 말하기	과거 시제로 말하기	경험담 말하기

Q Tell me a concern about traveling. What do people do to address the issue or concern?
여행에 관한 우려에 대해 말해 주세요. 사람들은 그 이슈나 우려를 다루기 위해 어떠한 것들을 하나요?

A I think that the biggest concern with traveling is safety. Many people can get sick or hurt when they are traveling. So, we have to be careful about it. Also, we should be careful with the food. Sometimes people can get allergies because the food is different from our country. It is the reason why it is important to pack first-aid medicine. Therefore, the biggest concern about traveling is safety.
제 생각에 여행 관련 가장 큰 우려는 안전입니다. 많은 사람들이 여행을 하는 중에 다치거나 아플 수 있습니다. 그래서, 우리는 꼭 조심해야 해요. 또한, 음식도 조심해야 합니다. 가끔 사람들이 알레르기가 생길 수도 있습니다. 왜냐하면 우리나라와 음식이 다르기 때문이에요. 이러한 이유로 비상 상비약을 챙기는 것은 중요합니다. 따라서, 여행 관련 가장 큰 우려는 안전입니다.

Make your own story!

UNIT 11 돌발형 주제 시사 전술 FOCUS

사전 설문 조사에서 선택하지 않아도 출제되는 돌발형 주제 중 하나가 시사 Combo Set 14번, 15번 문제로 출제될 수 있습니다. 보통 두 가지를 비교하는 문제나 이슈, 트렌드 등을 물어보는 문제 유형입니다. 앞서 PART 03~04에서 배운 패턴을 이용한 답변이 어떻게 이루어져 있는지 살펴보고 자신만의 답변을 준비해 보세요.

01 ▶ **가구/가전**

02 ▶ **인터넷/동영상**

03 ▶ **모임/기념일**

04 ▶ **전화기/기술**

05 ▶ **지형**

06 ▶ **재활용**

07 ▶ **가족/친구**

01 가구/가전

P04_U11_01

현재 시제로 말하기　　과거 시제로 말하기　　경험담 말하기

Q I'd like to talk about where you live. Tell me about the appliances which are useful.

당신이 사는 곳에 대해 이야기 나누고 싶어요. 유용한 가전제품에 대해 말해 주세요.

A There are various home appliances I use. There is the fridge, the washer, the vacuum, and the microwave. First, I think one of the most important appliances is the fridge. Because we keep our food in it so that we can have meals at home. It protects the food from spoilage and keeps it fresh. Next, the microwave helps to heat things up or defrost them. We are eating a lot of instant food these days, so we use the microwave every day. I'm sure that the microwave is one of the most useful appliances. It has made our lives much easier. So, these are the appliances I have and I use at home.

제가 사용하는 가전제품들은 다양합니다. 냉장고, 세탁기, 청소기, 전자레인지가 있습니다. 첫 번째로, 제 생각에 가장 중요한 가전제품 중 하나는 냉장고입니다. 왜냐하면 우리는 우리의 음식을 이곳에 보관해야 집에서 식사를 할 수 있습니다. 이것은 음식을 상하지 않게 보호하고 신선하게 보관해 줍니다. 다음으로, 전자레인지는 음식을 데워 주거나 해동시킵니다. 우리는 요즘 인스턴트 음식을 많이 먹으므로, 전자레인지를 매일매일 사용합니다. 저는 전자레인지가 가장 유용한 가전제품 중 하나라고 생각합니다. 우리의 생활을 훨씬 더 쉽게 만들어 주었어요. 이것들이 바로 제가 집에 보유하고 있고 사용하는 가전제품들입니다.

현재 시제로 말하기　　과거 시제로 말하기　　경험담 말하기

Q Tell me about the most useful appliance that you have at home. What did people say about this appliance?

집에 갖고 있는 가장 유용한 가전제품에 대해 말해 주세요. 사람들은 이 가전제품에 대해 어떻게 말했나요?

A I think that the most useful appliances are the washer and the dryer. The reason why they are the most useful appliances is that they help us wash clothes very easily. In the past, we washed clothes with our hands. It was difficult. Also, to dry the clothes we had to hang out the washing on a drying rack. So, it took a long time. However, we have a washer and a dryer these days. We just put clothes in the washer and then wait for it to finish cleaning. Then we put the wash in the dryer and wait to finish. That's why our lives are much easier than before. Therefore, I am sure that the most useful appliances are the washer and the dryer.

제 생각엔 가장 유용한 가전제품은 세탁기와 건조기입니다. 그것들이 가장 유용한 이유는 우리가 쉽게 옷을 세탁할 수 있도록 도와주기 때문이에요. 과거에는, 직접 손으로 옷을 세탁했습니다. 어려웠죠. 또한, 옷을 말리기 위해서는 건조대에 빨래를 널어야 했어요. 그래서, 시간이 오래 걸렸습니다. 하지만, 요즘은 세탁기와 건조기가 있습니다. 우리는 옷들을 세탁기에 넣고 빨래가 끝나기를 기다립니다. 그런 다음, 빨래된 옷들을 건조기에 넣고 기다리면 끝입니다. 이러한 이유로 우리의 삶은 예전보다 훨씬 더 쉬워졌습니다. 따라서, 저는 세탁기와 건조기가 가장 유용한 가전제품이라고 확신합니다.

02 인터넷/동영상

P04_U11_02

현재 시제로 말하기 　　　　 과거 시제로 말하기 　　　　 경험담 말하기

Q How has the usage of the Internet changed over the years? Tell me in detail.
세월이 흐르면서 인터넷 사용이 어떻게 변했나요? 상세히 말해 주세요.

A I think that the Internet has changed a lot. In the past, people could get access to the Internet through computers. The worst thing about the Internet was that it was too slow. It took a long time to get access to the sites that they wanted. Like everyone else, I did not like to wait. But now, people can get access to the Internet through smartphones. The best thing about it is that it is faster. Also, we can do a lot of things with smartphones. For example, we have chats, listen to music, watch video clips, do online shopping, and so on. It is very convenient.
제 생각엔 인터넷은 많이 변한 것 같아요. 과거에는, 사람들이 컴퓨터를 통해 인터넷에 접속할 수 있었어요. 인터넷의 가장 안 좋았던 점은 (속도가) 매우 느렸던 점이에요. 원하는 사이트에 접속하는 데 오랜 시간이 걸렸어요. 다른 모든 사람들과 마찬가지로, 저는 기다리는 걸 좋아하지 않았어요. 하지만 지금은, 사람들이 스마트폰으로 인터넷에 접속할 수 있습니다. 그것의 가장 좋은 점은 더 빠르다는 점이에요. 또한, 스마트폰으로 많은 것들을 할 수 있어요. 예를 들어, 대화를 나누고, 음악을 듣고, 동영상을 보고, 온라인 쇼핑을 하는 등등이요. 굉장히 편리해요.

현재 시제로 말하기 　　　　 과거 시제로 말하기 　　　　 경험담 말하기

Q Tell me about an issue with the Internet. What kinds of concerns do people have regarding the Internet?
인터넷 관련 이슈에 대해 말해 주세요. 사람들은 인터넷 관련하여 어떠한 우려를 가지고 있나요?

A I think that the biggest issue with the Internet is security. Hacking programs have developed, and hackers are really good at hacking. There are various ways to hack other people's information. Their hacking techniques have improved over the years. Personal information has been leaked on the Internet. Also, strangers call people to find out their personal information. Therefore, we have to make more efforts to enhance online security.
제 생각에 인터넷 관련 가장 큰 이슈는 보안인 것 같아요. 해킹 프로그램이 발달되었고, 해커들이 해킹을 너무 잘합니다. 다른 사람들의 정보를 해킹하는 다양한 방법들이 생겼습니다. 그들의 해킹 기술은 시간이 흐르면서 발전해 가고 있죠. 인터넷으로 개인 정보들이 유출되었습니다. 또한, 모르는 이들이 사람들에게 전화해서 개인 정보를 파헤치기도 합니다. 따라서, 우리는 온라인 보안을 강화하기 위해 더 많은 노력을 기울여야 합니다.

03 모임/기념일

P04_U11_03

| 현재 시제로 말하기 | 과거 시제로 말하기 | 경험담 말하기 |

Q Compare the gatherings between the people who live in a city and the people who live in a small town. Tell me about the similarities and differences.

도시에 사는 사람들의 모임과 시골에 사는 사람들의 모임을 비교해 주세요. 같은 점과 다른 점에 대해 말해 주세요.

A I think that there are no differences between the people who live in a city and the people who live in a small town. It is because there are a lot of gatherings in our country. We have staff dinners, after parties, birthday parties, and so on. We usually have these gatherings at bars or restaurants because, when we walk into the bars or restaurants, we can see big tables and chairs where we can have gatherings. Most people have meals, talk, and drink when they have gatherings. We talk about our lives, work, and so on. I think that it is the best time to communicate and become familiar with each other. That's why we usually have gatherings at bars or restaurants with our friends or colleagues. Therefore, there are no differences between the people who live in a city and the people who live in a small town.

제 생각에는 도시에 사는 사람들의 모임과 시골에 사는 사람들의 모임에는 차이가 없는 것 같습니다. 왜냐하면 우리나라에는 다양한 모임들이 있습니다. 회식, 뒤풀이, 생일 파티 등이 있습니다. 우리는 보통 술집이나 식당에서 이러한 모임을 엽니다. 왜냐하면 술집이나 음식점에 들어가면 모임을 가질 수 있는 큰 테이블과 많은 의자들이 있기 때문이에요. 대부분의 사람들은 모임을 가지면 식사를 하며 이야기도 하고 술도 함께 마십니다. 우리는 우리의 인생이나 일 등에 대해 이야기를 합니다. 제 생각엔 서로 소통을 할 수 있고 친해질 수 있는 가장 좋은 시간이라고 생각합니다. 그러한 이유로 우리는 친구, 직장 동료들과 술집이나 음식점에서 모임을 갖습니다. 그러므로, 도시에 사는 사람들의 모임과 시골에 사는 사람들의 모임에는 차이가 없습니다.

| 현재 시제로 말하기 | 과거 시제로 말하기 | 경험담 말하기 |

Q Tell me a concern about gatherings. What do people talk about?

모임에 관한 우려를 말해 주세요. 사람들은 무엇에 대해 이야기하나요?

A I think that the biggest concern about gatherings is safety. Many people can get sick or hurt when they have a gathering. So, we have to be careful about it. Also, we should be careful with the accident. Sometimes an unexpected accident happens like a car accident, a parking accident, or fighting. It is the reason why we should be careful. Therefore, the biggest concern about gatherings is safety.

제 생각에 모임 관련 가장 큰 우려는 안전입니다. 많은 사람들이 모임을 갖는 중에 다치거나 아프기도 합니다. 그래서, 우리는 꼭 조심해야 해요. 또한, 사고도 조심해야 합니다. 가끔, 차 사고, 주차 사고, 혹은 싸움과 같은 예기지 못한 사고가 일어납니다. 이러한 이유로, 우리는 정말 조심해야 합니다. 따라서, 모임에 관해 가장 큰 우려는 안전입니다.

04 전화기/기술

P04_U11_04

현재 시제로 말하기	과거 시제로 말하기	경험담 말하기

Q How was the cellphone used in the past? How has it changed over the years?
과거에 사용되던 휴대전화는 어땠나요? 세월이 흐르면서 그것은(휴대전화는) 어떻게 변했나요?

A I think that technology has changed a lot. In the past, there were no cellphones. We were able to make phone calls with the telephone at home or with the pay phone on the street. It was difficult to contact a person if we didn't make an appointment. The worst thing about it was that there was no way to contact when we had a sudden change. As time passed, there are cellphones. The best thing about them is that we can make phone calls and send text messages everywhere. Also, cellphones have evolved, so we have smartphones these days. We can do a lot of things with smartphones. For example, we have chats, listen to music, watch video clips, do online shopping, and so on. It is very convenient.

제 생각엔 기술은 많이 변한 것 같아요. 과거에는, 휴대전화가 없었습니다. 우리는 집에 있는 전화기나 길거리에 있는 공중전화를 이용해서 전화를 할 수 있었어요. 만약 약속을 잡지 않으면 연락하기가 어려웠습니다. 그것의 가장 안 좋았던 점은 갑작스러운 변화가 있었을 때 연락할 방법이 없었다는 점이었어요. 시간이 흘러, 휴대전화가 생겼습니다. 그것의 가장 좋은 점은 어디서든 전화를 걸고 문자 메시지를 보낼 수 있다는 점이에요. 또한, 휴대전화가 발달하여, 우리에겐 요즘 스마트폰이 있습니다. 스마트폰으로는 많은 것들을 할 수 있습니다. 예를 들어, 대화를 나누고, 음악을 듣고, 동영상을 보고, 온라인 쇼핑을 하는 등등이요. 굉장히 편리해요.

현재 시제로 말하기	과거 시제로 말하기	경험담 말하기

Q Tell me about the problem regarding phones. Why is this an issue of concern to people?
전화기 관련 문제점에 대해 말해 주세요. 이것이 왜 사람들에게 관심 사안인가요?

A I think that the biggest problem regarding phones is that they disturb our concentration. The reason why they disturb our concentration is that they are the smartphone these days. So, we can get access to the Internet. We can do tons of things with our smartphones. For example, we can have chats, listen to music, do online shopping, play games, watch various types of clips, and so on. I think it is the best thing and the worst thing about phones. Sometimes they are very convenient, but sometimes they disturb us, especially during the time when we study or work. Therefore, I think that the biggest problem regarding phones is that they disturb our concentration.

제 생각에 전화기의 가장 큰 문제점은 그것이 우리의 집중력을 방해한다는 점입니다. 전화기가 우리의 집중력을 방해하는 이유는 요즘 전화기가 스마트폰이기 때문입니다. 그래서, 우리는 인터넷에 접속할 수 있죠. 우리는 스마트폰으로 많은 것들을 할 수 있습니다. 예를 들어, 채팅을 하고 음악을 듣고, 온라인 쇼핑을 하고, 게임을 하고, 다양한 영상들을 보는 등을 할 수 있습니다. 제 생각에는 이것이 전화기의 장점이기도 하고 단점이기도 한 것 같아요. 가끔은 편리하지만 가끔은 우리를 방해하거든요, 특히 공부하는 시간이나 일하는 시간이에요. 따라서, 제 생각에 전화기의 가장 큰 문제점은 그것이 우리의 집중력을 방해한다는 점입니다.

현재 시제로 말하기	과거 시제로 말하기	경험담 말하기

Q Describe a country that is different from your country. Tell me in detail.

당신의 나라와 다른 나라에 대해 묘사해 주세요. 상세히 말해 주세요.

A I am going to tell you about Japan. They have various attractions to visit. You know, in Japan, they have mountains, beaches, and four seasons. My favorite places to visit are the mountains. The reason why I like it there is that I can go hiking. Well, there are also beautiful beaches. So, we can go swimming as well. The best thing about Japan is that the weather is like our country. They have four seasons: spring, summer, fall, and winter. The weather is so nice in the spring and fall. It is the best weather to go on a picnic. The weather is very hot in the summer. A lot of people visit the beaches in this season. So, they get crowded. The weather is freezing in the winter. They have to wear heavy clothes. Anyway, I love going to Japan.

일본에 대해 이야기할게요. 일본에는 방문할 만한 다양한 명소들이 있습니다. 왜 있잖아요. 일본은 산, 해변, 그리고 사계절이 있습니다. 제가 가장 방문하기 좋아하는 곳은 산이에요. 그곳을 좋아하는 이유는 등산하러 갈 수 있기 때문이죠. 음, 아름다운 해변들도 있어요. 그래서, 수영하러 갈 수도 있죠. 일본의 가장 좋은 점은 우리나라와 날씨가 비슷하다는 점이에요. 봄, 여름, 가을, 그리고 겨울 이렇게 사계절이 있죠. 봄과 가을엔 날씨가 무척 좋아요. 소풍 가기에 최고로 좋은 날씨이죠. 여름엔 너무 더워요. 이러한 계절엔 많은 사람들이 해변에 가요. 그래서, 그곳은 사람들로 붐벼요. 겨울에는 너무 추워요. 사람들은 두꺼운 옷을 입어야 해요. 그래도, 저는 일본에 가는 것을 좋아해요.

현재 시제로 말하기	과거 시제로 말하기	경험담 말하기

Q Tell me about an issue with the country that you have mentioned. Describe it in detail.

말씀하신 나라와 관련된 이슈에 대해 말해 주세요. 상세히 묘사해 주세요.

A I think that there is no special issue with Japan these days. However, there is a common issue all around the world with traveling. Traveling has changed a lot. It is faster than before. When I was young, transportation was not that fast. It took more than 5 hours to go to another city by train, so it was very difficult. And we did not have various ways to travel. We had to take ordinary trains. Also, plane tickets were too expensive in the past. But now, we have a high-speed train called KTX, and the plane tickets are more reasonable than before. That is the reason why it's easier traveling now than in the past. Therefore, I think that traveling has changed a lot.

제 생각엔 요즘 일본과 관련된 특별한 이슈가 없는 것 같아요. 하지만 여행 관련하여 전 세계의 공통 이슈가 있죠. 여행은 많이 변했습니다. 전보다 더욱 빨라요. 제가 어릴 적, 교통은 그렇게 빠르지 않았어요. 다른 도시로 기차를 타고 가면 5시간이 넘게 걸리기도 해서, 여행이 너무 힘들었어요. 그리고 여행 가기 위한 다양한 방법들이 없었어요. 보통의 기차를 타야 했어요. 또한, 비행기 표가 과거에는 아주 비쌌어요. 하지만 지금은 KTX라는 이름의 고속 열차도 생겼고 비행기 표도 전보다 가격이 더 합리적이에요. 이러한 이유로 오늘날 여행하는 것은 과거보다 더 쉬워요. 따라서, 제 생각에는 여행이 많이 변한 것 같아요.

06 재활용

P04_U11_06

현재 시제로 말하기	과거 시제로 말하기	경험담 말하기

Q Compare recycling in the past and now. How has recycling changed?
과거의 재활용과 현재의 재활용을 비교해 보세요. 재활용은 어떻게 변했나요?

A I think that recycling has changed a lot. In the past, people did not recycle, so they just threw out garbage. The worst thing about it was that the smell of the garbage cans was disgusting. But now, people do recycling very well. It is very well practiced in Korea because we have a fixed day to do recycling. We gather paper, plastic, and cans separately and then take them out to the recycling area on the fixed day. The best thing about recycling is that it is very eco-friendly. Therefore, recycling is very well practiced in Korea.

제 생각엔 재활용이 많이 변한 것 같아요. 과거에는, 사람들이 재활용을 하지 않아서, 그냥 쓰레기를 버렸어요. 그것의 가장 안 좋았던 점은 쓰레기통 냄새가 정말 역겨웠던 점이에요. 하지만 지금은, 사람들이 재활용을 매우 잘해요. 한국에서는 아주 잘 실행되고 있어요, 왜냐하면 재활용을 하는 지정된 날이 있거든요. 우리는 종이, 플라스틱, 캔을 각각 따로 모아서, 지정된 날에 재활용 구역에 내다 버려요. 재활용의 가장 좋은 점은 매우 친환경적이라는 점입니다. 따라서, 한국에서 재활용은 아주 잘 실행되고 있어요.

현재 시제로 말하기	과거 시제로 말하기	경험담 말하기

Q Tell me about an issue with recycling in your country. Describe this thing in detail.
당신 나라의 재활용 관련 이슈에 대해 말해 주세요. 이를 상세히 묘사해 주세요.

A I think that there is no special issue with recycling because recycling is very well practiced in Korea. Recycling is the most important daily routine for Koreans. People usually prepare three garbage cans at home. They are for regular garbage, food waste, and recycling. People gather the things separately and take them out to the recycling area on a fixed day. At my apartment, we can do recycling on Wednesdays and Saturdays. Anyway, I think that Korea is a great example when it comes to recycling.

제 생각엔 재활용 관련해서 별다른 이슈가 없는 것 같아요, 왜냐하면 한국에서 재활용은 매우 잘 실행되고 있기 때문이에요. 한국인들에게 재활용은 가장 중요한 일과입니다. 사람들은 보통 집에 세 가지의 쓰레기통이 있습니다. 일반 쓰레기통, 음식물 쓰레기통, 그리고 재활용 쓰레기통입니다. 사람들은 각각 따로 모아서 분리수거장에 지정된 날에 가져다 버립니다. 저희 아파트는 수요일과 토요일마다 재활용을 할 수 있습니다. 따라서, 제 생각에는 한국은 재활용에 있어서 훌륭한 예인 것 같아요.

| 현재 시제로 말하기 | 과거 시제로 말하기 | 경험담 말하기 |

Q Pick two friends or family members and describe them. What are they like?

친구나 가족을 2명 골라서 묘사해 주세요. 그들은 어떤 사람들인가요?

A I am going to tell you about my parents because I like visiting them. Firstly, my mom is positive. She is always busy, but she looks very happy. You know, she can drive, so she enjoys going shopping by herself on weekends. Also, my dad is hard-working. He always wakes up early and does housework. Even though he has a job, he does the laundry, does the dishes and does the cleaning as well. I think that both are active, so they are talkative. Also, they look happy. Therefore, I love them.

제 부모님에 대해 이야기해 드릴게요. 왜냐하면 전 부모님을 찾아뵙는 걸 좋아하거든요. 먼저, 엄마께선 긍정적이세요. 엄마는 항상 바쁘시지만, 정말 행복해 보여요. 엄마께선 운전을 하실 수 있어서, 주말에 혼자 쇼핑하러 가는 걸 즐기세요. 그리고, 아빠께선 성실하세요. 항상 일찍 일어나셔서 집안일을 하세요. 아빠께서는 일을 하시는데도, 빨래도 하시고, 설거지도 하시고, 청소도 하세요. 제 생각에는 두 분 다 활발하셔서 수다스러우신 것 같아요. 또한, 두 분은 행복해 보여요. 따라서, 저는 그분들을 사랑해요.

| 현재 시제로 말하기 | 과거 시제로 말하기 | 경험담 말하기 |

Q Tell me about the topics that you have discussed with your friends or family members. What did you discuss?

친구나 가족과 함께 토론했던 주제에 대해 말해 주세요. 무엇을 논의했나요?

A I talked about the movie that I watched with my friend. I recently watched a Korean movie called 미나리. I watched it with my friend. Actually, the movie was about the life of Koreans in the USA. So, it was packed with fun and touching scenes. My favorite actor, 윤여정 starred in this movie. The reason why I like 윤여정 is that she is the best actor in Korea. She is so talented. She got an award at the Oscars. I'm very proud of her. I really liked the storyline of the movie, and I also liked the acting and the message of the movie. I really enjoyed it. Therefore, I told my friend that it was one of the most memorable movies that I watched recently.

친구와 함께 제가 보았던 영화에 대해 이야기했었습니다. 저는 최근에 한국 영화 〈미나리〉를 봤어요. 친구와 함께 보았어요. 사실, 이 영화는 한국인들의 미국 생활에 대한 영화였어요. 그래서, 재미있고 감동적인 장면들로 가득했어요. 이 영화에 제가 가장 좋아하는 배우 윤여정이 출연했어요. 제가 윤여정을 좋아하는 이유는 그녀가 한국에서 최고의 배우이기 때문이에요. 그녀는 아주 뛰어난 실력을 가지고 있습니다. 오스카에서 상도 받았어요. 저는 그녀가 너무 자랑스럽습니다. 저는 영화의 이야기 구조가 너무 좋았고, 또 영화의 메시지와 배우들의 연기도 좋았습니다. 정말 재미있게 보았어요. 따라서, 저는 친구에게 그것이 제가 최근에 본 영화 중 가장 기억에 남는 영화 중 하나라고 말했어요.

ROLE-PLAY

ROLE-PLAY 문제는 크게 **질문하기**와 **문제 상황 설명+대안 제시하기**로 나누어 출제됩니다. 롤플레이에서는 한 상황이 주어지는데, 그 상황에 맞춰 질문하고, 동일한 상황 속 발생한 문제를 설명하고 대안을 제시해야 합니다. 질문하기는 몇 가지 의문문 pattern을 이용하여 상황에 알맞게 질문해 보고, 문제 상황 설명+대안 제시하기는 대표적인 유용한 표현을 이용하여 상황에 알맞게 상황 설명과 대안을 제시하며 답변합니다.

◉ 예시로 보기

선택형 주제 > 콘서트 ROLE-PLAY
- 콘서트 티켓 문의하기
- 불참 상황 설명과 대안 제시하기
- 취소해 본 경험

돌발형 주제 > 은행 ROLE-PLAY
- 계좌 문의하기
- 분실 상황 설명과 대안 제시하기
- 물건 분실한 경험 or 은행에서 일어난 기억에 남는 사건

선택형 주제 > 카페/커피전문점 ROLE-PLAY
- 메뉴 관련 문의하기
- 컴플레인 상황 설명과 대안 제시하기
- 카페에서 일어난 기억에 남는 사건

돌발형 주제 > 친척 집 ROLE-PLAY
- 친척에게 문의하기
- 분실 상황 설명과 대안 제시하기
- 약속을 지키지 못한 경험

ROLE-PLAY Combo Set의 첫 번째 문제는 질문하기 상황극이 주어집니다. 질문은 3가지 이상의 의문문으로 이루어져야 하며, 상대방이 누구인지, 전화로 문의하는 것인지, 직접 방문해서 문의하는 것인지를 잘 듣고 상황에 알맞게 의문문을 사용하여 질문해야 합니다. 필요한 표현들을 이용하여 답변을 만들어 봅시다.

Unit 12의 Pattern 몰아 보기

Q I'd like to give you a situation and ask you to act it out. You want to go to a concert. Call the theater and ask some questions about the concert.

A (Pattern 01) Hi there? (Pattern 01) I'm calling to inquire about the concert tickets. (Pattern 01) I'd like to go to the BTS concert. (Pattern 04) What kinds of tickets are available? (Pattern 03) Could you tell me how much it is? (Pattern 03) Could you give me some recommendations? (Pattern 02) I am wondering if you have any promotions going on now. (Pattern 03) Could you tell me where it is located? (Pattern 02) I am wondering if I can park there. (Pattern 01) Call me back when you get this. (Pattern 01) Thank you.

빈출문제 미리보기

사전 설문 조사에서 '콘서트 보기', '카페/커피전문점에 가기', '쇼핑하기' 등을 선택하였다면, ROLE-PLAY Combo Set의 첫 번째 문제는 보통 다음과 같은 문제가 출제됩니다.

선택형 주제 > 콘서트 ROLE-PLAY
• 콘서트 티켓 문의하기 최다 빈출

선택형 주제 > 카페/커피전문점 ROLE-PLAY
• 메뉴 관련 문의하기 최다 빈출

돌발형 주제 > 음식점
• 메뉴 관련 문의하기

돌발형 주제 > 은행 ROLE-PLAY
• 계좌 문의하기

돌발형 주제 > 지형 ROLE-PLAY
• 지형 관련 문의하기

돌발형 주제 > MP3 player ROLE-PLAY
• MP3 player 문의하기

시험 공략 TIP +

⊘ ROLE-PLAY 질문하기에서 의문문은 꼭 3가지 이상을 사용해 주세요.

⊘ 상황극을 제대로 이끌어 가기 위해서는 문의하는 상대가 누구인지, 전화 문의인지, 직접 방문 문의인지 정확히 구분해야 하므로 문제를 집중해서 들어야 합니다.

Pattern 01	**ROLE-PLAY 시작 / 끝 표현**
	Hi there! 여보세요! / **Thank you.** 감사합니다.

상황극인 ROLE-PLAY Combo Set의 문제(11번, 12번)에서 시작과 끝에 사용하는 표현들을 배워 봅시다. 상황극의 상대는 대부분 친구, 친척, 문의하는 곳의 직원이며, 상황은 대면 또는 비대면일 수 있습니다. 상대와 상황에 맞게 첫인사와 끝인사를 구별하여 써 보세요.

Pattern following

시작 표현

① **Hi there!** 여보세요!, 안녕하세요! (첫인사)

② **It's me!** 저예요!, 나야! (상대방이 친구, 친척 등 가까운 사람일 때)

③ **Excuse me!** 실례합니다! (직접 방문 시)

④ **I'm calling to inquire about ~** ~에 대해 문의하기 위해 전화 드립니다 (전화로 문의 시)

⑤ **I'm so sorry but I have some bad news.** 미안하지만 안 좋은 소식이 있어요. (문제가 있음을 알릴 때)

⑥ **I would like to ~** ~하고 싶습니다 (요청할 때)

끝 표현

⑦ **Call me back when you get this.** 받으시면 연락 주세요. (전화로 문의 시)

⑧ **Call me back as soon as possible.** 가능한 한 빨리 연락 주세요. (전화로 문의 시)

⑨ **Thank you.** 감사합니다. (끝인사)

Pattern mirroring

① 안녕하세요! _____ !

② 콘서트 티켓에 대해 문의하려고 전화 드렸습니다. _____ .

③ BTS 콘서트에 가고 싶은데요. _____ .

④ 받으시면 연락 주세요. _____ .

⑤ 감사합니다. _____ .

Vocabulary

excuse me 실례합니다 call 전화하다 inquire 묻다, 질문을 하다 sorry 미안한 news 소식 would like to do ~하고 싶다 call back 다시 전화를 하다 as soon as possible 가능한 한 빨리 concert 콘서트 ticket 티켓 go to+장소 ~에 가다

간접 의문문

P05_U12_PT02

I am wondering if + 주어 + 동사.
저는 ~한지 궁금합니다.

ROLE-PLAY Combo Set 첫 번째 문제에서는 주어진 상황에 맞게 몇 가지 질문을 해야 합니다. 질문할 때 일반 의문문을 사용하기보다는 간접 의문문을 사용하는 것이 한 단계 더 높은 등급을 받는 데 도움이 됩니다.

Pattern following

1 **I am wondering if** you have any promotions going on now.
지금 진행하고 계신 할인 이벤트가 있는지 궁금합니다.

2 **I am wondering if** I can park there. 그곳에 주차가 가능한지 궁금합니다.

3 **I am wondering if** I can get an exchange. 교환이 가능한지 궁금합니다.

4 **I am wondering if** I can get a refund. 환불받을 수 있는지 궁금합니다.

5 **I am wondering if** I should recycle. 재활용을 해야 하는지 궁금합니다.

6 **I am wondering if** there is another flight. 다른 항공편이 있는지 궁금합니다.

7 **I am wondering if** you bought it online. 온라인으로 구매하셨는지 궁금합니다.

8 **I am wondering if** we can go hiking. 우리가 함께 등산 갈 수 있는지 궁금합니다.

Pattern mirroring

1 진행하고 계신 할인 이벤트가 있는지 궁금합니다.

I am wondering if _____.

2 교환이 가능한지 궁금합니다.

I am wondering if _____.

3 환불받을 수 있는지 궁금합니다.

I am wondering if _____.

4 온라인으로 구매하셨는지 궁금합니다.

I am wondering if _____.

Vocabulary

wonder 궁금하다 promotion 할인, 판촉 go on 진행되다 park 주차하다 get an exchange 교환하다 get a refund 환불하다 recycle 재활용하다 another 다른 flight 항공편, 비행기 buy 사다, 구매하다 go hiking 등산하러 가다

<table>
<tr>
<td>Pattern
03</td>
<td>**복합 의문문**
─────────────────
Could you tell me + 의문사 + 주어 + 동사?
제게 ~를 알려 주시겠어요?</td>
<td>
P05_U12_PT03</td>
</tr>
</table>

상대방에게 정중히 요청하는 의문문 Could you tell me ~?와 의문사 의문문을 합친 복합 의문문을 사용하여 고득점을 받아 봅시다. 복합 의문문 안에 들어간 의문사 의문문(간접 의문문)의 어순에 실수가 많으니 반복 연습을 통해 체득해야 합니다.

Pattern following

❶ **Could you tell me how** much it is?
얼마인지 알려 주시겠어요?

❷ **Could you give me some recommendations?**
추천 좀 해 주시겠어요?

❸ **Could you tell me where** it is located?
그곳이 어디에 위치해 있는지 알려 주시겠어요?

❹ **Could you tell me when** I can visit you?
제가 언제 방문해도 되는지 알려 주시겠어요?

❺ **Could you tell me the reason why** the flight has been canceled?
항공편이 취소된 이유 좀 알려 주시겠어요?

❻ **Could you tell me how** long I should wait?
제가 얼마나 기다려야 하는지 알려 주시겠어요?

❼ **Could you tell me which** brand you bought?
어떤 브랜드를 구매하셨는지 알려 주시겠어요?

❽ **Could you tell me what** the weather is like there?
거기 날씨가 어떤지 알려 주시겠어요?

❾ **Could you tell me where** the recycling area is?
재활용 구역이 어디인지 알려 주시겠어요?

1 얼마인지 알려 주시겠어요?

Could you tell me _____?

2 추천 좀 해 주시겠어요?

Could you give me _____?

3 그곳이 어디에 위치해 있는지 알려 주시겠어요?

Could you tell me _____?

4 제가 언제 방문해도 되는지 알려 주시겠어요?

Could you tell me _____?

5 거기 날씨가 어떤지 알려 주시겠어요?

Could you tell me _____?

Vocabulary

recommendation 추천 be located 위치해 있다 visit 방문하다 reason 이유 flight 비행기 cancel 취소하다 wait 기다리다 brand 상표, 브랜드 what ~ is like ~은 어떤지 recycling 재활용 area 구역

Pattern 04	available을 이용한 의문문

P05_U12_PT04

Is/Are + 주어 + available? 주어는 이용 가능한가요?

의문사 + is/are + 주어 + available? 주어는 이용 가능한가요?

질문하기에서 '~가 있나요?'라고 물을 때, Is there ~?의 일반 의문문을 사용하기보다는 available을 이용한 의문문을 사용하는 것이 높은 점수를 받을 확률이 높습니다.

Pattern following

❶ **Is/Are** + 주어 + **available?**
→ **Is the Internet in the lobby available?** 로비에서 인터넷 이용 가능한가요?
→ **Are you available today?** 오늘 시간 괜찮으세요?

❷ 의문사 + **is/are** + 주어 + **available?**
→ **What kinds of products are available?** 어떠한 종류의 물품이 있나요?
→ **When are you available?** 언제 시간 괜찮으세요?
→ **What time are you available?** 몇 시에 시간 괜찮으세요?

Pattern mirroring

❶ Dr. Kim은 시간 괜찮으신가요?

_____?

❷ 어떠한 종류의 티켓이 있나요?

_____?

❸ 오늘 시간 괜찮으세요?

_____?

❹ 몇 시에 시간 괜찮으세요?

_____?

Vocabulary

available 이용 가능한, 시간이 있는 kind 종류 product 물품 when 언제 what time 몇 시 ticket 티켓, 표

Pattern 05 — Advanced 의문문

Is/Are there + 주어? 주어는 있나요?
Was/Were + 주어 + 보어? 주어는 ~였나요?

앞서 배운 의문문 외에 ROLE-PLAY Combo Set 첫 번째 문제인 질문하기에 사용할 수 있는 의문문을 좀 더 살펴봅시다.

Pattern following

① **Is/Are there** + 주어?
→ **Is there** a smaller one?
　더 작은 것이 있나요?
→ **Are there** beaches?
　해변이 있나요?
→ **Are there** rivers?
　강이 있나요?

② **Was/Were** + 주어 + 보어?
→ **Was it** expensive?
　그것은 가격이 비쌌나요?
→ **Was it** Samsung or Apple?
　그것은 삼성이였나요 아니면 애플이였나요?
→ **Were they** fully booked?
　그것들은 모두 예약이 끝났나요?

Pattern mirroring

① 편의점이 있나요?

_____ ?

② 그것은 다른 색상으로 있나요?

_____ ?

③ 그것은 가격이 쌌나요?

_____ ?

④ 그것들은 사용하기 쉬웠나요?

_____ ?

Vocabulary

small 작은　beach 해변　river 강　expensive 비싼　fully booked 모두 예약된　convenience store 편의점　different 다른　color 색　cheap 가격이 싼　easy 쉬운　use 사용하다

ROLE-PLAY 출제 유형

ROLE-PLAY Combo Set은 **주어진 상황에 문의하는 11번 문제, 문제 상황 설명 및 대안/해결 방안을 제시하는 12번 문제**로 구성되어 있으며, **같은 주제로 경험담을 말하는 13번 문제**까지 3문제의 Combo Set으로 출제됩니다. 그중 11번 문제는 주어진 상황극에서 질문하는 것입니다. 상대가 영업점 직원인지, 친구인지, 친척인지 구분하고, 배운 의문문 표현들을 이용하여 상황에 맞게 적절한 질문을 해 보세요.

ROLE-PLAY의 빈출 문제 Combo Set

콘서트 ROLE-PLAY

- **콘서트 티켓 문의하기**
- 불참 상황 설명과 대안 제시하기
- 취소해 본 경험

은행 ROLE-PLAY

- **계좌 문의하기**
- 분실 상황 설명과 대안 제시하기
- 물건 분실한 경험 or 은행에서 일어난 기억에 남는 사건

가구 ROLE-PLAY

- **가구 문의하기**
- 컴플레인 상황 설명과 대안 제시하기
- 컴플레인 경험 or 가구에 문제 생긴 경험

공항 ROLE-PLAY

- **취소된 비행 관련 문의하기**
- 불참 상황 설명과 대안 제시하기
- 취소해 본 경험

상점 ROLE-PLAY

- **상품 문의하기**
- 분실 상황 설명과 대안 제시하기
- 물건 분실한 경험 or 쇼핑 경험

공원 ROLE-PLAY

- **공원 동행 여부 문의하기**
- 불참 상황 설명과 대안 제시하기
- 공원에서 일어난 기억에 남는 사건

MP3 player ROLE-PLAY

- **MP3 player 문의하기**
- 문제 상황 설명과 대안 제시하기
- 물건에 문제 생긴 경험

지형 ROLE-PLAY

- **지형 관련 문의하기**
- 불참 상황 설명과 대안 제시하기
- 취소해 본 경험

친척 집 ROLE-PLAY

- **친척에게 문의하기**
- 분실 상황 설명과 대안 제시하기
- 약속을 지키지 못한 경험

콘서트

P05_U12_QA01

콘서트 ROLE-PLAY
Combo Set

- 콘서트 티켓 문의하기
- 불참 상황 설명과 대안 제시하기
- 취소해 본 경험

I'd like to give you a situation and ask you to act it out. You want to go to a concert. Call the theater and ask some questions about the concert.

상황극을 드릴 테니 상황극을 해주세요. 당신은 콘서트에 가고 싶습니다. 콘서트장에 전화해서 콘서트에 대해 몇 가지 질문을 해주세요.

TIP 호텔, 여행사, 술집, 음식점, 카페, 렌터카, 전화기, 헬스장, 집, 은행, 약속 등의 주제에 똑같은 패턴으로 응용할 수 있습니다. '문의하는 것'과 '하고 싶은 것'만 상황에 맞게 변경하고 나머지 질문은 그대로 사용해 보세요.

Model Answer

영업점에 전화로 문의하기 | **문의하는 것:** 콘서트 티켓 | **하고 싶은 것:** BTS 콘서트에 가는 것

Hi there!	여보세요!
I'm calling to inquire about the concert tickets.	콘서트 티켓에 대해 문의하려고 전화 드렸습니다.
I'd like to go to the BTS concert.	BTS 콘서트에 가고 싶은데요.
What kinds of tickets are available?	어떠한 종류의 티켓이 있나요?
Could you tell me how much they are?	티켓이 얼마인지 알려 주시겠어요?
Could you give me some recommendations?	추천 좀 해 주시겠어요?
I am wondering if you have any promotions going on now.	지금 진행 중인 할인 이벤트가 있는지 궁금해요.
Could you tell me where it is located?	위치가 어디인지 알려 주시겠어요?
I am wondering if I can park there.	그곳에 주차는 가능한지 궁금해요.
Call me back when you get this.	받으시면 연락 주세요.
Thank you.	감사합니다.

Vocabulary

inquire 묻다 concert 콘서트 ticket 티켓 available 이용 가능한, 시간이 있는 recommendation 추천 wonder 궁금하다 promotion 할인, 판촉 go on 진행되다, 계속되다 be located 위치해 있다 park 주차하다 call back 다시 전화하다

은행

P05_U12_QA02

은행 ROLE-PLAY
Combo Set

┌ 계좌 문의하기
├ 분실 상황 설명과 대안 제시하기
└ 물건 분실한 경험 or 은행에서 일어난 기억에 남는 사건

I'd like to give you a situation and ask you to act it out. You want to open an account at the bank. Call the bank and ask some questions about it.

상황극을 드릴 테니 상황극을 해주세요. 당신은 은행에서 계좌를 개설하고 싶습니다. 은행에 전화해서 그것에 대해 몇 가지 질문을 해주세요.

> **TIP** 콘서트, 호텔, 여행사, 술집, 음식점, 카페, 렌터카, 전화기, 헬스장, 집, 약속 등의 주제에 똑같은 패턴으로 응용할 수 있습니다.
> '문의하는 것'과 '하고 싶은 것'만 상황에 맞게 변경하고 나머지 질문은 그대로 사용해 보세요.

Model Answer

영업점에 전화로 문의하기 │ **문의하는 것:** 계좌 │ **하고 싶은 것:** 계좌 개설

Hi there!	여보세요!
I'm calling to inquire about an account.	계좌에 대해 문의하려고 전화 드렸습니다.
I'd like to open an account.	계좌를 개설하고 싶은데요.
What kinds of accounts are available?	어떠한 종류의 계좌가 있나요?
Could you give me some recommendations?	추천 좀 해 주시겠어요?
Could you tell me where it is located?	위치가 어디인지 알려 주시겠어요?
I am wondering if I can park there.	그곳에 주차는 가능한지 궁금해요.
Call me back when you get this.	받으시면 연락 주세요.
Thank you.	감사합니다.

Vocabulary

inquire 묻다 account 계좌 open an account 계좌를 개설하다 available 이용 가능한, 시간이 있는 recommendation 추천 be located 위치해 있다 park 주차하다 call back 다시 전화하다

가구

P05_U12_QA03

가구 ROLE-PLAY
Combo Set

┌ 가구 문의하기
├ 컴플레인 상황 설명과 대안 제시하기
└ 컴플레인 경험 or 가구에 문제 생긴 경험

I'd like to give you a situation and ask you to act it out. You are at a furniture store and want to buy some furniture. Speak to the store clerk and ask some questions about the furniture you would like to buy.

상황극을 드릴 테니 상황극을 해주세요. 당신은 가구점에 있으며 가구를 구매하고 싶어 합니다. 직원에게 당신이 구매하고 싶은 가구에 대해 몇 가지 질문을 해주세요.

> **TIP** 옷 등의 구매 관련 주제에 똑같은 패턴으로 응용할 수 있습니다.
> '문의하는 것'과 '하고 싶은 것'만 상황에 맞게 변경하고 나머지 질문은 그대로 사용해 보세요.

Model Answer

영업점에 방문하여 직접 문의하기 │ **문의하는 것:** 가구 │ **하고 싶은 것:** 소파 구매

Excuse me!	실례합니다!
I'd like to buy a sofa.	소파를 구매하고 싶은데요.
What kinds of sofas are available?	어떠한 종류의 소파가 있나요?
Could you tell me how much they are?	얼마인지 알려 주시겠어요?
Could you give me some recommendations?	추천 좀 해 주시겠어요?
I am wondering if you have any promotions going on now.	지금 진행 중인 할인 이벤트가 있는지 궁금해요.
Thank you.	감사합니다.

Vocabulary

buy 구매하다 sofa 소파 available 이용 가능한, 시간이 있는 recommendation 추천 wonder 궁금하다 promotion 할인, 판촉 go on 진행되다, 계속되다

공항

P05_U12_QA04

공항 ROLE-PLAY
Combo Set

— 취소된 비행 관련 문의하기
— 불참 상황 설명과 대안 제시하기
— 취소해 본 경험

I'd like to give you a situation and ask you to act it out. You are at the airport, and you just realized that your flight has been canceled. Ask the clerk about it.

상황극을 드릴 테니 상황극을 해주세요. 당신은 공항에 도착하였는데, 당신의 항공편이 취소되었다는 것을 알게 되었습니다. 그것에 대해 직원에게 질문을 해주세요.

Model Answer

영업점에 방문하여 직접 문의하기 │ **문의하는 것:** 취소된 항공편 │ **하고 싶은 것:** 다른 항공편 예약

Excuse me!

My flight has been canceled.

Could you tell me the reason why the flight has been canceled?

I am wondering if there is another flight.

Could you tell me how long I should wait?

Thank you.

실례합니다!

제 항공편이 취소되었네요.

항공편이 취소된 이유 좀 알려 주시겠어요?

혹시 다른 항공편이 있는지 궁금해요.

얼마나 기다려야 할지 알려 주시겠어요?

감사합니다.

Vocabulary

flight 항공편, 비행기 cancel 취소하다 reason 이유 wonder 궁금하다 another 다른 wait 기다리다

상점

P05_U12_QA05

상점 ROLE-PLAY
Combo Set

- 상품 문의하기
- 분실 상황 설명과 대안 제시하기
- 물건 분실한 경험 or 쇼핑 경험

I'd like to give you a situation and ask you to act it out. There is a newly opened store. Call your friend and ask some questions about the store.

상황극을 드릴 테니 상황극을 해주세요. 새로운 상점이 문을 열었네요. 친구에게 전화해서 그 상점에 대해 몇 가지 질문을 해주세요.

> TIP '친구에게 문의하기'는 시작 인사만 다를 뿐, '영업점에 문의하기'와 같은 전개 방식입니다.

Model Answer

친구에게 문의하기 | 문의하는 것: 신발 | 하고 싶은 것: 새 신발 가게 방문

Hi there! It's me!	여보세요! 나야!
I'd like to visit the new shoe store.	그 새로운 신발 가게에 가보고 싶어.
What kinds of shoes are available?	어떠한 종류의 신발이 있을까?
Could you tell me how much they are?	얼마인지 알려 줄래?
Could you give me some recommendations?	추천 좀 해 줄래?
I am wondering if they have any promotions going on now.	지금 진행 중인 할인 이벤트가 있는지 궁금해.
Could you tell me where it is located?	위치는 어디인지 알려 줄래?
I am wondering if I can park there.	그곳에 주차는 가능한지 궁금해.
Call me back when you get this.	받으면 연락 줘.
Thank you.	고마워.

Vocabulary

visit 방문하다 shoe store 신발 가게 available 이용 가능한, 시간이 있는 recommendation 추천 wonder 궁금하다 promotion 할인, 판촉 go on 진행되다, 계속되다 be located 위치해 있다 park 주차하다 call back 다시 전화하다

266 파고다 OPIC IM

ROLE-PLAY 상황 **공원**

P05_U12_QA06

공원 ROLE-PLAY
Combo Set

- 공원 동행 여부 문의하기
- 불참 상황 설명과 대안 제시하기
- 공원에서 일어난 기억에 남는 사건

I'd like to give you a situation and ask you to act it out. You want to go to a park. Call your friend and ask some questions about it.

상황극을 드릴 테니 상황극을 해주세요. 당신은 공원에 가고 싶습니다. 친구에게 전화해서 그것에 대해 몇 가지 질문을 해주세요.

> **TIP** 해변 등의 어떤 장소에 동행하는 것을 묻는 문제에 똑같은 패턴으로 응용할 수 있습니다.
> '문의하는 것'과 '하고 싶은 것'만 상황에 맞게 변경하고 나머지 질문은 그대로 사용해 보세요.

Model Answer

친구에게 문의하기 | **문의하는 것**: 공원 가는 것 | **하고 싶은 것**: 공원 가는 것

Hi there! It's me!	여보세요! 나야!
I'd like to go to the park to have a picnic.	나 소풍하러 공원에 가고 싶어.
Are you available today?	오늘 시간 괜찮아?
What time are you available?	몇 시에 시간 괜찮아?
Could you tell me where it is located?	위치는 어디인지 알려 줄래?
I am wondering if I can park there.	그곳에 주차는 가능한지 궁금해.
Call me back when you get this.	받으면 연락 줘.
Thank you.	고마워.

Vocabulary

park 공원 picnic 소풍 available 이용 가능한, 시간이 있는 what time 몇 시 be located 위치해 있다 park 주차하다 call back 다시 전화하다

PART 05 ROLE-PLAY **267**

MP3 player

P05_U12_QA07

> **MP3 player ROLE-PLAY**
> Combo Set
>
> ├ MP3 player 문의하기
> ├ 문제 상황 설명과 대안 제시하기
> └ 물건에 문제 생긴 경험

I'd like to give you a situation and ask you to act it out. You want to buy an MP3 player, and your friend already has an MP3 player. Call your friend and ask some questions about the MP3 player he or she is using.

상황극을 드릴 테니 상황극을 해주세요. 당신은 MP3 플레이어를 구매하고 싶고 친구는 이미 가지고 있습니다. 친구에게 전화해서 친구가 사용하고 있는 MP3 플레이어에 대해 몇 가지 질문을 해주세요.

Model Answer

친구에게 문의하기 | **문의하는 것:** 친구의 MP3 player | **하고 싶은 것:** MP3 player 구매

Hi there! It's me!	여보세요! 나야!
I'm so excited! I'm gonna buy an MP3 player!	나 너무 신나! MP3 플레이어 살 거거든!
I know you have one, right?	너 가지고 있지, 맞지?
Could you tell me how much it was?	얼마였는지 알려 줄래?
Was it expensive?	비쌌어?
Where did you buy it?	어디서 구매했어?
I am wondering if you bought it online.	온라인으로 구매했는지 궁금해.
Could you tell me which brand you bought?	무슨 브랜드 구매했는지 알려 줄래?
Was it Samsung or Apple?	삼성이었어 아니면 애플이었어?
Call me back when you get this.	받으면 연락 줘.
Thank you.	고마워.

Vocabulary

excited 신이 난 gonna ~할 예정인(going to의 구어체 표현) buy 구매하다 expensive 비싼 online 온라인으로 wonder 궁금하다 brand 브랜드, 상표 call back 다시 전화하다

ROLE-PLAY 상황 　**지형**

P05_U12_QA08

지형 ROLE-PLAY
Combo Set

┌ 지형 관련 문의하기
├ 불참 상황 설명과 대안 제시하기
└ 취소해 본 경험

I'd like to give you a situation and ask you to act it out. You want to visit another country where your friend is living. Call your friend and ask some questions about its geography.

상황극을 드릴 테니 상황극을 해주세요. 당신은 친구가 살고 있는 나라에 방문하고 싶습니다. 친구에게 전화해서 지형에 대해 몇 가지 질문을 해주세요.

Model Answer

친구에게 문의하기 | **문의하는 것:** 지형 | **하고 싶은 것:** 활동

Hi there! It's me!	여보세요! 나야!
I'm so excited! I'm going to visit you!	나 너무 신나! 너한테 갈 거거든!
Are there mountains there?	거기에 산 있니?
I am wondering if we can go hiking.	함께 등산 갈 수 있는지 궁금해.
Are there beaches?	거기에 해변 있니?
I wanna go swimming!	수영하러 가고 싶어!
Could you tell me what the weather is like there?	그곳 날씨가 어떤지 알려 줄래?
What kinds of clothes do I have to pack?	무슨 옷을 챙겨 가야 할까?
Call me back when you get this.	받으면 연락 줘.
Thank you.	고마워.

Vocabulary

excited 신이 난　mountain 산　wonder 궁금하다　go hiking 등산 가다　beach 해변　wanna ~하고 싶다(want to의 구어체 표현)　go swimming 수영하러 가다　what ~ is like ~은 어떤지　weather 날씨　kind 종류　clothes 옷　pack 챙기다　call back 다시 전화하다

친척 집

P05_U12_QA09

친척 집 ROLE-PLAY
Combo Set

- 친척에게 문의하기
- 분실 상황 설명과 대안 제시하기
- 약속을 지키지 못한 경험

I'd like to give you a situation and ask you to act it out. Your relative is going on a trip, and you have to stay in their house. Call your relative and ask some questions about it.

상황극을 드릴 테니 상황극을 해주세요. 당신의 친척이 여행을 갈 예정이고 당신은 그 집에서 지내야 합니다. 친척에게 전화해서 그것에 대해 몇 가지 질문을 해주세요.

Model Answer

친척에게 문의하기 | **문의하는 것:** 재활용 | **하고 싶은 것:** 재활용, 파티

Hi there! It's me!	여보세요! 저예요!
I'm in your home. I have some questions.	집에 도착했어요. 몇 가지 질문이 있어요.
I am wondering if I should do the recycling.	재활용을 해야 하는지 궁금해요.
Could you tell me where the recycling area is?	재활용 구역은 어딘지 알려 주시겠어요?
How about the food waste?	음식물 쓰레기는요?
By the way!	그런데요!
Can I call my friend?	저 친구 불러도 돼요?
I wanna have a party!	파티하고 싶어요!
Call me back when you get this.	받으시면 연락 주세요.
Bye!	안녕히 계세요!

Vocabulary

question 질문 wonder 궁금하다 do the recycling 재활용하다 recycling area 재활용 구역 How about ~? ~은 어때요? food waste 음식물 쓰레기 by the way 그런데 call 부르다, 전화하다 wanna ~하고 싶다(want to의 구어체 표현) party 파티 call back 다시 전화하다

Make your own story!

ROLE-PLAY 문제 상황 설명+대안 제시

ROLE-PLAY의 Combo Set 두 번째 문제는 어떠한 상황의 문제점을 주고 설명과 함께 그에 알맞은 대안 또는 해결 방안을 요구합니다. 크게 불참, 분실, 컴플레인 이렇게 3가지 상황과 Advanced 표현까지 공통적으로 쓰이는 패턴이 정해져 있습니다. 따라서 정확한 상황 설명과 적절한 대안 또는 해결 방안을 줄 수 있도록 패턴으로 살펴봅시다.

Unit 13의 Pattern 몰아 보기

Q I'm sorry but there is a problem which I'll need you to resolve. You cannot go to the concert because you are so sick. Call your friend and explain the situation. Then give 2-3 alternatives.

A Hi there. It's me. I'm afraid I have some bad news. `Pattern 01` **I'm so sorry, but I don't think I can make it to** the concert. `Pattern 01` **Because** I have a stomachache. `Pattern 01` **Why don't we** go next time? `Pattern 01` **Also, it is a good idea to** go by yourself. Call me back as soon as possible. Thank you.

빈출문제 미리보기

사전 설문 조사에서 '콘서트 보기', '카페/커피전문점에 가기', '쇼핑하기' 등을 선택하였다면, ROLE-PLAY의 Combo Set 두 번째 문제는 보통 다음과 같은 문제가 출제됩니다.

선택형 주제 > 콘서트 ROLE-PLAY
• 콘서트에 불참 상황 설명과 대안 제시하기 `최다 빈출`

선택형 주제 > 쇼핑 ROLE-PLAY
• 지갑 분실 상황 설명과 대안 제시하기 `최다 빈출`

선택형 주제 > 카페/커피전문점 ROLE-PLAY
• 잘못된 주문 상황 설명과 대안 제시하기

돌발형 주제 > 헬스장 ROLE-PLAY
• 트레이너와의 약속에 불참 상황 설명과 대안 제시하기 `최다 빈출`

돌발형 주제 > 가구 ROLE-PLAY
• 잘못된 물품 배송 상황 설명과 대안 제시하기 `최다 빈출`

시험 공략 TIP ⊕

⊘ 각 문제 상황의 패턴을 모두 활용하여 상황을 정확하고 자세히 설명해 주세요.
⊘ 문제 상황과 그에 알맞은 대안 또는 해결 방안 2가지 이상을 미리 짝지어 생각해두어 시험에서 당황하지 않도록 대비합시다.

불참 상황 설명 + 대안 제시하기

P05_U13_PT01

주어지는 상황은 불참하게 되었을 때입니다. 어떠한 상황으로 인해 불참을 하는지 상황 설명을 정확히 하고, 그에 알맞은 대안을 2가지 이상 제시해 주세요.

Pattern following

불참 소식 알리기

❶ **I'm so sorry, but I don't think I can make it to** + 불참 장소. 죄송하지만, ~에 참석하지 못할 것 같습니다.

→ **I'm so sorry, but I don't think I can make it to** the concert.
죄송하지만, 콘서트에 참석하지 못할 것 같아요.

→ **I'm so sorry, but I don't think I can make it to** the trip.
죄송하지만, 여행에 참석하지 못할 것 같아요.

→ **I'm so sorry, but I don't think I can make it to** the appointment.
죄송하지만, 약속에 참석하지 못할 것 같아요.

❷ **Because** + 못 가는 이유. 왜냐하면 ~하기 때문이에요.

→ **Because** I have a stomachache. 왜냐하면 제가 복통이 있어서요.

→ **Because** my flight has been canceled. 왜냐하면 제 항공편이 취소되어서요.

→ **Because** I have an important meeting today. 왜냐하면 오늘 중요한 회의가 있어서요.

대안/해결 방안 제시하기

❸ **Why don't we ~?** ~하는 것은 어떨까요?

→ **Why don't we** go next time? 다음에 가는 것은 어떨까요?

→ **Why don't we** reschedule our plan for the concert? 콘서트에 대한 일정을 다시 잡는 것은 어떨까요?

❹ **Also, it's a good idea to ~.** 또한, ~하는 것도 좋은 방법일 것 같습니다.

→ **Also, it's a good idea to** go by yourself. 또한, 혼자 가시는 것도 좋은 방법일 것 같습니다.

→ **Also, it's a good idea to** cancel. 또한, 취소하는 것도 좋은 방법일 것 같습니다.

Pattern mirroring

❶ 죄송하지만, 회의에 참석하지 못할 것 같습니다. _____.

❷ 왜냐하면 제 항공편이 취소되어서요. _____.

❸ 회의 일정을 다시 잡는 것은 어떨까요? _____?

❹ 또한, 취소하는 것도 좋은 방법일 것 같습니다. _____.

Vocabulary

sorry 미안한 make it to ~에 참석하다, 가다 concert 콘서트 trip 여행 appointment 약속, 예약 stomachache 복통 flight 항공편, 비행기 cancel 취소하다 important 중요한 meeting 회의 next time 다음에 reschedule 일정을 변경하다 plan 계획 by oneself 혼자서

분실 상황 설명 + 대안 제시하기

P05_U13_PT02

주어지는 상황은 분실했을 때입니다. 자신의 신분을 먼저 밝힌 후, 어떤 물건을 잃어버렸는지 명확히 제시하고, 그 물건을 찾을 수 있는 대안을 2가지 이상 제시해 주세요.

Pattern following

나의 신분 알리기

❶ **I'm a person who went to** + 방문한 장소. ~에 방문한 사람입니다.

→ **I'm a person who went to** your shoe store. 당신의 신발 가게에 방문했던 사람입니다.

→ **I'm a person who went to** your restaurant. 당신의 음식점에 방문했던 사람입니다.

분실 물건 알리기 (ex. 가방, 지갑, 신용카드, 본인이 구매한 물건)

❷ **I'm so sorry, but I'm afraid that I left my** + 분실 물건 + **behind.**
죄송합니다만, 제가 ~을 두고 온 것 같습니다.

→ **I'm so sorry, but I'm afraid that I left my** wallet **behind.** 죄송합니다만, 제가 지갑을 두고 온 것 같아요.

→ **I'm so sorry, but I'm afraid that I left my** credit card **behind.**
죄송합니다만, 제가 신용카드를 두고 온 것 같아요.

부탁하기

❸ **Could you please check that for me?** 확인해 주실 수 있나요?

❹ **If so, I'll drop by.** 만약 있다면, 제가 방문하겠습니다.

❺ **Could you tell me when I can visit you?** 언제 방문하면 되는지 알려 주시겠어요?

Pattern mirroring

❶ 당신의 호텔에 방문한 사람입니다. _____ .

❷ 죄송합니다만, 제가 가방을 두고 온 것 같아요. _____ .

❸ 확인해 주실 수 있나요? _____ ?

❹ 만약 있다면, 제가 방문하겠습니다. _____ .

❺ 언제 방문하면 되는지 알려 주시겠어요? _____ ?

Vocabulary

person 사람 go to+장소 ~에 가다(go-went-gone) shoe store 신발 가게 restaurant 음식점 afraid 두려운, 유감스러운 leave behind ~을 두고 오다(leave-left-left) wallet 지갑 credit card 신용카드 check 확인하다 drop by 들르다 visit 방문하다

컴플레인 상황 설명 + 대안 제시하기

P05_U13_PT03

주어지는 상황은 컴플레인을 해야 할 때입니다. 어떠한 물건이 잘못 배송이 되었는지 그리고 어떠한 주문이 잘못 되었는지 명확히 설명하고, 그 문제를 해결할 수 있는 대안 2가지를 꼭 제시해 주세요.

Pattern following

나의 신분 알리기

❶ **I'm a person who** + 과거 행동. 저는 ~한 사람입니다.

→ **I'm a person who** ordered a sofa. 저는 소파를 주문한 사람입니다.

→ **I'm a person who** checked in. 저는 체크인을 한 사람입니다.

→ **I'm a person who** rented a car. 저는 차를 빌린 사람입니다.

상황 설명하기

❷ **I got** + 구매한 물건. ~을 받았습니다.

→ **I got** a sofa. 소파를 받았습니다.

→ **I got** a car. 차를 받았습니다.

❸ **However, the wrong product was delivered.** 그런데, 잘못된 물건이 배송되었네요.

❹ **I ordered** + 주문한 물건, **but** + 잘못 배송된 물건 + **was delivered.**
저는 ~을 주문했는데 …이 배송되었습니다.

→ **I ordered** the white one, **but** the black one **was delivered.**
저는 흰색을 주문했는데 검은색이 배송되었습니다.

❺ **It's messy and smelly.** 지저분하고 냄새납니다.

항의하기

❻ **Are you kidding me?** 장난해요?

❼ **What happened to you?** 무슨 일이죠?

❽ **Didn't you check it?** 확인 안 하셨나요?

❾ **I'm so disappointed.** 정말 실망입니다.

❿ **It's terrible.** 형편없네요.

대안 주기

⓫ **I'd like to get an exchange right now.** 지금 당장 교환하고 싶습니다.

⓬ **If not, I'm going to get a refund.** 만약 안 된다면, 환불하겠습니다.

1. 셔츠 주문한 사람입니다. _____ .

2. 셔츠를 받았습니다. _____ .

3. 그런데, 잘못된 물건이 배송되었네요. _____ .

4. 지저분하고 냄새납니다. _____ .

5. 장난해요? _____ ?

6. 무슨 일이죠? _____ ?

7. 확인 안 하셨나요? _____ ?

8. 정말 실망입니다. _____ .

9. 형편없네요. _____ .

10. 지금 당장 교환하고 싶습니다. _____ .

11. 만약 안 된다면, 환불하겠습니다. _____ .

Vocabulary

person 사람 order 주문하다 sofa 소파 check in 체크인을 하다 rent 빌리다 wrong 잘못된, 틀린 product 물건, 물품 deliver 배송하다 one 것 messy 지저분한 smelly 냄새나는 kid 장난하다 happen 일어나다 check 확인하다 disappointed 실망한 terrible 형편없는, 최악의 get an exchange 교환하다 get a refund 환불하다 shirt 셔츠

이번 패턴에서는 불참, 분실, 컴플레인에서 벗어난 상황이 제시될 때 어떻게 설명하고, 어떤 해결 방안을 제시해야 하는지 살펴봅시다.

Pattern following

상황 설명하기

① **I broke** + 물건. 제가 ~을 망가뜨렸어요.
→ **I broke** your MP3 player. 제가 당신의 MP3 플레이어를 망가뜨렸어요.

② **I dropped it and cracked** + 물건. 제가 그것을 떨어뜨려서 ~가 깨졌어요.
→ **I dropped it and cracked** the screen. 제가 그걸 떨어뜨렸는데 화면이 깨졌어요.

대안 주기

③ **Why don't we** ~? 우리 ~하는 것은 어떨까요?
→ **Why don't we** go to the service center? 서비스 센터에 가는 건 어때요?

④ **Also, it is a good idea to** ~. 또한, ~하는 것도 좋은 방법일 것 같습니다.
→ **Also, it is a good idea to** buy a new one. 또한, 새로 구매하는 것도 좋은 방법일 것 같아요.

⑤ **Are you available today?** 오늘 시간 괜찮으세요?

⑥ **What time are you available?** 몇 시에 괜찮으세요?

사과하기

⑦ **I'm so sorry again.** 다시 한번 정말 미안해요.

Pattern mirroring

① 내가 너의 MP3 플레이어를 망가뜨렸어. _____.

② 그걸 떨어뜨렸는데 화면이 깨졌어. _____.

③ 우리 서비스 센터에 가는 건 어때? _____?

④ 또한, 새로 구매하는 것도 좋은 방법일 것 같아. _____.

⑤ 오늘 시간 괜찮아? _____?

⑥ 몇 시에 괜찮아? _____?

⑦ 다시 한번 정말 미안해. _____.

Vocabulary

break 망가뜨리다(break-broke-broken) drop 떨어뜨리다 crack 깨뜨리다 screen 화면 go to+장소 ~에 가다 service center 서비스 센터 good 좋은 idea 아이디어, 생각 buy 사다 new 새로운 one 것 available 시간이 있는 what time 몇 시

ROLE-PLAY 출제 유형

ROLE-PLAY의 Combo Set 두 번째 문제는 문제 상황 설명과 대안 또는 해결 방안을 제시하는 문제가 출제되니 앞서 배운 상황별 패턴을 이용하여 정확한 상황 설명과 대안 또는 해결 방안을 제시하여 답변해 보세요. 참고로 같은 상황별로 답변을 동일하게 정리하는 것이 효율적입니다.

ROLE-PLAY의 빈출 문제 Combo Set

콘서트 ROLE-PLAY
- 콘서트 티켓 문의하기
- **불참 상황 설명과 대안 제시하기**
- 취소해 본 경험

상점 ROLE-PLAY
- 상품 문의하기
- **분실 상황 설명과 대안 제시하기**
- 물건 분실한 경험 or 쇼핑 경험

친척 집 ROLE-PLAY
- 친척에게 문의하기
- **분실 상황 설명과 대안 제시하기**
- 약속을 지키지 못한 경험

술집/바 ROLE-PLAY
- 메뉴 관련 문의하기
- **분실 상황 설명과 대안 제시하기**
- 술집에서 일어난 기억에 남는 사건

가구 ROLE-PLAY
- 가구 문의하기
- **컴플레인 상황 설명과 대안 제시하기**
- 컴플레인 경험 or 가구에 문제 생긴 경험

카페/커피전문점 ROLE-PLAY
- 메뉴 관련 문의하기
- **컴플레인 상황 설명과 대안 제시하기**
- 카페에서 일어난 기억에 남는 사건

MP3 player ROLE-PLAY
- MP3 player 문의하기
- **문제 상황 설명과 대안 제시하기**
- 물건에 문제 생긴 경험

부동산 ROLE-PLAY
- 집 문의하기
- **문제 상황 설명과 대안 제시하기**
- 집에 문제 생긴 경험

콘서트

P05_U13_QA01

콘서트 ROLE-PLAY
Combo Set

- 콘서트 티켓 문의하기
- **불참 상황 설명과 대안 제시하기**
- 취소해 본 경험

I'm sorry but there is a problem which I'll need you to resolve. You cannot go to the concert because you are so sick. Call your friend and explain the situation. Then give 2-3 alternatives.

죄송하지만 당신이 해결해 주어야 하는 문제가 있습니다. 당신은 콘서트에 참석하지 못합니다. 왜냐하면 너무 아프기 때문이죠. 친구에게 전화해서 상황을 설명하세요. 그리고 2-3가지 대안을 제시해 주세요.

> **TIP** 불참 상황 설명 및 대안 제시하기는 여행사, 미팅, 약속, 헬스장, 공원, 해변 등의 주제에 똑같은 패턴으로 응용할 수 있습니다. '불참 장소'와 '불참 이유' 등만 상황에 맞게 변경하고 나머지 질문은 그대로 사용해 보세요.

Model Answer

불참 장소: 콘서트 │ **불참 이유:** 복통 │ **대안 1:** 다음에 가기 │ **대안 2:** 친구 혼자 가기

Hi there! It's me!	여보세요! 나야!
I'm afraid I have some bad news.	유감스럽게도 안 좋은 소식이 있어.
I'm so sorry, but I don't think I can make it to the concert.	미안하지만, 콘서트에 참석하지 못할 것 같아.
Because I have a stomachache.	왜냐하면 복통이 있어서.
Why don't we go next time?	우리 다음에 가는 것은 어떨까?
Also, it is a good idea to go by yourself.	또한, 너 혼자 가는 것도 좋은 방법일 것 같아.
Call me back as soon as possible.	가능한 한 빨리 연락 줘.
Thank you.	고마워.

Model Answer

불참 장소: 콘서트 │ **불참 이유:** COVID-19 │ **대안 1:** 일정 변경 │ **대안 2:** 일정 취소

Hi there! It's me!	여보세요! 나야!
I'm afraid I have some bad news.	유감스럽게도 안 좋은 소식이 있어.
I'm so sorry, but I don't think I can make it to the concert because of COVID-19.	미안하지만, 코로나바이러스 때문에 콘서트에 참석하지 못할 것 같아.
Why don't we reschedule our concert?	우리 콘서트 일정을 변경하는 것은 어떨까?
Also, it is a good idea to cancel.	또한, 취소하는 것도 좋은 방법일 것 같아.
Call me back as soon as possible.	가능한 한 빨리 연락 줘.
Thank you.	고마워.

Vocabulary

sorry 미안한 bad 안 좋은 news 소식 concert 콘서트 stomachache 복통 next time 다음에 good 좋은 idea 생각, 방안 by oneself 혼자 call back 다시 전화하다 as soon as possible 가능한 한 빨리 reschedule 일정을 변경하다 cancel 취소하다

상점

P05_U13_QA02

상점 ROLE-PLAY
Combo Set
→ ┌ 상품 문의하기
├ **분실 상황 설명과 대안 제시하기**
└ 물건 분실한 경험 or 쇼핑 경험

I'm sorry but there is a problem which I'll need you to resolve. You left your wallet in the store. Call the store and explain the situation. Then give 2-3 solutions to solve the problem.

죄송하지만 당신이 해결해 주어야 하는 문제가 있습니다. 당신은 상점에 지갑을 두고 왔습니다. 상점에 전화해서 상황을 설명하세요. 그리고 문제를 해결할 2~3가지 해결 방안을 제시해 주세요.

> **TIP** 분실 상황 설명 및 대안 제시하기는 음식점, 은행, 술집/바, 친척 집 등의 주제에 똑같은 패턴으로 응용할 수 있습니다.
> '분실물'만 신용카드(credit card), 신발(shoes), 열쇠(key), 지갑(wallet) 등으로 변경하고 나머지 패턴은 그대로 사용해 보세요.

분실물: 지갑 | **해결 방안 1:** 확인 요청 | **해결 방안 2:** 재방문

Hi there!	여보세요!
I'm a person who went to your store.	저는 당신의 가게를 방문한 사람인데요.
I'm so sorry, but I'm afraid that I left my wallet behind.	죄송하지만, 제가 지갑을 놓고 온 것 같아요.
Could you please check that for me?	확인 좀 해 주시겠어요?
If so, I'll drop by.	만약 있다면, 제가 방문할게요.
Could you tell me when I can visit you?	언제 방문하면 될지 알려 주시겠어요?
Call me back as soon as possible.	가능한 한 빨리 연락 주세요.
Thank you.	감사합니다.

Vocabulary

go to+장소 ~에 가다(go-went-gone) store 상점 afraid 두려운, 유감스러운 leave behind ~을 두고 오다(leave-left-left) check 확인하다 drop by 들르다 visit 방문하다 call back 다시 전화하다 as soon as possible 가능한 한 빨리

친척 집

P05_U13_QA03

친척 집 ROLE-PLAY
Combo Set

― 친척에게 문의하기
― **분실 상황 설명과 대안 제시하기**
― 약속을 지키지 못한 경험

I'm sorry but there is a problem which I'll need you to resolve. You left your keys behind, so you cannot get into the house. Call your relative and explain the situation. Then give 2-3 solutions to solve the problem.

죄송하지만 당신이 해결해 주어야 하는 문제가 있습니다. 당신은 열쇠를 두고 와서 집에 못 들어가네요. 친척에게 전화해서 상황을 설명하세요. 그리고 문제를 해결할 2-3가지 해결 방안을 제시해 주세요.

TIP 분실 상황 설명 및 대안 제시하기는 상점, 음식점, 은행, 술집/바 등의 주제에 똑같은 패턴으로 응용할 수 있습니다.
'분실물'만 신용카드(credit card), 신발(shoes), 열쇠(key), 지갑(wallet) 등으로 변경하고 나머지 패턴은 그대로 사용해 보세요.

Model Answer

분실물: 열쇠 | **해결 방안 1:** 수리점에 연락 | **해결 방안 2:** 창문 통해 출입

Hi there! It's me!

I'm so sorry, but I have some bad news.

I'm afraid that I left my keys behind.

I can't get in.

It's freezing cold.

Why don't we call the repair shop?

Also, it's a good idea to get in through the window.

Call me back as soon as possible.

Bye.

여보세요! 저예요!

죄송하지만, 안 좋은 소식이 있어요.

제가 열쇠를 놓고 온 것 같아요.

못 들어가요.

너무 추워요.

우리 수리점에 연락하는 것은 어떨까요?

또한, 창문으로 들어가는 것도 좋은 방법일 것 같아요.

가능한 한 빨리 연락 주세요.

안녕히 계세요.

Vocabulary

afraid 두려운, 유감스러운 leave behind ~을 두고 오다(leave-left-left) key 열쇠 get in 안으로 들어가다 freezing cold 무척 추운 call 부르다,
연락하다 repair shop 수리점 through ~을 통해 window 창문 call back 다시 전화하다 as soon as possible 가능한 한 빨리

술집/바

P05_U13_QA04

술집/바 ROLE-PLAY
Combo Set

- 메뉴 관련 문의하기
- **분실 상황 설명과 대안 제시하기**
- 술집에서 일어난 기억에 남는 사건

I'm sorry, but there is a problem which I'll need you to resolve. You drank at the bar, but you realized that you left your wallet behind, so you cannot pay. Speak to the clerk and explain the situation. Then give 2-3 solutions to solve the problem.

죄송하지만 당신이 해결해 주어야 하는 문제가 있습니다. 당신은 술집에서 술을 마셨는데 지갑을 두고 온 것을 알게 되었습니다. 그래서 지불을 하지 못합니다. 직원에게 상황을 설명하세요. 그리고 문제를 해결할 2~3가지 해결 방안을 제시해 주세요.

TIP 분실 상황 설명 및 대안 제시하기는 상점, 친척 집, 음식점, 은행 등의 주제에 똑같은 패턴으로 응용할 수 있습니다.
'분실물'만 신용카드(credit card), 신발(shoes), 열쇠(key), 지갑(wallet) 등으로 변경하고 나머지 패턴은 그대로 사용해 보세요.

Model Answer

분실물: 지갑 | **해결 방안 1:** 내일 지불 | **해결 방안 2:** 계좌 이체

Excuse me!	실례합니다!
I'm sorry, but I'm afraid that I left my wallet behind.	죄송합니다만, 제가 지갑을 두고 온 것 같네요.
So, I don't have money now.	그래서, 제가 지금 돈이 없어요.
I can't pay.	지불을 하지 못할 것 같습니다.
Why don't I pay tomorrow?	제가 내일 지불하는 것은 어떨까요?
Also, it's a good idea to make wire transfers.	또한, 계좌 이체를 하는 것도 좋은 방법일 것 같습니다.
I am so sorry.	정말 죄송합니다.
Thank you.	감사합니다.

Vocabulary

afraid 두려운, 유감스러운 leave behind ~을 두고 오다(leave-left-left) wallet 지갑 pay 지불하다 tomorrow 내일 make wire transfers 계좌이체를 하다

ROLE-PLAY 상황 · # 가구

P05_U13_QA05

가구 ROLE-PLAY
Combo Set
- 가구 문의하기
- **컴플레인 상황 설명과 대안 제시하기**
- 컴플레인 경험 or 가구에 문제 생긴 경험

I'm sorry, but there is a problem which I'll need you to resolve. The furniture that you have ordered was delivered, but there are some problems. Call the furniture store and explain the situation. Then give 2-3 alternatives.

죄송하지만 당신이 해결해 주어야 하는 문제가 있습니다. 주문한 가구가 배달되었는데 문제가 좀 있네요. 가구점에 전화해서 상황을 설명하세요. 그리고 2-3가지 대안을 제시해 주세요.

 TIP 컴플레인 상황 설명 및 대안 제시하기는 호텔, 렌터카, 카페, 전화기 등의 주제에 똑같은 패턴으로 응용할 수 있습니다. '컴플레인 문제'만 상황에 맞게 변경하고 나머지 패턴은 그대로 사용해 보세요.

Model Answer

나의 신분: 소파 주문한 사람 | **문제:** 다른 색상의 물건으로 배송됨 | **대안 1:** 교환 | **대안 2:** 환불

Hi there!	여보세요!
I am a person who ordered a sofa.	저는 소파 주문한 사람인데요.
I got a sofa.	소파를 받았습니다.
However, the wrong product was delivered.	그런데, 잘못된 물건이 배송되었습니다.
I ordered the white one, but the black one was delivered.	저는 흰색을 주문했는데, 검은색이 배송되었습니다.
Are you kidding me?	장난합니까?
What happened to you?	무슨 일입니까?
Didn't you check it?	확인 안 하셨어요?
I'm so disappointed.	정말 실망이네요.
It's terrible.	형편없네요.
I'd like to get an exchange right now.	지금 당장 교환해 주세요.
If not, I'm going to get a refund.	만약 안 된다면, 환불하겠습니다.
Call me back as soon as possible.	가능한 한 빨리 연락 주세요.

Vocabulary

order 주문하다 sofa 소파 wrong 잘못된 product 상품 deliver 배달하다 white 흰색 black 검은색 kid 장난하다 happen 일어나다 check 확인하다 disappointed 실망한 terrible 형편없는, 최악의 get an exchange 교환하다 get a refund 환불하다 call back 다시 전화하다 as soon as possible 가능한 한 빨리

카페/커피전문점

P05_U13_QA06

카페/커피전문점 ROLE-PLAY
Combo Set
- 메뉴 관련 문의하기
- **컴플레인 상황 설명과 대안 제시하기**
- 카페에서 일어난 기억에 남는 사건

I'm sorry but there is a problem which I'll need you to resolve. The drinks that you have ordered from the coffee shop were delivered but there are some problems. Call the coffee shop and explain the situation. Then give 2-3 alternatives.

죄송하지만 당신이 해결해 주어야 하는 문제가 있습니다. 커피숍에서 주문한 음료가 배달왔는데 문제가 좀 있네요. 커피숍에 전화해서 상황을 설명하세요. 그리고 2–3가지 대안을 제시해 주세요.

TIP 컴플레인 상황 설명 및 대안 제시하기는 호텔, 렌터카, 가구, 전화기 등의 주제에 똑같은 패턴으로 응용할 수 있습니다.
'컴플레인 문제'만 상황에 맞게 변경하고 나머지 패턴은 그대로 사용해 보세요.

Model Answer

나의 신분: 커피 주문한 사람 | **문제:** 다른 커피가 배달됨 | **대안 1:** 교환 | **대안 2:** 환불

Hi there!	여보세요!
I am a person who ordered some coffee.	저는 커피 주문한 사람입니다.
I got some coffee.	커피를 받았습니다.
However, the wrong order was delivered.	그런데, 잘못된 음료가 배달되었습니다.
I ordered the Iced Americano, but a Latte was delivered.	저는 아이스 아메리카노를 주문했는데, 라테가 배달되었습니다.
Are you kidding me?	장난합니까?
What happened to you?	무슨 일입니까?
Didn't you check it?	확인 안 하셨어요?
I'm so disappointed.	정말 실망이네요.
It's terrible.	형편없네요.
I'd like to get an exchange right now.	지금 당장 교환해 주세요.
If not, I'm going to get a refund.	만약 안 된다면, 환불하겠습니다.
Call me back as soon as possible.	가능한 한 빨리 연락 주세요.

Vocabulary

order 주문하다; 주문 wrong 잘못된 deliver 배달하다 Iced Americano 아이스 아메리카노 Latte 라테 kid 장난하다 happen 일어나다 check 확인하다 disappointed 실망한 terrible 형편없는. 끔찍한 get an exchange 교환하다 get a refund 환불하다 call back 다시 전화하다 as soon as possible 가능한 한 빨리

MP3 player

P05_U13_QA07

> **MP3 player ROLE-PLAY**
> Combo Set
>
> - MP3 player 문의하기
> - **문제 상황 설명과 대안 제시하기**
> - 물건에 문제 생긴 경험

I'm sorry but there is a problem which I'll need you to resolve. You have borrowed an MP3 player from your friend but broke it by accident. Call your friend and explain the situation. Then give 2-3 alternatives.

죄송하지만 당신이 해결해 주어야 하는 문제가 있습니다. 친구의 MP3 플레이어를 빌렸는데 실수로 망가뜨렸습니다. 친구에게 전화해서 상황을 설명하세요. 그리고 2–3가지 대안을 제시해 주세요.

Model Answer

문제 상황: 친구의 MP3 player를 망가뜨림 | **대안 1:** 서비스 센터 방문 | **대안 2:** 새로 구매

Hi there! It's me!	여보세요! 나야!
I'm so sorry, but I have some bad news.	미안한데, 안 좋은 소식이 있어.
I broke your MP3 player.	내가 너의 MP3 player를 망가뜨렸어.
I dropped it and cracked the screen.	떨어뜨렸는데 화면이 깨졌어.
I can't see anything.	아무것도 보이지 않아.
Why don't we go to the service center?	우리 서비스 센터에 가는 것은 어떨까?
Also, it's a good idea to buy a new one.	또한, 새로 구매하는 것도 좋을 것 같아.
I'll pay for it.	내가 낼게.
I'm so sorry again.	다시 한번 미안해.
Call me back when you get this.	받으면 연락 줘.

Vocabulary

sorry 미안한 bad news 안 좋은 소식 break 망가뜨리다(break-broke-broken) drop 떨어뜨리다 crack 깨뜨리다 go to+장소 ~에 가다 service center 서비스 센터 good 좋은 idea 아이디어, 생각 buy 사다 new 새로운 pay 지불하다 call back 다시 전화하다

부동산

P05_U13_QA08

부동산 ROLE-PLAY
Combo Set
- 집 문의하기
- **문제 상황 설명과 대안 제시하기**
- 집에 문제 생긴 경험

I'm sorry but there is a problem which I'll need you to resolve. You moved into a new house but found out that the window was broken. Call the repair shop and explain the situation. Then give 2-3 alternatives.

죄송하지만 당신이 해결해 주어야 하는 문제가 있습니다. 당신은 새집으로 이사를 했는데 창문이 깨져있네요. 수리점에 전화해서 상황을 설명하세요. 그리고 2-3가지 대안을 제시해 주세요.

Model Answer

문제 상황: 창문이 깨짐 | **대안 1:** 오늘 수리 예약 | **대안 2:** 직접 수리

Hi there!	여보세요!
I'm a person who just moved in.	저는 방금 막 이사 온 사람인데요.
The window is broken.	창문이 깨져있네요.
So, it's freezing cold.	그래서, 너무 추워요.
My neighbors can see me from the window.	이웃들이 창문으로 절 볼 수 있습니다.
It's very dangerous.	너무 위험하네요.
Are you available today?	오늘 시간 괜찮으신가요?
What time are you available?	몇 시에 괜찮으세요?
I'd like to fix it today.	오늘 수리하고 싶습니다.
Also, it is a good idea to buy some materials and fix it by myself.	또한, 재료를 사다가 제가 혼자 고치는 것도 좋은 방법이겠네요.
Call me back as soon as possible.	가능한 한 빨리 연락 주세요.
Thank you.	감사합니다.

Vocabulary

move in 이사하다 window 창문 broken 부서진 freezing cold 꽁꽁 얼 듯 추운 neighbor 이웃 dangerous 위험한 available 가능한 what time 몇 시 fix 고치다 buy 사다 material 재료 by oneself 혼자서 call back 다시 전화하다 as soon as possible 가능한 한 빨리

Make your own story!

UNIT 14 ROLE-PLAY 전술 FOCUS

가장 많이 출제되는 ROLE-PLAY 상황별 Combo Set 문제와 답변을 살펴봅시다. 불참, 분실, 컴플레인 상황은 주제별로 응용이 가능하니, 하나의 답변을 확실하게 만든 후 주제에 따라 변형해 보세요.

01 ▶ 문의하기+불참 > 콘서트

응용 주제 #여행사 #헬스장 #공항 #약속 #공원 #해변 #지형

02 ▶ 문의하기+분실 > 상점

응용 주제 #음식점 #은행 #술집/바 #친척 집

03 ▶ 문의하기+컴플레인 > 가구

응용 주제 #호텔 #카페/커피전문점 #전화기 #렌터카

04 ▶ Advanced > MP3 player

응용 주제 #친척 집

05 ▶ Advanced > 부동산

시험 공략 TIP ⊕

- ⊘ 실제 상황인 듯한 목소리로 연기를 해 봅시다! ROLE-PLAY Combo Set의 첫 번째 문제인 질문하기는 친절하게 연기하고, ROLE-PLAY Combo Set의 두 번째 문제인 문제 상황 설명 + 대안 제시하기는 각 상황에 알맞게 미안하게 혹은 불편함을 드러내는 짜증 나는 연기를 보여 주면 좋습니다.
- ⊘ ROLE-PLAY Combo Set의 첫 번째 문제인 질문하기에서 의문문은 꼭 3가지 이상 제시해 주세요.
- ⊘ ROLE-PLAY Combo Set의 두 번째 문제인 문제 상황 설명은 항상 자세하게, 그리고 대안/해결 방안은 2가지 이상 제시해 주세요.
- ⊘ 답변의 흐름이 자연스럽게 이어지도록 문장들 사이의 PAUSE는 되도록 삼가해 주세요.

P05_U14_01

| 영업점에 전화로 문의하기 | 불참 상황 설명 + 대안 제시 | 경험담 말하기 |

I'd like to give you a situation and ask you to act it out. You want to go to a concert. Call the theater and ask some questions about the concert.

상황극을 드릴 테니 상황극을 해주세요. 당신은 콘서트에 가고 싶습니다. 콘서트장에 전화하여 콘서트에 대해 몇 가지 질문을 해주세요.

Ⓐ 영업점에 전화로 문의하기 | 문의하는 것: 콘서트 티켓 | 하고 싶은 것: BTS 콘서트에 가는 것

Hi there!	여보세요!
I'm calling to inquire about the concert tickets.	콘서트 티켓에 대해 문의하려고 전화 드렸습니다.
I'd like to go to the BTS concert.	BTS 콘서트에 가고 싶은데요.
What kinds of tickets are available?	어떠한 종류의 티켓이 있나요?
Could you tell me how much they are?	티켓이 얼마인지 알려 주시겠어요?
Could you give me some recommendations?	추천 좀 해 주시겠어요?
I am wondering if you have any promotions going on now.	지금 진행 중인 할인 이벤트가 있는지 궁금해요.
Could you tell me where it is located?	위치가 어디인지 알려 주시겠어요?
I am wondering if I can park there.	그곳에 주차는 가능한지 궁금해요.
Call me back when you get this.	받으시면 연락 주세요.
Thank you.	감사합니다.

| 영업점에 전화로 문의하기 | 불참 상황 설명 + 대안 제시 | 경험담 말하기 |

Ⓠ I'm sorry but there is a problem which I'll need you to resolve. You cannot go to the concert because you are so sick. Call your friend and explain the situation. Then give 2-3 alternatives.

죄송하지만 당신이 해결해 주어야 하는 문제가 있습니다. 당신은 콘서트에 참석하지 못합니다. 왜냐하면 너무 아프기 때문이죠. 친구에게 전화해서 상황을 설명하세요. 그리고 2–3가지 대안을 제시해 주세요.

Ⓐ 불참 장소: 콘서트 | 불참 이유: 복통 | 대안 1: 다음에 가기 | 대안 2: 친구 혼자 가기

Hi there! It's me!	여보세요! 나야!
I'm afraid I have some bad news.	유감스럽게도 안 좋은 소식이 있어.
I'm so sorry, but I don't think I can make it to the concert. Because I have a stomachache.	미안하지만, 콘서트에 참석하지 못할 것 같아. 왜냐하면 복통이 있어서.
Why don't we go next time?	우리 다음에 가는 것은 어떨까?
Also, it is a good idea to go by yourself.	또한, 너 혼자 가는 것도 좋은 방법일 것 같아.
Call me back as soon as possible.	가능한 한 빨리 연락 줘.
Thank you.	고마워.

Q That's the end of the situation. Tell me about a time when you canceled something.

상황극이 종료되었습니다. 무언가를 취소했던 때에 대해 말해 주세요.

A I remember a time when I was supposed to get my hair done at the hair salon. However, I got really sick at the last minute. I had a stomachache. So, I called the hair salon and explained my situation. I told them that I couldn't make it to my appointment. I asked to reschedule it. I was so sorry about missing the appointment. Thankfully, they understood my situation that day.

저는 미용실에서 머리를 하기로 했던 때가 기억나요. 그런데, 가기 직전에 너무 아팠어요. 복통이 있었습니다. 그래서 미용실에 전화해서 상황을 설명했어요. 약속을 지키지 못할 것 같다고 말했어요. 다시 약속을 잡아 달라고 요청했어요. 약속을 지키지 못해 정말 죄송했어요. 감사하게도, 그날의 제 상황을 이해해 주셨어요.

02 문의하기 + 분실 > 상점

P05_U14_02

Q I'd like to give you a situation and ask you to act it out. There is a newly opened store. Call your friend and ask some questions about the store.

상황극을 드릴 테니 상황극을 해주세요. 새로운 상점이 문을 열었네요. 친구에게 전화해서 그 상점에 대해 몇 가지 질문을 해주세요.

A 친구에게 문의하기 | 문의하는 것: 신발 | 하고 싶은 것: 새 신발 가게 방문

Hi there! It's me!	여보세요! 나야!
I'd like to visit the new shoe store.	그 새로운 신발 가게에 가보고 싶어.
What kinds of shoes are available?	어떠한 종류의 신발이 있을까?
Could you tell me how much they are?	얼마인지 알려 줄래?
Could you give me some recommendations?	추천 좀 해 줄래?
I am wondering if they have any promotions going on now.	지금 진행 중인 할인 이벤트가 있는지 궁금해.
Could you tell me where it is located?	위치는 어디인지 알려 줄래?
I am wondering if I can park there.	그곳에 주차는 가능한지 궁금해.
Call me back when you get this.	받으면 연락 줘.
Thank you.	고마워.

Q I'm sorry but there is a problem which I'll need you to resolve. You left your wallet in the store. Call the store and explain the situation. Then give 2-3 solutions to solve the problem.

죄송하지만 당신이 해결해 주어야 하는 문제가 있습니다. 당신은 상점에 지갑을 두고 왔습니다. 상점에 전화해서 상황을 설명하세요. 그리고 문제를 해결할 2-3가지 해결 방안을 제시해 주세요.

A **분실물:** 지갑 | **해결 방안 1:** 확인 요청 | **해결 방안 2:** 재방문

Hi there!	여보세요!
I'm a person who went to your store.	저는 당신의 가게를 방문한 사람인데요.
I'm so sorry, but I'm afraid that I left my wallet behind.	죄송하지만, 제가 지갑을 놓고 온 것 같아요.
Could you please check that for me?	확인 좀 해 주시겠어요?
If so, I'll drop by.	만약 있다면, 제가 방문할게요.
Could you tell me when I can visit you?	언제 방문하면 될지 알려 주시겠어요?
Call me back as soon as possible.	가능한 한 빨리 연락 주세요.
Thank you.	감사합니다.

Q That's the end of the situation. Tell me about a time when you lost something.

상황극이 종료되었습니다. 무언가를 잃어버린 때에 대해 말해 주세요.

A I remember a time when I took out the recycling. It was two days ago. As I was doing recycling, I lost my wallet. I put my wallet on the recycling basket, but I forgot to pack it after the recycling. It means I just threw out my wallet in the recycling area. I was so surprised. I called my apartment guard and explained my situation. Finally, he found it and returned it to me. Oh my gosh. It was terrible. I don't want to experience anything like this again. Since then, I have tried to be more careful to pack my things.

제가 재활용품을 내다 버렸던 때가 기억나요. 이틀 전이었어요. 재활용을 하던 중에 지갑을 잃어버렸어요. 재활용함 위에 지갑을 놓았는데, 제가 재활용 후에 그것을 챙기는 걸 깜빡했어요. 그것은 제가 분리수거장에 제 지갑을 함께 버렸다는 의미이죠. 너무 놀랐어요. 아파트 경비원을 불러서 상황을 설명했어요. 결국, 그분이 그걸 찾아서 저에게 돌려주셨죠. 세상에! 끔찍했어요. 이 같은 경험은 다시는 하고 싶지 않아요. 그 후로는, 제 물건을 챙기는 데 더욱 주의를 기울이려 노력해요.

P05_U14_03

영업점에 방문하여 직접 문의하기 | 컴플레인 상황 설명 + 대안 제시 | 경험담 말하기

Q I'd like to give you a situation and ask you to act it out. You are at a furniture store and want to buy some furniture. Speak to the store clerk and ask some questions about the furniture you would like to buy.

상황극을 드릴 테니 상황극을 해주세요. 당신은 가구점에 있으며 가구를 구매하고 싶어 합니다. 직원에게 당신이 구매하고 싶은 가구에 대해 몇 가지 질문을 해주세요.

A 영업점에 방문하여 직접 문의하기 | 문의하는 것: 가구 | 하고 싶은 것: 소파 구매

Excuse me!	실례합니다!
I'd like to buy a sofa.	소파를 구매하고 싶은데요.
What kinds of sofas are available?	어떠한 종류의 소파가 있나요?
Could you tell me how much they are?	얼마인지 알려 주시겠어요?
Could you give me some recommendations?	추천 좀 해 주시겠어요?
I am wondering if you have any promotions going on now.	지금 진행 중인 할인 이벤트가 있는지 궁금해요.
Thank you.	감사합니다.

영업점에 방문하여 직접 문의하기 | **컴플레인 상황 설명 + 대안 제시** | 경험담 말하기

Q I'm sorry but there is a problem which I'll need you to resolve. The furniture that you have ordered was delivered but there are some problems. Call the furniture store and explain the situation. Then give 2-3 alternatives.

죄송하지만 당신이 해결해 주어야 하는 문제가 있습니다. 주문한 가구가 배달되었는데 문제가 좀 있네요. 가구점에 전화해서 상황을 설명하세요. 그리고 2-3가지 대안을 제시해 주세요.

A 나의 신분: 소파 주문한 사람 | 문제: 다른 색상의 물건으로 배송됨 | 대안 1: 교환 | 대안 2: 환불

Hi there!	여보세요!
I am a person who ordered a sofa.	저는 소파 주문한 사람인데요.
I got a sofa.	소파를 받았습니다.
However, the wrong product was delivered.	그런데, 잘못된 물건이 배송되었습니다.
I ordered the white one, but the black one was delivered.	저는 흰색을 주문했는데, 검은색이 배송되었습니다.
Are you kidding me?	장난합니까?
What happened to you?	무슨 일입니까?
Didn't you check it?	확인 안 하셨어요?
I'm so disappointed.	정말 실망이네요.
It's terrible.	형편없네요.
I'd like to get an exchange right now.	지금 당장 교환해 주세요.
If not, I'm going to get a refund.	만약 안 된다면, 환불하겠습니다.
Call me back as soon as possible.	가능한 한 빨리 연락 주세요.

Q That's the end of the situation. Tell me about a time when you had some problems with your furniture or appliance.

상황극이 종료되었습니다. 가구나 가전제품에 문제가 생겼던 때에 대해 말해 주세요.

A Of course! I remember a time when I had an experience like this. Just a few months ago, my laptop computer was broken. The problem was that I dropped it and I cracked the screen. I called up the service center and went there to fix it. The technician examined the laptop carefully and then said the screen needed to be replaced with a new one. I was really surprised at that time. Since that incident, I have tried to be much more careful.

당연하죠! 저는 이와 같은 경험이 있었던 때가 기억나요. 불과 몇 달 전에, 제 노트북이 고장 났었어요. 문제는 제가 떨어뜨려서 화면이 깨져버렸죠. 서비스 센터에 전화해서 고치러 갔습니다. 기술자가 주의 깊게 검사하더니, 새로운 스크린으로 교체해야 한다고 말씀하시더라고요. 그때 전 너무 깜짝 놀랐었습니다. 이 일이 있고부터는, 훨씬 더 조심하려고 노력하고 있습니다.

04 Advanced > MP3 player

P05_U14_04

Q I'd like to give you a situation and ask you to act it out. You want to buy an MP3 player, and your friend already has an MP3 player. Call your friend and ask some questions about the MP3 player he or she is using.

상황극을 드릴 테니 상황극을 해주세요. 당신은 MP3 플레이어를 구매하고 싶고 친구는 이미 가지고 있습니다. 친구에게 전화해서 친구가 사용하고 있는 MP3 플레이어에 대해 몇 가지 질문을 해주세요.

A 친구에게 문의하기 | 문의하는 것: 친구의 MP3 player | 하고 싶은 것: MP3 player 구매

Hi there! It's me!	여보세요! 나야!
I'm so excited! I'm gonna buy an MP3 player!	나 너무 신나! MP3 플레이어 살 거거든!
I know you have one, right?	너 가지고 있지, 맞지?
Could you tell me how much it was?	얼마였는지 알려 줄래?
Was it expensive?	비쌌어?
Where did you buy it?	어디서 구매했어?
I am wondering if you bought it online.	온라인으로 구매했는지 궁금해.
Could you tell me which brand you bought?	무슨 브랜드 구매했는지 알려 줄래?
Was it Samsung or Apple?	삼성이었어 아니면 애플이었어?
Call me back when you get this.	받으면 연락 줘.
Thank you.	고마워.

Q I'm sorry but there is a problem which I'll need you to resolve. You have borrowed an MP3 player from your friend but broke it by accident. Call your friend and explain the situation. Then give 2-3 alternatives.

죄송하지만 당신이 해결해 주어야 하는 문제가 있습니다. 친구의 MP3 플레이어를 빌렸는데 실수로 망가뜨렸습니다. 친구에게 전화해서 상황을 설명하세요. 그리고 2-3가지 대안을 제시해 주세요.

A **문제 상황:** 친구의 MP3 player를 망가뜨림 | **대안 1:** 서비스 센터 방문 | **대안 2:** 새로 구매

Hi there! It's me!	여보세요! 나야!
I'm so sorry, but I have some bad news.	미안한데, 안 좋은 소식이 있어.
I broke your MP3 player.	내가 너의 MP3 player를 망가뜨렸어.
I dropped it and cracked the screen.	떨어뜨렸는데 화면이 깨졌어.
I can't see anything.	아무것도 보이지 않아.
Why don't we go to the service center?	우리 서비스 센터에 가는 것은 어떨까?
Also, it's a good idea to buy a new one.	또한, 새로 구매하는 것도 좋을 것 같아.
I'll pay for it.	내가 낼게.
I'm so sorry again.	다시 한번 미안해.
Call me back when you get this.	받으면 연락 줘.

Q That's the end of the situation. Tell me about a time when you broke something.

상황극이 종료되었습니다. 무언가를 망가뜨린 때에 대해 말해 주세요.

A Of course! I remember a time when I had an experience like this. Just a few months ago, my laptop computer was broken. The problem was that I dropped it and I cracked the screen. I called up the service center and went there to fix it. The technician examined the laptop carefully and then said the screen needed to be replaced with a new one. I was really surprised at that time. Since that incident, I have tried to be much more careful.

당연하죠! 저는 이와 같은 경험이 있었던 때가 기억나요. 불과 몇 달 전에, 제 노트북이 고장 났었어요. 문제는 제가 떨어뜨려서 화면이 깨져버렸죠. 서비스 센터에 전화해서 고치러 갔습니다. 기술자가 주의 깊게 검사하더니, 새로운 스크린으로 교체해야 한다고 말씀하시더라고요. 그때 전 너무 깜짝 놀랐습니다. 이 일이 있고부터는, 훨씬 더 조심하려고 노력하고 있습니다.

P05_U14_05

| 영업점에 전화로 문의하기 | 문제 상황 설명 + 대안 제시 | 경험담 말하기 |

Q I'd like to give you a situation and ask you to act it out. You are looking for a new home to live in. Call the real estate agency and ask some questions about it.

상황극을 드릴 테니 상황극을 해주세요. 당신이 살 새집을 찾고 있습니다. 부동산에 전화해서 그것에 대해 몇 가지 질문을 해주세요.

A 영업점에 전화로 문의하기 | 문의하는 것: 새집 | 하고 싶은 것: 방 3개짜리 아파트 구매

Hi there!	여보세요!
I'm calling to inquire about a new home.	새로운 집에 대해 문의하려고 전화 드렸습니다.
I'd like to live in a three-bedroom apartment.	방 3개짜리 아파트에 살고 싶은데요.
What kinds of apartments are available?	어떠한 종류의 아파트가 있을까요?
Could you tell me how much they are?	얼마인지 알려 주시겠어요?
Could you give me some recommendations?	추천 좀 해 주시겠어요?
Could you tell me where it is located?	위치가 어디인지 알려 주시겠어요?
I am wondering if I can park there.	그곳에 주차는 가능한지 궁금해요.
Call me back when you get this.	받으시면 연락 주세요.
Thank you.	감사합니다.

| 영업점에 전화로 문의하기 | 문제 상황 설명 + 대안 제시 | 경험담 말하기 |

Q I'm sorry but there is a problem which I'll need you to resolve. You moved into a new house but found out that the window was broken. Call the repair shop and explain the situation. Then give 2-3 alternatives.

죄송하지만 당신이 해결해 주어야 하는 문제가 있습니다. 당신은 새집으로 이사를 했는데 창문이 깨져있네요. 수리점에 전화해서 상황을 설명하세요. 그리고 2–3가지 대안을 제시해 주세요.

A 문제 상황: 창문이 깨짐 | 대안 1: 오늘 수리 예약 | 대안 2: 직접 수리

Hi there!	여보세요!
I'm a person who just moved in.	저는 방금 막 이사 온 사람인데요.
The window is broken.	창문이 깨져있네요.
So, it's freezing cold.	그래서 너무 추워요.
My neighbors can see me from the window.	이웃들이 창문으로 절 볼 수 있습니다.
It's very dangerous.	너무 위험하네요.
Are you available today?	오늘 시간 괜찮으신가요?
What time are you available?	몇 시에 괜찮으세요?
I'd like to fix it today.	오늘 수리하고 싶습니다.
Also, it is a good idea to buy some materials and fix it by myself.	또한, 재료를 사다가 제가 혼자 고치는 것도 좋은 방법이겠네요.
Call me back as soon as possible.	가능한 한 빨리 연락 주세요.
Thank you.	감사합니다.

Q That's the end of the situation. Tell me about a time when you experienced a problem at home.

상황극이 종료되었습니다. 집에서 문제를 겪은 때에 대해 말해 주세요.

A Of course! I remember a time when things didn't work well. Once, the air conditioner was broken in the summer. So, it was extremely hot! I had to call the company to fix it. It was the worst summer that I have had. Also, the TV didn't work well. It was so boring waiting for a person to fix it. But it was okay with me because I had my smartphone! Plus, I had a bug problem. There were cockroaches in my house. Oh my gosh! I was really shocked at that time. It was disgusting! It was terrible. Therefore, it was the worst experience that I have had in my house.

당연하죠! 물건들이 고장 났던 때가 기억나요. 한번은, 여름에 에어컨이 고장 났어요. 그래서, 너무 더웠어요! 회사에 연락해서 고쳐 달라고 해야 했죠. 제가 겪었던 여름 중 최악의 여름이었어요. 또한, TV가 고장 났어요. 고쳐 주실 분을 기다리는 게 너무 지루하더라고요. 하지만 괜찮았어요. 왜냐하면 저는 스마트폰이 있었거든요! 또한, 집에 벌레 문제가 있었어요. 집에 바퀴벌레가 있었어요. 맙소사! 그때 너무 충격을 받았어요. 역겨웠어요! 끔찍했어요. 따라서, 그것이 제가 집에서 겪었던 일 중 최악의 경험이었어요.

Make your own story!

PART 06

실전 모의고사

OVERVIEW

시험에 실제로 출제되는 실전 모의고사 set 두 가지를 선별하여 담았습니다.
사전 설문 조사 선택 사항과 출제 문제를 비교하여 예상되는 문제를 파악해 보고, 예상치 못한 문제에 대해서는 어떤 전략을 짜서 답변을 해야 할지 생각해 보세요.

| TOPIC 1 현재 ② | TOPIC 2 현재 ⑤ | TOPIC 3 현재 ⑧ | TOPIC 4 롤플레이 ⑪ | TOPIC 5 현재 ⑮ |

| 자기소개 ① | TOPIC 1 과거 ③ | TOPIC 2 과거 ⑥ | TOPIC 3 과거 ⑨ | TOPIC 4 롤플레이 ⑫ | TOPIC 5 과거 ⑭ |

| TOPIC 1 경험담 ④ | TOPIC 2 경험담 ⑦ | TOPIC 3 경험담 ⑩ | TOPIC 4 경험담 ⑬ |

사전 설문 조사(Background Survey) 선택 사항

1 현재 귀하는 어느 분야에 종사하고 계십니까?
- ☑ 일 경험 없음

2 현재 귀하는 학생입니까?
- ☑ 아니오
- ☑ 수강 후 5년 이상 지남

3 현재 귀하는 어디에 살고 계십니까?
- ☑ 개인 주택이나 아파트에 홀로 거주

4 귀하는 여가 활동으로 주로 무엇을 하십니까? (두 개 이상 선택)
- ☑ 영화 보기
- ☑ 공연 보기
- ☑ 콘서트 보기
- ☑ 공원 가기
- ☑ 해변 가기
- ☑ 술집/바에 가기
- ☑ 카페/커피전문점에 가기
- ☑ 쇼핑하기

5 귀하의 취미나 관심사는 무엇입니까? (한 개 이상 선택)
- ☑ 음악 감상하기

6 귀하는 주로 어떤 운동을 즐기십니까? (한 개 이상 선택)
- ☑ 운동을 전혀 하지 않음

7 귀하는 어떤 휴가나 출장을 다녀온 경험이 있습니까? (한 개 이상 선택)
- ☑ 국내 여행
- ☑ 해외 여행

출제 시험 설명 ✏

- ⊘ **출제 문제:** 패션(돌발형 주제), 집(선택형 주제), 영화 보기(선택형 주제), 여행사(ROLE-PLAY), 모임/기념일(돌발형 주제)
- ⊘ **시험 공략 TIP:** 사전 설문 조사 선택 사항 이외에 패션, 모임/기념일 주제가 돌발형 주제로 출제될 수 있습니다. 패션 주제는 날씨 주제 답변을 응용하여 답변할 수 있고, 모임/기념일 주제는 술집/바 답변을 응용하여 답변할 수 있습니다.

Q01 자기소개

Q Let's start the interview now. Tell me something about yourself.

인터뷰를 시작합시다. 자기소개를 해주세요.

A Hello, Ava. Nice to meet you. My name is Hayun Kim. I am 24 years old.
I live in Seoul City in Korea, and I live with my family.
I am between jobs. I'm an outgoing person, and my hobby is hiking these days. It is good for our health. Also, I love watching movies as well, because it makes me feel excited.
I hope to work for a major company. I believe that my dreams will come true.
Thank you.

안녕하세요, Ava. 만나서 반가워요. 제 이름은 김하윤이에요. 저는 24살이에요.
한국의 서울시에서 가족과 함께 살아요.
저는 취업 준비 중이에요. 저는 사교적이에요, 그리고 저의 요즘 취미는 등산입니다. 건강에 좋아요. 또한, 저는 영화 감상하는 것도 좋아해요. 왜냐하면 저를 신나게 만들어 주기 때문이에요.
저는 대기업에서 일하고 싶어요. 저는 제 꿈이 이루어질 거라고 믿습니다.
감사합니다.

Q02 패션 [돌발형 주제]

Q Tell me about the clothes people in your country wear. What kinds of clothes do they wear?

당신 나라의 사람들이 입는 옷에 대해 말해 주세요. 사람들은 어떠한 종류의 옷을 입나요?

A Let me tell you about fashion in Korea. People usually wear jackets and long sleeves in the spring and fall because the weather is very nice. The temperature is mild, so it's the perfect weather to go on a picnic. In the summer, people usually wear light clothes like shorts, T-shirts, and so on because the summer is super hot in Korea. When it comes to the rainy season, it's very humid. The winter is freezing cold. Since the weather is freezing, people normally wear heavy clothes like padded coats, knits, and so on. I love our country's fashion.

한국의 패션에 대해 이야기해 볼게요. 사람들은 대부분 봄과 가을에는 재킷과 긴팔 옷을 입어요, 왜냐하면 날씨가 굉장히 좋거든요. 기온이 적당해서, 소풍 가기에 딱 좋은 날씨입니다. 여름에, 사람들은 보통 반바지, 티셔츠 등과 같은 가벼운 옷차림을 해요, 왜냐하면 한국 여름은 무척 덥거든요. 장마철이 되면, 아주 습해요. 겨울은 무척 춥습니다. 날씨가 무척 추우니, 사람들은 대개 패딩, 니트 등과 같은 두꺼운 옷차림을 합니다. 저는 우리나라의 패션을 좋아해요.

Q03 패션 [돌발형 주제]

Q What do you usually do when you go shopping for new clothes? How do you shop?
새로운 옷을 사러 갈 때 무엇을 하나요? 어떻게 쇼핑을 하나요?

A I think that I like shopping because I can relieve my stress, and I love shopping because it makes me excited. So, I enjoy shopping when I feel gloomy. My favorite shopping is online shopping. The reason why I like online shopping is that I can buy everything easily. The best thing about it is that I can do online shopping with my smartphone. I just get access to the Internet, and there are various websites. On the websites, I can compare the prices and get a special discount. Also, they deliver products to my home. It is very easy and convenient. That's why I like online shopping these days.

제 생각에 저는 쇼핑하는 것을 좋아하는 것 같아요, 왜냐하면 스트레스를 해소할 수 있기 때문이에요. 그리고 저는 쇼핑하는 것을 정말 좋아해요, 왜냐하면 절 신나게 만들어 주기 때문이에요. 그래서, 저는 우울할 때 쇼핑을 즐깁니다. 제가 가장 좋아하는 쇼핑은 온라인 쇼핑이에요. 제가 온라인 쇼핑을 좋아하는 이유는 모든 것을 쉽게 살 수 있기 때문이에요. 그것의 가장 좋은 점은 스마트폰으로 온라인 쇼핑을 할 수 있다는 점이에요. 인터넷에 접속하면 다양한 웹사이트들이 있어요. 웹사이트에서, 가격을 비교할 수 있고 특별 할인도 받을 수 있어요. 또한, 상품을 집으로 배송해 줍니다. 굉장히 쉽고 편리합니다. 그래서 저는 요즘 온라인 쇼핑을 좋아해요.

Q04 패션 [돌발형 주제]

Q Fashion has changed a lot. How has it changed?
패션이 많이 변했습니다. 그것은(패션은) 어떻게 변했나요?

A Fashion has changed a lot. In the past, we were able to wear clothes that were no-brand. So, we could buy clothes which had plain designs. They looked simple. But now, there are various brands, so we have a lot of options to choose from. For example, we have sports brands like Nike, Adidas, and so on. Also, we have luxury brands like Chanel, Dior, and so on. Therefore, fashion has changed a lot.

패션은 많이 변했습니다. 과거에는, 브랜드가 없는 옷들을 입을 수 있었어요. 그래서, 우리는 평범한 디자인의 옷들을 살 수 있었죠. 단순해 보였어요. 하지만 지금은, 다양한 브랜드가 있어서, 고를 수 있는 선택지가 굉장히 많아요. 예를 들어, 나이키, 아디다스 등과 같은 스포츠 브랜드가 있어요. 또한, 샤넬, 디올 등과 같은 명품 브랜드도 있어요. 따라서, 패션은 많이 변했습니다.

Q05 집 선택형 주제

Q I'd like to talk about where you live. Tell me about your house. What is your favorite room in your house?

당신이 사는 곳에 대해 이야기 나누고 싶어요. 당신의 집에 대해 말해 주세요. 집에서 가장 좋아하는 방은 무엇인가요?

A I am living in Korea, and I live in a high-rise apartment. It is located in Seoul City. I have lived here for 10 years. There is a living room, a kitchen, and a balcony. Also, there are three bedrooms and two bathrooms. There are various types of furniture and home appliances in my house. When you walk into my room, you can see a bed and a built-in closet. And there is a table where I always kill time doing my hobby. Among the rooms, my favorite one is my room. The best thing about my room is that I can relax there. That's it. I love my home.

저는 한국에 살고 있고, 고층 아파트에 살아요. 서울시에 위치해 있어요. 제가 이곳에 산 지도 10년이 되었네요. 집에는 거실, 부엌, 그리고 발코니가 있어요. 또한, 침실 세 개, 화장실 두 개가 있어요. 집에는 다양한 종류의 가구와 가전제품이 있어요. 제 방에 들어가면, 침대와 붙박이장을 볼 수 있어요. 그리고 제가 항상 제 취미 생활을 하며 시간을 때우는 테이블이 있어요. 방들 중에, 제가 가장 좋아하는 방은 제 방이에요. 제 방의 가장 좋은 점은 그곳에서 쉴 수 있다는 점이에요. 이게 전부예요. 저는 집이 너무 좋아요.

Q06 집 선택형 주제

Q Tell me about the house you lived in when you were young. How was it different from the house you live in now?

당신이 어릴 적 살았던 집에 대해 말해 주세요. 그곳은 지금 사는 집과 어떻게 달랐나요?

A When I was young, I lived in a three-bedroom apartment. There was a playground in front of my house, so I used to play there with my friends. I played hide-and-seek, swing, seesaw, and so on. I remember that I was really happy then because I could play after school. It is a precious memory. But now, I live in a high-rise apartment. It is located in Seoul City. Also, there is a park in front of my house. So, I usually go there to take a walk with my puppy. Also, I can work out there as well. Plus, I can enjoy a picnic on weekends with my family. So, these are the differences between the house that I used to live in and the house that I live in now.

제가 어릴 적, 저는 방 3개짜리 아파트에 살았어요. 집 앞에 놀이터가 있어서, 그곳에서 친구들과 놀곤 했어요. 숨바꼭질도 하고, 그네랑 시소 등을 탔어요. 그때 방과 후에 놀 수 있어서 너무 행복했던 것이 기억나요. 그것은 소중한 추억이에요. 하지만 지금은, 고층 아파트에 살아요. 서울시에 위치해 있어요. 게다가, 집 앞에는 공원이 있어요. 그래서, 보통 강아지와 산책하려고 그곳에 가요. 또한 그곳에서 운동도 할 수 있어요. 주말에는 가족과 소풍도 즐길 수 있어요. 따라서, 이것들이 예전에 살던 집과 지금 사는 집의 다른 점이에요.

Q07 집 [선택형 주제]

Q Sometimes, we want to change something in our home. Tell me about a time when you made some changes in your house.

가끔, 우리는 집에 변화를 주고 싶어 합니다. 당신의 집에 변화를 준 때에 대해 말해 주세요.

A I remember a time when my house was renovated. We redid the wallpaper, the floors and the bathroom because they were too old. They looked so messy, so we redid them. After the renovation, the house looked so clean. I was really surprised. It felt like I had moved to another house. Also, I remember a time when we bought a new bed and a new sofa. Since ours were too old, I could not use them, so we bought new ones. After we renovated our house and bought some new furniture, our house looked brand new. I was really happy with the look. So, it was the best experience that I have had at home.

집을 수리한 때가 기억나요. 벽지, 바닥, 그리고 화장실을 다시 했어요. 왜냐하면 너무 오래되었거든요. 몹시 지저분해 보여서, 다시 새로 했어요. 리모델링을 하고 나니, 집이 굉장히 깨끗해 보이더라고요. 정말 놀랐어요. 다른 집으로 이사 온 느낌이었어요. 또한, 집에 침대와 소파를 새로 구입한 때가 기억나요. 우리가 가지고 있는 것들이 너무 오래되었기에, 사용할 수가 없어서 새로 구매했죠. 집을 수리하고 가구도 새로 구매하고 나니, 우리 집이 새집 같아 보였어요. 저는 그 모습에 너무 행복했어요. 그래서, 그것이 제가 집에서 겪었던 일 중 최고의 경험이었어요.

Q08 영화 보기 [선택형 주제]

Q You indicated in the survey that you like to watch movies. Tell me about your favorite type of movies. Who is your favorite actor or actress?

설문 조사에 영화 보는 것을 좋아한다고 하셨네요. 가장 좋아하는 영화 종류에 대해 말해 주세요. 가장 좋아하는 배우는 누구인가요?

A I like watching movies because I can relieve my stress, and I love watching movies because it makes me feel relaxed. So, I watch movies when I'm at home. I like watching movies. However, I do not like zombie movies. My favorite actor is a Korean actor named 윤여정. The reason why I like 윤여정 is that she is the best actor in Korea. Also, my favorite movie is Parasite. The reason why I like Parasite is that it is the best movie that I have watched. I think that the best thing about Parasite is that it is well made.

저는 영화 보는 것을 좋아해요. 왜냐하면 스트레스를 해소할 수 있기 때문이에요. 그리고 저는 영화 보는 것을 정말 좋아하는데, 왜냐하면 제가 편안한 기분이 들도록 만들어 주기 때문이에요. 그래서, 저는 집에 있을 때 영화를 봐요. 저는 영화 보는 것을 좋아해요. 그러나, 좀비 영화는 좋아하지 않아요. 제가 가장 좋아하는 배우는 윤여정이라는 한국 배우예요. 제가 윤여정을 좋아하는 이유는 그녀가 한국에서 최고의 배우이기 때문이에요. 또한, 제가 가장 좋아하는 영화는 〈기생충〉이에요. 〈기생충〉을 좋아하는 이유는 제가 본 영화 중 최고의 영화이기 때문이에요. 제 생각에 〈기생충〉의 가장 좋은 점은 구성이 잘되었다는 점인 것 같아요.

Q09 영화 보기 [선택형 주제]

Q Tell me about the theater you went to. What does it look like?

다녀온 영화관에 대해 말해 주세요. 그곳은 어떤 모습인가요?

A I remember going to the theater last weekend. I went there with my friend. I did some window shopping before the movie and had lunch as well. Actually, there are three major multiplex chains in Korea. Of those three, I went to the CGV theater, which is the closest to my home. It is located near a subway station, so it is easy to get there. When you walk into the theater, you can see the counter where the customers can buy popcorn. Also, there are a lot of tables and chairs where people can wait for their movie. And when you walk into the cinema, you can see tons of seats and a huge screen. I think that it is the best place for watching movies.

지난 주말에 영화관에 다녀온 것이 기억나요. 그곳에 친구랑 다녀왔어요. 영화 보기 전에 아이쇼핑을 하고 점심 식사도 했죠. 사실, 한국에는 세 개의 대기업 멀티플렉스 체인점들이 있어요. 그 셋 중에, 저는 집과 가장 가까운 CGV 영화관에 다녀왔죠. 그곳은 지하철역 근처에 위치해 있어서, 쉽게 갈 수 있어요. 영화관에 들어가면, 손님들이 팝콘을 살 수 있는 카운터를 볼 수 있어요. 또한, 사람들이 영화를 기다릴 수 있는 테이블과 의자들도 많이 있어요. 그리고 영화관에 들어가면, 많은 좌석들과 거대한 스크린을 볼 수 있어요. 제 생각엔 그곳이 영화 보기에 최고의 장소인 것 같아요.

Q10 영화 보기 [선택형 주제]

Q What was the most memorable movie you watched? Why was it so memorable?

보았던 영화 중 가장 기억에 남는 영화가 무엇이었나요? 그것이 왜 그렇게 기억에 남았나요?

A I recently watched a Korean movie called 미나리. I watched it with my friend. Actually, the movie was about the life of Koreans in the USA. So, it was packed with fun and touching scenes. My favorite actor, 윤여정 starred in this movie. The reason why I like 윤여정 is that she is the best actor in Korea. She is so talented. She got an award at the Oscars. I'm very proud of her. I really liked the storyline of the movie, and I also liked the acting and the message of the movie. I really enjoyed it. Therefore, it was one of the most memorable movies that I watched recently.

저는 최근에 한국 영화 〈미나리〉를 봤어요. 친구와 함께 보았어요. 사실, 이 영화는 한국인들의 미국 생활에 대한 영화였어요. 그래서, 재미있고 감동적인 장면들로 가득했어요. 이 영화에 제가 가장 좋아하는 배우 윤여정이 출연했어요. 제가 윤여정을 좋아하는 이유는 그녀가 한국에서 최고의 배우이기 때문이에요. 그녀는 아주 뛰어난 실력을 가지고 있습니다. 오스카에서 상도 받았어요. 저는 그녀가 너무 자랑스럽습니다. 저는 영화의 이야기 구조가 너무 좋았고, 또 영화의 메시지와 배우들의 연기도 좋았습니다. 정말 재미있게 보았어요. 따라서, 그것이 제가 최근에 본 가장 기억에 남는 영화 중 하나였어요.

Q11 ▶ 여행사 ROLE-PLAY

Q I'd like to give you a situation and ask you to act it out. You want to go on a trip. Call the travel agency and ask some questions about traveling.

상황극을 드릴 테니 상황극을 해주세요. 당신은 여행을 가고 싶습니다. 여행사에 전화해서 여행에 대해 몇 가지 질문을 해주세요.

A 영업점에 전화로 문의하기 | **문의하는 것:** 패키지 여행 | **하고 싶은 것:** 제주도에 방문하는 것

Hi there!	여보세요!
I'm calling to inquire about the package tour.	패키지여행에 대해 문의하려고 전화 드렸습니다.
I'd like to visit Jeju Island.	제주도에 방문하고 싶은데요.
What kinds of package tours are available?	어떠한 종류의 패키지가 있을까요?
Could you tell me how much they are?	얼마인지 알려 주시겠어요?
Could you give me some recommendations?	추천 좀 해 주시겠어요?
I am wondering if you have any promotions going on now.	지금 진행 중인 할인 이벤트가 있는지 궁금해요.
Call me back when you get this.	받으시면 연락 주세요.
Thank you.	감사합니다.

Q12 ▶ 여행사 ROLE-PLAY

Q I'm sorry but there is a problem which I'll need you to resolve. You cannot go on the trip for some reason. Call your friend and explain the situation. Then give 2-3 alternatives.

죄송하지만 당신이 해결해 주어야 하는 문제가 있습니다. 당신은 어떠한 이유로 인해 여행에 가지 못합니다. 친구에게 전화해서 상황을 설명하세요. 그리고 2-3가지 대안을 제시해 주세요.

A 불참 장소: 여행 | **불참 이유:** COVID-19 | **대안 1:** 일정 변경 | **대안 2:** 일정 취소

Hi there! It's me!	여보세요! 나야!
I'm afraid I have some bad news.	유감스럽게도 안 좋은 소식이 있어.
I'm so sorry, but I don't think I can make it to the trip because of COVID-19.	미안하지만, 코로나바이러스 때문에 여행에 참석하지 못할 것 같아.
Why don't we reschedule our trip?	우리 여행 일정을 변경하는 것은 어떨까?
Also, it is a good idea to cancel.	또한, 취소하는 것도 좋은 방법일 것 같아.
Call me back as soon as possible.	가능한 한 빨리 연락 줘.
Thank you.	고마워.

Q13 여행사 ROLE-PLAY

Q That's the end of the situation. Tell me about a memorable experience that happened during a domestic trip.

상황극이 종료되었습니다. 국내 여행 중 일어난 기억에 남는 경험에 대해 말해 주세요.

A I remember a time when I ran into my high school friend at 애월 Beach. Last summer, I was enjoying myself at the beach. Suddenly, someone called my name. I looked back and saw my high school friend. Oh my god! Can you believe it, Ava? I was really surprised because it had been such a long time since I'd seen her. So, I was very happy at that time. I asked her how her life was, but she hadn't changed a bit. We exchanged phone numbers and promised to meet again to catch up. So, that's it. That was the most memorable experience that I have had while traveling within my own country.

애월 해변에서 고등학교 친구를 우연히 마주쳤던 때가 기억나요. 지난여름, 저는 해변에서 즐거운 시간을 보내고 있었어요. 갑자기, 누군가가 제 이름을 부른 거예요. 돌아보니 고등학교 친구를 본 거죠. 세상에! 믿어져요, Ava? 저는 정말 깜짝 놀랐어요. 왜냐하면 그녀를 본 지 너무 오래되었거든요. 그래서, 그 순간 정말 행복했어요. 친구에게 잘 지냈냐고 물어봤는데, 그녀는 조금도 변하지 않았더라고요. 우리는 전화번호를 교환하고 밀린 이야기를 나누기 위해 다시 만나기로 약속했어요. 따라서, 그게 다예요. 그것이 제가 국내에서 여행하던 중에 겪었던 일 중 가장 기억에 남는 경험이었어요.

Q14 모임/기념일 돌발형 주제

Q Compare the gatherings between the people who live in a city and the people who live in a small town. Tell me about the similarities and differences.

도시에 사는 사람들의 모임과 시골에 사는 사람들의 모임을 비교해 주세요. 같은 점과 다른 점에 대해 말해 주세요.

A I think that there are no differences between the people who live in a city and the people who live in a small town. It is because there are a lot of gatherings in our country. We have staff dinners, after parties, birthday parties, and so on. We usually have these gatherings at bars or restaurants because, when we walk into the bars or restaurants, we can see big tables and chairs where we can have gatherings. Most people have meals, talk, and drink when they have gatherings. We talk about our lives, work, and so on. I think that it is the best time to communicate and become familiar with each other. That's why we usually have gatherings at bars or restaurants with our friends or colleagues. Therefore, there are no differences between the people who live in a city and the people who live in a small town.

제 생각에는 도시에 사는 사람들의 모임과 시골에 사는 사람들의 모임에는 차이가 없는 것 같습니다. 왜냐하면 우리나라에는 다양한 모임들이 있습니다. 회식, 뒤풀이, 생일 파티 등이 있습니다. 우리는 보통 술집이나 식당에서 이러한 모임을 엽니다. 왜냐하면 술집이나 음식점에 들어가면 모임을 가질 수 있는 큰 테이블과 많은 의자들이 있기 때문이에요. 대부분의 사람들은 모임을 가지면 식사를 하며 이야기도 하고 술도 함께 마십니다. 우리는 우리의 인생이나 일 등에 대해 이야기를 합니다. 제 생각엔 서로 소통을 할 수 있고 친해질 수 있는 가장 좋은 시간이라고 생각합니다. 그러한 이유로 우리는 친구, 직장 동료들과 술집이나 음식점에서 모임을 갖습니다. 그러므로, 도시에 사는 사람들의 모임과 시골에 사는 사람들의 모임에는 차이가 없습니다.

Q15 모임/기념일 돌발형 주제

Q Tell me a concern about gatherings. What do people talk about?

모임에 관한 우려를 말해 주세요. 사람들은 무엇에 대해 이야기하나요?

A I think that the biggest concern about gatherings is safety. Many people can get sick or hurt when they have a gathering. So, we have to be careful about it. Also, we should be careful with the accident. Sometimes an unexpected accident happens like a car accident, a parking accident, or fighting. It is the reason why we should be careful. Therefore, the biggest concern about gatherings is safety.

제 생각에 모임 관련 가장 큰 우려는 안전입니다. 많은 사람들이 모임을 갖는 중에 다치거나 아프기도 합니다. 그래서, 우리는 꼭 조심해야 해요. 또한, 사고도 조심해야 합니다. 가끔, 차 사고, 주차 사고, 혹은 싸움과 같은 예기지 못한 사고가 일어납니다. 이러한 이유로, 우리는 정말 조심해야 합니다. 따라서, 모임에 관해 가장 큰 우려는 안전입니다.

Make your own story!

UNIT 16 Actual Test 2

P06_U16

사전 설문 조사(Background Survey) 선택 사항

1 현재 귀하는 어느 분야에 종사하고 계십니까?
- ☑ 일 경험 없음

2 현재 귀하는 학생입니까?
- ☑ 아니오
- ☑ 수강 후 5년 이상 지남

3 현재 귀하는 어디에 살고 계십니까?
- ☑ 개인 주택이나 아파트에 홀로 거주

4 귀하는 여가 활동으로 주로 무엇을 하십니까? (두 개 이상 선택)
- ☑ 영화 보기
- ☑ 공연 보기
- ☑ 콘서트 보기
- ☑ 공원 가기
- ☑ 해변 가기
- ☑ 술집/바에 가기
- ☑ 카페/커피전문점에 가기
- ☑ 쇼핑하기

5 귀하의 취미나 관심사는 무엇입니까? (한 개 이상 선택)
- ☑ 음악 감상하기

6 귀하는 주로 어떤 운동을 즐기십니까? (한 개 이상 선택)
- ☑ 운동을 전혀 하지 않음

7 귀하는 어떤 휴가나 출장을 다녀온 경험이 있습니까? (한 개 이상 선택)
- ☑ 국내 여행
- ☑ 해외 여행

출제 시험 설명 ✎

⊘ **출제 문제:** 집(선택형 주제), 패션(돌발형 주제), 음악 감상하기(선택형 주제), 인터넷/동영상(돌발형 주제), 헬스장(ROLE-PLAY), 해외 여행(선택형 주제)

⊘ **시험 공략 TIP:** 사전 설문 조사 선택 사항 이외에 인터넷/동영상 주제가 돌발형 주제로 출제될 수 있습니다. 인터넷/동영상 주제는 집에서의 스마트폰 관련 답변과 영화 보기의 답변을 응용하여 답변할 수 있습니다.

Q01 자기소개

Q Let's start the interview now. Tell me something about yourself.
인터뷰를 시작합시다. 자기소개를 해주세요.

A Hello, Ava. Nice to meet you. My name is Hayun Kim. I am 24 years old.
I live in Seoul City in Korea, and I live with my family.
I am between jobs. I'm an outgoing person, and my hobby is hiking these days. It is good for our health. Also, I love watching movies as well, because it makes me feel excited.
I hope to work for a major company. I believe that my dreams will come true.
Thank you.

안녕하세요, Ava. 만나서 반가워요. 제 이름은 김하윤이에요. 저는 24살이에요.
한국의 서울시에서 가족과 함께 살아요.
저는 취업 준비 중이에요. 저는 사교적이에요, 그리고 저의 요즘 취미는 등산입니다. 건강에 좋아요. 또한, 저는 영화 감상하는 것도 좋아해요, 왜냐하면 저를 신나게 만들어 주기 때문이에요.
저는 대기업에서 일하고 싶어요. 저는 제 꿈이 이루어질 거라고 믿습니다.
감사합니다.

Q02 집 선택형 주제

Q I'd like to talk about where you live. Tell me about your house. What is your favorite room in your house?
당신이 사는 곳에 대해 이야기 나누고 싶어요. 당신의 집에 대해 말해 주세요. 집에서 가장 좋아하는 방은 무엇인가요?

A I am living in Korea, and I live in a high-rise apartment. It is located in Seoul City. I have lived here for 10 years. There is a living room, a kitchen, and a balcony. Also, there are three bedrooms and two bathrooms. There are various types of furniture and home appliances in my house. When you walk into my room, you can see a bed and a built-in closet. And there is a table where I always kill time doing my hobby. Among the rooms, my favorite one is my room. The best thing about my room is that I can relax there. That's it. I love my home.

저는 한국에 살고 있고, 고층 아파트에 살아요. 서울시에 위치해 있어요. 제가 이곳에 산 지도 10년이 되었네요. 집에는 거실, 부엌, 그리고 발코니가 있어요. 또한, 침실 세 개, 화장실 두 개가 있어요. 집에는 다양한 종류의 가구와 가전제품이 있어요. 제 방에 들어가면, 침대와 붙박이장을 볼 수 있어요. 그리고 제가 항상 제 취미 생활을 하며 시간을 때우는 테이블이 있어요. 방들 중에, 제가 가장 좋아하는 방은 제 방이에요. 제 방의 가장 좋은 점은 그곳에서 쉴 수 있다는 점이에요. 이게 전부예요. 저는 집이 너무 좋아요.

Q03 집

Q Tell me about the house you lived in when you were young. How was it different from the house you live in now?

당신이 어릴 적 살았던 집에 대해 말해 주세요. 그곳은 지금 사는 집과 어떻게 달랐나요?

A When I was young, I lived in a three-bedroom apartment. There was a playground in front of my house, so I used to play there with my friends. I played hide-and-seek, swing, seesaw, and so on. I remember that I was really happy then because I could play after school. It is a precious memory. But now, I live in a high-rise apartment. It is located in Seoul City. Also, there is a park in front of my house. So, I usually go there to take a walk with my puppy. Also, I can work out there as well. Plus, I can enjoy a picnic on weekends with my family. So, these are the differences between the house that I used to live in and the house that I live in now.

제가 어릴 적, 저는 방 3개짜리 아파트에 살았어요. 집 앞에 놀이터가 있어서, 그곳에서 친구들과 놀곤 했어요. 숨바꼭질도 하고, 그네랑 시소 등을 탔어요. 그때 방과 후에 놀 수 있어서 너무 행복했던 것이 기억나요. 그것은 소중한 추억이에요. 하지만 지금은, 고층 아파트에 살아요. 서울시에 위치해 있어요. 게다가, 집 앞에는 공원이 있어요. 그래서, 보통 강아지와 산책하려고 그곳에 가요. 또한 그곳에서 운동도 할 수 있어요. 주말에는 가족과 소풍도 즐길 수 있어요. 따라서, 이것들이 예전에 살던 집과 지금 사는 집의 다른 점이에요.

Q04 집

Q Sometimes, we want to change something in our home. Tell me about a time when you made some changes in your house.

가끔, 우리는 집에 변화를 주고 싶어 합니다. 당신의 집에 변화를 준 때에 대해 말해 주세요.

A I remember a time when my house was renovated. We redid the wallpaper, the floors and the bathroom because they were too old. They looked so messy, so we redid them. After the renovation, the house looked so clean. I was really surprised. It felt like I had moved to another house. Also, I remember a time when we bought a new bed and a new sofa. Since ours were too old, I could not use them, so we bought new ones. After we renovated our house and bought some new furniture, our house looked brand new. I was really happy with the look. So, it was the best experience that I have had at home.

집을 수리한 때가 기억나요. 벽지, 바닥, 그리고 화장실을 다시 했어요. 왜냐하면 너무 오래되었거든요. 몹시 지저분해 보여서, 다시 새로 했어요. 리모델링을 하고 나니, 집이 굉장히 깨끗해 보이더라고요. 정말 놀랐어요. 다른 집으로 이사 온 느낌이었어요. 또한, 집에 침대와 소파를 새로 구입한 때가 기억나요. 우리가 가지고 있는 것들이 너무 오래되었기에, 사용할 수가 없어서 새로 구매했죠. 집을 수리하고 가구도 새로 구매하고 나니, 우리 집이 새집 같아 보였어요. 저는 그 모습에 너무 행복했어요. 그래서, 그것이 제가 집에서 겪었던 일 중 최고의 경험이었어요.

Q05 ▶ 음악 감상하기 [선택형 주제]

Q You indicated in the survey that you like to listen to music. What type of music do you listen to? Who is your favorite singer?

설문 조사에 음악 듣는 것을 좋아한다고 하셨네요. 어떤 종류의 음악을 들으세요? 가장 좋아하는 가수는 누구인가요?

A I like listening to music because I can relieve my stress, and I love listening to music because it makes me happy. So, I listen to music when I feel gloomy. My favorite singer is a Korean group called BTS. The reason why I like BTS is that they are the best singers in the world. Also, I think that the best thing about BTS is that they are good-looking and talented. I like listening to music, but I do not like hip hop music.

저는 음악 듣는 것을 좋아해요. 왜냐하면 스트레스를 해소할 수 있기 때문이에요. 그리고 저는 음악 듣는 것을 정말 좋아하는데, 왜냐하면 절 행복하게 만들어 주기 때문이에요. 그래서, 저는 우울할 때 음악을 들어요. 제가 가장 좋아하는 가수는 BTS라는 한국 그룹이에요. 제가 BTS를 좋아하는 이유는 그들이 세계에서 최고의 가수이기 때문이에요. 또한, 제 생각에 BTS의 가장 좋은 점은 잘생기고 재능이 뛰어나다는 점인 것 같아요. 저는 음악 듣는 것을 좋아하지만, 힙합 음악은 좋아하지 않아요.

Q06 ▶ 음악 감상하기 [선택형 주제]

Q What kinds of music did you like first? How has your interest in music changed?

처음에 어떤 음악을 좋아했나요? 당신의 음악에 대한 관심은 어떻게 변했나요?

A Well... OK! When I was young, my favorite singer was a Korean group called Wonder Girls. I was into Wonder Girls' music because it made me excited. I liked their songs because I could listen to catchy melodies. The best thing about Wonder Girls was that they were good-looking and talented. They were really popular among people in Korea and around the world. But now, my favorite singer is a Korean group called BTS. The reason why I like BTS is that they are the best singers in the world. Also, I think that the best thing about BTS is that they are so talented and good-looking. Therefore, I like various musicians now.

음… 자! 제가 어릴 적 가장 좋아했던 가수는 원더걸스라는 한국 그룹이었어요. 저는 원더걸스 음악에 푹 빠져 있었어요, 왜냐하면 저를 신나게 만들어 주었기 때문이에요. 그들의 음악을 좋아했어요, 왜냐하면 기억하기 쉬운 멜로디를 들을 수 있었기 때문이에요. 원더걸스의 가장 좋았던 점은 예쁘고 실력이 뛰어났던 점이었어요. 한국 사람들 사이에서도 전 세계 사람들 사이에서도 매우 인기가 있었죠. 하지만 지금은, 제가 가장 좋아하는 가수는 BTS라는 한국 그룹이에요. 제가 BTS를 좋아하는 이유는 세계 최고의 가수이기 때문이에요. 또한, 제 생각에 BTS의 가장 좋은 점은 정말 실력이 뛰어나고 잘생겼다는 점이에요. 따라서, 지금은 전 다양한 음악가들을 좋아해요.

Q07 음악 감상하기 선택형 주제

Q Tell me about a time when you heard live music. Describe that experience in detail.
라이브 음악을 들었던 때에 대해 말해 주세요. 그 경험에 대해 상세히 묘사해 주세요.

A Of course! I remember a time when I went to a concert. It was a concert by a Korean boy group called BTS. The concert was held last summer at a large stadium, and there were a lot of people there. I really enjoyed it because I had never been to a concert. It was very exciting. The fans were screaming and singing during the concert. The best thing about the concert was that their performance was amazing. It was the best performance that I have seen. Therefore, if I have a chance, I hope to go again. I cannot forget this experience. I think that it was the most memorable concert that I have ever been to.

당연하죠! 콘서트를 다녀온 때가 기억나요. BTS라는 한국 보이 그룹의 콘서트였어요. 콘서트는 지난여름 큰 규모의 경기장에서 열렸고, 그곳엔 많은 사람들이 있었어요. 저는 정말 즐거운 시간을 보냈어요, 왜냐하면 저는 콘서트에 가 본 적이 없었거든요. 콘서트는 정말 신나더라고요. 콘서트 중에 팬들은 소리도 지르고 노래도 했어요. 그 콘서트의 가장 좋았던 점은 그들의 공연이 놀라웠던 점이었어요. 제가 본 것 중 최고의 공연이었죠. 따라서, 만약 기회가 있다면, 다시 가고 싶어요. 저는 이 경험을 잊을 수 없어요. 제 생각엔 그것은 제가 여태껏 다녀온 콘서트 중 가장 기억에 남는 콘서트였어요.

Q08 인터넷/동영상 돌발형 주제

Q Tell me about the things that you do online. What kinds of things do you like to do online?
온라인에서 하는 일들에 대해 말해 주세요. 온라인으로 어떠한 것들을 즐겨 하나요?

A There are a lot of things to do online. I can have a chat, watch clips, listen to music, surf, and so on. I mainly enjoy watching various types of clips. It doesn't matter whether they are sports clips or game clips. These days, I enjoy watching Korean movie clips. Movie clips have become much better than in the past. They are a lot better in quality. When I watch the movie clips, I can get away from reality and have indirect experience. I can relieve stress as well. So, I just watch whatever is fun when it comes to video clips.

온라인으로 할 수 있는 일은 많습니다. 채팅을 하고, 동영상들을 보고, 음악을 듣고, 인터넷 검색 등을 할 수 있죠. 저는 주로 다양한 종류의 영상들을 보는 것을 즐깁니다. 스포츠 영상이건 게임 영상이건 상관없습니다. 요즘은, 한국 영화 영상을 즐겨 보고 있어요. 영화 영상들이 과거보다 훨씬 더 나아졌어요. 질이 정말 더 좋아졌습니다. 영화 영상들을 볼 때면, 현실에서 벗어나서 간접 체험을 할 수 있습니다. 스트레스 해소도 할 수 있고요. 그래서, 저는 동영상에 관해서라면 재미있는 건 뭐든 봅니다.

Q09 인터넷/동영상 `돌발형 주제`

Q Tell me about the most memorable clip that you watched. What made it special?
보았던 영상 중 가장 기억에 남는 영상에 대해 말해 주세요. 그것이 왜 특별했나요?

A I remember a movie clip that I watched recently. I recently watched a Korean movie called 미나리. In fact, the movie was about the life of Koreans in the USA. So, it was packed with fun and touching scenes. My favorite actor, 윤여정 starred in this movie. The reason why I like 윤여정 is that she is the best actor in Korea. She is so talented. She got an award at the Oscars. I'm very proud of her. I really liked the storyline of the movie, and I also liked the acting and the message of the movie. I really enjoyed it. So, it was the most memorable movie clip that I watched recently.

최근에 본 영화 영상이 기억나요. 저는 최근에 한국 영화 〈미나리〉를 봤어요. 사실, 이 영화는 한국인들의 미국 생활에 대한 영화였어요. 그래서, 재미있고 감동적인 장면들로 가득했어요. 이 영화에 제가 가장 좋아하는 배우 윤여정이 출연했어요. 제가 윤여정을 좋아하는 이유는 그녀가 한국에서 최고의 배우이기 때문이에요. 그녀는 아주 뛰어난 실력을 가지고 있습니다. 오스카에서 상도 받았어요. 저는 그녀가 너무 자랑스럽습니다. 저는 영화의 이야기 구조가 너무 좋았고 또 영화의 메시지와 배우들의 연기도 좋았습니다. 정말 재미있게 보았어요. 따라서, 그것이 제가 최근에 본 가장 기억에 남는 영화 영상이었어요.

Q10 인터넷/동영상 `돌발형 주제`

Q What did you do online yesterday? How did you get online? Tell me in detail.
어제 온라인에서 무엇을 했나요? 어떻게 온라인에 접속했나요? 상세히 말해 주세요.

A I did tons of things online yesterday. First of all, I had a chat with friends by Kakaotalk. Next, I did searches and did online shopping. Plus, I listened to music and watched video clips. And, I checked the news and the weather forecast. Also, I took pictures and posted them on Instagram. Lastly, I did Internet banking on my phone. I did tons of things online yesterday on my smartphone.

저는 어제 온라인에서 많은 것들을 했어요. 가장 먼저, 카카오톡을 이용해 친구들과 채팅을 했어요. 다음으로는, 검색도 하고 온라인 쇼핑도 했어요. 그리고, 음악도 들었고 영상들도 보았습니다. 뉴스와 일기 예보도 확인했어요. 또한, 사진도 찍고 인스타그램에 올리기도 했어요. 마지막으로, 휴대전화로 인터넷 뱅킹도 했어요. 저는 스마트폰으로 어제 정말 많은 것들을 했어요.

Q11 헬스장 ROLE-PLAY

Q I'd like to give you a situation and ask you to act it out. You want to enroll in the gym. Call the gym and ask some questions about it.

상황극을 드릴 테니 상황극을 해주세요. 당신은 헬스장에 등록하고 싶습니다. 헬스장에 전화하여 그것에 대해 몇 가지 질문을 해주세요.

A 영업점에 전화로 문의하기 │ 문의하는 것: 운동 프로그램 │ 하고 싶은 것: 운동

Hi there!	여보세요!
I'm calling to inquire about your gym.	당신의 헬스장에 대해 문의하려고 전화 드렸습니다.
I'd like to work out there.	그곳에서 운동하고 싶은데요.
What kinds of programs are available?	어떠한 종류의 프로그램이 있나요?
Could you tell me how much they are?	얼마인지 알려 주실 수 있나요?
Could you give me some recommendations?	추천 좀 해 주시겠어요?
I am wondering if you have any promotions going on now.	지금 진행 중인 할인 이벤트가 있는지 궁금해요.
Could you tell me where it is located?	위치가 어디인지 알려 주실 수 있나요?
I am wondering if I can park there.	그곳에 주차는 가능한지 궁금해요.
Call me back when you get this.	받으시면 연락 주세요.
Thank you.	감사합니다.

Q12 헬스장 ROLE-PLAY

Q I'm sorry but there is a problem which I'll need you to resolve. You cannot go to the appointment with your trainer because you are so sick. Call your trainer and explain the situation. Then give 2-3 alternatives.

죄송하지만 당신이 해결해 주어야 하는 문제가 있습니다. 당신은 트레이너와의 약속에 참석하지 못합니다. 왜냐하면 너무 아프기 때문이죠. 트레이너에게 전화해서 상황을 설명하세요. 그리고 2-3가지 대안을 제시해 주세요.

A 불참 장소: 헬스장 │ 불참 이유: 복통 │ 대안 1: 일정 변경 │ 대안 2: 일정 취소

Hi there! It's me!	여보세요! 저예요!
I'm afraid I have some bad news.	유감스럽게도 안 좋은 소식이 있습니다.
I'm so sorry, but I don't think I can make it to the appointment because I have a stomachache.	미안하지만, 제가 약속에 참석하지 못할 것 같네요. 왜냐하면 제가 복통이 있습니다.
Why don't we reschedule our appointment?	우리 약속 일정을 변경하는 것은 어떨까요?
Also, it is a good idea to cancel.	또한, 취소하는 것도 좋은 방법일 것 같아요.
Call me back as soon as possible.	가능한 한 빨리 연락 주세요.
Thank you.	감사합니다.

Q13 헬스장(취소한 경험) ROLE-PLAY

Q That's the end of the situation. Tell me about a time when you canceled something.

상황극이 종료되었습니다. 무언가를 취소했던 때에 대해 말해 주세요.

A I remember a time when I was supposed to get my hair done at the hair salon. However, I got really sick at the last minute. I had a stomachache. So, I called the hair salon and explained my situation. I told them that I couldn't make it to my appointment. I asked to reschedule it. I was so sorry about missing the appointment. Thankfully, they understood my situation that day.

저는 미용실에서 머리를 하기로 했던 때가 기억나요. 그런데, 가기 직전에 너무 아팠어요. 복통이 있었습니다. 그래서, 미용실에 전화해서 상황을 설명했어요. 약속을 지키지 못할 것이라고 말했어요. 다시 약속을 잡아 달라고 요청했어요. 약속을 지키지 못해 정말 죄송했어요. 감사하게도, 그날의 제 상황을 이해해 주셨어요.

Q14 국내 여행 선택형 주제

Q Compare traveling in the past and now. How is traveling today different compared to the past?

과거의 여행과 현재의 여행을 비교해 보세요. 현재의 여행은 과거와 비교하여 어떻게 다른가요?

A I think that traveling has changed a lot. It is faster than before. When I was young, transportation was not that fast. It took more than 5 hours to go to another city by train, so it was very difficult. And we did not have various ways to travel. We had to take ordinary trains. Also, plane tickets were too expensive in the past. But now, we have a high-speed train called KTX, and the plane tickets are more reasonable than before. That is the reason why it's easier traveling now than in the past. Therefore, I think that traveling has changed a lot.

제 생각엔 여행이 많이 변한 것 같아요. 전보다 더욱 빨라요. 제가 어릴 적, 교통은 그렇게 빠르지 않았어요. 다른 도시로 기차를 타고 가면 5시간이 넘게 걸리기도 해서, 여행이 너무 힘들었어요. 그리고 여행 가기 위한 다양한 방법들이 없었어요. 보통의 기차를 타야 했어요. 또한, 비행기 표가 과거에는 아주 비쌌어요. 하지만 지금은, KTX라는 이름의 고속 열차도 생겼고, 비행기 표도 전보다 가격이 더 합리적이에요. 이러한 이유로 오늘날 여행하는 것은 과거보다 더 쉬워요. 따라서, 제 생각에는 여행이 많이 변한 것 같아요.

Q15 국내 여행 선택형 주제

Q Tell me a concern about traveling. What do people do to address the issue or concern?

여행에 관한 우려에 대해 말해 주세요. 사람들은 그 이슈나 우려를 다루기 위해 어떠한 것들을 하나요?

A I think that the biggest concern with traveling is safety. Many people can get sick or hurt when they are traveling. So, we have to be careful about it. Also, we should be careful with the food. Sometimes people can get allergies because the food is different from our country. It is the reason why it is important to pack first-aid medicine. Therefore, the biggest concern about traveling is safety.

제 생각에 여행 관련 가장 큰 우려는 안전입니다. 많은 사람들이 여행을 하는 중에 다치거나 아플 수 있습니다. 그래서, 우리는 꼭 조심해야 해요. 또한, 음식도 조심해야 합니다. 가끔 사람들이 알레르기가 생길 수도 있습니다. 왜냐하면 우리나라와 음식이 다르기 때문이에요. 이러한 이유로 비상 상비약을 챙기는 것은 중요합니다. 따라서, 여행 관련 가장 큰 우려는 안전입니다.

Make your own story!

Make your own story!